Schweizer Vertriebsrecht

Ein Handbuch für Praktiker

Herausgeber

Dr. Michael Kull
Dr. Christoph Wildhaber

Schweizer Vertriebsrecht

Ein Handbuch für Praktiker

Unter besonderer Berücksichtigung des Agentur-, Alleinvertriebs- und Franchisevertrags

Autoren

Bruno Beer
Dr. Fabian Burkart
Dr. Patrik Ducrey
Prof. Dr. Ernst A. Kramer
Dr. Michael Kull
Dr. Christoph Wildhaber
Dr. Christoph Willi

DIKE

Bibliografische Information der ‹Deutschen Bibliothek›.

Die Deutsche Bibliothek verzeichnet diese Publikation in der Deutschen Nationalbibliografie; detaillierte bibliografische Daten sind im Internet über ‹http://www.dnb.ddb.de› abrufbar.

ISBN 978-3-03751-089-6

www.dike.ch

Vorwort Herausgeber

Die vorliegende Publikation hat sich zum Ziel gesetzt, einen Überblick über die rechtlichen Grundlagen und Problemstellungen des Schweizer Vertriebsrechts zu verschaffen. Sie richtet sich ebenso an Juristen und Anwälte wie auch an andere mit Vertriebsrecht befasste Personen. Anstoss zur Erarbeitung bildete der Umstand, dass das Vertriebsrecht im Wirtschaftalltag zwar von grosser Bedeutung ist, in der Schweizer Rechtslehre und Rechtsprechung (im Gegensatz zum EU-Raum) jedoch eine diametral geringe Behandlung erfährt. Der Praktiker sieht sich deshalb regelmässig mit dem Umstand konfrontiert, dass er beispielsweise in einem Gerichtsverfahren mit vertriebsrechtlichem Hintergrund nicht wie üblich auf Standardwerke zurückgreifen kann, sondern originär Rechtsregeln entwickeln und begründen muss. Diesem Missstand soll mindestens teilweise Abhilfe geschafft werden.

Es handelt sich dabei weder um einen Kommentar noch um ein Lehrbuch, sondern um eine Darstellung und Behandlung der sich in der Praxis zeigenden Fragestellungen. Bei den Autoren handelt es sich vollumfänglich um im Vertriebsrecht tätige Praktiker. Entsprechend hat jeder der Autoren die sich ihm in der Praxis mitunter eröffnenden Themenkomplexe behandelt. Damit ist gleichzeitig offenkundig, dass die Publikation keinen Anspruch auf vollständige Darstellung sämtlicher denkbarer Rechtsfragen erheben kann. Es wurden diejenigen behandelt, welche dem jeweiligen Autor von Relevanz erschienen. Jeder Autor vertritt folglich lediglich seine persönliche Rechtsauffassung, welche sich weder mit derjenigen der Mitautoren noch allfälligen Gremien und Behörden decken muss, in denen er Einsitz nimmt.

Der Aufbau der Publikation orientiert sich an demjenigen eines praktischen Vertriebsvertrags und soll demnach eine vertriebsrechtliche Chronologie widerspiegeln. Behandelt werden dabei jeweils – soweit das Thema eine gesonderte Behandlung überhaupt indiziert – angesichts der praktischen Bedeutung dieser Vertragsformen der Agentur-, der Alleinvertriebs- und der Franchisevertrag. Grundsätzlich gilt es zur Auswahl anzumerken, dass es sich beim Agenturvertrag um den einzig gesetzlich geregelten Vertragstypus handelt, während der Franchisevertrag in der Praxis die ausführlichste Regelung der dreien erfährt. Entsprechend oft werden denn auch Fundstellen aus dem (überwiegend deutschen) Franchiserecht zitiert.

Das Behandlungsraster orientiert sich jeweils am einzelnen Sachgebiet und soll nach Möglichkeit ein rasches Auffinden der interessierenden Stellen ermöglichen. Am Ende einzelner Kapitel ist zudem eine Checkliste angeführt, welche die für den Autoren relevanten Punkte eines Kapitels erfassen und dem Praktiker beim Entwurf eines Vertriebsvertrags als Kontrollinstrument dienen soll.

Der guten Ordnung halber wird darauf hingewiesen, dass trotz der praxisorientierten Zielsetzung dieser Publikation diese keine Beratung im Einzelfall ersetzt.

Sollte die gegenwärtige Publikation dazu führen, dass vertriebsrechtliche Rechtsfragen in Lehre und Rechtsprechung zukünftig als solche wahrgenommen und kontradiktorisch diskutiert werden, hat gegenwärtiges Werk den ihm von den Autoren zugedachten Zweck bereits verwirklicht.

Basel/Zürich, im April 2008

Dr. iur. Christoph Wildhaber / Dr. iur. Michael Kull

Geleitwort

«Vertrieb» (Absatz; Distribution) und «Vertriebsrecht» (Absatzmittlungsrecht) bezeichnen ausserordentlich weite, begrifflich nicht trennscharf abgrenzbare, gleichzeitig aber unbestreitbar praktisch ausserordentlich bedeutsame Aspekte unseres Wirtschafts- und Rechtslebens. In einem engeren Sinn «geht es beim Absatz von Waren und Dienstleistungen um die Gestaltung von Absatzwegen *(marketing channels)* durch die Einbeziehung von Absatzorganen» (MARTINEK, in: Martinek/Semler/Habermeier, Handbuch des Vertriebsrechts, 2. Aufl. [2003] § 1 N 3). Dementsprechend ist Vertriebsrecht in einem engeren Sinn «Absatzmittlungsrecht». «Es geht um das Recht der Vertriebsverträge oder Absatzmittlungsverträge. Unter Vertriebsverträgen lassen sich sämtliche Kooperationsabkommen verstehen, die im klassischen dreistufigen Absatzgefüge Hersteller – Grosshändler – Einzelhändler von einem Unternehmen auf höherer Stufe mit einem auf einer nachgeordneten Stufe plazierten Unternehmer geschlossen werden, um der absatzwirtschaftlichen Zusammenarbeit eine langfristige vertragliche Grundlage zu geben» (MARTINEK a.a.O. N 4).

Aus juristischer Sicht ergibt sich die ausgeprägte Komplexität des Vertriebsrechts einerseits aus den vielfältigen, für die juristische Beratung anlässlich von Vertragsschlüssen oft ganz wesentlichen Berührungspunkten, die dieses Segment des «kommerziellen Vertragsrecht» zu einer ganzen Reihe anderer Teilgebiete unserer Rechtsordnung hat, namentlich zum Kartellrecht, Gesellschaftsrecht, Immaterialgüterrecht, Versicherungsrecht, Haftpflichtrecht, Steuerrecht; angesichts der Globalisierung der Wirtschaft aber natürlich auch zum Internationalen Privatrecht und Europarecht. Seine Komplexität ergibt sich auf der anderen Seite zusätzlich daraus, dass die involvierten Vertragsfiguren – nicht nur in der Schweiz! – nur zu einem kleinen Teil gesetzlich geregelt sind (Mäklervertrag, Agentur, Kommission sowie, wenn man die Unselbständigkeit des Mittlers vernachlässigt, auch der Handlungsreisendenvertrag). Zentrale Vertriebsverträge sind demgegenüber Innominatverträge, genauer: Komplexe, auf Dauer angelegte, durch die Verwendung von AGB geprägte Innominatverträge, deren «Gesetzesferne» durch die zunehmend bedeutsame, gesetzlich ebenfalls nur unzureichend erfasste Elektronisierung des Geschäftsverkehrs noch gesteigert erscheint. Für unsere Thematik zentrale Innominatverträge sind der Alleinvertretervertrag (besser: der Fachhändlervertrag mit Alleinvertriebsrecht), die Kommissionsagentur und der Franchisingvertrag. Für alle diese Verträge gibt es im Vertragsverkehr wiederum mannigfache Unterdifferenzierungen und Mischformen. Man denke nur an die reichhaltige Typologie der Franchisingverträge (wie etwa Subordinations- und Partnerschafts-Franchising, «product franchising», «service franchising», «straight product franchising», «business format franchising»).

Die hier mit wenigen Strichen skizzierte Situation stellt die die Wirtschaftspraxis betreuenden Juristinnen und Juristen, die Rechtswissenschaft und die Rechtsprechung vor nicht unbeträchtliche Probleme. Einerseits der kompetenten Vertragsgestaltung, andererseits der Vertragsbeurteilung im Streitfall (namentlich im Hinblick auf allenfalls durch analoge Rechtsanwendung zu behebende Lückenhaftigkeit der Verträge sowie die Massstäbe ihrer Inhaltskontrolle). Bei der Bewältigung all dieser Fragen sind Praxis und Lehre weitgehend auf sich selbst gestellt, ein Zustand, an dem sich – weil ein Appell an den Gesetzgeber unrealistisch erscheint – in absehbarer Frist nichts Grundlegendes ändern wird: «Der Rechtsverkehr muss sich die Lösung der auftretenden Probleme ... mit Hilfe der von der Rechtswissenschaft und Rechtsprechung entwickelten Grundsätze selbst erschliessen» (PFEIFER/TILLMANN, Die Inhaltskontrolle von Franchiseverträgen, 1. Aufl. [2005] 31). Dass die Entwicklung gesellschaftsadäquater Lösungen Juristen und Juristinnen voraussetzt, die über ihre breit gefächerte juristische Kompetenz hinaus auch Einsicht in die zu beurteilenden wirtschaftlichen Faktizitäten haben, versteht sich dabei von selbst.

Der vorliegende Band versucht – zum ersten Mal aus schweizerischer Sicht! –, ein systematisches, praxisnahes Gesamtbild des Vertriebsrechts (und der damit vernetzten Rechtsfragen) zu zeichnen. Dass er eine empfindliche Lücke im Schrifttum schliesst, ist in diesem Fall keine leere Phrase. Und so erübrigt sich wohl auch fast der abschliessende Wunsch, das Buch möge weite Verbreitung erfahren.

Basel im April 2008
Prof. Dr. iur. Dr. h.c. Ernst A. Kramer

Inhaltsübersicht

Inhaltsverzeichnis

Abkürzungsverzeichnis

a.M.	andere Meinung
Abs.	Absatz
AHV	Alters- und Hinterlassenenversicherung
Art.	Artikel
AStG-D	Gesetz über die Besteuerung bei Auslandbeziehungen
ATSG	Allgemeiner Teil des Sozialversicherungsrechts (SR...)
BB	Betriebesberater
BB	Branchenbroschüre der Eidgenössischen Steuerverwaltung, Hauptabteilung Mehrwertsteuer
BBl	Bundesblatt
BGB	Bürgerliches Gesetzbuch
BGE	Bundesgerichtsentscheid
BGH	Bundsgerichtshof
Bst.	Buchstabe
BT	Besonderer Teil
BVGE	Bundesverwaltungsgericht
DBA	Doppelbesteuerungsabkommen
DSG	Datenschutzgesetz
EG	Europäische Gemeinschaft
Einl.	Einleitung
EO	Erwerbsausfallsordnung
ERFA	Erfahrungsaustauschgruppen
ESTV	Eidgenössische Steuerverwaltung
EU	Europäische Union
f.	folgend
ff.	fortfolgend
FAQ	Frequently Asked Questions
FusG	Bundesgesetz über Fusion, Spaltung, Umwandlung und Vermögensübertragung
GFVO	Gruppenfreistellungsverordnung
HACCP	Hazard Analysis Critical Contact Points
IV	Invalidenversicherung
KG	Bundesgesetz über Kartelle und andere Wettbewerbsbeschränkungen (SR...)
KKG	Konsumkreditgesetz (SR...)
KMU	Klein- und Mittelunternehmen

KS	Kreisschreiben
m.w.H.	mit weiteren Hinweisen
MWST	Mehrwertsteuer
MWST-WL	Wegleitung Mehrwertsteuer
MWSTG	Bundesgesetz über die Mehrwertsteuer
N	Note
OECD	Organization for Economic Cooperation and Development/Organisation für wirtschaftliche Zusammenarbeit und Entwicklung
OECD-MA	OECD-Musterabkommen
OLG	Oberlandesgericht
OR	Schweizerisches Obligationenrecht (SR...)
POS	Point of Sale
PrHG	Produkthaftpflichtgesetz (SR...)
RPW	Recht und Politik des Wettbewerbs, Publikationsorgan der schweizerischen Wettbewerbsbehörden (zugänglich unter www.weko.ch)
Rz	Randziffer
SchKG	Schuldbetreibungs- und Konkursgesetz (SR...)
SJZ	Schweizerische Juristenzeitung
SOP	Standard Operating Procedures
StenBull StR	Stenographisches Bulletin des Ständerats
UStG	Deutsches Umsatzsteuergesetz 1999
UVG	Unfallversicherungsgesetz
UWG	Gesetz gegen den unlauteren Wettbewerb (SR...)
VDSG	Verordnung zum Bundesgesetz über den Datenschutz (SR...)
VertBek	Bekanntmachung der Wettbewerbskommission über die wettbewerbsrechtliche Beurteilung vertikaler Abreden
VST	Verrechnungssteuer
VStG	Bundesgesetz über die Verrechnungssteuer (SR...)
Weko	Wettbewerbskommission
ZBJV	Zeitschrift des bernischen Juristenvereins
ZBst	Abkommen zwischen der Schweizerischen Eidgenossenschaft und der Europäischen Gemeinschaft über Regelungen, die den in der Richtlinie 2003/48/EG des Rates im Bereich der Besteuerung von Zinserträgen festgelegten Regelungen gleichwertig sind
ZGB	Schweizerisches Zivilgesetzbuch (SR...)
ZIP	Zeitschrift für Wirtschaftsrecht und Insolvenzpraxis
ZR	Blätter für Zürcherische Rechtsprechung

Literaturverzeichnis

ABEGGLEN SANDRO, Retrozession ist nicht gleich Retrozession: Zur Anwendbarkeit zu Art. 400 Abs. 1 OR auf Entschädigungen, die an Banken geleistet werden, insbesondere im Fondsvertrieb, Schweizerische Zeitschrift für Wirtschafts- und Finanzmarktrecht, 2/2007 (zitiert ABEGGLEN)

AMSTUTZ MARC/SCHLUEP WALTER, Kommentar zum Schweizerischen Privatrecht, Obligationenrecht I: Art. 1–529, hrsg. von HEINRICH HONSELL/NEDIM PETER VOGT/WOLFGANG WIEGAND, 4. Aufl., Basel 2007 (zitiert AMSTUTZ/SCHLUEP)

AMSTUTZ MARC/VOGT NEDIM PETER/WANG MARKUS, Kommentar zum Schweizerischen Privatrecht, Internationales Privatrecht, hrsg. von HEINRICH HONSELL/NEDIM PETER VOGT/ANTON K. SCHNYDER, Basel/Frankfurt am Main 1996 (zitiert AMSTUTZ/VOGT/WANG)

BADERTSCHER BEAT/SPÖRRI THOMAS, OR Handkommentar zum Schweizerischen Obligationenrecht, hrsg von JOLANTA KREN KOSTKIEWICZ, URS BERTSCHINGER, PETER BREITSCHMID, IVO SCHWANDER, Zürich 2002 (zitiert BADERTSCHER/SPÖRRI)

BAUDENBACHER CARL, Kommentar zum Gesetz gegen den unlauteren Wettbewerb (UWG), Basel/Genf/München 2001 (zitiert BAUDENBACHER, Kommentar)

BAUDENBACHER CARL, Die Behandlung des Franchisevertrags im schweizerischen und im europäischen Recht, in: Neue Vertragsformen der Wirtschaft: Leasing, Factoring, Franchising, 2. Auflage, Bern/Stuttgart/Wien 1992 (zitiert BAUDENBACHER Franchisevertrag)

BELSER URS, Basler Kommentar Datenschutzgesetz, 2. Auflage, Basel 2006 (zitiert BELSER)

BENTELE ROLAND, Die Konventionalstrafe nach Art. 160–163 OR, Diss. Freiburg 1994 (zitiert BENTELE)

BERETTA PIERA, Vertragsübertragungen im Anwendungsbereich des geplanten Fusionsgesetzes, in: SJZ 98 (2002), S. 249 ff. (zitiert BERETTA)

BÖHNER REINHARD, Vom Franchisevertrags- zum Franchisenetzwerkrecht, BB 2004 (zitiert BÖHNER)

BORER JÜRG, Kartellgesetz, Ausgabe 2005, Zürich 2005 (zitiert BORER)

BOTSCHAFT ZUM BUNDESGESETZ ÜBER FUSION, SPALTUNG, UMWANDLUNG UND VERMÖGENSÜBERTRAGUNG (Fusionsgesetz; FusG) vom 13. Juni 2000, in BBl 2000, 4337 ff. (zitiert BOTSCHAFT ZUM FUSG)

BUCHER EUGEN, Kommentar zum Schweizerischen Privatrecht, Obligationenrecht I: Art. 1–529, hrsg. von HEINRICH HONSELL/NEDIM PETER VOGT/WOLFGANG WIEGAND, 4. Aufl., Basel 2007 (zitiert BUCHER)

BUCHER EUGEN, OR BT, Obligationenrecht Besonderer Teil, Zürich 1988 (zitiert BUCHER, OR)

BÜHLER THEODOR, Kommentar zum Schweizerischen Zivilgesetzbuch: Art. 418a – 418v OR, hrsg. von PETER GAUCH/JÖRG SCHMID, Zürich 2000 (zitiert BÜHLER)

COTTI LUKAS, Das vertragliche Konkurrenzverbot (zitiert COTTI)

DUBLER ANDREAS, Der Kommissionsagenturvertrag (zitiert DUBLER, Kommissionsagenturvertrag)

DUBLER ANDREAS, Möglichkeiten der Markterschliessung im Vergleich, S. 3, auffindbar unter www.dubler.ch (zitiert DUBLER, Markterschliessung)

DUCREY PATRIK, Vertriebsverträge und Kartellrecht, in: Oliver Arter (Hrsg.), Vertriebsverträge, Bern 2007 (zitiert DUCREY)

DÜRR CARL, Mäklervertrag und Agenturvertrag, Kommentar der Art. 412 bis 418v des Schweizerischen Obligationenrechts, 1959 (zitiert DÜRR)

EBNETER MARTIN, Der Franchisevertrag, Zürich 1997 (zitiert EBNETER)

EGLI FELIX W., Risikoausgleich durch Distributionsverträge, in: Vertriebsverträge, hrsg. von Oliver Arter, Bern 2007 (zitiert EGLI)

EIDG. DATENSCHUTZ- UND ÖFFENTLICHKEITSBEAUFTRAGTER DER SCHWEIZERISCHEN EIDGENOSSENSCHAFT, Erläuterungen zu den Änderungen vom 17.12.2004 und vom 25.3.2005 des Bundesgesetzes über den Datenschutz, abrufbar unter www.edoeb.admin.ch (zitiert EIDG. DATENSCHUTZ- UND ÖFFENTLICHKEITSBEAUFTRAGTER)

EIDGENÖSSISCHE STEUERVERWALTUNG, Wegleitung 2001 zur Mehrwertsteuer (zitiert MWST-WL)

EMMENEGGER SUSANNE, Garantie Schuldbeitritt, Bürgschaft – vom bundesgerichtlichen Umgang mit gesetzgeberischen Inkohärenzen, ZBJV 2007 (zitiert EMMENEGGER)

FEHLMANN WALTER, Der Auftrag Art. 394–406 OR in: Das Obligationenrecht Band VI, 2. Abteilung, Bern 1992

FLICK HANS/WASSERMEYER FRANZ/KEMPERMANN MICHAEL, Doppelbesteuerungsabkommen Deutschland-Schweiz, Loseblatt, Köln (zitiert FLICK/WASSERMEYER/KEMPERMANN)

FLOHR ECKHARD, Franchisevertrag, 3. Auflage, München 2006 (zitiert FLOHR, Franchisevertrag)

FLOHR ECKHARD, Franchiserecht, Recklinghausen 2002 (zitiert FLOHR, Franchiserecht)

FLOHR ECKHARD, Masterfranchise-Vertrag, München 2004 (zitiert FLOHR, Masterfranchise-Vertrag)

FOUNTOULAKIS CHRISTIANA, Agentur- und Fachhändlerverträge – jüngere Rechtsprechung und aktuelle Probleme, in: Vertriebsverträge, hrsg. von Oliver Arter, Bern 2007 (zitiert FOUNTOULAKIS)

FRAUENHUBER WALTRAUD/JUNG MICHAELA, Das Leistungspaket, in: Franchising – Die Königsklasse der Vertriebssysteme, hrsg. von FLOHR ECKHARD/FRAUENHUBER WALTRAUD/LIEBSCHER CHRISTOPH/WILDHABER CHRISTOPH, 2. Auflage, München/Neuwied/Kriftel/Köln 2003, (zitiert FRAUENHUBER/JUNG)

FREY URS, Franchising als strategische Wahl, in: Franchising, Sonderdruck des Schweizer Franchise Verbands, Zürich 2005 (zitiert FREY)

FURRER ANDREAS/LOHRI GINO, Die Anwendung kaufrechtlicher Bestimmungen auf Lieferungs- und Bezugsverträge, in: Vertriebsverträge, hrsg. von Oliver Arter, Bern 2007 (zitiert FURRER/LOHRI)

GAUTSCHI GEORG, Der Agenturvertrag im Berner Kommentar Bd. VI 2. Abt. (1964) (zitiert GAUTSCHI)

GEISER THOMAS/KRAUSKOPF PATRICK/MÜNCH PETER (Hrsg.), Schweizerisches und europäisches Wettbewerbsrecht, Handbücher für die Anwaltspraxis, Band IX, Basel; Genf; München 2005 (zitiert GEISER/KRAUSKOPF/MÜNCH)

GIESLER JAN PATRICK, Die Prospekthaftung des Franchisegebers, ZIP 1999 (zitiert GIESLER)

GLAUSER PIERRE-MARIE, Mwst.com, Kommentar zum Bundesgesetz über die Mehrwertsteuer, hrsg. Kompetenzzentrum MWST der Treuhand-Kammer, Basel/Genf/München (zitiert GLAUSER, Mwst.com)

GUHL THEO/KOLLER ALFRED/SCHNYDER ANTON K./DRUEY JEAN NICOLAS, Das Schweizerische Obligationenrecht, 9. Auflage, Zürich 2000 (zitiert GUHL/KOLLER)

GÜRZUMAR OSMAN BERAT, Der Franchisevertrag unter besonderer Berücksichtigung der immaterialgüterrechtlichen Schutzprobleme, Diss. Bern 1991 (zitiert GÜRZUMAR)

HARTMANN JÜRG/EGLI FELIX W./MEYER-HAUSER BERNHARD, Der Alleinvertriebsvertrag, 2. Auflage, St. Gallen 1995 (zitiert HARTMANN/EGLI/MEYER-HAUSER)

HIGI PETER, Die Miete, Art. 153–270e OR, in: Obligationenrecht Reilbände V2b, Zürich 1994

HILTY RETO M., Lizenzvertragsrecht, Bern 2001 (zitiert HILTY)

HÖHN ERNST/MÄUSLI PETER, Interkantonales Steuerrecht, 4. Auflage, Bern/Stuttgart/Wien 2000 (zitiert HÖHN/MÄUSLI, Interkantonales Steuerrecht)

HÖHN ERNST/WALDBURGER ROBERT, Steuerrecht Band II, 9. Auflage, Bern/Stuttgart/Wien 2002 (zitiert HÖHN/WALDBURGER, Steuerrecht Band II)

HOCH CLASSEN MARIEL, Vertikale Wettbewerbsabreden im Kartellrecht, Diss. Zürich 2003 (zitiert HOCH CLASSEN)

HONSELL HEINRICH, Schweizerisches Obligationenrecht, Besonderer Teil, 8. Auflage, Bern 2006 (zitiert HONSELL, OR BT)

HONSELL HEINRICH, Kommentar zum Schweizerischen Privatrecht, Obligationenrecht I: Art. 1–529, hrsg. von HEINRICH HONSELL/NEDIM PETER VOGT/WOLFGANG WIEGAND, 4. Aufl., Basel 2007 (zitiert HONSELL, Kommentar)

HUGUENIN CLAIRE, Obligationenrecht, Besonderer Teil, 2. Auflage, Zürich 2004 (zitiert HUGUENIN, OR BT)

HUGUENIN CLAIRE, Kommentar zum Schweizerischen Privatrecht, Zivilgesetzbuch I: Art. 1–456, hrsg. von HEINRICH HONSELL/NEDIM PETER VOGT/THOMAS GEISER, 3. Aufl., Basel 2006 (zitiert HUGUENIN, Kommentar)

KELLER/KREN, in: Zürcher Vermieter zum IPRG, Art. 20ff. IPRG, Zürich 2004

KOLLER THOMAS, Zulässigkeit von so genannten Brutto-Bruttolohn-Vereinbarungen und von Nettolohn-Vereinbarungen im Arbeitsvertrags-, Agenturvertrags- und Sozialversicherungsrecht, AJP 2002, S. 587 ff (zitiert KOLLER)

KRAMER ERNST A., Kommentar zum Schweizerischen Privatrecht, Obligationenrecht: Art. 19–22, hrsg. von ARTHUR MEIER-HAYOZ, Bern 1991 (zitiert KRAMER)

KRAMER ERNST A., Kommentar zum Schweizerischen Privatrecht, Obligationenrecht: Art. 1–18, hrsg. von ARTHUR MEIER-HAYOZ, Bern 1986 (zitiert KRAMER)

KRAMER ERNST A., Aktuelle Rechtsprechung zum Vertragsrecht der Absatz- und Geschäftsvermittler, AJP 1997, 165 ff. (zitiert KRAMER, Absatzvermittler)

KRAMER ERNST A., Neue Vertragsformen der Wirtschaft: Leasing, Factoring, Franchising, 2. Auflage 1992 (zitiert KRAMER, Vertragsformen)

KRAMER ERNST A., Allgemeine Geschäftsbedingungen: Status quo, Zukunftsperspektiven, SJZ 1985, S. 17 ff. (zitiert KRAMER, AGB)

KRAUSKOPF PATRICK/RIESEN OLIVER, Selektive Vertriebsverträge, in: Roger Zäch (Hrsg.), Das revidierte Kartellgesetz in der Praxis, Zürich 2006 (zitiert KRAUSKOPF/RIESEN)

KUBAILE HEIKO/SUTER ROLAND/JAKOB WALTER, Der Steuer- und Investitionsstandort Schweiz, hrsg. Ernst & Young, Verlag Neue Wirtschafts-Briefe, Herne/Berlin (zitiert KUBAILE/SUTER/JAKOB)

KULL MICHAEL, Der Franchisevertrag im schweizerischen Recht, Insolvenz- und Wirtschaftsrecht 2000 (zitiert KULL)

LACHAT/STOLL/BRUNNER, Das Mietrecht für die Praxis, 4. Aufl., Zürich 1999

LIESEGANG HELMUTH, Keine Prospekthaftung des Franchisegebers, in: Franchising im Wandel, Gedächtnisschrift für Walther Skaupy, hrsg. von Eckhard Flohr, München 2003 (zitiert LIESEGANG)

LOCHER THOMAS, Grundriss des Sozialversicherungsrechts, 3. Auflage, Bern 2003 (zitiert LOCHER)

MARTINEK MICHAEL, Franchising, Heidelberg 1987 (zitiert MARTINEK)

MARTINEK/SEMLER/HABERMEIER, Handbuch des Vertriebsrechts, 2. Aufl., München 2003 (zitiert MARTINEK/AUTOR)

METZLAFF KARSTEN, Praxishandbuch Franchising, München 2003 (zitiert METZLAFF)

MEILI ANDREAS, Kommentar zum Schweizerischen Zivilgesetzbuch I, Art. 1–456, 3. Aufl. Basel 2006 (zitiert MEILI)

MEYER CHRISTIAN ALEXANDER, Der Alleinvertrieb, 2. Auflage, St. Gallen 1992 (zitiert MEYER)

PAETZOLD VERONIKA, Alleinvertriebsvertrag Deutschland-Schweiz, Zürich 2006 (zitiert PAETZOLD)

PESTALOZZI CHRISTOPH M., Kommentar zum Schweizerischen Privatrecht, Obligationenrecht I: Art. 1–529, hrsg. von HEINRICH HONSELL/NEDIM PETER VOGT/WOLFGANG WIEGAND, 4. Aufl., Basel 2007 (zitiert PESTALOZZI)

PETITJEAN MARCEL, Die Herabsetzung der Konventionalstrafe nach schweizerischem Recht, Diss. Basel 1937 (zitiert PETITJEAN)

PFEIER/MEIER, Zürcher Kommentar zum Fusionsgesetz, hrsg. von Frank Vischer/Vischer Anwälte, Zürich 2004 (zitiert PFEIFER/MEIER)

RÜEDI ROLF, Die Abgrenzung zwischen selbständiger und unselbständiger Erwerbstätigkeit, in: Aktuelle Fragen aus dem Beitragsrecht der AHV, St. Gallen 1998 (zitiert RÜEDI)

SCHALLER OLIVIER, Les ententes à l'importation en droit de la concurrence, Thèse Fribourg 2002 (zitiert SCHALLER)

SCHLUEP WALTER R., Schweizerisches Privatrecht VII/2, Basel und Stuttgart 1979 (zitiert SCHLUEP, Innominatverträge)

SCHLUEP WALTER R., Die Behandlung des Franchisevertrages im schweizerischen und im europäischen Recht (zitiert SCHLUEP, Franchisevertrag)

SCHMIDLI MARC/VASSALLI PHILIPP, Immaterielle Vermögenswerte, in Der Schweizer Treuhänder, 2006/3 (zitiert SCHMIDLI/VASSALLI)

SCHÖNENBERGER WILHELM/JÄGGI PETER, Kommentar zum Obligationenrecht Teilband 1A, Zürich 1973 (zitiert SCHÖNENBERGER/JÄGGI)

SCHULTHESS VIKTOR, Der Franchisevertrag nach schweizerischem Recht, Zürich 1975 (zitiert SCHULTHESS)

SCHWEIZERISCHE STEUERKONFERENZ, SAS SCHWEIZERISCHE STEUERSYSTEM, 12. Auflage, Bern 2005 (zitiert SCHWEIZERISCHE STEUERKONFERENZ, DAS SCHWEIZERISCHE STEUERSYSTEM)

STEIN-WIGGER MATTHIAS, Die Beendigung des Franchisevertrags, Basel 1999 (zitiert STEIN-WIGGER)

STEIN-WIGGER MATTHIAS, Der Investitionsersatzanspruch des Franchisenehmers, AJP 2000, 1079 ff. (zitiert STEIN-WIGGER, Investitionsersatz)

STREIFF ULLIN/VON KAENEL ADRIAN, Arbeitsvertrag, Praxiskommentar zu Art. 319–362 OR, 6. Auflage, Zürich/Basel/Genf 2006 (zitiert STREIFF/VON KAENEL)

SCHWENNINGER MARC, Franchisevertrag, in: Schweizer Vertragshandbuch, Basel 2007 (zitiert SCHWENNINGER)

SCHWENZER INGEBORG, Schweizerisches Obligationenrecht, Allgemeiner Teil, 4. Aufl., Bern 2006

STRAUB RALF MICHAEL, Kommentierung des Fachhändler-, Vertragshändler- und Agenturvertrags, in: Schweizer Vertragshandbuch, Basel 2007 (zitiert STRAUB)

TSCHÄNI RUDOLF, M & A-Transaktionen nach Schweizer Recht, Zürich/Basel/Genf 2003 (zitiert TSCHÄNI)

VENTURI SILVIO/VONLANTHEN CHRISTOPH, Accords de distribution et droit de la concurrence, in: Philippe Gillieron/Peter Ling (éd.), Les accords de distribution, Lausanne 2005 (zitiert VENTURI/VONLANTHEN)

VISCHER FRANK (HRSG.), Kommentar zum Bundesgesetz über Fusion, Spaltung, Umwandlung und Vermögensübertragung (Fusionsgesetz; FusG) vom 3. Oktober 2003 sowie zu den ergänzenden Erlassen (IPRG, Steuerrecht) (zitiert VISCHER)

VOGEL BERNHARD, Der Franchisevertrag, Zürich 2006 (zitiert VOGEL)

VON BÜREN BRUNO, Schweizerisches Obligationenrecht, Besonderer Teil, Zürich 1972 (zitiert VON BÜREN)

VON PLANTA ANDREAS/LENZ CHRISTIAN, Kommentar zum Schweizerischen Privatrecht, Obligationenrecht I: Art. 1–529, hrsg. von HEINRICH HONSELL/NEDIM PETER VOGT/WOLFGANG WIEGAND, 4. Aufl., Basel 2007 (zitiert VON PLANTA/LENZ)

VULLIETY JEAN-PAUL, Résiliation extraordinaire injustifiée d'une concession de vente en droit Suisse: Poursuite ou fin du contrat?, Semaine Judiciaire 2003 (zitiert VULLIETY)

WEBER ROLF H., Kommentar zum Schweizerischen Privatrecht, Obligationenrecht: Art. 97–109, hrsg. von HEINZ HAUSHEER, Bern 2000 (zitiert WEBER)

WEBER ROLF H./ZEIER PRISKA, Vertikale Wettbewerbsabreden nach schweizerischem Kartellrecht, in: Zeitschrift für Wettbewerbsrecht ZWeR 2005, S. 178 ff. (zitiert WEBER/ZEIER)

WETTENSCHWILER SUZANNE, Kommentar zum Schweizerischen Privatrecht, Obligationenrecht I: Art. 1–529, hrsg. von HEINRICH HONSELL/NEDIM PETER VOGT/WOLFGANG WIEGAND, 4. Aufl., Basel 2007 (zitiert WETTENSCHWILER)

WIEGAND WOLFGANG, Kommentar zum Schweizerischen Privatrecht, Obligationenrecht I: Art. 1–529, hrsg. von HEINRICH HONSELL/NEDIM PETER VOGT/WOLFGANG WIEGAND, 4. Aufl., Basel 2007 (zitiert WIEGAND)

WILDHABER CHRISTOPH, Franchising im Internationalen Privatrecht, St. Gallen 1991 (zitiert WILDHABER, Franchising)

WILDHABER CHRISTOPH, Handkommentar zum Schweizer Privatrecht, hrsg. von Marc Amstutz, Peter Breitschmid, Andreas Furrer, Daniel Girsberger, Claire Huguenin, Markus Müller-Chen, Vito Roberto, Alexandra Rumo-Jungo, Anton K. Schnyder, Zürich/Basel/Genf 2007 (zitiert WILDHABER, Kommentar)

WILDHABER CHRISTOPH, Wachstumsstrategie Franchising – Hinweise zur rechtlichen Organisation, in: Vertriebsverträge, hrsg. von Oliver Arter, Bern 2007 (zitiert WILDHABER, Wachstumsstrategie)

XOUDIS JULIA, Les accords de distribution au regard du droit de la concurrence, Diss. Zürich/Bruxelles 2002 (zitiert XOUDIS)

ZÄCH ROGER, Schweizerisches Kartellrecht, 2. Auflage, Bern 2005 (zitiert ZÄCH)

ZOFKA ONDREJ, Aufbau eines grenzüberschreitenden strategischen Netzwerks für schweizerische KMU, Bern/Stuttgart/Wien 1996 (zitiert ZOFKA)

1. Integrierte Vertriebssysteme

1.1 Moderner Vertrieb

1.1.1 Nur eigene Strukturen?

1 Jedes Unternehmen steht vor der Frage, welcher Vertriebsweg der richtige für seine Produkte und Dienstleistungen ist. Traditionell und nach wie vor weit verbreitet ist die Auffassung, dass man nur über eigene Strukturen erfolgreich sein kann. Nur so sei Gewähr geboten für die erforderliche Kontrolle und damit die Qualitätssicherung. Solche Strategien sind oft zwangsläufig limitiert, sei es beispielsweise durch beschränkt zur Verfügung stehende personelle Ressourcen oder verfügbare finanzielle Mittel.

1.1.2 Vertrieb ist mehr als nur Verkauf

2 Eine zweite (Fehl-)Überlegung ist verbreitet: Vertrieb wird häufig gleich gesetzt mit Verkauf, d. h. mit den eigentlichen Absatzaktivitäten am Verkaufspunkt (POS). Die Aufgaben eines Unternehmens sind heutzutage allerdings vielfältiger denn je. Ein Unternehmen ist geradezu ein vielschichtiger «Organismus», bei dem Finanzierungsfragen, Beschaffung und Logistik, infrastrukturelle Aspekte, Human Ressource Management, Produktion, Forschung und Entwicklung und weiteres so zusammenspielen müssen, dass letztlich eine möglichst optimale Wertschöpfungskette entsteht und dazu beiträgt, dass ein erfolgreicher Verkaufsabschluss beim Kunden stattfinden kann.

3 Vertriebliche Aufgaben – in der in dieser Publikation verstandenen Art – sind entsprechend vielschichtig:

4 Professioneller Vertrieb verlangt einen ganzheitlichen Ansatz, d. h. eine umfassende Betrachtung von der Herstellung bis hin zum Verkauf, inkl. so genannter After Sales-Leistungen. Die vom Kunden heutzutage erwartete Marktleistung bedingt, dass ein Unternehmen schnell auf die Bedürfnisse des Kunden reagieren kann, gleichzeitig nahe beim Kunden ist, um von diesem wahrgenommen zu werden. Dies verlangt Kenntnis und Miteinbezug verschiedenster Geschäftsprozesse (und nicht nur jene des «reinen Verkaufens») im Rahmen der Vertriebsstrategie eines Unternehmens.

1.2 Welche Aspekte werden in modernen Vertriebssystemen zunehmend wichtig?

1.2.1 Einheitliche Qualität

5 Erfolgreiche vertriebsorientierte Unternehmen zeichnen sich u. a. dadurch aus, dass der Kunde, wo auch immer er die Ware oder Dienstleistung beziehen will, von einer gleich bleibenden Qualität ausgehen kann.

6 Qualitätssicherung beginnt bei der angepassten Beschaffungsorganisation eines Unternehmens und damit bereits bei der Auswahl und der Sicherung von geeigneten Lieferanten. Qualitätssicherungssysteme sind heute Teil jeder Vertriebsorganisation. Wer beispielsweise Lebensmittel herstellt, verarbeitet oder abgibt, hat Verfahren zur Qualitätssicherung, basierend auf den Grundsätzen des HACCP-Konzeptes zu entwickeln und anzuwenden (so der Gesetzgeber in der Lebensmittel- und Gebrauchsgegenstände-Verordnung). Dies verlangt eine ausreichende Identifizierung und Bewertung von möglichen Gefahren (so genannte «Hazard Analysis»), die Bestimmung der Kontrollpunkte, um eine Gefahr unter Kontrolle zu bringen (so genannte «Critical Contact Points»), die Festlegung von Richtwerten, die Festlegung und Durchführung eines Überwachungssystems, die Festlegung von Korrekturmassnahmen und Überprüfungsmodalitäten. Das Ganze ist zu dokumentieren. Derartige oder ähnliche Qualitätssicherungssysteme werden heute in modernen Vertriebsorganisationen auf verschiedener Stufe der Wertschöpfungskette eingesetzt und schaffen die Grundlage dafür, dass die Kunde seine Erwartungen erfüllt erhält.

1.2.2 Wiedererkennung

7 Ein einheitlicher Auftritt eines Unternehmens am Verkaufspunkt schafft Wiedererkennung. Wiedererkennung löst Erwartungen des Kunden aus, welche befriedigt werden müssen. Wird dies erreicht, so schafft ein Unternehmen eine Kundenbindung über einen einzelnen Verkaufspunkt hinaus.

8 Dies macht allerdings ausreichende Massnahmen im Bereich Marke, Markenmanagement oder Visual Merchandising erforderlich.

1.2.3 Kundenbindung

9 Wichtig sind Kundenbindungsinstrumente (Customer Relationship Management). Eine professionelle Vertriebsorganisation muss in der Lage sein, frühzeitig Kundenbedürfnisse zu erkennen und künftige Veränderungen rasch wahrzunehmen. Eine Vertriebsorganisation

hat somit nicht nur eine Absatzfunktion, sondern dient – quasi als Teil eines eigentlichen Unternehmensregelkreises – auch dazu, «den Puls am Markt» zu nehmen.

1.3 Von der Produkte- zur Kundenorientiertheit

10 Erfolgreiche Unternehmen und Vertriebsorganisation definieren sich heute nicht mehr einzig über die Produkte. Entwicklungen im Markt zeigen, dass eine Verlagerung von der bisher praktizierten Produktorientiertheit zu einer eigentlichen Kundenorientiertheit stattfindet und damit eine stärkere Ausprägung der Dienstleistungskomponente im Verkaufsprozess festzustellen ist.

11 Dies erscheint einleuchtend: Wir bewegen uns in vielen Branchen zunehmend in einem gesättigten Markt. Produkte werden vergleichbar und substituierbar. Damit entsteht ein Preisdruck, dem sich ein Unternehmen nur dann entziehen kann, wenn es zusätzlich zu seinen Produkten Differenzierungsmerkmale schafft. Derartige Differenzierungen erfolgen über ein Angebot ergänzender Dienstleistungen. Diese können unterschiedlich ausgeprägt sein, entsprechen einem wachsenden Bedarf und lassen damit das Gesamtangebot weiterhin profitabel gestalten. Deutlich zeigt sich dies etwa in so genannten After Sales-Leistungen (also Dienstleistungen, die nach dem eigentlichen Verkaufsabschluss stattfinden), welche einem Kunden angeboten werden. Viele Unternehmen verkaufen zudem «Life Style». Services werden angeboten, welche schon lange nichts mehr mit dem eigentlichen ursprünglichen Produkteversprechen zu tun haben (man denke etwa an die Telekommunikationsbranche). Dies spielt im Einklang mit gesellschaftlichen Entwicklungen, welche unter dem Gesichtspunkt «Time to Market» von einem Unternehmen frühzeitig aufgenommen, in ihre Marktleistungen integriert und in die Vertriebsorganisation eingespiesen werden müssen.

1.4 Alternative Vertriebsysteme

12 In der heutigen Vertriebslandschaft ist nicht nur diese Kundenorientiertheit und damit auch eine ausgeprägte Know-how-Komponente einer erfolgreichen Marktleistung («Was muss ich tun, damit mein Kunde bei mir kauft, und dies auch in Zukunft machen wird?») feststellbar, auch eine weitere Entwicklung ist erkennbar:

13 Weil heutzutage nicht mehr das Unternehmen entscheidet, was gut ist, sondern der Kunde, haben vorbildliche Unternehmen in den letzten Jahren zunehmend auch nach anderen Vertriebsformen als den bisherigen gesucht. Solche Vertriebsformen sind aus verschiedenen

Gründen eine bedenkenswerte Alternative zu traditionellen Wegen, Dienstleistungen und Produkte beim Kunden abzusetzen:

1.4.1 Filialsysteme verdichten ihr Netz mittels rechtlich selbstständiger Vertriebspartner

14 Der Einsatz rechtlich selbstständiger Vertriebspartner, also solche, welche ihr Geschäft selbst finanzieren, kann ein schnelles Wachstum des Unternehmens erlauben. Dies ist oft aus Wettbewerbsgründen, etwa beim Eintritt eines neuen Mitbewerbers in den Markt (aktuell beispielsweise im Detailhandel), erforderlich. Oft fehlt auch die erforderliche Kapitalausstattung für die bis anhin praktizierte Vertriebstätigkeit über eigene Verkaufspunkte. Zudem ist häufig die Einbindung eines Unternehmers, der mit lokalen Strukturen vertraut ist (etwa im Handwerksbereich als typisch mittelständisch strukturierte Branche), sinnvoll. Dieser bringt ein Beziehungsnetz mit und kann einem Unternehmen vor Ort den erwünschten Schub verschaffen.

1.4.2 Markenartikler bereinigen ihre bestehenden Absatzmärkte

15 Traditionell versuchten Markenartikelhersteller, ihre Vertriebswege fast grenzenlos zu entwickeln. Dies mit der Zielsetzung, dass ihre Produkte möglichst überall erhältlich sein sollen. Dies hat vielfach zur Folge, dass Markenprodukte in Vertriebskanäle gelangen, welche nicht nur nicht erwünscht sind, sondern auch nicht mehr kontrolliert werden können. Eine Verwässerung des Markenimages ist die Folge, häufig auch eine Preiserosion.

16 Alternative Vertriebsstrategien, welche neben dem traditionellen Produktabsatz zusätzliche Vertriebsbindungen beinhalten und dem Kunden ergänzende Dienstleistungen anbieten, erlauben eine Differenzierung und damit eine Bereinigung der bestehenden Absatzkanäle. Typische Vertriebsbindungen sind etwa das Respektieren eines einheitlichen Marketing, das Erfordernis einer minimalen Schulung des Verkaufspersonals, ein spezieller Kundendienst oder den Einsatz eines effizienten Warenwirtschaftssystems.

1.4.3 Hersteller suchen vertriebliche Unabhängigkeit

17 Auch das Umgekehrte kann zutreffen. Hersteller stellen fest, dass ihr vermeintlich noch so gutes Produkt für den selbstständigen Zwischenhandel zu wenig attraktiv ist. In der Folge lassen sich die eigenen Produkte nicht mehr an genügend Verkaufspunkten präsentieren. Abgesehen vom fehlenden Absatz geht ein Verlust am Markenimage einher. Zwei Lösungsansätze im Sinne der erwähnten Alternativen integrierter Vertriebssysteme sind denkbar: Bestehende

Vertriebspartner können zusätzlich gefördert werden oder der Hersteller realisiert ein eigenes Vertriebskonzept, welches bis an den Verkaufspunkt wirkt. Positiv ist, dass nun ein weiteres Glied der Wertschöpfungskette vom Hersteller beeinflusst werden und er damit am Verkaufspunkt selbst oder über neue eigene Vertriebspartner wahrnehmbar gegenüber dem Kunden agieren kann.

1.5 Herausforderung für KMU

18 Gerade die vertriebliche Positionierung ist für KMU eine besondere Herausforderung. KMU sind eine wichtige Stütze unserer Volkswirtschaft.

1.5.1 Stärken

19 KMU sind flexibel, haben kurze Informations- und Entscheidungswege und überschaubare Verhältnisse. Enge Kundenkontakte sind ihre Vorteile. Kleine Betriebsgrössen lassen erwarten, dass auf veränderte Kundenbedürfnisse dynamisch reagiert werden kann.

1.5.2 Schwächen

20 Wesentliche strukturelle Schwächen dürfen aber nicht ignoriert werden. Neben Problemen, die sich möglicherweise bei Finanzierungen oder bei der Nachfolgeplanung zeigen, ist konstanter Preisdruck für viele Unternehmen eine beinahe unüberwindbare Hürde. Schwächen in der Person des Unternehmers wirken sich oft schlimmer als im Grossunternehmen aus. Zudem ist der Klein- und Mittelunternehmer vielmehr ein «Macher» und weniger ein «Manager». Die gepriesene Übersichtlichkeit und Kleinheit eines Unternehmens hat durchaus auch ihre Nachteile, etwa bei der Ablaufplanung, bei der Logistik, bei der Warenbeschaffung oder beim Marktauftritt. Instrumente wie Controlling oder Möglichkeiten der IT werden häufig zu wenig genutzt.

1.5.3 Kooperationsmodelle

21 Gerade für kleinere und mittlere Unternehmen können deshalb alternative Vertriebsformen, etwa über selbstständige Vertriebspartner, ganz neue Möglichkeiten und damit Gewinnpotentiale eröffnen. Wer in der heutigen Zeit im Markt bestehen will, muss die notwendigen Ressourcen jederzeit greifbar haben, allerdings braucht man diese nicht unbedingt alle selber zu besitzen. Die Zusammenarbeit mit dem richtigen Kooperationspartner kann eine elegante Problemlösung sein.

22 Erhöhte Präsenz, Kundennähe durch lokale Partner, einheitlicher Marktauftritt und zentrale Leistungen sind Vorteile, die aus vertikal integrierten Kooperationen mit selbstständigen Unternehmen zu ziehen sind. Brach liegende Ressourcen (Know-how) im eigenen Betrieb können besser ausgeschöpft werden.

1.6 Effekte

23 Die Effekte einer professionellen Vertriebsorganisation können vielfältiger Natur sein:

1.6.1 Einheitlichkeit

24 Schafft es das Unternehmen, am Verkaufspunkt Einheitlichkeit zu schaffen (mit Bezug auf Produkte, Dienstleistungen, Verwendung von Kennzeichen, Visual Merchandising etc.), verbessert sich der Marktauftritt. Es wird Wiedererkennung und damit ein positiver Beitrag zur Kundenbindung geschaffen.

1.6.2 Engagement

25 Vertikal integrierte Vertriebssysteme, welche auf der Zusammenarbeit mit selbstständigen Vertriebspartnern aufbauen, haben den entscheidenden Vorteil des unternehmerischen Engagements am Verkaufspunkt. Wer mit eigenem Geld und mit persönlichem sowie emotionalem Einsatz Geschäften nachgeht, ist besonders motiviert und damit in der Regel erfolgreicher. Unter anderem darf erwartet werden, dass mehr in Kundenbindung investiert und damit wiederum die Positionierung des Unternehmens und dessen Image am Markt gestärkt wird.

1.6.3 Effizienz

26 Wer sich auf ein paar wesentliche Geschäftsprozesse konzentrieren kann, dies dafür effizient macht, vermag einen Beitrag zur Kostensenkung zu leisten. Effizienz in der Arbeitsteilung ist ein Merkmal professioneller Vertriebsorganisationen. Nicht jeder, der vermeintlich glaubt, alles alleine machen zu können, ist gefragt, sondern jener, der das, was er tut, effektiv und effizient macht.

1.6.4 Erfahrungsaustausch

27 Schliesslich zeichnen sich moderne Vertriebsorganisationen dadurch aus, dass Instrumente eingesetzt werden, welche der Erfahrungsvermittlung dienen (Schulung, Know-how-Pools). Dies schafft Sicherheit für den selbstständigen Vertriebspartner und motiviert wiederum, sich für die Sache und damit für das Unternehmen einzusetzen.

1.7 Positionierung von Kooperationen

28 Kooperationen (oder hier allgemein: Netzwerke) positionieren sich zwischen streng hierarchischen Organisationen und den Mechanismen des freien Marktes, bei dem jeder Marktteilnehmer für sich selbst das Optimum sucht und mit niemandem enger zusammenarbeitet.

Schlüsselfaktoren	Markt	Netzwerk	Hierarchie
Rechtliche Organisation	«eindimensionaler» Vertrag zwischen den Marktteilnehmern	Vielschichtige Beziehungen auf Vertragsbasis	Interne Regelungen
Koordinationsmechanismus	Verhältnis Preis-Qualität	Beziehungen	Weisungen
Hauptsächlicher Konfliktlösungsmechanismus	Verhandlung/Gericht	Beziehungsmanagement/ Usanzen/«Sitte»	Überwachung, administrativer Entscheid
Flexibilität der Teilnehmer	Gross	Mittel	Klein
Gegenseitige Bindung der Teilnehmer	Gering	Mittel	Gross
Gemeinsame Kultur der Teilnehmer	Keine	Vertrauen	Disziplin
Unternehmertum der Teilnehmer	Unabhängigkeit	Bedingte Unabhängigkeit	Abhängigkeit

(Zofka, 66)

29 In der vorliegenden Publikation werden Beispiele verschiedener Netzwerke dargestellt: Traditionelle Vertriebsformen wie die Agentur oder moderne Erscheinungen wie Alleinvertriebs- oder Franchisesysteme.

1.8 Erfolgsfaktoren für den Aufbau eines Vertriebssystems

30 Es lassen sich verschiedene Erfolgsfaktoren erkennen, welche beim Aufbau von Vertriebssystemen mit rechtlich selbstständigen Partnern berücksichtigt werden müssen:

1.8.1 Organisation des Vertriebssystems und Perfektion der eingesetzten Geschäftsprozesse und -instrumente

31 Ein hoher Standardisierungsgrad mit Bezug auf Waren und Dienstleistungen und eine Systematisierung von Geschäftsprozessen sind typisch für moderne Vertriebsorganisationen. Dem kann bereits bei der Gestaltung eines kooperativen Vertriebssystems Rechnung getragen werden, so dass beispielsweise nicht nur die eigentliche Tätigkeit am Verkaufspunkt, sondern auch die unterstützenden Leistungen durch die zentrale Organisation mit in die Planung und Umsetzung miteinbezogen werden.

1.8.2 Realisieren von Pooleffekten

32 Zentrale Datenbanken, zu sehen etwa bei Personalberatungs-, Immobilienvermittlungs- oder Hotelnetzwerken (so genanntes Knowledge Management), Einkaufsvorteile (beispielsweise bei Handelsunternehmen) oder eine zentrale Bewirtschaftung von Fahrzeugflotten (bei Autovermietungsketten) lassen Pooleffekte erwarten. Diese sollten sich in Effizienzvorteilen niederschlagen.

1.8.3 Positives Image

33 Integrierte Absatzmittlersysteme verfügen in der Regel über einen ausgeprägten einheitlichen Auftritt. Die Unternehmensgruppe bezweckt einen «grossen Auftritt», dies gegenüber der Marktposition eines Einzelkämpfers, welcher sich in einer Nische möglicherweise zwar bewährt, aber bei einem Verdrängungswettbewerb Schwierigkeiten bekommen dürfte.

1.8.4 Weiterentwicklung und Optimierung von Vertriebssystemen

34 Moderne Vertriebsorganisationen sind dynamisch. Dies verkennt zwar nicht die Bedeutung eines statischen, oftmals auf mehrere Jahre abgeschlossenen Vertriebsvertrags. Sowohl Vertriebskonzept wie auch rechtliche Gestaltung sollten jedoch dem Erfordernis Rechnung

tragen, dass Trends frühzeitig zu erkennen sind, dass das Vertriebssystem stets optimiert und an veränderte Verhältnisse anzupassen ist und entsprechend dem Vertriebspartner Hilfestellungen zu geben sein werden. Über ein Netzwerk lassen sich solche oft ressourcenintensive Weiterentwicklungen aufrechterhalten.

1.8.5 Zusammenarbeit zwischen Zentrale und Vertriebspartnern

35 Eine kooperative Zusammenarbeit zwischen selbstständigen Vertriebspartnern untereinander und gegenüber der Zentrale bedingt eine hohe Kompetenz im Beziehungsmanagement und in der Vermeidung von Konfliktrisiken. Dem ist bei der Gestaltung von entsprechenden Geschäftsprozessen (etwa bei der Auswahl von Vertriebspartern) Rechnung zu tragen und auch juristisch einzuplanen.

1.8.6 Betreuung der Vertriebspartner

36 Teil des Beziehungsmanagements ist auch das Charakteristikum einer so genannten «Feedback»-Kultur. Regelmässiger Erfahrungsaustausch und der Einsatz entsprechender Systeme (auch elektronische) sind ebenfalls konzeptionell und rechtlich vorzusehen. In der Folge ist ein Erfahrungsaustausch möglich, welcher quasi durch einen «Hebeleffekt» (viele Vertriebspartner denken mit) wiederum dem einzelnen Vertriebspartner zugute kommt und zu einer gesteigerten Effizienz beiträgt.

37 Solche vertrieblichen Zielsetzungen verlangen, dass vertragliche Gestaltungen sich beispielsweise nicht nur auf die Transaktionsebene des Warenflusses beschränken dürfen, sondern auf Themen wie Know-how-Transfer, Reporting, Controlling oder Qualitätssicherung eingehen müssen.

1.9 Checkliste

- Über welche Stärken und Schwächen verfügt das Unternehmen?
- Wird eher eine kooperative oder eine hierarchische Vertriebsstruktur angestrebt?

2. Formen des Vertriebs und Entscheidungsgrundlagen

2.1 Abgrenzungen

38 Abgrenzungen zwischen Vertriebsformen können nach verschiedenen Kriterien erfolgen. Juristen werden dies nach rechtlichen Gesichtspunkten machen, Marketingfachleute etwa unter dem Kriterium der Marktbearbeitung, Finanzleute vielleicht unter Berücksichtigung des Finanzengagements. Ein Problem, das in der Praxis häufig anzutreffen ist, ist jenes, dass die Entscheidung über die Wahl der Vertriebsstrategie vielfach ohne rechtszeitigen Beizug der spezialisierten Stabsleute (etwa Juristen, Finanzverantwortliche oder andere) getroffen werden.

39 Nachfolgend werden einzelne Vertriebsformen unter verschiedenen Gesichtspunkten gegenübergestellt, ohne eine Wertung vorzunehmen. Die Evaluation muss im Einzelfall unter Berücksichtigung der unternehmerischen Zielsetzungen, vorhandener Ressourcen und Marktgegebenheiten stattfinden.

2.2 Direktvertrieb

40 Von Direktvertrieb spricht man, wenn keine zwischen Stammhaus bzw. zentraler Organisation und dem Kunden geschaltete Unternehmen, so genannte Absatzmittler, eingesetzt werden. Es besteht somit eine direkte wirtschaftliche und rechtliche Beziehung zum Kunden.

41 Gründe, welche für Direktvertrieb sprechen, können die folgenden sein:

42 Die Verhältnisse im Zielmarkt sind vergleichbar mit dem heimischen Markt. Dies bezieht sich insbesondere auf sprachliche und kulturelle Gegebenheiten.

43 Das rechtliche Umfeld ist vergleichbar. Dies gilt insbesondere auch für Rechtsbestimmungen international zwingender Natur, etwa Wettbewerbsrecht, Konsumentenschutzbestimmungen oder Regelungen zu Allgemeinen Geschäftsbedingungen.

44 Typischerweise werden direktvertriebliche Strukturen eingesetzt, wenn der Zielmarkt auch geographisch nicht zu weit entfernt liegt. Dies ist erforderlich, um eine ausreichende Kundenpflege zu ermöglichen. Im Besonderen gilt dies auch für den Einsatz einer bestehenden Marketingorganisation, welche typischerweise in solchen Strukturen vom Hersteller bzw. Lieferanten nicht aufwendig angepasst werden will.

45 Ist eine spezielle Vertriebsorganisation für den neuen Absatzmarkt nicht erforderlich, dann lässt sich ein solcher Markt häufig gut durch direktvertriebliche Aktivitäten erschliessen.

46 Dies heisst allerdings nicht, dass in der Vertriebszentrale gar keine Anpassungen etwa organisatorischer Art getroffen werden müssen. Denkbar ist, dass zusätzliches Verkaufs- und Servicepersonal angestellt werden muss oder die Beschaffungsseite zu reorganisieren ist. Dem Vorteil des Direktvertriebs über die direkte Einflussnahme auf dem Markt gegenüber dem Kunden und die Chance, auf veränderte Bedürfnisse relativ schnell reagieren zu können, steht demzufolge auf der anderen Seite das Erfordernis gegenüber, ausreichend betriebliche Ressourcen bereitzustellen, um die zusätzlichen Aufgaben erfüllen zu können.

2.3 Indirekter Vertrieb

47 Gegenstand des indirekten Vertriebs sind typischerweise so genannte Absatzmittlerverträge. Zwischen Hersteller / Lieferant und Kunde wird ein rechtlich selbstständiger Dritter geschaltet.

2.3.1 Agentur

48 Der Agent ist quasi der verlängert Arm des Unternehmens. Er ist rechtlich selbstständig und handelt im Namen und auf Rechnung des Unternehmens.

49 Unternehmen, welche eine intensive direkte Bindung zum Kunden wünschen und zugleich auch bereit sind, die entsprechende Haftung zu tragen, aber aus verschiedenen Gründen (etwa Umfang der Marktbearbeitung, fehlende Ressourcen) nicht in der Lage sind, eine eigene Vertriebsorganisation aufzubauen, bedienen sich häufig dauerhaft selbstständiger Vertreter.

50 Unterschieden wird zwischen Ein- und Mehrfirmenagenturen, zwischen Vermittlungs- und Abschlussagenten. Typischerweise übernimmt der Agent die Investitionen vor Ort, nicht aber Risiken der Warenlagerhaltung. Dies bedeutet, dass das Unternehmen weiterhin eine zumindest begrenzte Kapitalbindung hat. Die Finanzierung erfolgt über Provisionierungen des Agenten, welche auf erfolgreiche Geschäftsvermittlungen oder Abschlüsse ausgerichtet werden. Agenturverhältnisse sind typischerweise (so auch im schweizerischen Recht) gesetzlich normiert.

2.3.2 Kommissionsagentur

51 Gegenstand der Kommissionagentur ist der auf Dauer ausgerichtete Auftrag zur Übernahme eines Verkaufs (oder eines Kaufs) gegen ein erfolgsbedingtes Entgelt. Ein Auftraggeber beauftragt den Händler, etwa den Verkauf seiner Ware gegen Entgelt zu übernehmen. Dieser besorgt dies im eigenen Namen, aber auf Rechnung des Herstellers / Lieferanten. Gegenstand eines Kommissionsagenturvertrags kann nur der Auftrag zu Kauf oder Verkauf zum Inhalt haben. Ist der Gegenstand des Vertrags ein anderer, so ist einfacher Auftrag anzunehmen.

2.3.3 Fachhandel-, Selektiv- und Alleinvertrieb

52 Fachhandel-, Selektiv- und Alleinvertriebssysteme als Form des indirekten Vertriebs zeichnen sich dadurch aus, dass ein mehrfacher Eigentumsübergang von Ware erfolgt. Der Hersteller / Lieferant der Ware verkauft diese an den Vertriebspartner, welcher die Produkte wiederum gegenüber dem Kunden im eigenen Namen und auf eigene Rechnung absetzt. Wie der Name «Alleinvertrieb» bereits aussagt, geniesst der Alleinvertriebspartner zusätzlich Gebiets- oder Branchenexklusivität. Typischerweise sind derartige Eigenhändler nur begrenzt in die Absatzorganisation eines Vertriebsgebers bzw. Lieferanten eingebunden. Transaktionen beschränken sich in der Regel auf den Warenaustausch, teilweise auf die Einhaltung eines einheitlichen Marketing- und Servicekonzeptes. Da typischerweise ein solcher Eigenhändler über eine eigene Absatzorganisation verfügt, ist der Einfluss auf ein einheitliches Erscheinungsbild relativ gering. Als Vorteil steht demgegenüber dem Vertriebsgeber der begrenzte Kapitaleinsatz entgegen und der Umstand, dass der Vertriebsnehmer eigenes unternehmerisches und wirtschaftliches Risiko trägt.

2.3.4 Lizenz- und Franchisesysteme

53 Lizenz- und Franchisesysteme sind Distributionsformen, welche eine spezifische vertriebliche Zusammenarbeit, die deutlich über eine warenbezogene Transaktion hinausgeht, beinhalten.

54 Von einem Lizenzvertrag wird dann gesprochen, wenn immaterielle Werte (etwa Patente, Urheberrechte oder Marken, aber auch Knowhow) einem Dritten zur Nutzung überlassen werden.

55 Von Franchiseverträgen unterscheiden sich Lizenzverträge typischerweise dadurch, dass der Lizenzgeber in der Regel eher eine passive Rolle übernimmt. Der Lizenzgeber duldet lizenzweise die Benutzung des Vertragsgegenstandes, nimmt aber selten aktiven Einfluss auf die geschäftlichen Aktivitäten am Verkaufspunkt wahr.

56 Demgegenüber geht ein Franchisevertrag weit über lizenzvertragliche Komponenten hinaus, indem er aktive Unterstützungsleistungen, ein

einheitliches Geschäft-, insbesondere Marketingkonzept und den Vertrieb von systemtypischen Produkten und Dienstleistungen zum Gegenstand hat.

2.3.5 Vertrieb über Filialen oder Tochtergesellschaften

57 Diese an sich im Gegensatz zu den vorgenannten Vertriebsverträgen atypische vertriebliche – aber eben ebenfalls mehrstufige – Strukturierung zeichnet sich dadurch aus, dass sich das Unternehmen organisatorisch und operationell einer indirekten Struktur bedient, die Absatzmittlerorganisation (die Filiale bzw. Tochtergesellschaft) aber rechtlich und wirtschaftlich beherrscht. Sonderformen sind denkbar in Form von Joint Venture Agreements mit einem Vertriebspartner.

58 Ob Filialen oder Tochtergesellschaften zwischengeschaltet werden, entscheidet sich häufig aufgrund rechtlicher und steuerlicher Überlegungen. Darauf wird vorliegend nicht weiter eingegangen.

59 Der Aufbau einer eigenen Struktur verlangt in der Regel höhere Investitionen als der klassische indirekte Vertrieb. Demgegenüber bestehen Vorteile in der Kontrolle der künftigen Expansionen. Gründe der Qualitätssicherung, aber insbesondere des einheitlichen Auftritts am Markt werden häufig bei einer Wahl von eigenen Absatzmittlerstrukturen in den Vordergrund gestellt. Typischerweise handelt es sich um hierarchische Organisationsformen. Fremdbestimmung ist nicht erwünscht.

2.4 Kriterien, Vor- und Nachteile

60 Die Wahl der konkret einzusetzenden Vertriebsform erfolgt häufig nicht aufgrund von rechtlichen Kriterien alleine, sondern von diversen wirtschaftlichen Überlegungen. In der Analyse der verschiedenen Handlungsalternativen erfolgt eine Gewichtung und Abwägung verschiedener Kriterien. Zuweilen werden auch eigentliche Portfolioanalysen durchgeführt (siehe etwa das Beispiel zur Internationalisierung Rz 1012 ff.).

61 Nachfolgend werden verschiedene (nicht abschliessende) Fragen aufgeworfen, die wesentlich sein können:

2.4.1 Managementressourcen

62 Sind zusätzliche personelle Ressourcen erforderlich? Wenn ja, wo? Im Stammhaus oder am Verkaufspunkt bzw. in der Serviceorganisation? Ist zusätzliche Infrastruktur (Servicestellen, Auslieferungslager) notwendig? Muss zusätzliches Know-how erarbeitet bzw. bereitgestellt werden? Wenn ja, kann dies intern erfolgen oder muss es extern eingekauft werden?

2.4.2 Finanzierung

63 In welchem Umfang sind zusätzliche Investitionen erforderlich? Wo erfolgt die Kapitalbindung, etwa in der Entwicklung von Know-how, in betriebliche Anlagen oder ist das Kapital hauptsächlich in zusätzlichen Personalausgaben zu sehen? Häufig wird die Auffassung vertreten, dass der Kapitalbedarf beim Aufbau von indirekten Vertriebsstrukturen geringer sei als bei eigenen hierarchischen Vertriebsorganisationen. Dies mag zutreffen, doch wird häufig unterschätzt, mit welchem zusätzlichen Kapitalbedarf ein Unternehmen zu rechnen hat, wenn es insbesondere auch immaterielle Werte entwickeln und erhalten muss, um indirekte Vertriebsstrukturen ausreichend zu unterstützen.

2.4.3 Ertragspotential

64 Sollen, können neue Ertragspotentiale erschlossen werden, etwa durch die Lizenzierung von Know-how oder weiteren immateriellen Werten? Transaktionserträge aus Warenverkäufen sind etwa solchen Umsätzen aus Lizenzen und Honoraren gegenüberzustellen. Es trifft häufig zu, dass der unmittelbare Ertrag mittels eines Verkaufspunkts eines Absatzmittlers geringer ausfällt als bei eigenen Aktivitäten. In Anbetracht der Risiko- (und damit aber auch Ertrags)teilung und angesichts möglicherweise schnelleren Wachstums über eine Vielzahl (Multiplikation) von Verkaufspunkten durch Absatzmittler kann dieser vermeintliche Nachteil aber möglicherweise mehr als wettgemacht werden.

2.4.4 Expansionskontrolle

65 Wie viele Verkaufspunkte sollen in welchem Zeitraum wo errichtet werden? Wer soll über Standortwahl und Grösse des Verkaufspunkts entscheiden? Soll Einfluss auf die Rekrutierung von Personal wahrgenommen werden können? Wer soll für die Weiterentwicklung des Vertriebskonzeptes im Zielmarkt verantwortlich sein?

2.4.5 Qualitätskontrolle

66 Wie weit soll der Einfluss betreffend Sicherung der Qualitäts am Verkaufspunkt gehen? Integrierte Systeme (etwa Franchisesysteme) zeichnen sich häufig durch ausgeprägte Qualitätssicherungsprozesse über die ganze Wertschöpfungskette aus, wogegen bei losen Fachhandelstrukturen dies nicht Fall ist. Bereits die Wahl der Vertriebsform kann Teil eines eigentlichen Qualitätssicherungssystems sein. Gerade in Franchiseorganisationen wird Wert auf systematische und standardisierte Geschäftsprozesse gelegt, um frühzeitig allfäl-

lige Fehlerquellen auszumerzen. Dies ist selbstverständlich auch in traditionellen Vertriebsorganisationen wie in Filialsystemen der Fall, doch fehlt es in solchen Strukturen am finanziellen, persönlichen und zeitlichen Einsatz des Unternehmers vor Ort. Der Umstand, dass ein Vertriebspartner zusätzlich noch unternehmerisches Risiko trägt, prädestiniert in einer solchen Vertriebsform, sich noch weit mehr mit der Qualität der abgesetzten Produkte und Dienstleistungen zu identifizieren, als es typischerweise (Ausnahmen bestätigen die Regel) Arbeitnehmer tun dürften. Effiziente Abläufe in Vertriebssystemen und eine ausgeprägte Feedback-Kultur machen derartige integrierte Vertriebssysteme zu einem eigentlichen Regelkreis und dienen als Gesamtsystem als solches der Qualitätssicherung.

2.4.6 Rechtliche Rahmenbedingungen

67 Bestehen international zwingende Bestimmungen, welche im Zielmarkt beachtet werden müssen? Bestehen vor Ort arbeitsrechtliche Regelungen, mit welchen sich mangels Vertrautheit das Unternehmen nicht auseinandersetzen will? Sind steuerliche Rahmenbedingungen unattraktiv für eine eigene internationale Struktur? Bestehen Investitionsvorschriften für Ausländer im Zielmarkt? Liegen spezifische Vorschriften etwa im Bereich des Franchiserechts vor, welchen man sich nicht unterziehen will? Wer soll das rechtliche Risiko gegenüber dem Kunden übernehmen (Eigenhändler vs. Vermittlung)?

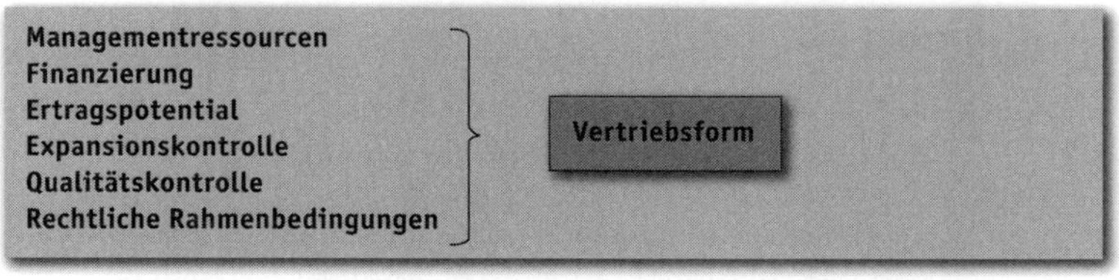

2.5 Checkliste

- Hat man sich mit den bestehenden personellen und finanziellen Ressourcen des Unternehmens auseinandergesetzt?
- Welche Ertragserwartungen bestehen?
- Wie stark will man Expansion und Qualität kontrollieren können?
- Ist das Unternehmen eher risikoavers oder bereit, Risiken gegenüber dem Kunden zu tragen?

3. Was versteht man unter Vertriebsrecht?

3.1 Funktionaler Ansatz des Vertriebsrechts

68 Der Begriff «Vertriebsrecht» stammt aus der Praxis. Eine Normierung findet sich in den gesetzlichen Grundlagen nicht. Obwohl vielfach auf die vertragsrechtlichen Aspekte fokussiert wird, ist der Begriff als Sammelbezeichnung für jene Rechtsbereiche zu verstehen, welche im Zusammenhang mit der rechtlichen Bewältigung aller Themen, welche mit dem Absatz von Waren und Dienstleistungen zutun haben, relevant werden können. Vertriebsrecht ist also funktional zu verstehen.

69 Diese Tendenz, auch in der Jurisprudenz einen funktionalen Ansatz zu verfolgen, und nicht an traditionellen Typologien festzuhalten, ist auch in anderen Bereichen erkennbar. So spricht man etwa vom M&A-Recht (was jene Bereiche umfasst, welche im Zusammenhang mit Gesellschaftstransaktionen relevant werden können) oder von IP-Recht (was wiederum nicht nur Themen des Vertragsrechts, sondern beispielsweise auch des Immaterialgüter- oder Steuerrechts tangiert).

70 Der Begriff «Vertriebsrecht» wird zwar häufig hauptsächlich absatzorientiert verstanden. Oft geht es im engeren Sinn um Absatzmittlerstrukturen. Dabei stehen die bekannten Vertriebsverträge im Fokus. Im Lichte des funktional verstandenen Begriffs «Vertrieb» sind aber auch beschaffungsseitige, organisatorische und operationelle Aspekte anzusprechen.

3.2 Typische Rechtsgebiete des Vertriebsrechts

71 Typischerweise begegnet der Jurist unter diesem etwas umfassenderen Blickwinkel im Rahmen von Vertriebsprojekten den folgenden Rechtsgebiete:

3.2.1 Kaufrecht

72 In der «einfachsten» Form des Vertriebs beschränken sich die typischen rechtlichen Beziehungen auf den Verkauf eines Produkts. Die einschlägigen kaufrechtlichen Bestimmungen finden Anwendung. Es wird auf die allgemeine Literatur verwiesen.

3.2.2 Vertriebsverträge im engeren Sinne

73 Typische Vertriebsverträge wie Agentur-, Fachhändler-, Alleinvertriebs- oder Franchisevertrag stehen traditionell im Zentrum der Rechtsberatung bei Vertriebsprojekten.

74 Der Vertriebsvertrag ist quasi das Rückgrat eines jeden vertragsbasierten Vertriebssystems und sollte all jene Punkte ansprechen, welche für die Zusammenarbeit zwischen Vertriebsgeber und Vertriebsnehmer relevant sein können.

3.2.3 Immaterialgüterrechtliche Aspekte

75 Entwickeln sich Vertriebssysteme im Sinne der einleitend dargestellten Form (Integration), indem zunehmend eine prozessorientierte Zusammenarbeit verfolgt (etwa Qualitätssicherungabläufe, Warenwirtschafts- oder Marktbearbeitungsprozesse) und damit auch dem einheitlichen Auftritt eines Vertriebssystems am Markt zunehmend Beachtung geschenkt wird, ist offenkundig, dass immateriellen Aspekten im Rahmen der Vertriebszusammenarbeit zunehmend Bedeutung zukommt. «Soft Factors, die bei diesem Ansatz zunehmend Teil einer vertrieblichen Zusammenarbeit werden, sind soweit wie möglich durch immaterialgüterrechtliche Schutzkonzepte abzusichern, etwa durch Markenrechte, Rechte an Domain Names, Urheberrechte oder Patente. Im Weiteren ist auch der Schutz des vertrieblichen Know-hows zu thematisieren, sowohl rechtlich im engeren Sinn (durch entsprechende Vertragsgestaltung) oder faktisch (durch entsprechende organisatorische Vorkehren).

3.2.4 Kartellrecht

76 Der beratende Jurist muss heutzutage besonders sensibilisiert sein auf kartellrechtliche Fragestellungen im Rahmen von Vertriebsprojekten. Nachdem allgemein eine verstärkte Integrierung von Vertriebspartnern in umfassende Vertriebskonzepte der Vertriebsgeber festzustellen ist, stellen sich zwangsläufig auch Fragen im Zusammenhang mit Umfang und Zulässigkeit von Wettbewerbsbeschränkungen, wie sie vertraglich zwischen Vertriebsgeber und Vertriebsnehmer vereinbart werden können.

3.2.5 Datenschutz

77 Vertriebsgeber und Vertriebsnehmer sind rechtlich selbstständige Parteien. Oft sind die Kunden nicht solche des Vertriebsgebers (sondern des Absatzmittlers). Dennoch beabsichtigen die Parteien häufig ein einheitliches Marketingkonzept umzusetzen, oftmals auch unter Einsatz zentraler Kundenbindungssysteme (allgemein als Teil eines Customer Relationship Management-Systems). Es ist damit vielfach erforderlich, dass Kundendaten von der einen Partei zur anderen transferiert werden. Dies wirft datenschutzrechtliche Fragen auf.

3.2.6 Belieferungsverträge der Hersteller

78 Im vorliegend umfassend verstandenen Sinn werden in Vertriebsprojekten auch beschaffungsseitige Fragen tangiert. Der Abschluss von tauglichen Absatzmittlerverträgen ist zwar notwendig, aber nicht hinreichend für die gesamte rechtliche Organisation eines Vertriebsprojektes. Der Vertriebsgeber verpflichtet sich häufig zur Aufrechterhaltung einer ausreichenden Beschaffungsorganisation. Dazu gehört, dass ein Vertriebsgeber mit seinen Lieferanten (langfristige) Belieferungsverträge abschliesst. Zuweilen wird auch die Herstellung ausgelagert und alsdann vertraglich über so genannte Manufacturing und Supply Agreements geregelt. In dieser Publikation wird diese Thematik nur im Rahmen der Regelungen zur Beschaffungsorganisation allgemein gestreift.

3.2.7 Vorvertragliche Rechtsbeziehungen

79 Gerade in komplexen Vertriebsprojekten kommt man nicht umhin, sich auch mit der vorvertraglichen Phase, der Phase der Vertragsverhandlungen zwischen Vertriebsgeber und Vertriebsnehmer, auseinanderzusetzen. Es ist zudem gerade international eine Tendenz ersichtlich, die vorvertraglichen Rechtsbeziehungen auch regulatorisch zu erfassen. Erlasse über die so genannte vorvertragliche Aufklärung oder «Precontractual Disclosure Requirements» stehen zunehmend auf der Agenda des Gesetzgebers.

3.2.8 Sozialversicherungsrechtliche Aspekte

80 Handelt es sich bei einem Vertriebspartner um eine natürliche Person, stellt sich in der Praxis je nach Grad der vertrieblichen Integration ins das Vertriebssystem die Frage der Abgrenzung zwischen einer sozialversicherungsrechtlich selbstständigen bzw. unselbstständigen Person.

3.2.9 Versicherungen

81 Im Rahmen eines angemessenen Risikomanagements zwischen Vertriebsgeber und Vertriebsnehmer gilt es Haftungspositionen zu eruieren und gegebenenfalls durch adäquate Versicherungen abzudecken. Üblich ist dies insbesondere im Produkthaftpflichtbereich.

3.2.10 Einbindung von E-Commerce

82 Moderne Vertriebssysteme zeichnen sich dadurch aus, dass sie sich je nach Zielgruppe unterschiedlicher Vertriebskanäle bedienen. Es sind ohne weiteres Vertriebsorganisationen denkbar, welche Versandhandel mit dem standortgebundenen Verkauf kombinieren oder

(in etwas modernerer Form) E-Commerce-Aktivitäten als Ergänzung zum traditionellen Verkauf am Verkaufspunkt verstehen. Es gilt bei der Planung des Vertriebssystems diesen Umständen und auch künftigen Vorhaben bereits frühzeitig Rechnung zu tragen. Dies gilt insbesondere mit Bezug auf Exklusivitätszusagen bzw. deren Beschränkungen. Rechtsfragen im E-Commerce sind vielfältig. Beschränkt sich ein Vertriebsgeber nur auf «Content»-Lösungen, wirft dies in der Regel deutlich weniger rechtliche Fragen auf, als wenn eigentliche «Community»-Aktivitäten (Interaktivität zwischen Benutzer und Anbieter) oder eine transaktionsbezogene «Commerce»-Tätigkeit in das Vertriebssystem integriert werden sollen. Nicht vergessen werden dürfen auch kartellrechtliche Aspekte mit Bezug auf den Einsatz von Internetaktivitäten.

3.2.11 Steuerrecht

83 Jedes Unternehmen ist gut beraten steuerrechtlichen Aspekten frühzeitig Rechnung zu tragen. Fragestellungen im Bereich von Import/Export, Mehrwertsteueraspekte, aber auch «klassische» Steuerthemen im Bereich der Quellensteuern auf international zu leistenden Lizenzzahlungen sind anzugehen. Nicht selten sind Rulings vonseiten der Steuerbehörden erforderlich, was im Zeitmanagement berücksichtigt werden muss.

3.2.12 Wettbewerbsrecht

84 Gerade bei vertikal integrierten Vertriebsorganisationen ist ein Vertriebsgeber oft daran interessiert, ein einheitliches Marketing durchzusetzen. In internationalen Verhältnissen ist dieses auf das jeweilige wettbewerbsrechtliche Umfeld abzustimmen. Werbekampagnen sind im Einklang mit den Regelungen gegen den unlauteren Wettbewerb zu planen. In einzelnen Branchen ist das besondere regulatorische Umfeld mit Bezug auf Werbeaktivitäten zu beachten.

3.2.13 Geldwäschereigesetzgebung

85 Kundenbindungsinstrumente (beispielsweise Kundenkarten) können bei entsprechender Ausgestaltung in den Anwendungsbereich der Geldwäschereigesetzgebung fallen. Den formellen und materiellen Konsequenzen ist Rechnung zu tragen. Organisatorische Vorkehren sind entsprechend zu treffen. Es wird auf die einschlägige Literatur verwiesen.

3.2.14 Zollrecht

86 Zollrechtlichen Bestimmungen wird häufig nur am Rande Rechnung getragen, können aber wichtig werden, etwa bei Abmachungen mit einem Spediteur des Vertriebsgebers oder des Vertriebsnehmer.

3.2.15 Struktur des Vertriebssystems

87 Gerade der Aufbau grösserer, internationaler Vertriebsorganisationen bedarf oftmals auch organisatorischer und entsprechend struktureller Anpassung des Vertriebsgebers. Dabei stehen gesellschafts-, aber auch steuerrechtliche Fragen im Vordergrund. Kooperationen mit Investoren oder der Einsatz von eigenem Personal im neuen Markt (etwa für eine einführende Schulung des Distributionsgebers oder für eine erste Managementphase beim Marktaufbau) verlangen entsprechende rechtliche Gestaltung. Auf diese Thematik wird in dieser Publikation nicht näher eingegangen.

3.3 Einschränkungen der vorliegenden Publikation

3.3.1 Vertragsrechtliche Aspekte

88 In der vorliegenden Publikation wird zwar hauptsächlich auf vertragsrechtliche Aspekte eingegangen (und zu diesem Zweck auch einem in der Praxis möglichen «Vertragsraster» thematisch gefolgt). Mit Verweisen und Bemerkungen zu den weiteren vorgenannten Aspekten soll allerdings dem ganzheitlichen Ansatz Rechnung getragen werden. Traditionelle Themen, wie etwa rein kaufrechtliche Betrachtungen im engeren Sinn werden aber weitgehend ausgeklammert. Dazu besteht bereits umfassende Literatur, auf welche der Praktiker zurückgreifen kann.

3.3.2 Einstufige Vertriebsverhältnisse

89 Im Weiteren wird auf primär einstufige Vertriebsverhältnisse eingegangen. Damit sind solche zwischen dem Vertriebsgeber und seinem Vertriebsnehmer, der selbst einen entsprechenden Verkaufspunkt betreibt, gemeint. Auf mehrstufige Systeme, also solche, bei denen zwischen Vertriebsgeber und Vertriebsnehmer ein weiterer Absatzmittler dazwischen geschaltet wird (üblicherweise als so genannter «Masterpartner» bezeichnet), wird nur am Rande und im internationalen Kontext eingegangen.

3.3.3 Vertragliche Erscheinungsformen

90 In der vorliegenden Publikation werden angesichts ihrer Bedeutung in der Praxis zudem schwergewichtig die folgenden drei Erscheinungs-

formen von Vertriebsverträgen dargestellt: Agenturvertrag, Alleinvertriebsvertrag und Franchisevertrag. Punktuelle Hinweise auf andere Vertriebsverträge (wie Kommissionsagenturvertrag, Fachhändler- oder Selektivvertriebsvertrag ergänzen diese Ausführungen).

91 Auf die Erscheinungsform des Sukzessivlieferungsvertrags wird nicht näher eingetreten. Der Sukzessivlieferungsvertrag steht ausserhalb des klassischen Begriffspaars «Einmal- und Dauerschuldverhältnis» (Huguenin, OR BT, N 27). Der Sukzessivlieferungsvertrag ist ein Vertragsverhältnis, dass sich typischerweise auf der Gattung nach bestimmter Ware in Teilleistungen reduziert und damit insbesondere keine weitergehenden Regelungen typischer vertrieblicher Bedeutung (etwa Absatzförderung, Form der Kundenansprache, Funktion des Vertragspartners als Absatzmittler) umfasst. Ihm fehlt auch der typische Charakter eines Rahmenvertrags wie er in Vertriebssystemen üblich ist. Er ist allerdings auf der transaktionalen Ebene der Vertriebsverhältnisse durchaus von Bedeutung und wird punktuell zur Sprache kommen.

92 Ebenfalls nicht behandelt wird der Lizenzvertrag im engeren Sinn. Auf besondere Lizenzelemente, insbesondere beim Franchisevertrag, wird im Rahmen der Betrachtung des Franchisevertrags hingegen eingegangen. Für eine umfassende Darstellung des Lizenzvertrags wird auf die Darstellungen bei Hilty verwiesen.

3.4 Allgemeine Hinweise zur Vertragsgestaltung

3.4.1 Einleitung

93 Es soll an dieser Stelle keine detaillierte methodische Anleitung für das Vorgehen bei der Planung und Gestaltung von Rechtsgeschäften vermittelt werden. Die nachfolgenden Ausführungen zielen vielmehr darauf ab, einzelne Punkte, welche nach der Erfahrung in der Praxis eine Rolle spielen dürften, in Erinnerung zu rufen.

94 Tatsache ist, dass sich die heutige Vertragspraxis deutlich in Richtung innominatvertragliche Gestaltungen entwickelt. Selten mehr werden Verträge klassischen Zuschnitts bei vertrieblichen Organisationen eingesetzt. Es haben sich aber auch nur wenige zu einheitlichen Typen verdichtete Vertragsformen in der Praxis entwickelt. Dies stellt besondere Anforderungen an die vertragsgestalterische Arbeit des Praktikers.

3.4.2 Rechtssicherheit

95 Es gilt Rechtssicherheit zu schaffen. In nachvollziehbarer verständlicher Sprache ist das, was die Parteien vereinbart haben, in vertragliche Formulierungen zu giessen, so wenig wie möglich, aber genau

so viel wie nötig. Dies kann ebenso ein fünfseitiger Vertrag wie ein solcher mit fünfzig Seiten sein, abhängig von der Komplexität der Beziehungen zwischen den Parteien. Mit der Zielsetzung, Rechtssicherheit zu schaffen, hängt auch jene nach Transparenz der Rechte und Pflichten der Parteien zusammen. Nachvollziehbare, möglichst komplette (in diesem Sinne verstanden als justiziable) Regelungen sollen nicht nur den Parteien selbst, sondern möglicherweise deren Rechtsnachfolger und im Streitfall einer Drittinstanz (Mediator oder Gericht) die Grundlagen, Zielsetzungen und Abmachungen der Parteien aufzeigen.

3.4.3 Offenlegen der Risiken

96 Gute Vertragsgestaltung legt Risiken offen und verschleiert sie nicht. Eine Partei ist schlecht beraten, wenn man mit der Zielsetzung, «die Gegenseite über den Tisch zu ziehen», in Vertragsverhandlungen geht. Nicht nur dass dies juristisch unhaltbar ist, es schafft auch von vornherein ein Klima mangelnden Vertrauens, eine entscheidende Grundlage für langfristige Zusammenarbeit. Vertrauen und gelebte Partnerschaft sind oftmals weit wichtigere Grundsätze als noch so gut redigierte Vertragswerke. Dazu gehört deshalb auch, dass Risikopositionen auf den Tisch gebracht und nach getroffener Einigung vertraglich geregelt werden.

3.4.4 Interessenlage

97 Schliesslich ist auch die Interessenlage zwischen den Parteien offen und im Vertrag darzulegen. Vertriebsverträge sind typischerweise Interessengegensatzverträge und üblicherweise gerade keine Gesellschaftsverträge, bei denen unter Einsatz gemeinsamer Ressourcen ein gemeinsamer Zweck verfolgt wird.

98 Eine wesentliche Herausforderung in der beratenden Praxis ist es zudem, nicht nur den Status Quo und die von den Parteien zum Zeitpunkt der Vertragsverhandlungen mitgeteilten Rahmenbedingungen in die Vertragsgestaltung einfliessen zu lassen, sondern vielmehr auch mit dem Klienten und gegebenenfalls der Gegenseite Szenarien zu diskutieren über die künftige mögliche Entwicklung der vertraglichen Zusammenarbeit. Vertriebsverträge sind typischerweise Dauerschuldverträge, also langfristig ausgelegt. Ein Vertragsinstrumentarium, welches gegebenenfalls mit Anpassungsklauseln operiert oder die Zusammenarbeit in Phasen regelt und kaufmännische Entwicklungen antizipiert, ist hilfreich. Es gilt ein Abbild dessen zu schaffen, was wirtschaftlich längerfristig von den Parteien erwünscht ist.

3.5 Das vertriebsrechtliche Projekt

99 Ein vertriebsrechtliches Projekt läuft oft in verschiedenen Phasen ab. Dies heisst nicht zwingend, dass der Vertragsjurist stets involviert sein muss. Praktiker erleben bekanntlich häufig, dass der Jurist um «fünf vor zwölf» beigezogen wird, um bereits getroffene Abmachungen juristisch abzusegnen. Unangenehm, wenn das Okay (nur zu oft) nicht folgt.

3.5.1 Verstehen der wirtschaftlichen Hintergründe

100 Es gibt keine dummen Fragen! Entscheidend ist, dass der Vertragsjurist versteht, was wirtschaftlich gewollt ist, worin der kaufmännische Hintergrund besteht. Die Parteien sollen erläutern, was sie sich von der vertrieblichen Zusammenarbeit erwarten, welche Schwierigkeiten sie aus ihrer Sicht sehen und welche Lösungsansätze ihnen plausibel erscheinen. Das Erfassen des Ist-Zustandes und Kennen lernen der unternehmerischen Ziele ist essenzieller Einstieg in die juristische Beratung. Nur so lassen sich die relevanten Rechtsgebiete wahrnehmen und angemessene Lösungen finden.

3.5.2 Erkennen der relevanten Rechtsgebiete

101 Nicht das Abrufen von Gelerntem auf Fragen des Klienten hin ist Ziel juristischer Arbeit; die Kunst des beratenden Juristen liegt vielmehr in erster Linie im Abstimmen des wirtschaftlichen Zusammenhangs mit der rechtlich erforderlichen Organisation.

102 Typischerweise entwickelt der Jurist zuerst eine Groblösung unter Berücksichtigung der relevanten rechtlichen Themata, um dann Lösungen zu erarbeiten. Nur schon die vermeintlich einfache Aufgabe an den Klienten, er möge doch (quasi als Präambel für einen Vertrag) in wenigen Worten Grundlage, Zielsetzung und seines Erachtens wesentliche Aspekte der Zusammenarbeit formulieren, stösst oftmals bereits auf grössere Schwierigkeiten. Dieser Prozess ist allerdings essenziell, um mit einem Vertriebsvertrag quasi das Rückgrat einer vertrieblichen Zusammenarbeit regeln zu können.

103 Fragen nach Form einer Markenstrategie, Transfer des relevanten Know-hows, Bezug und Absatz von Vertragsprodukten, die Sicherung von Geschäftslokalitäten eines Vertriebspartners für das System, finanzielle Beziehungen oder die Frage, wie für den Fall einer Vertragsbeendigung die nachvertragliche Abwicklung stattzufinden habe, zwingen ein Unternehmen zudem häufig nicht nur dazu, sich juristische Fragen zu stellen, sondern auch konzeptionelle Lösungen zu entwickeln, welche oftmals noch nicht in griffiger Form bestehen.

3.5.3 Typisches rechtliches Instrumentarium

104 Nachstehend folgen einige Hinweise zum rechtlichen Instrumentarium, wie es in Vertriebsprojekten häufig eingesetzt wird. Nicht alles des nachstehend Erwähnten ist zwingend anzutreffen, gerade in komplexeren Sachverhalten, sind diese Themen aber oft geradezu «Programm»:

3.5.3.1 Vertraulichkeitsvereinbarungen

105 Typischerweise werden dann Vertraulichkeitsvereinbarungen eingesetzt, wenn die Parteien sich gegenseitig – oder üblicherweise der Vertriebsgeber seinem Vertriebspartner gegenüber – Informationen zur Prüfung der geplanten Zusammenarbeit offen legen, beim Franchising etwa durch Einsicht in Manuals oder Schulungsunterlagen. In einem solchen Zeitpunkt werden vertrauliche Geschäftsinformationen ausgetauscht, was den Einsatz einer Vertraulichkeitserklärung erforderlich macht.

3.5.3.2 Term Sheet

106 Gerade bei komplexeren Sachverhalten empfiehlt es sich, zur Akquisition von potentiellen Vertriebspartnern oder zu Beginn von Vertragsverhandlungen ein Term Sheet einzusetzen. Darin werden die essentiellen Elemente der vertrieblichen Zusammenarbeit knapp zusammengefasst, um sich nicht bereits in detaillierten Vertragsformulierungen zu verlieren. Der Vertragsgegenseite soll durch das Term Sheet ermöglicht werden, sich mit den wesentlichen Rahmenbedingungen und Eckdaten der vertrieblichen Zusammenarbeit vertraut zu machen. Dies erfolgt mit dem Ziel, dass mögliche «Deal Breaker» frühzeitig verhandelt werden können.

3.5.3.3 Vorvertragliche Aufklärung

107 An dieser Stelle soll auf die Thematik der vorvertraglichen Aufklärung nicht im Detail eingegangen werden (siehe aber Rz 122 ff.). Es ist in bestimmten Verhältnissen ein Gebot, im Anwendungsbereich der culpa in contrahendo die Vertragsgegenseite vorvertraglich über bestimmte Aspekte der Zusammenarbeit aufzuklären. In einzelnen ausländischen Rechtsordnungen ist diese Pflicht zur vorvertraglichen Aufklärung zudem gesetzlich geregelt.

3.5.3.4 Letter of Intent

108 Häufig wird bei fortgeschrittenen Gesprächen ein so genannter Letter of Intent unterzeichnet. Inhaltlich mögen sich solche Dokumente in vielerlei Hinsicht unterscheiden. Gemeinsam ist allerdings in der Regel, dass die Parteien durch den Abschluss keine rechtsverbindlichen

Abmachungen treffen wollen (unter Umständen mit Ausnahme von Vertraulichkeitszusagen, Exklusivitätsabmachungen oder allgemeine Bestimmungen wie anwendbarem Recht oder Gerichtsstand). Ein Letter of Intent ist vielmehr Absichtserklärung ohne Rechtswirkung. Auch wenn er nicht zum Abschluss eines Vertrags verpflichtet, kann er aber dennoch Treuepflichten im Verhandlungsverhältnis auslösen. Er ist damit ebenfalls unter culpa in contrahendo Gesichtspunkten zu qualifizieren.

109 Gerade bei langwierigen Vertragsverhandlungen und komplizierten Verhältnissen mag es sinnvoll sein, quasi den Rahmen für die Vertragsverhandlungen mittels eines Letter of Intent quasi abzustecken (Tschäni, 8 ff.).

3.5.3.5 Test Period Agreements

110 Zuweilen werden entweder als Teil des eigentlichen Vertriebsvertrags oder dann durch den Abschluss eines separaten «Test Period Agreements» Regelungen getroffen, welche eine Phase der Pilotisierung (Testphase) im Vorfeld der eigentlichen vertrieblichen Zusammenarbeit regeln. Der Inhalt kann vielfältiger Natur sein: Die Parteien regeln etwa spezifische Vorbereitungshandlungen wie Businessplanungen, Marktforschungen oder Konzeptanpassungen. Ebenfalls vereinbart werden können Testbetriebe, welche vom Vertriebsnehmer oder von den Parteien gemeinsam eingerichtet und für eine bestimmte Zeit betrieben werden. Ziel ist es, den Markt zu evaluieren und nötigenfalls Anpassungen im vertrieblichen Konzept vorzunehmen. Leistungspflichten (wer macht was, wann, wo, wie), Entscheidungsprozedere, Inhaberschaft an Arbeitsergebnissen sowie Kostentragungsregelungen bilden regelmässig Gegenstand solcher vertraglicher Abmachungen.

3.5.3.6 Hauptverträge

111 Kern jeder vertriebsrechtlichen Zusammenarbeit, welche auf vertraglichen Grundlagen basiert, ist der Abschluss des eigentlichen Vertriebsvertrags. In dieser Publikation wird hauptsächlich auf diesbezügliche Fragestellungen eingegangen werden

3.5.3.7 Manuals/Standard Operating Procedures

112 Manuals oder SOPs werden für verschiedene Formen des dokumentierten Know-how-Transfers verwendet, sei es in gedruckter und/oder elektronischer Form, in einzelnen Unterlagen (oft auch als «Systemunterlagen» bezeichnet) oder als einziges Dokument. In solchen Unterlagen werden Empfehlungen, Beschreibungen von Abläufen, Prinzipen, Standards etc. betreffend einzelnen Geschäftsprozessen (in der Regel des Vertriebspartners) dargestellt.

3.5.3.8 Musterverträge und Checklisten?

113 Die Gefahren bei der Verwendung von Musterverträgen oder Checklisten dürften nicht unterschätzt werden. Dem Verwender wird oft unerfüllbare Sicherheit suggeriert. Sind Verträge oder Checklisten kurz und damit praktikabel, weisen sie zwangsläufig Lücken auf. Umfassende Checklisten und Musterverträge sind demgegenüber kaum handhabbar, verlieren sie sich doch oft in Details, welche unter Umständen im konkreten Fall nicht relevant sind. Musterverträge und Checklisten dienen allerdings dem Rechtsgeschäftsplaner durchaus als sinnvolle Gedankenstütze. Sie sind ein Hilfsmittel, wenn sie in systematischer Art typische Fragestellungen thematisieren. Aus diesem Blickwinkel sind sie damit durchaus brauchbar, nicht aber als Musterlösung für konkrete Fälle.

114 In dieser Publikation wird darauf verzichtet, Musterverträge oder Checklisten beizulegen. Vielmehr soll durch kurze Checklisten am Ende einzelner Kapitel auf typische Aspekte hingewiesen werden, welche im Zusammenhang mit der rechtlichen Planung eines Vertriebsprojektes relevant werden können.

3.6 Dauerschuldverhältnisse – besondere Problematik

115 Der Allgemeine Teil des Obligationenrechtes ist auf Verträge ausgerichtet, die typischerweise in einer bestimmten Zeit abgewickelt werden. Dauerschuldverhältnisse sind demgegenüber Rechtsbeziehungen, welche auf längere, oft unbestimmte oder zumindest minimale Dauer abgeschlossen werden.

116 Vertriebsverträge sind Dauerschuldverhältnisse. Sie haben üblicherweise Rahmenvertragscharakter. Bei einem warenbezogenen Vertriebsvertrag werden deshalb regelmässig auch allgemeine Aspekte des Warenabsatzes geregelt. Der Vertrag ist damit quasi eine «Verfassung» für solche Kooperationssysteme. Einzelne Durchführungsverträge (etwa die einzelnen Warenlieferungen) setzen alsdann diese rahmenvertraglichen Zielsetzungen um (siehe zum Ganzen auch FURRER/LOHRI, 24). Besonderheiten bei Dauerschuldverhältnissen können verschiedener Natur sein. Beispielhaft sei auf das Folgende hingewiesen:

3.6.1 Änderung der Verhältnisse

117 Die Parteien legen ihren vertraglichen Abmachungen typischerweise bestimmte Verhältnisse zugrunde, seien es solche im Zeitpunkt des Vertragsabschlusses oder solche, wovon sie in Zukunft ausgehen. Problematisch wird die vertragliche Zusammenarbeit dann, wenn sich die Verhältnisse über die Zeitdauer in unvorhergesehener Weise

ändern. Entweder versuchen die Parteien, solchen Umständen über Anpassungsklauseln zu begegnen oder unterteilen ihre vertragliche Zusammenarbeit von vornherein in verschiedene vertragliche Phasen, um alsdann auf unverhoffte Veränderungen angepasst (für die nächste Phase) reagieren zu können. Schliesslich bietet sich das Instrumentarium der «clausula rebus sic stantibus» an oder als weitere Möglichkeit die Berufung auf «höhere Gewalt».

118 In Vertriebsverträgen oft anzutreffen sind deshalb eigentliche Anpassungsklauseln mit Bezug auf das erwähnte «dynamische» Element einer vertrieblichen Beziehung.

3.6.2 Beendigung

119 Gemeinschaftlich ist Dauerschuldverhältnissen, dass die Beendigung geregelt sein muss, sei dies durch die ordentliche Beendigung des Vertrages (entweder durch Ablauf der Vertragsdauer oder durch eine Kündigung, welche entweder von Gesetzes wegen oder vertraglich vorgesehen ist, siehe dazu auch Bucher, Vor Art. 1–40 N 30). Zu diesen erwähnten Beendigungsmodalitäten kommt die Möglichkeit der ausserordentlichen Kündigung aus wichtigem Grund (siehe dazu hinten Rz 626 ff.).

120 Das Rücktrittsrecht bei Dauerschuldverhältnissen nach Art. 109 OR kann besondere Probleme stellen. Solche bestehen nicht, so lange der Schuldner mit der Dauerleistung noch nicht begonnen hat. Diesfalls steht einer Rückabwicklung in der Regel nichts im Wege. Anders, wenn der Vertrag bereits über eine gewisse Zeitdauer erfüllt worden ist. Nach herrschender Lehre kann diesfalls nicht rückwirkend zurückgetreten werden (vgl. BGE 97 II 65 f.). Anstelle des Rücktritts besteht ein Kündigungsrecht (siehe BGE 129 III 328). Es erfolgt eine Auflösung ex nunc (siehe zum Ganzen auch Wiegand, Art. 109 N 10).

3.6.3 Betriebliche Umstrukturierungen

121 Häufig bei Dauerschuldverhältnissen anzutreffen ist die Entwicklung, dass nach einer gewissen Zeit eine Vertragspartei aus dem Vertragsverhältnis aussteigen und dieses auf eine Drittpartei übertragen möchte. Beispielsweise will ein Franchisenehmer sein Franchisegeschäft einem Dritten verkaufen oder ein Vertriebsgeber sein ganzes vertragsbasiertes Vertriebssystem an einen Dritten übertragen. Dies geht zwar in jedem Fall durch einen entsprechenden Vertrag der drei beteiligten Parteien. Umstritten ist aber die Übertragung des gesamten Vertrags (Vertragsübernahme) im Rahmen der Vermögensübertragung nach Art. 69 ff. FusG (siehe dazu hinten Rz 612 ff.).

3.7 Checkliste

- Besteht Klarheit über die Zielsetzungen des Unternehmens?
- Sind die zentralen rechtlichen Themenbereiche für das konkrete Vertriebsprojekt bekannt?
- Welche rechtlichen Projektsschritte sind konkret geboten?

4. Rechtsverhältnis vor Vertragsschluss

4.1 Problemstellung

122 Dem Vertragsschluss durch den Austausch übereinstimmender Willenserklärungen gehen bei Vertriebsverträgen gewöhnlich intensive Vertragsverhandlungen voraus. Aufgrund der langfristigen Bindungen und der damit verbundenen Investitionen hegen beide Parteien ein ureigenes Interesse an fundierten Abklärungen und detaillierten Verhandlungen über Form und Inhalt der Zusammenarbeit.

123 In dieser vorvertraglichen Phase entsteht ein gegenseitiges Vertrauensverhältnis, welchem vertragsähnlicher Charakter zukommt. Hieraus ergeben sich rechtliche Fragestellungen bezüglich der gegenseitigen Pflichten und Rechte sowie die an deren Verletzung anschliessenden Rechtsfolgen.

124 Nicht behandelt werden in gegenwärtigem Kapitel die möglichen und üblichen Verhandlungsvereinbarungen im Vorfeld des Vertragsschlusses, wie bspw. der «letter of intent» (vgl. 3.5.3. ff. als summarische Übersicht).

4.2 Praxis im Vertriebsalltag

125 Die Vertragsverhandlungen starten meist mit einer Orientierung des Interessenten durch den Vertriebsgeber. Da dabei häufig auch geheimhaltungswürdige Fakten offenbart werden, liegt dem Vertriebsgeber daran, sich gegen deren Weitergabe abzusichern. Hierfür lässt er regelmässig den Interessenten bei Eintritt in die Vertragsverhandlungen eine Geheimhaltungserklärung oder -vereinbarung unterzeichnen, welche die gegenseitigen Verhandlungsrechte und -pflichten statuiert und deren Verletzung mittels Konventionalstrafe sanktioniert. Hintergrund bildet das Bedürfnis des Vertriebsgebers, durch die Preisgabe geheimhaltungswürdiger Systemangaben keinen Nachteil für den Fall des Scheiterns der Verhandlungen zu erleiden. Solche könnten bspw. in der Weitergabe von Interna an Marktkonkurrenten liegen.

126 Da derartige Übereinkommen üblicherweise vom Vertriebsgeber diktiert werden, liegt deren Qualifikation als Formularverträge und folglich die Anwendung der speziell hierfür entwickelten Rechtsregeln, wie die Ungewöhnlichkeits- und Unklarheitsregel, auf der Hand.

4.3 Rechtliches

4.3.1 Allgemeines

4.3.1.1 Das vorvertragliche Vertrauensverhältnis

127 In der Schweizer Gesetzgebung erfährt die vorvertragliche Verhandlungsphase mit Ausnahme der Irrtumstatbestände nach Art. 23 ff. OR keine ausdrückliche Regelung. Lehre und Rechtsprechung haben deshalb in Anlehnung an ausländisches Recht hierzu ergänzende Rechtskonstrukte entwickelt.

128 Stehen sich im Vertriebsvertrag Parteien mit unterschiedlichem Fachwissen in geschäftlichen Angelegenheiten gegenüber, ist grundsätzlich von einer Aufklärungspflicht des fachkundigeren Vertriebsgebers auszugehen (Fachmann/Laien-Konstellation).

129 Es wurden hierzu folgende Grundsätze entwickelt:

- Pflicht zur Mitteilung von wichtigen und für den Verhandlungspartner selbst nicht erkennbaren Tatsachen (BGE 105 II 79; 108 II 313)
- Wahrheitspflicht bezüglich bekannt gemachter Fakten
- Pflicht zur Offenlegung der eigenen Beweggründe (ernsthafte Verhandlungsführung; BGE 77 II 135)

130 Gemeinsam ist diesen Tatbeständen, dass allfällige Pflichtverletzungen einzig das Vermögen treffen, weshalb ein Rückgriff auf die Deliktshaftung nur bei der Verletzung einer Sondernorm Erfolg verspricht. Lehre und Rechtsprechung haben deshalb anlehnend an Art. 2 ZGB die sog. Vertrauenshaftung entwickelt; sanktioniert wird danach die schuldhafte Enttäuschung eines berechtigten Vertrauens. Über die hierauf anwendbaren Rechtsregeln besteht keine abschliessende Einigkeit, da je nach Sachfrage für eine Anknüpfung an die vertragliche oder die ausservertragliche Haftung plädiert wird (Guhl/Koller, § 13 N 3 ff.). Eine zentrale Bedeutung kommt hierbei der Haftung aus «culpa in contrahendo» zu (oder kurz c.i.c.). Es handelt sich dabei um eine allgemeine und nicht vertriebsspezifische Ableitung aus dem Grundsatz von Treu und Glauben im Geschäftsverkehr (Art. 2 ZGB), welche von der Lehre entwickelt und von der Rechtsprechung rezipiert wurde (vgl. als allgemeine Kurzdarstellung ebenfalls Guhl/Koller, § 13 N 3 ff.).

4.3.1.2 Die c.i.c.-Haftung

131 Haben die Parteien keine Verhandlungspflichten und sich daraus ableitende Rechtsfolgen definiert, gelangen bei einem treuwidrigen Verhalten einer Partei die Regeln der c.i.c.-Haftung zur Anwendung.

132 In der dogmatischen Auseinandersetzung spricht sich das Bundesgericht weder für eine vertragliche, noch für eine ausservertragliche Qualifikation dieses Instituts aus, sondern räumt einer dritten Auffassung den Vorzug ein, welche sich für eine spezielle Form der Vertrauenshaftung ausspricht (vgl. anstelle vieler und zum Überblick SCHWENZER, § 48 N 48.01 ff.; BGE 121 III 350 ff.). Es werden dabei Anknüpfungen an die vertragliche Haftung bei der Hilfspersonenhaftung (analog Art. 101 anstelle von Art. 55 OR; BGE 108 II 419 ff.) und der Beweislast für das Verschulden (analog Art. 97 anstelle von Art. 41 OR; KRAMER, BK, Allg. Einl. zu Art. 1–18 OR, N 141), dagegen eine solche an die deliktische bei der Verjährung vertreten (Art. 60 anstelle von Art. 127 OR; BGE 104 II 94).

133 Die vom Bundesgericht vertretende Auffassung vermag zufolge deren Heterogenität nicht zu überzeugen, weshalb ein Verhandlungsvertrag sui generis anzunehmen ist, auf welchen ausschliesslich vertragliche Haftungsregeln zur Anwendung gelangen (im Ergebnis gleich OR BT, BUCHER, Art. 1 N 95).

134 Klargestellt sei zur c.i.c.-Haftung jedoch, dass diese niemals den Abbruch von Vertragsverhandlungen in guten Treuen sanktioniert. Typische Anwendungsfälle einer c.i.c.-Haftung stellen das Führen von Verhandlungen ohne Absicht des Vertragsschlusses oder die Verletzung des Gebots zur Transparenz und Aufklärung dar (vgl. GUHL/KOLLER, § 13 N 4 m.w.H.).

135 Die Haftung bei einer Verletzung der Verhandlungspflichten bleibt auf das negative Vertragsinteresse beschränkt, weshalb von einem sog. Vertrauensschaden gesprochen wird. Die geschädigte Partei wird damit wirtschaftlich so gestellt, wie wenn niemals Vertragsverhandlungen stattgefunden hätten (METZLAFF, § 7 N 24, was auch für das Schweizer Recht nach allgemeinen Grundsätzen zu gelten hat).

4.3.2 Vertriebsrechtliche Sonderbestimmungen und -regeln?

136 Die gesetzlichen Bestimmungen zum Agenturvertrag beinhalten keine Regelung von vorvertraglichen Pflichten und deren Sanktionierung im Widerhandlungsfall.

137 Auch wenn Art. 418d Abs. 1 OR diesbezüglich unklar formuliert ist («Geschäftsgeheimnisse des Auftraggebers, die ihm anvertraut oder aufgrund des Agenturverhältnisses bekannt geworden sind,»), bezieht sich dieser Abschnitt einzig auf Geschäftsgeheimnisse, welche dem Agenten in Ausübung seines Berufes und damit nach Vertragsschluss bekannt geworden sind bzw. setzen einen nachfolgenden Vertragsschluss voraus (BÜHLER, Art. 418d N 14).

138 Auch beim Franchisevertrag gelangen zufolge Ermangelung einer gesetzlichen Regelung die dargestellten Rechtssätze zur Anwen-

dung. Dies im Gegensatz zu verschiedenen, ausländischen Rechtsordnungen, welche sog. disclosure-Regelungen kennen. Derartige Bestimmungen legen den Umfang der Aufklärungspflichten und die Sanktionierung im Widerhandlungsfall fest (disclosure-Regelungen bestehen in Österreich, Italien, Spanien, Grossbritannien, Brasilien oder die USA; vgl. hierzu Metzlaff, § 7 N 2).

139 Der Schweizer Franchiseverband als freiwilliger Zusammenschluss von Franchisegebern definiert im «Ehrenkodex» die vorvertraglichen Aufklärungspflichten des Franchisegebers. Im Jahre 2004 wurde zudem gestützt auf Ziffer 3.3 des besagten Kodex eine Ergänzung mit dem Titel «vorvertragliche Informationen des Franchisegebers» aufgenommen (vgl. Anhang S. 262 und S. 264). Dort werden folgende Pflichten des Franchisegebers statuiert:

- Gegenseitige Offenlegungspflicht bezüglich aller wesentlichen Informationen
- Ermöglichung eine Einschätzung der notwendigen Ressourcen seitens des Franchisenehmers
- Pflicht zur Erteilung klarer, wahrer und vollständiger Informationen
- Verpflichtung des Franchisegebers zur Übergabe eines Exemplars des Ehrenkodex sowie die vollständige Offenlegung aller wichtigen Informationen
- Verpflichtung des Franchisegebers zur schriftlichen Orientierung über den Markt und die Produkte, die Organisation des Franchisebetriebs, den Inhalt des Franchisepakets, die Kundgabe von Erfahrungswerten, die Aufklärung über finanzielle Verpflichtungen, die Orientierung über zusammenhängende Vereinbarungen u.a.
- Erteilung der vorgenannten Auskünfte mindestens 20 Tage vor Abschluss des Franchisevertrags

140 Auch wenn es sich beim Ehrenkodex samt Anhang bloss um Empfehlungen an Vereinsmitglieder handelt, sollte dessen Bedeutung nicht unterschätzt werden. So werden dessen Bestimmungen als Auslegungshilfe oder gar als dispositives Gewohnheitsrecht in der Praxis beigezogen und können damit analoge Anwendung finden.

4.4 Rechtsprechung und Lehre

4.4.1 Rechtsprechung

141 Es besteht – soweit aus den allgemein zugänglichen Quellen ersichtlich – keine vertriebsspezifische Rechtsprechung zu den vorvertraglichen Aufklärungspflichten.

142 Bei einem Blick über die Grenze nach Deutschland ist festzustellen, dass auch dort keine höchstrichterlichen Entscheidungen zur Frage

der vorvertraglichen Aufklärungspflichten vorliegen, welche gesetzlich ebenfalls nicht geregelt sind und sich aus dem Gedanken von Treu und Glauben ableiten.

143 Es existieren jedoch mannigfach Entscheidungen von unteren Instanzen zu Franchiseverhältnissen, welche sich mit dieser Problematik zu befassen hatten. Die daraus fliessenden Erkenntnisse grundsätzlicher Natur lassen sich wie folgt zusammenfassen (siehe METZLAFF, § 7 N 4):

- Grundsätzlich hat sich jede Partei selbst über die Marktverhältnisse und die damit verbundenen Risiken zu informieren.
- Ausnahmen gelten dann, wenn besondere Umstände hinzukommen, welche bloss einer Partei bekannt sind und von denen diese wissen muss, dass sie die Entscheidung der Gegenseite beeinflussen werden.

4.4.2 Lehre

144 Die Schweizer Lehre hat sich bislang überwiegend im Zusammenhang mit dem Franchiseverhältnis mit den vorvertraglichen Pflichten einlässlich auseinandergesetzt. Die daraus gewonnen und nachfolgend dargestellten Erkenntnisse sind aber auf weitere Vertriebssysteme übertragbar.

145 Dem Franchisegeber kommt danach eine Verpflichtung zur umfassenden und wahren Auskunft gegenüber dem Franchisenehmer zu, zumal dieser gestützt auf diese Angaben weitgehende und langfristige Verpflichtungen, verbunden mit meist erheblichen Investitionen, eingeht (AMSTUTZ/SCHLUEP, Einl. zu Art. 184 ff. N 156).

146 Selbiges ist aber auch vom Franchisenehmer zu fordern, zumal der Franchisegeber durch den Abschluss eines Vertrags mit einem unfähigen oder zahlungsunwilligen Franchisenehmer ebenfalls einen Schaden erleiden kann.

147 Von besonderer Bedeutung innerhalb der vorvertraglichen Aufklärungspflichten sind die Angaben über die Rentabilität eines Vertriebssystems und dabei die Gewinnmöglichkeiten des Vertriebsnehmers, welchen insbesondere beim Franchiseverhältnis eine zentrale Bedeutung zukommt (STEIN-WIGGER, 237 ff.). Anhand der Erfahrungswerte des Franchisegebers soll es dem Franchisenehmer ermöglicht werden, Prognosen bezüglich zukünftigem Umsatz und Gewinn anstellen zu können.

148 Der Vertriebsgeber hat deshalb über den zu erbringenden Kapital- und Arbeitsaufwand sowie über den zu erwartenden Umsatz- und Verdienst aufzuklären (STEIN-WIGGER, 238). Die Angabe von Finanzkennzahlen haben den Tatsachen zu entsprechen und auf zuverläs-

sigen Vergleichswerten zu basieren. Es kommen hier nur Standorte von Systembetrieben in Betracht, welche von den äusseren Gegebenheiten auch vergleichbar sind, weshalb eine Rentabilitätsvorschau anhand der besten Systemstandorte abzulehnen ist (STEIN-WIGGER, 239 f.). So erwecken solche falsche Hoffnungen, ohne bei fehlender Vergleichbarkeit hilfreich für den Entscheidfindungsprozess zu sein.

149 Die Beweislast für die Richtigkeit der Angaben trägt der Vertriebsgeber (KULL, 103 m.w.H.). Er hat deshalb erkenntlich Tatsachen und Prognosen als solche zu kennzeichnen (STEIN-WIGGER, 239).

150 Ausdrücklich gilt es aber darauf hinzuweisen, dass der Vertriebsgegner gewöhnlich keine Garantie für den wirtschaftlichen Erfolg des Vertriebsnehmers übernimmt und bei der Enttäuschung dessen Erwartungen nicht schadenersatzpflichtig wird, soweit nicht Fehlinformationen geliefert wurden. Als Umkehrschluss aus dem wirtschaftlichen Scheitern eines Vertriebsnehmers auf eine Fehlinformation des Vertriebsgebers zu schliessen, ist ebenso unsinnig wie unzulässig (so auch WILDHABER, Franchising, Vorb. 184 ff. N 38).

151 So bestimmt sich der wirtschaftliche Erfolg – ein funktionierendes Vertriebssystem vorausgesetzt – massgeblich am Engagement und der Eignung des Vertriebsnehmers.

4.5 Folgen der Verletzung vorvertraglicher Aufklärungspflichten

152 Hat eine Partei ihre Verpflichtung zur vorvertraglichen Aufklärung gegenüber der Gegenpartei verletzt, wird sie dieser schadenersatzpflichtig (SCHWENZER, § 47.13). Die Haftung geht dabei auf das negative Vertragsinteresse, womit die geschädigte Partei so gestellt wird, wie wenn sie niemals in Vertragsverhandlungen eingetreten wäre (vgl. BGE 105 II 81 f; SCHWENZER § 47.13 mit Verweis auf Art. 26 OR). Bei einem nachteiligen Vertragsschluss kann gar ein Gestaltungsrecht auf Vertragaufhebung abgeleitet werden (SCHWENZER § 47.14).

153 Ansprüche haben dabei nach dem Bundesgericht innert den Fristen von Art. 60 OR geltend gemacht zu werden, wobei es hier insbesondere auf die relative einjährige Frist ab Kenntnis des Schadens hinzuweisen gilt (vgl. BGE 104 II 94).

4.6 Vertragliche Gestaltungsmöglichkeiten

154 Um die gegenseitigen Rechte und Pflichten in der Verhandlungsphase zu definieren, empfiehlt sich der Abschluss einer speziellen, schriftlichen Vereinbarung (sog. Vertragsverhandlungsvertrag oder nur Verhandlungsvertrag; vgl. hierzu auch SCHUMACHER, N 2061 ff.).

Es gilt darin Abläufe und Pflichten festzulegen und allenfalls auch Sanktionen für den Widerhandlungsfall vorzusehen.

155 Eine Pflicht zu einem nachfolgendem Vertragsschluss ist damit aber gerade nicht verbunden. Dies birgt nebst der hieraus fliessenden Rechtssicherheit zudem den Vorteil, dass Vertragsverhandlungen besser strukturiert sind und damit effizienter geführt werden können. Rechtlich betrachtet handelt es sich um einen eigenen Vertrag, aus welchem sich Rechte und Pflichten ableiten, deren Verletzung eine Schadenersatzpflicht nach sich ziehen kann (Schumacher, N 2061).

156 Eine Verhandlungsvereinbarung sollte folgende Punkte umfassen:

- Präambel (Sinn und Zweck des Vertrags; keine Rechtswirkung!)
- Absicht der Führung von Verhandlungen zwecks anschiessendem Vertragsschluss
- Gegenseitige Informations- und Akteneditionspflichten
- Formregeln (Protokollierung, schriftliche Festhaltung von Zwischenergebnissen usw.)
- Verhaltensregeln (Festhaltung von Rechten, insbesondere aber auch von Pflichten)
- Sanktionen aus Pflichtverletzung (Konventionalstrafe, weiterer Schadenersatz)
- Strukturierung der Verhandlungen (in zeitlicher und sachlicher Hinsicht)
- Prozedere bei anschliessendem Vertragsschluss (insbesondere auch bezüglich der Form des Vertriebsvertrags), aber auch beim Scheitern der Verhandlungen
- Gegenseitige Geheimhaltungserklärung mit Ausnahmen (bspw. gegenüber Banken, Anwalt, Steuerberater)
- Verbot der Führung von parallelen Vertragsverhandlungen mit Konkurrenten des potentiellen Vertragspartners (hier wäre die Gefahr besonders gross, dass vertrauliche Informationen weitergegeben würden)
- Übernahme der im Zusammenhang mit den Verhandlung entstehenden Kosten (Gebühren, Drittkosten, Vertretungskosten)
- Schieds- und Rechtswahlklausel
- Gerichtsstandsvereinbarung
  (vgl. hierzu auch Schumacher, N 2062)

4.7 Checkliste

- Wurde eine Geheimhaltungsvereinbarung oder ein Verhandlungsvertrag abgeschlossen?

- Wurden erklärungsbedürftige Fakten dargelegt?
- Wurden nur verifzierte Unterlagen abgegeben?
- Wurde die Übermittlung von Unterlagen ausreichend dokumentiert und bestätigt?
- Wurden Abklärungsergebnisse festgehalten?
- Wurden geheimhaltungswürdige Fakten ausreichend geschützt (Sanktionierung im Widerhandlungsfall)?
- Wurden die Vertragsverhandlungen zeitlich begrenzt?
- Wurde der nächste Schritt vereinbart (letter of intent)?

5. Präambel

5.1 Einleitende Bemerkung

157 Regelmässig wird Vertriebsverträgen eine Einleitung vorangestellt, welche in der Schweiz meist als Präambel bezeichnet wird. Es handelt sich dabei um erklärende Ausführungen, welchen keine direkte Rechtswirkung zukommen soll.

5.2 Praxis

158 Der Umfang von in Vertriebsverträgen anzutreffenden Präambeln variiert zwischen wenigen Zeilen und mehreren Absätzen. Inhaltlich finden dabei meist eine Systemkurzdarstellung, der Vertragszweck und die Hauptleistung des Vertriebsgebers Eingang. Es werden jedoch auch weitere Punkte aufgenommen, welche von den Parteien beliebig bestimmt werden können (Metzlaff, § 8 N 21 ff.). Die Präambel dient mitunter als Auslegungshilfe für die nachfolgenden Bestimmungen und soll die Stossrichtung der Zusammenarbeit aufzeigen.

5.3 Rechtliche Grundlagen

159 Als Besonderheit zu allen anderen Bestimmungen eines Vertriebsvertrags kommt der Präambel keine rechtliche Wirkung zu, d.h. es leiten sich aus ihre keine direkten Rechte und Pflichten der Parteien ab, womit auch keine Ansprüche alleine darauf abgestützt werden können (Metzlaff, § 8 N 21 f.). Die Präambeln erfahren folglich auch keine Regelung im Gesetz. Sie bilden jedoch ein wesentliches Element der Vertragsauslegung und können auch Grundlage einer Irrtumsanfechtung nach Art. 23 ff. OR bilden.

5.4 Rechtsprechung und Lehre zu den Vertriebsverträgen

5.4.1 Rechtsprechung

160 Aus der bereits dargestellten Ermangelung einer direkten, rechtlichen Relevanz der Präambeln erfahren diese in der Rechtsprechung auch keine Behandlung.

5.4.2 Lehre

161 Die Präambel dient nebst der Darstellung der Ausgangslage und der Parteien insbesondere auch zur Definition der gegenseitigen Erwar-

tungen und Absichten. Indirekte Rechtswirkung entfaltet sie «als Interpretationshilfe für das Verständnis der einzelnen Vertragsbestimmungen» (BAUDENBACHER, Franchisevertrag, 346).

162 In der deutschen Lehre wird die Aufnahme einer Präambel empfohlen, da damit die Grundlagen des Vertriebssystems und dessen Entstehungsgeschichte dargestellt werden kann (FLOHR, Franchisevertrag, 68). Sie soll das Verständnis der nachfolgenden Regelungen erleichtern, als Auslegungshilfe herangezogen werden können, eine Qualifikation des gewählten Vertrags zulassen und insbesondere auch die Intuitionen für die gewählte Zusammenarbeit bezeichnen und die Selbständigkeit der Parteien betonen (METZLAFF, § 8 N 21).

163 Zu weit greift wohl die von FLOHR vertretene Forderung (Franchisevertrag, 68), «alle wichtigen Merkmale» des speziellen Vertriebsvertrags in die Präambel aufzunehmen, zumal die Parteien hier wohl unterschiedliche Gewichtungen vornehmen werden. Die Erwähnung der Hauptleistungspflichten reicht im Rahmen der Präambel aus.

5.5 Vertragliche Gestaltungsmöglichkeiten

164 Die Aufnahme einer Präambel in Vertriebsverträge ist als Auslegungshilfe und Absichtserklärung der Parteien empfehlenswert und als durchaus wertvoll zu betrachten.

165 Es empfiehlt sich dabei insbesondere, den Verlauf der Vertragsverhandlungen sowie die dabei kommunizierten Informationen festzuhalten, sollte dies nicht in einer separaten Vereinbarung vorgesehen sein.

166 Schliesslich verdienen auch die Ziele der Vertriebspartner in der Präambel einer Erwähnung.

167 Der Detaillierungsgrad einer Präambel sollt jedoch gering gehalten werden und in einem angemessenen Verhältnis zum Umfang der nachfolgenden Vertragsbestimmungen stehen. Ein inhaltlicher Widerspruch gilt es dabei tunlichst zu vermeiden. Damit würde genau das geschaffen, was mit der Präambel eigentlich zu verhindern versucht wird, nämlich eine Auslegungs- und Interpretationshilfe voranzustellen.

168 Inhaltlich sollte eine Präambel Folgendes einschliessen, wobei dieser massgeblich von der Art des Vertrags und dessen Bedeutung für die Parteien mitbestimmt wird:

- Kurzabriss der Geschichte des Vertriebssystems inkl. Anzahl Pilotprojekte bzw. bestehende Vertriebssysteme
- Verlauf der Vertragsverhandlungen unter gleichzeitiger Festhaltung der vor Vertragsschluss ausgetauschten Unterlagen

- Absichten der Parteien / Gründe für den Vertragsschluss
- Ziele der Zusammenarbeit

5.6 Checkliste

Macht eine Präambel angesichts der Komplexität des Vertriebsverhältnisse Sinn?
Wurden vertraglich zu regelnde Punkte nur in die Präambel aufgenommen (gilt es zu vermeiden!)?

6. Gegenstand des Vertrags

6.3 Einleitung

169 Das Schweizerische Obligationenrecht ist vom Grundsatz der Vertragsfreiheit geprägt (siehe umfassend KRAMER, Art. 19–20, N 42 ff., mit weiteren Hinweisen). Neben dem Abschluss-, der Partnerwahl, der Aufhebungs-, der Form- und der Inhaltsfreiheit umfasst dies insbesondere auch die Typenfreiheit (AMSTUTZ/SCHLUEP, Einl. vor Art. 184 ff. N 1).

170 Anders als im römischen Rechtssystem können auch Verträge verbindlich ausgestaltet werden, die nicht einem im Besonderen Teil des Obligationenrechts geregelten Typus entsprechen. Insbesondere ermöglicht in den Schranken von Art. 19 Abs. 1 OR dies den Parteien innerhalb der gesetzlichen Leitlinien den Vertragsinhalt beliebig frei zu gestalten.

171 Die Parteien können Verträge abschliessen, die Elemente verschiedener gesetzlicher Vertragstypen enthalten (Kombinierung von Vertragstypen). Sie können aber auch völlig neuartige Verträge abschliessen (HONSELL, OR BT, 15). Entsprechend bilden die vom Gesetz ausdrücklich geregelten Vertragsarten keine abschliessende Aufzählung. Dies kommt der Wirtschafts- und Rechtspraxis entgegen. In einer Zeit ständiger wirtschaftlicher Veränderung und zunehmender internationaler Verflechtung wächst das Bedürfnis nach neuen Instrumenten zur Bewältigung der sich in der Praxis stellenden Herausforderungen. Die Jurisprudenz verarbeitet derartige Impulse in neuartige Vertragsgestaltungen. Bezeichnenderweise finden sich solche Vertragsformen nicht im Gesetz geregelt. Beispiele wie Franchising oder Alleinvertrieb gehören zu den Bedeutendsten dieser Erscheinungen im Vertriebsrecht.

172 Die Anerkennung auch gesetzlich nicht geregelter Verträge (so genannte Innominatverträge) wirft allerdings die Frage nach dem auf sie anwendbaren Recht auf (KRAMER, Art. 19–22 N 67).

173 Für eine Übersicht zu den auf Innominatverträge allgemein anwendbaren Regeln der Rechtsanwendung siehe AMSTUTZ/SCHLUEP, Einl. vor Art. 184 ff. N 11 ff.

6.4 Agenturvertrag

6.4.1 Begriff

174 «Agent ist, wer die Verpflichtung übernimmt, dauernd für einen oder mehrere Auftraggeber Geschäfte zu vermitteln, oder in ihrem Namen

oder für ihre Rechnung abzuschliessen, ohne zu den Auftraggebern in einem Arbeitsverhältnis zu stehen.» (Art. 418a Abs. 1 OR).

175 Die zentralen Elemente dieser Legaldefinition (des Agenten, und nicht des Agenturvertrags an sich) sind die Folgenden:

- Agent ist, wer sich verpflichtet, für einen (Einfirmenagentur) oder mehrere (Mehrfirmenagentur) Auftraggeber Geschäfte zu vermitteln (Vermittlungsagent) oder Geschäfte abzuschliessen (Abschlussagent).
- Die Verpflichtung des Agenten ist auf Dauer ausgerichtet, wobei das Gesetz keine Mindestdauer für ein Agenturverhältnis vorsieht.
- Der Agent tritt im Namen und für Rechnung eines Dritten auf; dies im Gegensatz insbesondere zum Eigenhändler.
- Der Agent ist immer selbstständig. Er steht namentlich in keinem Subordinationsverhältnis zum Auftraggeber.

176 Der Agenturvertrag ist ein Dauerschuldverhältnis. Die Verpflichtung, dauernd Geschäfte zu vermitteln oder abzuschliessen bedeutet, dass der Agent sich um eine unbestimmte Vielzahl von Abschlüssen während der Vertragsdauer bemühen muss. «Dauernd» ist also weniger ein zeitliches Kriterium als eine Verpflichtung, während der Dauer des Vertrags stets wieder neue Geschäfte zu tätigen (Bühler, Art. 418a N 6).

177 Diese Dauerhaftigkeit des Vertrags ist ein Unterscheidungskriterium zum Mäklervertrag. Der Mäkler ist bloss verpflichtet, für eines oder mehrere bestimmte Geschäfte für einen Auftraggeber tätig zu werden.

178 Der Agent handelt im Namen des Auftraggebers. Damit ist er direkter Stellvertreter, wenn er für den Auftraggeber einen Vertrag abschliesst. Dieser wird durch den Vertragsabschluss gebunden (BGE 108 II 120).

179 Ferner handelt der Agent für Rechnung des Auftraggebers. Dies bedeutet allerdings nicht, dass der Agent keine Aufwendungen zu tragen hat. Er hat etwa die Kosten, die mit dem Geschäftsabschluss an sich verbunden sind, etwa mit Bezug auf Werbung und Beschäftigung entsprechenden Hilfspersonals, zu übernehmen. «Mit der Natur des Agenturvertrags verträgt es sich durchaus, dass der Agent seine Hilfspersonen bezahlt, ohne dafür Anspruch auf Ersatz zu erlangen (Art. 418n OR), dass er also die ihm vertraglich obliegenden Verrichtungen «auf eigene Rechnung» besorgt, oder durch Hilfspersonen besorgen lässt» (BGE 83 II 37). Entsprechend sieht Art. 418n OR vor, dass ohne anderweitige Vereinbarung oder mangels Üblichkeit der Agent keinen Anspruch auf Ersatz von Kosten und Auslagen hat. Dies gilt für ordentliche Kosten. Ausserordentliche sind in Anlehnung an die auftragsrechtliche Regelung zu erstatten (siehe Art. 402 Abs. 1 OR).

180 Das Gesetz unterscheidet zwischen der Vermittlungsagentur einerseits und der Abschlussagentur andererseits.

181 «Vermitteln» heisst, einen anderen zum Abschluss eines Geschäftes mit dem Auftraggeber zu veranlassen (BÜHLER, Art. 418a N 10). Es reicht also nicht aus, dass ein Vermittlungsagent bloss «Gelegenheit zum Abschluss eines Vertrages nachweist», wie dies Art. 412 OR zum Mäklervertrag vorsieht. Es besteht eine gesetzliche Vermutung zur Vermittlungsagentur (Art. 418e OR). Die grosse Bedeutung der Vermittlungsagentur findet sich in der Versicherungsbranche. Dort schliesst der Agent regelmässig keine Verträge zulasten der Versicherungsgesellschaft ab, sondern bereitet den Vertragsabschluss dergestalt vor, dass Versicherungsanträge an die Versicherungsgesellschaft weitergeleitet und von dieser genehmigt oder gegebenenfalls zurückgewiesen werden können.

182 Im Gegensatz zum Vermittlungsagenten handelt der Abschlussagent als direkter Stellvertreter des Auftraggebers. Er schliesst rechtsverbindlich für den Auftraggeber Verträge ab. In der Praxis finden sich allerdings häufig Regelungen, wonach sich der Auftraggeber die Genehmigung des Vertragsabschlusses durch den Agenten vorbehält. Eine solche Regelung macht den Agenten noch nicht zum Abschlussagenten (siehe auch BÜHLER, Art. 418a N 12).

183 Weil das Gesetz von der gesetzlichen Vermutung zugunsten der Vermittlungsagentur ausgeht, bedarf der Agent zum Abschluss von Verträgen einer Vollmacht des Auftraggebers. Eine solche kann allerdings ausdrücklich wie auch stillschweigend erteilt werden. Entsprechend ist eine solche Vollmacht nach Art. 34 Abs. 1 OR jederzeit widerrufbar (WETTENSCHWILER, Art. 418a OR N 6). Vor dem Hintergrund der gesetzlichen Vermutung für eine Vermittlungsagentur kann problematisch werden, wann auf eine Anscheinsvollmacht zugunsten einer Abschlussagentur geschlossen werden muss. BGE 120 II 201 ff. nennt Kriterien, wann sich der Geschäftsgegner auf eine Anscheinsvollmacht verlassen kann. Grundsätzlich kann sich ein Dritter angesichts der gesetzlichen Fiktion zugunsten der Vermittlungsagentur nicht darauf stützen, dass der Agent zum Abschluss von Geschäften bevollmächtigt ist. Wird aber eine Vertretungsvollmacht gegenüber einem Dritten kundgegeben, so ist der gutgläubig sich darauf berufende Dritte in seinem Vertrauen zu schützen (BÜHLER, Art. 418a N 15; WETTENSCHWEILER, Art. 418a N 8).

184 Das Gesetz sieht in Art. 418a Abs. 2 OR vor, dass auf Agenten, die als solche bloss im Nebenberuf tätig sind, von den Vorschriften des Agenturrechts punktuell abgewichen werden darf. Dabei bleiben als zwingend vorgeschrieben die Regelungen über das Delkredere (Art. 418c OR), das Konkurrenzverbot (Art. 418d OR) und die Auflösung

des Vertrags aus wichtigen Gründen (Art. 418r OR), die nicht zum Nachteil des Agenten wegbedungen werden dürfen. E contrario ergibt sich daraus insbesondere, dass für den Nebenagenten der sonst zwingende Anspruch auf Kundschaftsentschädigung (Art. 418u OR) schriftlich wegbedungen werden darf. Damit stellt sich die Frage, wann ein Agent als nebenberuflich gilt. Entscheide dazu liegen, soweit ersichtlich, nicht vor. Entscheidend dürfte sein, ob der Agent mit der Vermittlung oder dem Abschluss von Geschäften für den Auftraggeber quasi seinem Hauptberuf nachgeht oder nicht. Der Entscheidungsspielraum des Richters ist angesichts dieser Ausgangslage erheblich.

185 In der Praxis finden sich bei komplexeren agenturbasierten Vertriebsverhältnissen zuweilen Regelungen, welche vorsehen, dass in einer ersten Phase der Vertragsbeziehung das Schwergewicht auf die Vermittlung bzw. den Abschluss von Geschäften ausgerichtet ist, in einer zweiten Phase, die aber durchaus den grössten – auch zeitlichen – Teil der Zusammenarbeit ausmachen kann, nur mehr die Betreuung der einmal geworbenen Kunden vorgesehen wird, mit entsprechender Honorierung des Beauftragten. Bei solchen Konstellationen ist es durchaus vertretbar, von einer nebenberuflichen Agentur auszugehen, berücksichtigt man die gesamte Dauer des Agenturverhältnisses. Entsprechend ist es zulässig, von einzelnen Regelungen des Agenturrechtes durch vertragliche Regelung abzuweichen.

6.4.2 Abgrenzungen

186 Der Agent ist selbstständig, d. h. nicht in die Arbeitsorganisation des Auftraggebers eingegliedert und steht insbesondere nicht in einem Subordinationsverhältnis zu seiner Vertragsgegenseite. Gerade wenn es sich um einen Vertrag mit ausgeprägter Reisetätigkeit handelt, kann dies allerdings in der Praxis Schwierigkeiten bei der Abgrenzung geben. Regelmässiges Rapportieren sowie verpflichtende Umsatzzahlen können etwa auf einen Handelsreisendenvertrag schliessen lassen (BGE 129 III 668).

187 Die Agentur ist als Sonderform zum Auftrag zu verstehen. Die umfassende gesetzliche Regelung ergibt sich aus der gesetzgeberischen Wertung, wonach der Agent zufolge seiner grösseren wirtschaftlichen Abhängigkeit als schwächere Vertragspartei zu betrachten ist (Bühler, Art. 418a N 35). Der Agent ist typischerweise dauernd für den Auftraggeber tätig, wogegen der Auftrag in der Regel auf ein einmaliges Geschäft ausgerichtet ist. Als zwingend betrachtet die Rechtsprechung nach wie vor Art. 404 OR. Demgegenüber kann der Agenturvertrag nur unter Einhaltung von bestimmten Kündigungsfristen aufgelöst werden (unter Vorbehalt der vorzeitigen Vertragsauflösung zufolge eines wichtigen Grundes).

188 Die Dauer der Verpflichtung ist massgebliches Abgrenzungskriterium zum Mäklervertrag.

189 Der Agent handelt in fremdem Namen und auf fremde Rechung. Demgegenüber treten etwa Alleinvertreter oder Franchisenehmer im eigenen Namen auf und handeln als Eigenhändler auf eigene Rechnung.

190 Die Abgrenzung zur einfachen Gesellschaft ist darin zu sehen, dass diese auf Erreichung eines gemeinsamen Zwecks gerichtet ist. Demgegenüber ist Gegenstand der Agentur der Austausch von Leistung und Gegenleistung.

6.5 Kommissionsagenturvertrag

191 Gemäss Art. 425 OR ist Einkaufs- oder Verkaufskommissionär, wer gegen eine Kommissionsgebühr (Provision) im eigenen Namen, für Rechnung eines anderen (des Kommittenten), den Einkauf oder Verkauf von beweglichen Sachen oder Wertpapieren zu besorgen übernimmt. Auch die Kommission ist ein Rechtshandlungsauftrag auf Basis einer fiduziarischen Konstruktion.

192 In der Vertriebspraxis sind derartige treuhänderische Konstruktionen eher eine Randerscheinung. In Form des Kommissionsagenturvertrags (die auf Dauer angelegte Kommission) ist sie aber zuweilen anzutreffen (zum Thema der Kommissionsagentur allgemein Dubler, Kommissionsagenturvertrag, 9 ff.).

193 Vom Mäkler unterscheidet sich der Kommissionsagent durch den Dauerschuldcharakter, vom Agenten durch das Handeln in eigenem Namen.

194 Der Kommissionsagent ist nicht Eigenhändler. Er handelt für Rechnung des Auftraggebers. Damit ist er etwa abzugrenzen vom Alleinvertriebsvertrag, welcher das ganze wirtschaftliche Risiko, also insbesondere das Warenrisiko, übernimmt (siehe auch von Planta/Llenz, Vor Art. 425–438 N 5 ff.).

195 Die Kommissionsagentur wird in der Regel dann eingesetzt, wenn ein Lieferant gegenüber dem Kunden unbekannt bleiben will, aber dennoch einen massgeblichen Einfluss auf seinen Vertriebspartner und die Verkaufskonditionen ausüben möchte. Gleichzeitig erhält der Kommissionsagent allerdings eine grössere Eigenständigkeit im Markt zufolge seines Auftritts im eigenen Namen. Er ist deshalb auch nicht gleich schutzbedürftig wie der Agent (was in der Regel einen Anspruch auf Kundschaftsentschädigung ausschliesst; Dubler, Markterschliessung, 3).

6.6 Fachhändler- und Vertragshändlervertrag

196 Sowohl Fachhändler wie Vertragshändler sind Eigenhändler. Sie sind zwar in einem beschränkten Masse in die Absatzpolitik des Vertriebsgebers eingebunden, übernehmen aber zufolge ihres Eigenhändlerstatus das Absatzrisiko (FOUNTOULAKIS, 54 f.; EGLI, 143).

197 Beim Fachhändlervertrag handelt es sich um einen Vertrag mit Elementen des Kaufvertrags, des Lizenzvertrags, des Auftrags und des Know-how-Vertrags (FOUNTOULAKIS, 54, mit weiteren Hinweisen). Der Fachhändler ist weitgehend eigenständig und weisungsungebunden (wobei wiederum zwischen einfacher Vertriebsbindung und qualifizierter Vertriebsbindung unterschieden wird, FOUNTOULAKIS, 55).

198 Vertragshändlerverträge charakterisieren sich durch eine stärkere Integration in die Absatzorganisation des Vertriebsgebers. Ausschliesslichkeitsbindungen, wie eine Exklusivvertriebsregelung, liegen aber nicht vor.

6.7 Alleinvertriebsvertrag

6.7.1 Begriff

199 «Ein Alleinvertriebsvertrag liegt vor, wenn sich die Lieferantin verpflichtet, dem Händler (Alleinvertreter) ein örtlich, sachlich und eventuell zeitlich begrenztes ausschliessliches Bezugsrecht für bestimmte Waren einzuräumen, die sie diesem liefert. Im Gegenzug verpflichtet sich der Händler, die entsprechende Ware gegen Entgelt zu beziehen und den Verkauf im Vertragsgebiet zu fördern.» (HUGUENIN, OR BT, N 1490).

200 Die folgenden Elemente sind typisch für einen Alleinvertriebsvertrag:

- Der Händler handelt im eigenen Namen und auf eigene Rechnung. Er ist also Eigenhändler.
- Die Parteien gehen ein Dauerschuldverhältnis ein.
- Der Lieferant verpflichtet sich, dem Händler die vereinbarte Vertragsware innerhalb eines Vertragsgebiets ausschliesslich an diesen zu liefern.
- Der Händler verpflichtet sich, die Vertragsware für das Vertragsgebiet ausschliesslich bei seinem Händler zu beziehen (so HUGUENIN, OR BT, N 1491; abweichend AMSTUTZ/SCHLUEP, Einl. vor Art. 184 ff. N 138, und HARTMANN/EGLI/MEYER-HAUSER, 15, welche auch eine Pflicht zu einem bestimmten Mindestbezug als ausreichend ansehen). Der zweiten Auffassung ist der Vorzug zu geben. Der Alleinvertriebsvertrag ist ein absatzorientiertes Kooperationsverhältnis,

das eine Marktpenetration mit Vertragswaren zu erreichen versucht. Diesbezüglich reicht es aus Sicht des Lieferanten aus, wenn gewisse definierte Minimalbezüge erfolgen, deren Ware auch auf den Markt gebracht werden. Vereinbaren die Parteien eine Alleinbezugsverpflichtung, so spricht man von einem Alleinbezugsvertrag. Durch einen solchen Vertrag verpflichtet sich der Abnehmer, bestimmte Waren ausschliesslich vom Lieferanten zu beziehen. Ein solcher Händler geniesst keinen Gebietsschutz per se. Anzutreffen sind solche Alleinbezugsverträge etwa beim Vertrieb von Bier über Restaurants oder von Treibstoffen (siehe ZÄCH, N 68).

201 Der Alleinvertriebsvertrag ist nach überwiegender Meinung ein gemischter Vertrag (so AMSTUTZ/SCHLUEP, Einl. vor Art. 184 ff. N 134; andere Meinung HUGUENIN, OR BT, N 1501). Typische Elemente sind die erwähnten ausschliesslichen Lieferverpflichtungen, die Bezugsverpflichtungen, unter Umständen auch weitere Vertriebsbindungen, etwa im Bereich der Warenzeichnung (HUGUENIN, OR BT, N 1501).

202 Der Alleinvertriebsvertrag hat Rahmenvertragscharakter (relationale Ebene). Die einzelnen Warenbezüge beruhen auf Sukzessivlieferverträgen (transaktionale Ebene), welche auf Einzelbestellungen des Händlers oder vertraglich vereinbarten Mindestbezügen beruhen.

6.7.2 Abgrenzungen

203 Der Alleinvertriebsvertrag ist aufgrund seines Rahmenvertragscharakters kein Vorvertrag. Ein solcher erlischt durch Abschluss des geplanten Vertrages. Der Alleinvertriebsvertrag ist demgegenüber auf Dauer ausgerichtet.

204 Auch wenn der Alleinvertriebsvertrag aufgrund seines regelmässigen Warenbezugs in die Nähe des Sukzessivlieferungsvertrags rückt, ist er dennoch davon abzugrenzen. Über die eigentliche Verpflichtung zu regelmässiger Warenlieferung hinaus enthält der Alleinvertriebsvertrag noch weitere Charakteristika, etwa das Bezugsrecht des Händlers und damit die im Zusammenhang stehende Pflicht des Lieferanten zur exklusiven Belieferung. Zudem sind, wie erwähnt, weitere Vertriebsbindungen denkbar.

205 Der Alleinvertriebsvertrag ist mangels Subordination des Händlers kein Arbeitsvertrag. Der Händler ist selbstständiger Unternehmer und handelt im eigenen Namen und auf eigene Rechnung.

206 Der Agenturvertrag steht konzeptionell insofern in der Nähe zum Alleinvertriebsvertrag als bei beiden Vertragstypen den Absatzmittler eine Absatzförderungspflicht trifft (so HUGUENIN, OR BT, N 1502). Eine analoge Anwendung des Agenturrechts eignet sich allerdings aufgrund der unterschiedlichen Einordnung in das Vertriebssystem des Lieferanten nur sehr beschränkt.

207 Der Alleinvertriebsvertrag enthält ein Bündel synallagmatisch einander gegenüberstehenden Leistungen, die zwar eine Interessengleichrichtung begründen können, aber noch keine Interessengemeinschaft ausmachen. Typischerweise besteht deshalb auch kein gemeinsamer Rechtsträger, der etwa gemeinsames Vermögen hält. Gewinn und Verlust werden zwischen den Parteien gerade nicht aufgeteilt (MEYER, 147 f.). Der Alleinvertriebsvertrag bildet keine Gesellschaft.

208 Die Abgrenzung zum Franchisevertrag ist oft fliessend. Der Franchisenehmer ist in der Regel aber stärker in die Absatzorganisation des Lieferanten eingebunden als der Händler. Der Alleinvertriebsvertrag ist primär auf Warentransaktionen ausgerichtet (auch wenn einzelne zusätzliche Vertriebsregelungen dazu kommen können), wogegen Franchising die Nutzbarmachung eines umfassenden Geschäftsmodells zum Gegenstand hat. Dabei ist die Warentransaktionsebene üblicher, aber nicht ausreichender Bestandteil, um den Vertrag als Franchisevertrag charakterisieren zu können.

6.8 Selektivvertriebsvertrag

209 Eine Unterart des Alleinvertriebsvertrags ist der Selektivvertriebsvertrag (ZÄCH, N 66). Typisch für den Selektivvertriebsvertrag ist, dass nur ausgewählte Einzelhändler beliefert werden. Deren Auswahl wird davon abhängig gemacht, ob definierte Selektionskriterien erfüllt sind. Diese können quantitativer oder qualitativer Natur sein, beispielsweise geeignete Verkaufsräume, die Bereitschaft, in einem umfassenden Marketingkonzept mitzuwirken, die Gewährleistung der Servicequalität über besonders geschultes Personal oder die Bereitschaft, Mindestmengen abzunehmen (ZÄCH, N 66). Werden vom Vertriebsnehmer die Selektionskriterien erfüllt und verlangt dieser den Zutritt zum Selektivvertriebssystem entsteht unter Umständen eine Kontrahierungspflicht (MEYER, 186 f.)

210 Der Entscheid, ob eine exklusives (Alleinvertriebsvertrag) oder ein selektives Vertriebssystem aufgebaut wird, kann seitens des Vertriebsgebers frei erfolgen (MEYER, 187).

211 Der Selektivvertriebsvertrag wird, soweit ersichtlich, einzig im kartellrechtlichen Kontext behandelt (FOUNTOULAKIS, 55 f.).

6.9 Franchisevertrag

6.9.1 Begriff

212 Im Franchisevertrag stehen sich Franchisegeber und Franchisenehmer in einer dauerhaften Vertragsbeziehung gegenüber. Gegenstand

des Franchisevertrags ist die Einräumung der Nutzung eines umfassenden Geschäftskonzeptes gegen Entgelt. Dieses Geschäftskonzept besteht in der Regel aus einem einheitlichen Organisations- und Marketingsystem, systemtypischen Produkten und/oder Dienstleistungen, Image, Kennzeichnungen und sonstigen Schutzrechten sowie kaufmännischen/technischen Erfahrungswerten. Zusätzlich verpflichtet sich der Franchisegeber zu einer laufenden Unterstützung (unter vielen EBNETER, 10 ff.; AMSTUTZ /SCHLUEP, Einl. vor Art. 184 ff. N 148; STEIN-WIGGER, 13 ff.; WILDHABER, Franchising, 50 ff., jeweils mit weiteren Hinweisen).

213 Das Bundesgericht hat sich bis anhin erst in einem publizierten Entscheid mit Begriff und Gegenstand des Franchisevertrags auseinandergesetzt. In BGE 118 II 159 f. wird Franchising definiert als «Vertrieb von Waren und Dienstleistungen über selbstständige Händler oder Unternehmer, aber nach einer einheitlichen Vertriebskonzeption. Der einzelne Franchisenehmer vertreibt die vom Franchisegeber hergestellten bzw. organisierten Waren und Dienstleistungen zwar auf eigene Rechnung und auf eigenes Risiko, befolgt dabei aber das einheitliche Absatz- und Werbekonzept, das ihm der Franchisegeber zur Verfügung stellt, erhält dessen Beistand, Rat und Schulung, und verwendet dessen Namen, Marken, Ausstattungen oder sonstige Schutzrechte. Der Franchisegeber behält sich in der Regel das Recht vor, Weisungen zu erteilen und eine Kontrolle über die Geschäftstätigkeit auszuüben».

214 Entsprechend wird Franchising umfassend als Unternehmensstrategie verstanden, um schnell und kundennah Produkte und/oder Dienstleistungen über die Nutzbarmachung des Geschäftskonzeptes zu vertreiben und zusätzlich Mehrwert aus dem eigenen betrieblichen und technischen Wissen zu schöpfen (WILDHABER, Kommentar, Vorb 184 ff. N 2; FREY, 5 f.; AMSTUTZ /SCHLUEP, Einl. vor Art. 184 ff. N 149).

215 Üblicherweise wird zwischen «Product Franchising» und «Business Format Franchising» unterschieden. Beim «Product Franchising» ist eine relativ lose Integration des Franchisenehmers in die Absatzorganisation des Franchisegebers festzustellen und weitgehend produktbezogen. Demgegenüber beinhaltet das «Business Format Franchising» ein umfassendes Vertriebskonzept, welches sich nicht nur auf Produkte und Dienstleistungen, sondern auch auf die gesamte Absatzorganisation bezieht (HUGUENIN, OR BT, N 1537 f.; STEIN-WIGGER, 12 f. mit weiteren Hinweisen).

216 Der Franchisevertrag ist nach der einen Rechtsauffassung ein selbstständiger gemischter Vertrag. Soweit Innominatelemente enthalten sind, gebietet sich aber eine Qualifikation als Vertrag sui generis (sie-

he auch HUGUENIN, OR BT, N 1540; AMSTUTZ /SCHLUEP, Einl. vor Art. 184 ff. N 152 mit weiteren Hinweisen; STEIN-WIGGER, 226 ff.). Der Franchisevertrag hat sich nicht zu einem einheitlichen Vertragstyp verdichtet, so dass im Einklang mit dem Bundesgericht eine Einzelfallbetrachtung erforderlich ist. In BGE 118 II 160 vertritt das Bundesgericht die Auffassung, dass «weder eine hinreichende scharfe begriffliche Umschreibung dieses Vertragstypus möglich erscheint, noch ein für allemal gesagt werden könnte, welchen Rechtsregeln solche Verträge unterstehen. Das anwendbare Recht muss deshalb in jedem Einzelfall aufgrund des konkreten Vertrages ermittelt werden [...]. In der Regel muss vielmehr für jede sich stellende Rechtsfrage gesondert geprüft werden, nach welchen gesetzlichen Bestimmungen oder nach welchen Rechtsgrundsätzen sie zu beurteilen ist».

217 Die dauerhafte Vertragsbeziehung zwischen Franchisegeber und Franchisenehmer ist ein Dauerschuldverhältnis. In den häufigsten Erscheinungsformen des Franchisevertrags finden sich Elemente aus Kauf, Miete bzw. Pacht, lizenzvertragliche Elemente und Vertragsbestimmungen über die Erbringung von Arbeitsleistungen (HUGUENIN, BT OR, N 1540; AMSTUTZ /SCHLUEP, Einl. vor Art. 184 ff. N 152 mit weiteren Hinweisen). Vereinzelt wird die Auffassung vertreten, dass der Franchisevertrag im Kern ein Arbeitsleistungsvertrag sei (siehe Hinweise bei WILDHABER, Kommentar, Vorb 184 ff. N 5). Es gilt allerdings im Einzelfall zu prüfen, welche Elemente im konkreten Vertrag eine solche Ausprägung erhalten, dass sich eine analoge Anwendung gerade arbeitsvertraglicher Schutzvorschriften rechtfertigen würde (siehe BGE 118 II 157, wo angesichts der konkreten Integration der Franchisenehmer in das Franchisesystem das Bundesgericht eine analoge Anwendung der arbeitsvertraglichen Bestimmungen zur rechtsmissbräuchlichen Kündigung bejahte).

6.9.2 Abgrenzungen

218 Vom Franchisevertrag unterscheidet sich der Agenturvertrag dadurch, dass der Franchisenehmer im eigenen Namen und auf eigene Rechnung tätig ist (Eigenhändler); von der Mäkelei durch die auf längere Zeit ausgelegte Beziehung zwischen den Vertragspartei (WILDHABER, Franchising, 71); vom Kommissionsagenturvertrag durch das Handeln auf eigene Rechnung.

219 Arbeitsvertragsrecht scheidet dadurch aus, weil der Franchisenehmer rechtlich selbstständig bleibt. Trotz wirtschaftlicher und insbesondere organisatorischer Integration in das Vertriebssystem fehlt es an der persönlichen Abhängigkeit des Franchisenehmers gegenüber dem Franchisegeber. Das Weisungsrecht des Franchisegebers ist unter den Gesichtspunkten des einheitlichen Marktauftritts und der

Durchsetzung qualitativer Aspekte zu sehen. Das Abhängigkeitsverhältnis ist rein wirtschaftlicher Natur und Folge des im Franchisevertrag enthaltenen innominatrechtlichen Lizenzelementes. Entsprechende Anordnungen umfassen denn auch üblicherweise nicht den Grad einer arbeitsrechtlichen Weisungsgewalt (AMSTUTZ /SCHLUEP, Einl. vor Art. 184 ff. N 171 mit weiteren Hinweisen).

220 Der Franchisevertrag ist kein Gesellschaftsvertrag. Es fehlt ihm am «gemeinsamen Zweck». Jeder Vertragspartner verfolgt im Franchiseverhältnis einen anderen Zweck (der Franchisegeber den Gewinn durch Vertrieb von Waren und Nutzungsrechten an den Franchisenehmer, der Franchisenehmer den Gewinn durch Absatz von Vertragswaren oder Dienstleistungen an den Kunden).

221 Aufgrund der verschiedenen Lizenzelemente ist die Nähe des Franchisevertrags zum Lizenzvertrag evident (gewerbsmässige Nutzung von Schutzrechten, Nutzungsüberlassung von technischem/kaufmännischem Know-how). Doch geht die Integration in die Vertriebsorganisation im Franchising deutlich weiter als über den einfachen Zwang zur Benutzung einer Lizenz (MARTINEK, 268 f.).

222 Vom Alleinvertriebsvertrag unterscheidet sich der Franchisevertrag insofern, als sich dort die Vertragsbeziehungen hauptsächlich auf der Warentransaktionsebene abspielen. Demgegenüber tritt der Franchisenehmer in der Regel nur noch im Rahmen des festgelegten Gruppenimages mit der Kennzeichnung des Franchisegebers auf dem Markt auf und entrichtet zusätzlich ein Entgelt für die vertrieblichen Leistungen (insbesondere laufende Unterstützung durch den Vertragspartner; SCHULTHESS, 47; WILDHABER, Franchising, 75 f.).

223 Vom Auftrag ist der Franchisevertrag zufolge des Dauerschuldcharakters abzugrenzen. Zudem kennt das Auftragsrecht keine Regeln hinsichtlich der so genannten Lizenzkomponente und berücksichtigt damit nicht das Überlassungselement von Vertriebskonzept und Marke (WILDHABER, Kommentar, Vorb. 184 ff. N 11).

6.10 Checkliste

- Unter welchen Grundtypus von Vertriebsverträgen lässt sich das konkrete Vertriebsprojekt (wenn überhaupt) subsumieren?

7. Exklusivitätsabsprachen (exkl. Kartellproblematik)

7.1 Problemstellung

224 In Vertriebsverträgen kann der Vertriebsgeber dem Vertriebsnehmer exklusiv ein Gebiet, einen Kundenstamm oder den Zugang zu einem Intranet zusichern.

225 Insbesondere die ausschliessliche Zusicherung eines Vertriebsgebiets oder Kundenstamms zeitigen für den Vertriebsnehmer die das Geschäft fördernde Konsequenz, dass er sich nicht gegen systeminterne Konkurrenz zu behaupten braucht, während der Vertriebsgeber über Partner verfügt, welche sich auf einen räumlich beschränkten Markt und Kundenstamm fokussieren und diesen intensiv bearbeiten.

226 Meist geht eine Exklusivitätszusicherung mit einem Wettbewerbsverbot einher, indem zwar ein Vertragsgebiet zur alleinigen Bearbeitung zugewiesen, jedoch gleichzeitig verboten wird, ausserhalb tätig zu sein bzw. Wirkung zu entfalten. Diese Thematik wird in einem selbständigen Kapitel behandelt und bildet oftmals das eigentliche Gegenstück zu den Exklusivitätsabsprachen. Dort wird insbesondere auch die Frage der kartellrechtlichen Relevanz thematisiert. (Vgl. Rz 942 ff.)

7.2 Rechtliche Grundlagen

227 Exklusivitätsabsprachen beruhen gewöhnlich auf einer Parteiabrede. Art. 418f Abs. 3 OR enthält als dispositive Regelung die gesetzliche Vermutung, dass bei der Zuweisung eines bestimmten Vertragsgebiets oder Kundenstamms ein Exklusivitätsanspruch des Agenten besteht, einer Zusicherung somit die Vermutung der Exklusivität von Gesetzes wegen beigemessen wird.

7.3 Rechtsprechung und Lehre

228 Die Zusicherung einer Gebietsexklusivität wird in der Lehre als eine mit dem Garantieversprechen nach Art. 111 OR verwandte Zusicherung qualifiziert (Kull, 102; Amstutz/Schluep, Einl. vor Art. 184 ff. N 159 m.w.H.). Dabei gilt es zu berücksichtigen, dass dem Recht des Einzelnen eine Einschränkung Dritter (andere Vertriebsnehmer) einher gehen kann, welche vom Markt in einem bestimmten Einzugsgebiet ausgeschlossen werden (Martinek, § 2 N 117 ff.).

229 Missverständlich ist die Gesetzesauslegung von Bühler, welcher die Zuweisung eines bestimmten Gebiets oder Kundenkreises auch ohne

ausdrücklich Erwähnung voraussetzt und diese Vermutung nur durch einen Urkundenbeweis vom Auftraggeber entkräften wissen möchte (Art. 418f N 10). Dabei verkennt er, dass die Anwendbarkeit der gesetzlichen Vermutung voraussetzt, dass ein Kundenkreis oder ein Vertragsgebiet zugesichert wird; erst dann kann die Vermutung der Exklusivität einzig durch eine schriftliche Abrede beseitigt werden.

230 Nach herrschender Auffassung kann sich der Exklusivitätsanspruch auch aus einer stillschweigenden Vereinbarung ergeben (ZK-Bühler, 418f N 9; Wettenschwiler, Art. 418f N 4), was in der Regel nicht sachgerecht erscheint, wenn ein schriftlicher Vertrag geschlossen wurde, wovon im Vertriebswesen auszugehen ist.

231 Eine analoge Anwendung von Art. 418f Abs. 3 OR auf andere Vertriebsverträge macht Sinn und ist zu befürworten, da dies auch dem gesetzgeberischen Gedanken des Schutzes der schwächeren Vertragspartei entspricht, welcher im OR vielfachen Niederschlag findet.

232 Wurde keine entsprechende Zusicherung abgegeben, ist der Vertriebsgeber berechtigt, ähnliche oder gleich lautende Verträge mit mehreren Partnern abzuschliessen, welche in direkter Konkurrenz zueinander stehen. Dies ergibt sich als Umkehrschluss aus Art. 418f OR.

233 Nach herrschender Lehre sind auch bei einem Exklusivitätsanspruch des Agenten Direktgeschäfte des Auftraggebers im Vertragsgebiet bzw. solche mit zugewiesenen Kunden zulässig (Bühler, 418f N 9; Wettenschwiler, Art. 418f N 1; a.M. offenbar Schluep, Innominatsverträge, § 109 S. 845 3.a, jedoch ohne Begründung). Dies ergibt sich schon alleine aus der grammatikalischen Auslegung von Art. 418f Abs. 3 OR, wonach die Formulierung «unter Ausschluss anderer Personen» der Auftraggeber als Vertragspartei nicht betroffen und verstanden sein kann. Dies bringt für den Agenten zwar den Nachteil der internen Konkurrenz mit sich, als positiver Nebeneffekt wächst jedoch die Bekanntheit des Produktes ohne sein Zutun, was sich wiederum auch positiv auf seine Geschäfte auswirkt. Es ist deshalb die Auffassung von Ebneter zu verwerfen, welcher den Vorbehalt einer alternativen Distributionsart im vertraglich zugesicherten Gebiet als grundsätzlich unangemessen beurteilt (144 f.).

234 Beim Franchisevertrag als umfassendster Vertriebsvertrag legt sich die territoriale Ausschliesslichkeit nahe, da der Innenwettbewerb die Kooperation zwischen den angeschlossenen Mitgliedern und die Homogenität des Systems negativ beeinflusst (Vogel, N 161 ff.).

7.4 Ausnahmen der Exklusivität / Zielvereinbarungen

235 Regelmässig sehen Vertriebsverträge Ausnahmen von Exklusivitätszusicherungen vor. Diese können bspw. den Direktvertrieb des Vertriebsgebers ins geschützte Vertragsgebiet betreffen, wobei hier insbesondere der Internetversand an immer grösserer Bedeutung gewinnt. Dabei ist mindestens beim Agenturvertrag davon auszugehen, dass der Vertriebsgeber de lege Direktgeschäfte im zugesicherten Vertragsgebiet tätigen kann (STRAUB, 1443 N 11.2 mit weiteren Literaturverweisen). Diese grammatikalische und dem Sinngehalt nach durchaus hinterfragbare Auslegung ist nicht unbesehen auf andere Vertriebsverträge zu übertragen, zumal beim Alleinvertriebs- und Franchisevertrag die Vertragsschlüsse durch den Vertriebsnehmer direkt und auf dessen Rechnung erfolgen. Zudem kann es dort auch einer ähnlich engen Systemeinbindung ermangeln. Schliesslich werden die Kunden häufig originär vom Vertriebsnehmer gewonnen, was in den klassischen Agenturverhältnissen (wie bspw. Versicherungsgeschäft) nicht die Regel darstellt.

236 Eine vertraglich zugesicherte Exklusivität kann auch vom Erreichen vorab definierter Ziele abhängig gemacht werden und erlaubt dem Vertriebsgeber bei deren Nichterreichen mittels geeigneter Mittel Absatzförderungsmassnahmen zu ergreifen (vgl. bspw. METZLAFF, § 8 N 151 f. zu den Mindestabnahmeverpflichtung). Als härteste Massnahme beim Nichterreichen von Zielvorgaben kann sogar ein ausserordentliches Kündigungsrecht vereinbart werden (METZLAFF, § 8 N 353).

237 Nicht selten wird im Rechtsalltag dabei die Nichterreichung der Umsatzziele als wichtiger Grund definiert, welcher den Vertriebsgeber zur ausserordentlichen Kündigung des Vertriebsvertrags berechtigt. Dies kann insbesondere unter dem Aspekt des Investionsschutzes als problematisch erscheinen (vgl. Rz 778 ff.), zumal die Gründe für die Nichterreichung der Umsatzziele verschiedenste Ursprünge haben können (schlechte Marktentwicklung, untaugliches System, mangelnder Einsatz des Vertriebsnehmers).

7.5 Lösungsansätze / Vertragliche Gestaltungsmöglichkeiten

238 Sinn oder Unsinn einer Exklusivitätsklausel lässt sich nur für den konkreten Vertriebsvertrag beurteilen. Grundsätzlich legt sich eine solche Vereinbarung nahe, je enger das Vertriebssystem ausgestaltet ist.

239 In einem Franchiseverhältnis sollte eine Exklusivitätsklausel nicht fehlen, während bei einem Agenturvertrag die Ausschliesslichkeit nicht zwingend gewährleistet sein muss. Es liegt schliesslich an der

Beantwortung der Frage, ob ein interner Wettbewerb den Parteien wie auch dem Vertrieb an sich mehr schadet oder nutzt. Dabei kann nicht notwendig vorausgesetzt werden, dass interne Konkurrenz den Vertriebsnehmer benachteiligen muss. So kann eine stärkere Verbreitung des Produkts das Vertriebsvolumen nach der Marktverdrängungstheorie steigern und sich damit gerade zum Vorteil der internen Konkurrenten auswirken.

240 Wird ein Vertragsgebiet exklusiv zugesichert, sollte die räumliche Ausdehnung zweifelsfrei festgehalten werden. Nicht empfehlenswert sind deshalb häufig anzutreffende Formulierung wie «in einem Radius von 50 Kilometern um ...». Stattdessen legt sich die Nennung sämtlicher Orte, Bezirke oder Postleitzahlen auf. Bei der Übertragung eines Kundenstamms empfiehlt sich auch zur besseren Bestimmbarkeit nicht eine abstrakte, sondern eine konkrete Formulierung. Sollte hierfür kein zugängliches Intranet zur Verfügung stehen, empfiehlt sich die Kundenverbindung in schriftlicher Form als Vertragsanhang aufzunehmen und die betreffende Beilage beidseitig zu unterzeichnen.

241 Ausnahmen der Exklusivität sind zweifelsfrei zu definieren und dem Vertriebsnehmer detailliert zu erläutern. Umsatzziele und daraus resultierende Konsequenzen wie der Verlust der Exklusivität oder gar eine Kündigungsmöglichkeit zugunsten des Vertriebsgebers sind nur ausnahmsweise zu befürworten. So wenn beispielsweise vergleichbare Erfahrungswerte im selben Gebiet bestehen sollten, welche der Vertriebsnehmer nicht erreicht.

7.6 Checkliste

- Besteht ein Bedarf an Exklusivitätszusicherungen?
- Will der Vertriebsgeber mehrere Distributionskanäle nutzen?
- Wurde die Exklusivität genügend präzise geregelt?

8. Vertragsprodukte, Änderungsvorbehalte

8.1 Einleitung

242 Moderne Vertriebssysteme bauen darauf, dass am Verkaufspunkt die Marktleistungen möglichst einheitlich erbracht werden. Vertriebssysteme, vor allem in jenen Fällen, bei denen neben der eigentlichen Warentransaktionsebene auch vertriebliche Absprachen erfolgen, sehen regelmässig vor, dass vom Absatzmittler ein bestimmtes systemkonformes Sortiment an Produkten und Dienstleistungen angeboten werden.

8.2 Produkthoheit

243 Entsprechend hält der Vertriebsgeber grundsätzlich die Hoheit über die Sortimentspolitik. Mit dieser Zielsetzung im Einklang stehen auch Regelungen, Vertragsprodukte nur vom Lieferanten oder von gelisteten Dritten zu beziehen.

244 Damit im Zusammenhang zu sehen sind auch vertragliche Regelungen, welche zur Sicherung dieses einheitlichen Auftritts am Verkaufspunkt auf die Nutzung spezifischen Know-hows und damit den Schutz des involvierten Geistigen Eigentums des Vertriebsgebers eingehen. In integrierten Vertriebssystemen, die eine Integration über die eigentliche Warentransaktionsebene vorsehen, will ein Lieferant regelmässig vermeiden, dass sein System-Know-how ohne seine Zustimmung im Rahmen des Absatzes eines anderen Produktsortiments als von ihm genehmigt, eingesetzt wird.

8.3 Sortimentsgestaltung

245 Oft wird zwischen eigentlichem Grundsortiment, Ergänzungssortiment und Diversifikationsprodukten unterschieden.

8.3.1 Grund- und Ergänzungssortiment

246 Als Grundsortiment ist jenes Sortiment zu verstehen, dass jeder Absatzmittler jederzeit gegenüber seinen Kunden vorhalten muss.

247 Ergänzungssortimente sind in der Regel flexibel gestaltete Sortimente, die zeitweise am Verkaufspunkt geführt werden müssen. Oft werden diesbezüglich auch regionale Unterschiede gemacht, was eine situative Ausrichtung auf die Kundenbedürfnisse erlaubt.

8.3.2 Diversifikationssortiment

248 Vertriebsverträge können Regelungen zu so genannten Diversifikationsprodukten enthalten. Beispielsweise wird festgeschrieben, dass so lange Diversifikationsprodukte geführt werden dürfen wie diese nicht als Teil des Grund- oder Ergänzungssortimentes vom Lieferanten angeboten werden. Wird ein Diversifikationsprodukt in das Grund- oder Ergänzungssortiment aufgenommen, so bedeutet dies üblicherweise auch, dass ein solches Produkt in der Folge ausschliesslich vom Lieferanten oder gelisteten Dritten zu beziehen ist.

249 Absatzmittlern wird oft ein Vorschlagsrecht für Diversifikationsprodukte eingeräumt. Entsprechend behält sich ein Lieferant auch die Genehmigung derartiger Diversifikationsprodukte vor, um die Einheitlichkeit seines Vertriebssystems nicht zu gefährden. Gefährdungen sind insbesondere unter qualitativen Gesichtspunkten bezüglich einer etwaigen Konkurrenzierung im Bereich von Waren des Grund- oder Ergänzungssortimentes, aber auch im Zusammenhang mit dem Erscheinungsbild des Vertriebssystems am Markt zu sehen.

250 Will der Lieferant ein Diversifikationssortiment zulassen, so hat eine entsprechende vertragliche Regelung allerdings regelmässig den Inhalt, wonach nur bis zu einem maximalen Prozentsatz seines Gesamtumsatzes der Absatzmittler berechtigt ist, andere Artikel als jene, die Gegenstand des Vertriebsvertrages sind, zu führen, dass diese vorab angezeigt und genehmigt werden müssen, wobei eine Rückweisung nur unter bestimmten, unter Umständen definierten Gründen zulässig ist. Von der Produktplatzierung im Verkaufsgeschäft eines Absatzmittlers her kann ferner auch vertraglich geregelt werden, wo und auf wie viel Verkaufsfläche Diversifikationsprodukte präsentiert werden dürfen (siehe auch FLOHR, Franchisevertrag, 154 f.).

251 Durch die Zulassung von Diversifikationsprodukten wird die Selbstständigkeit des Absatzmittlers unterstrichen. Die Betonung der Selbstständigkeit des Absatzmittlers durch die Zulassung von Diversifikationsprodukten kommt auch Bedeutung zu im Zusammenhang mit den Regelungen der EU-Gruppenfreistellungsverordnung für vertikale Vertriebsbindungen im Zusammenhang mit über fünf Jahre hinausgehenden vertraglichen Wettbewerbsverboten. Teilweise wird auch von finanzierenden Banken verlangt, dass Diversifikationsprodukte zu führen sind, um damit dem Selbstständigkeitscharakters des Händlers Rechnung zu tragen (siehe FLOHR, Franchiserecht, N 224).

252 Jedes Vertriebssystem ist daher gut beraten sich zu überlegen, ob eine Bezugsbindung von 100 % wirklich notwendig ist, oder ob Diversifikationsumsätze Sinn machen. Von der Gebührenregelung her ist dies üblicherweise nicht nachteilig, weil auch Diversifikationsumsätze der

Berechnung von laufenden Systemgebühren (so im Franchising) unterfallen.

8.4 Änderungsvorbehalte

8.4.1 Erfordernis der Systemoptimierung

253 Vertriebssysteme «am Puls des Marktes» erfordern in der Regel stetige Weiterentwicklung und damit die Anpassung an veränderte Marktverhältnisse. Dies kann die Änderung im Beschaffungs-, Absatz- oder Organisationskonzept des Vertriebssystems erforderlich machen. Oft verlangt dies auch eine Anpassung des Warensortiments.

254 Enthält ein Vertriebsmodell (wie es beim Franchising üblicherweise der Fall ist) die Pflicht des Systemgebers zur Systemoptimierung, so ist im Interesse des Gesamtvertriebssystems von einem Änderungsvorbehalt zugunsten des Vertriebsgebers auszugehen, auch wenn diesbezüglich keine ausdrückliche vertragliche Vereinbarung besteht (so auch zum Franchising EBNETER, 157).

8.4.2 Handeln nach billigem Ermessen

255 Auch wenn eine Anpassungsregelung als solche zulässig ist, darf die Änderung nicht zu einer unangemessenen Risikoverteilung zulasten des Absatzmittlers führen. Damit stellt sich die Frage, wo die Grenzen einer solchen einseitigen (subjektiven) Bestimmbarkeit des Vertragsinhaltes (vorliegend etwa die Festlegung des Warensortiments) zu ziehen sind.

256 Nach herrschender Lehre ist es zulässig, dass einzelne Vertragspunkte von den Parteien nur mittelbar geregelt werden dürfen. Dies kann etwa dergestalt erfolgen, dass die Vertragsparteien sich darauf verständigen, wie der betreffende Vertragsinhalt bestimmt werden soll (GUHL/KOLLER/SCHNYDER/DRUEY, 50, mit weiteren Hinweisen). Nach Art. 1 Abs. 1 OR genügt eine Regelung, die auch durch einen Vertragsschliessenden alleine (subjektive Bestimmbarkeit) vorgenommen werden soll (KRAMER, Art. 1 N 170). Eine solche Regelung darf aber einerseits nicht die Grenzen von Art. 27 ZGB überschreiten, andererseits darf eine einseitige Bestimmung des Vertragsinhaltes nur nach billigem Ermessen vorgenommen werden (ZR 102 2003 Nr. 9, 40 mit weiteren Hinweisen).

257 Im Leitentscheid zum Franchisevertrag (BGE 118 II 165) war zu entscheiden, ob eine Klausel, wonach die Änderung der Nutzungsgebühr von 1 auf 7% des Umsatzes aufgrund der gesamten Umstände, zulässig war. Im konkreten Fall wurde diese Erhöhung als unbillig beurteilt.

258 Eine spezielle Regelung der Bestimmung der Leistung durch eine Partei kennt das deutsche Recht in § 315 BGB, wonach im Zweifel anzunehmen sei, «dass die Bestimmung nach billigem Ermessen zu treffen ist».

259 Im Einzelfall mag sich diese Problematik der Änderungsvorbehalte dort stellen, wo beispielsweise ein aus der Optik des Absatzmittlers «gut laufendes Produkt» vom Vertriebsgeber aus dem Sortiment genommen wird. In diesem Fall gilt es eine Abwägung zwischen der Pflicht zur Wahrung der Interessen des Vertriebspartners und den übergeordneten Interessen des Vertriebssystems zu treffen.

8.5 Checkliste

- Bestehen im konkreten Vertriebsprojekt verschiedene Produktsortimente?
- Ist zu erwarten, dass Sortiment stets veränderten Verhältnissen angepasst werden muss?
- Ist aufgrund konkreter Marktbedingungen (etwa zufolge Regionalisierung) ein Diversifikationssortiment wünschenswert?

9. Formularverträge / Allgemeine Geschäftsbedingungen

9.1 Problemstellung

260 Das Vertragsrecht allgemein und insbesondere der erste Teil des Obligationenrechts legt seinen Überlegungen das Modell des Individualvertrags zugrunde, in welchem die Parteien Punkt für Punkt eines Übereinkommens aushandeln.

261 In der wirtschaftlichen Realität wurde der Individualvertrag jedoch längst vom sog. Massenvertrag abgelöst. Allgegenwärtig im heutigen Vertragswesen und damit auch im Vertrieb von Waren und Dienstleistungen sind sowohl Formularverträge wie auch allgemeine Geschäftsbedingungen (AGB; auch Allgemeine Vertragsbestimmungen (AVB) bezeichnet), in welchen eine Partei den Vertragsinhalt anhand vorformulierter Bestimmungen diktiert. Die Gegenseite akzeptiert diese Bestimmungen meist durch eine pauschale Übernahmeerklärung ohne vom Inhalt im Detail Kenntnis zu nehmen.

262 Insbesondere auch in der Vertriebspraxis sind Formularverträge weit verbreitet und bilden die Regel. Hierfür existieren verschiedene Gründe, welche nachfolgend noch dargelegt werden.

263 In der Praxis sind verschiedene Abstufungen der Vertragsstandardisierung anzutreffen. Teils ist ein gesamter Vertrag mit sämtlichen Klauseln standardisiert, teils werden in AGB im Anhang zum Hauptvertrag nur Nebenpunkte geregelt.

264 Lehre und Rechtsprechung haben zum Schutz des Übernehmenden deshalb «Verbindlichkeitsschranken» errichtet, welche insbesondere bei unklaren oder ungewöhnlichen AGB zur Anwendung gelangen. Rechtlich noch problematischer als der Abschluss eines Formular- oder Massenvertrags sind Fälle, in welchen AGB einseitig zum Vertragsinhalt «erhoben werden», sogar erst nach dem Inkrafttreten des Grundvertrags.

265 AGB dienen Rationalisierungs-, Spezialisierungs- sowie Standardisierungszwecken und gehen mit einer Risikoverschiebung zulasten des Übernehmenden einher. Im Lichte des einseitigen Diktats sind diese nicht verhandelbar und deren Übernahme bildet Grundvoraussetzung einer vertraglichen Zusammenarbeit, zumal innerhalb derselben Branche oft kongruente AGB anzutreffen sind.

9.2 Rechtliche Grundlagen

9.2.1 Allgemeines

266 Nebst dem Streben nach einer Vereinfachung bei sog. Massenverträgen finden Formularverträge und AGB ihren Ursprung im Umstand, dass die Parteien oft nur den «Geschäftskern» regeln wollen, und sich daran ein breiter «Bereich von Vertragslücken» anschliesst (SCHÖNENBERGER/JÄGGI, Art. 1 N 43). Diese werden insbesondere mit AGB zugunsten deren Verfassers ausgefüllt.

267 Die Schweizer Gesetzgebung kennt im Gegensatz zum angrenzenden Ausland keine Regelung, welche umfassend die Zulässigkeit und Verbindlichkeit von AGB regelt und der erwähnten «Lückenfüllung» Grenzen setzt (SCHWENZER, § 44 N 44.04; BUCHER, Art. 1 N 55 mit Hinweis auf die politische Problematik; vgl. bspw. für Deutschland das AGBG, thematisiert in MARTINEK, Franchisevertrag, § 6 N 11 ff. oder METZLAFFF, § 6 N 10 f.). Deshalb haben Lehre und Rechtsprechung verschiedene Schranken erarbeitet, welche die Verbindlichkeit und Durchsetzbarkeit von einseitig diktierten Vertragsbestimmungen einschränken.

268 Meist – aber nicht zwingend – gelangen AGB im Zusammenhang mit sog. Formular- bzw. Standardverträgen zur Anwendung, welche vielfach abgeschlossen werden und deshalb auch als Publikums-, Kunden, oder Massenverträge bezeichnet werden (SCHÖNENBERGER/JÄGGI, Art. 1 N 441 und 436; KRAMER, Art. 1 N 176).

269 Es bestehen keine vertriebsrechtlichen Spezialitäten, weshalb insbesondere auch auf allgemeine Rechtsquellen zurückgegriffen wird. Es gilt jedoch darauf hinzuweisen, dass im Vertriebsalltag meist mit Formularverträgen operiert wird.

9.2.2 Gesetzliche Regelung

270 Wie bereits erwähnt existiert im schweizerischen Recht kein spezielles Gesetz zum Inhalt und der Kontrolle von AGB. Jedoch behandelt Art. 8 des Gesetzes über den unlauteren Wettbewerb (UWG; SR 241) unter dem Titel «Verwendung missbräuchlicher Geschäftsbedingungen» teilweise die Verbindlichkeit von AGB. Inhaltsmängel werden dabei nach BUCHER nicht erfasst, da besage Bestimmung nach dem Schutzzweck der Norm die wettbewerbsrechtliche Lauterkeit schützt (BUCHER, Art. 1 N 55). Dieser Auffassung ist zu widersprechen, zumal die in besagter Bestimmung erwähnten Fallkonstellationen (irreführende Abweichung von gesetzlichen Dispositivregelungen sowie unangemessene Verteilung von Rechten und Pflichten; vgl. Art. 8 lit. a und b UWG) sich gerade mit der Inhaltsregulierung

befassen (für eine Inhaltskontrolle wohl ebenso KRAMER, SJZ 1985, 24 f. und 36).

9.3 Rechtsprechung und Lehre

9.3.1 Allgemeines

271 Gültigkeitsvoraussetzung für AGB bildet die explizite Bezugnahme beim Vertragsschluss; grundsätzlich wird ein Akzept des Übernehmenden wie auch eine stillschweigende Zustimmung nicht vermutet (KRAMER, SJZ 1985, 19; BSK OR I-BUCHER, Art. 1 N 53). Der Übernehmer muss auf die Verbindlichkeit vor Vertragsschluss hingewiesen worden sein und diese zur Kenntnis nehmen können; eine tatsächliche Kenntnisnahme bildet jedoch nicht Gültigkeitsvoraussetzung, weshalb von einer sog. Globalübernahme gesprochen wird (SCHWENZER, § 44 N 45.02 f.; BGE 119 II 443 ff. und 108 II 416 ff.).

272 Ein einseitiger Verweis seitens des Verfasser von AGB - gleichgültig ob vor, nach oder beim Vertragsschluss - kann nur dann einen konkludenten Einbezug darstellen, wenn von einer stillschweigenden Annahme nach Art. 1 Abs. 2 und Art. 6 OR auszugehen ist. Dies dürfte die Ausnahme bilden (BK-KRAMER, Art. 1 N 200).

273 Einigkeit besteht darüber, dass Standardverträge neben einer Verkürzung der Vertragsverahndlungen insbesondere auch eine Risikoverlagerung zugunsten des Ausstellers herbeiführen sollen (EBNETER, 27 f.).

274 Anknüpfungspunkt der Inhaltskontrolle von AGB bildet die Erkenntnis, dass die vorerwähnte Globalübernahme nicht das Ergebnis von Vertragsverhandlungen darstellt. Daran schliesst die Vermutung an, der Übernehmende habe vom Vertragsinhalt vor Unterzeichnung keine Kenntnis genommen, womit ein Konsens entfiele (SCHWENZER, § 44 N 44.04; BUCHER, Art. 1 N 52).

275 Im Lichte der dargestellten Umstände können AGB auch dann ungültig bzw. nichtig sein, wenn diese weder einen unmöglichen, widerrechtlichen, unsittlichen, persönlichkeitsverletzenden noch übervorteilenden Inhalt aufweisen (vgl. Art. 19, 20 und 21 OR; Art. 27 ZGB). Dies stellt einen Einbruch in die Vertragsfreiheit dar, da es grundsätzlich jeder handlungsfähigen Person unbenommen ist, einen sie benachteiligenden Vertrag einzugehen. Eine Rechtfertigung erfährt diese Zäsur jedoch aus Gründen des Konsumentenschutzes, welcher insbesondere ausländischen Sondergesetzgebungen zu AGB als Normzweck vorschwebte (vgl. hierzu KRAMER, SJZ 1985, 36).

276 Unbedenklich und vom Parteikonsens umfasst sind deshalb nach der

herrschenden Praxis und Lehre grundsätzlich diejenigen Vertragsbestimmungen, welche der Adressat (a) erwarten durfte und ihn (b) nicht unangemessen benachteiligen. Dies unbesehen des Umstands, ob diese effektiv verhandelt oder mittels Globalübernahme Vertragsinhalt wurden. Sind diese Voraussetzungen nicht erfüllt, greift eine kasuistische Betrachtung Platz. Faktisch kann damit dispositives Gesetzes- und Richterrecht eine sich im Rahmen der Rechtsordnung bewegende Parteivereinbarung derogieren.

277 Mit KRAMER ist konsequenterweise eine Koppelung von Art. 8 UWG an Art. 19 OR und folglich eine von Amtes wegen zu beachtende Nichtigkeit von irreführenden, ungewöhnlichen oder unangemessenen AGB zu fordern (KRAMER, SJZ 1985, 36, welcher für die Aufnahme eines dritten Absatzes plädiert).

9.3.2 Die schweizerische Spezialität der Einzelfallgerechtigkeit

278 Die Schweizer Gerichte sind der «deutschen» Lösung bis anhin nicht gefolgt, wonach jede Abweichung von dispositivem Recht in AGB für ungültig erklärt wird; es hat hier eine fallbezogene Prüfung stattzufinden (BUCHER, Art. 1 N 64). Immer sind bei der Beurteilung auch die Person des Übernehmenden und dessen Erfahrung in wirtschaftlichen Angelegenheiten wie auch die konkreten Umstände von Relevanz (vgl. zum kaufmännischen Verkehr KRAMER, Art. 1 N 198 ff; vgl. hierzu am Beispiel der Ungewöhnlichkeitsregel SCHÖNENBERGER/JÄGGI, Art. 1 N 498). Beispielhaft sei ein jüngerer Entscheid des Bundesgerichts angeführt (4P.135/2002), in welchem dieses klargestellt hat, dass sich die Frage, ob ein Formularvertrag vorliege daran entscheidet, ob die vom Franchisegeber eingebrachte Vorlage praktisch unbesehen übernommen wurde, oder ob der Inhalt aus Verhandlungen hervorgegangen ist, womit das Ergebnis schliesslich einem individuell ausgehandelten Einzelvertrag entspricht.

279 Die dargestellte Rechtsprechung fördert zwar die Gerechtigkeit im Einzelfall, verhindert jedoch eine Rechtssicherheit.

9.3.3 Die Ungewöhnlichkeitsregel

280 Die Ungewöhnlichkeitsregel (vgl. zur allgemeinen Darstellung EBNETER, 33 f.) stellt ein Kontrollinstrument von AGB dar und findet insbesondere bei sog. «Globalübernahmen» Anwendung (SCHWENZER, § 45 N 45.07). Die Globalzustimmung führt zur Einlassung auf einen nicht erkennbaren bzw. antizipierbaren Vertragsinhalt, was einer unzulässigen, einseitigen Vertragsergänzung gleichgesetzt wird (SCHÖNENBERGER/JÄGGI, Art. 1 N 498; vgl. auch BGE 49 II 185 f., 108 II 418 f. oder 109 II 217 f.). Der Übernehmende (Vertriebsnehmer) soll

durch die Ungewöhnlichkeitsregel vor sog. «Überraschungsklauseln» bewahrt werden, indem diese für unverbindlich erklärt werden.

281 Entwickelt wurde die Ungewöhnlichkeitsregel anhand der Judikatur zu den Gerichtsstandsklauseln (vgl. BGE 109 Ia 55 ff.; 104 Ia 278 ff.). Das Anwendungsgebiet ist jedoch nicht auf solche beschränkt. Die Ungewöhnlichkeit bestimmt sich dabei nach dem Vertragscharakter, der Abweichung von dispositivem Gesetzesrecht sowie dem Grad der Beeinträchtigung der Rechtsstellung des Übernehmenden (SCHWENZER, § 45 N 45.07). Es sei dabei darauf hingewiesen, dass auch eine ungewöhnliche Klausel nicht zwingend einen unbilligen Inhalt aufweisen muss, wie auch eine sittenwidrige nicht zwingend ungewöhnlich bzw. überraschend sein muss, um in den Anwendungsbereich der dargestellten Rechtsprechung zu fallen (KRAMER, Art. 1 N 206).

9.3.4 Die Unklarheitsregel

282 Die Unklarheitsregel besagt, dass unklare oder zweideutige Vertragsbestimmungen in AGB gegen den Verfasser ausgelegt werden. Dies rechtfertigt sich aufgrund der Zuordnung von Risikosphären (BGE 124 III 155 ff.; SCHWENZER, § 45 N 45.12; EBNETER, 34 f.). Sie wurde aus ausländischen Rechtsordnungen rezipiert und vom Bundesgericht dahingehend relativiert, dass es sich hierbei um das subsidiärste aller Auslegungsmittel handelt, weshalb deren Anwendung auf «formularmässig vorgeformte Verträge» beschränkt wurde (BGE 99 II 290 ff.; KRAMER, Art. 1 N 109).

283 Ob das sog. Restriktionsprinzip (enge Interpretation von vom dispositiven Recht abweichenden Klauseln) mit der Unklarheitsregel «nahe verwandt» sein soll, erscheint fraglich, da sich bei derartigen Bestimmungen eher eine Anwendung der Ungewöhnlichkeitsregel anbietet (anders SCHWENZER, § 45 N 45.11).

9.4 Lösungsansätze / Vertragliche Gestaltungsmöglichkeiten

284 Eine offene Inhaltskontrolle von AGB ist wünschenswert, zumal die Ungewöhnlichkeitsregel da versagen kann, wo auf eine unangemessene Bestimmung hingewiesen wird, diese jedoch als Bedingung zum Vertragsschluss akzeptiert werden musste (Prinzip des «take it or leave it»).

285 Zur Vermeidung späterer Auseinandersetzungen sollte aus dem unterzeichneten Vertragstext nachvollziehbar werden, welche Bestimmungen zwischen den Parteien individuell ausgehandelt und welche pauschal übernommen wurden. Dies kann dadurch erreicht werden, dass die standardisierten Bestimmungen nur Punkte von unterge-

ordneter Bedeutung umfassen und in einem separaten Anhang zum Hauptvertrag aufgenommen werden, welcher von beiden Parteien ebenfalls unterzeichnet wird. Dies kann den Vertragspartnern zu gleichen Teilen nützlich sein; der Vertriebsnehmer wird nachweisen können, welche Bestimmungen er pauschal und ohne Inhaltskontrolle übernehmen musste bzw. übernommen hatte, der Vertriebsgeber dagegen, dass die bedeutungsvollen Vertragspunkte ausgehandelt und vom Vertriebsnehmer explizit akzeptiert worden sind.

286 Es sei jedoch darauf hingewiesen, dass je umfangreicher sich ein «Hauptvertrag» ausnimmt, desto weniger ein Gericht davon ausgehen wird, dass der Inhalt detailliert verhandelt und thematisiert wurde und vom «Grundkonsens» umfasst ist.

287 Um weitgehende Transparenz (auch) bezüglich der Verhandlung von AGB zu schaffen, ist der grobe Verlauf der Vertragsverhandlungen bis zur Unterzeichnung einleitend im Hauptvertrag festzuhalten, sei dies in der Präambel oder in einer separaten Bestimmung («verhandelt wurde im Zeitraum von (Datum) bis (Datum) im Rahmen von (Anzahl) Zusammenkünften und Telefonkonferenzen zwischen (Namen) und (Namen) unter Beizug der Vertreter (Namen) und (Namen). Gegenstand der Verhandlungen bildeten dabei die Punkte (Verhandlungsgegenstände»). Hieran müsste insbesondere der von der AGB-Rechtsprechung direkt betroffene Vertriebsgeber ein Interesse hegen.

9.5 Checkliste

- Handelt es sich um einen Formularvertrag?
- Wurde den daraus resultierenden Rechtsfolgen angemessen Rechnung getragen?

10. Sozialversicherung, Schutzvorschriften, Konsumentenschutz

10.1 Einleitung

288 Oft setzen gerade Klein- und Mittelunternehmen in ihrer Expansion vertragliche Vertriebssysteme ein. Entsprechend rekrutieren solche Unternehmen häufig auch eher Einzelpersonen bzw. kleinere bis mittlere Unternehmen als ihre Vertriebspartner. Dies mag mit «kulturellen» Fragen zusammenhängen (um quasi auf Augenhöhe zwischen den Vertragsparteien sprechen zu können). Häufig sind deshalb Strukturen anzutreffen, wo mit Einzelunternehmern als Vertriebspartner zusammengearbeitet wird. Diese wählen aus verschiedenen Gründen diese Struktur: Organisatorische Gründe mögen gegen die vermeintlich administrativ aufwendige Gründung einer Kapitalgesellschaft sprechen. Steuerliche Gründe mögen den Ausschlag geben, aber auch sozialversicherungsrechtliche Überlegungen, wie etwa der Umstand, dass die Aufnahme einer selbstständigen Erwerbstätigkeit dazu führt, dass Freizügigkeitskapital der beruflichen Vorsorge bezogen werden kann und künftig der Einzelunternehmer nicht mehr zwingend der beruflichen Vorsorge untersteht.

289 Solche Strukturen werfen im Vertriebsbereich, gerade bei integrierten Vertriebssystemen, welche eine verhältnismässig enge Zusammenarbeit zwischen Vertriebsgeber und Vertriebsnehmer voraussetzen, aber Fragen nach dem sozialversicherungsrechtlichen Status des beteiligten Vertriebsnehmers auf. Da die Sozial- und Verwaltungsbehörden nicht an die an die «parteiinterne» Qualifikation gebunden, können sich hier nachträglich beträchtliche Probleme, insbesondere für den Vertriebsgeber einstellen. Das gelebte Vertragsverhältnis muss entsprechend die Indikatoren der Zusammenarbeit zweier wirtschaftlich selbständiger Parteien aufweisen.

10.2 Sozialversicherungsrechtlicher Status

10.2.1 Abgrenzungskriterien zwischen selbstständiger und unselbstständiger Erwerbstätigkeit

290 In Art. 12 Abs. 1 ATSG wird der Begriff des Selbstständigerwerbenden wie folgt definiert: «Selbstständigerwerbend ist, wer Erwerbseinkommen erzielt, das nicht Entgelt für eine als Arbeitnehmerin oder Arbeitnehmer geleistete Arbeit darstellt.» Das Bundesgericht hält dazu das Folgende fest: «Selbstständige Erwerbstätigkeit liegt im Regelfall vor, wenn der Beitragspflichtige durch Einsatz von Arbeit und Kapital

in frei bestimmte Selbstorganisation und nach aussen sichtbar am wirtschaftlichen Verkehr teilnimmt, mit dem Ziel, Dienstleistungen zu erbringen oder Produkte zu schaffen, deren Inanspruchnahme oder Erwerb durch finanziell oder geldwerte Leistungen abgegolten wird.» (BGE 115 V 170 f.).

291 Der vollziehenden Behörde steht ein grosser Ermessensspielraum bei der Statusbeurteilung zu. Es handelt sich dabei um eine bewusste Kompetenzdelegation für den Einzelfall auf Verwaltungsbehörden und Gerichte, wie sich auch aus einem bundesrätlichen Bericht ergibt (BBl 2202, 1126; RÜEDI, 127). Damit soll die Einzelfallgerechtigkeit gewährleistet werden, was zwar begrüssenswert erscheint, jedoch zulasten der Rechtssicherheit geht.

292 Typische Merkmale für eine selbstständige Erwerbstätigkeit sind die Folgenden:

- Neben Einsatz von körperlicher und/oder geistiger Arbeit der Einsatz von eigenem oder fremdem Kapital.
- Tätigkeit in Erwerbsabsicht. Entsprechend muss ein Kausalzusammenhang zwischen Arbeitsleistung und dem Zufluss geldwerter Leistungen im Sinne von Erwerbseinkommen bestehen.
- Die selbstständige Person muss in einer selbst bestimmten Arbeitsorganisation tätig sein. Keine solche ist dann anzunehmen, wenn eine ausgeprägte Weisungsbefugnis des Vertragspartners besteht, etwa mit Bezug auf persönlicher und örtlicher Leistung der Arbeit. Keine solche Weisungsabhängigkeit besteht allerdings, wenn bloss sachliche Angaben gemacht werden hinsichtlich der Art des zu erreichenden Arbeitsergebnisses. Für eine selbst bestimmte Arbeitsorganisation spricht auch Arbeit auf eigene Rechnung und im eigenen Namen, oder wenn eine Person die Arbeitsleistung auch an Dritte delegieren kann.
- Der Selbstständigerwerbende trägt ein Unternehmerrisiko. Dieses kann sich in folgenden Elementen äussern: Tragen von Investitionen, etwa über die Anschaffung von Arbeitsgeräten, Produktionsanlagen oder sonstigem Umlauf- oder Anlagevermögen. Erhebliche Investitionen sind ein Indiz für Unternehmerrisiko (BGE 122 V 172). Das Handeln im eigenen Namen und auf eigene Rechnung verbunden mit entsprechender Gewinnmöglichkeit, aber auch Verlustrisiko, ist typisch für das Tragen eines Unternehmerrisikos. Dasselbe gilt für die Beschäftigung von Personal, was mit erheblichen finanziellen Belastungen verbunden sein kann, ungeachtet einer etwaigen ungünstigen Ertragslage. Schliesslich ist auch das Bestehen eigener Geschäftsräumlichkeiten ein Indiz für das Bestehen eines Unternehmerrisikos.

293 In sozialversicherungsrechtlicher Hinsicht werden Agent und Arbeitnehmer nach ständiger Rechtsprechung des Eidgenössischen Versicherungsgerichts gleich behandelt, es sei denn, dass im Einzelfall die Umstände für eine selbstständige Erwerbstätigkeit sprechen (vergleiche mit Urteilszitaten FOUNTOULAKIS, 67).

10.2.2 Statusbeurteilung

294 Die zivilrechtlichen Verhältnisse vermögen zwar Anhaltspunkte für die sozialversicherungsrechtliche Qualifikation des Vertriebsnehmers bieten. Sie sind jedoch nicht ausschlaggebend. Im Entscheid 123 V 161 hat das Bundesgericht klargestellt, dass sich die Frage nach der Selbständigkeit nicht nach der Rechtsnatur des Vertragsverhältnisses bestimmt. «Entscheidend sind (aber) vielmehr die wirtschaftlichen Gegebenheiten» (BGE 123 V 163). Massgebliche Beurteilungskriterien bilden nach dem Bundesgericht die Abhängigkeit in arbeitsorganisatorischer Hinsicht und die Verteilung des Unternehmerrisikos. Die Stellung eines Erwerbstätigen ist deshalb «unter Würdigung der gesamten Umstände des Einzelfalles zu beurteilen». Finden sich Merkmale beider Erwerbsarten wieder, ist auf deren Verhältnis und Dominanz abzustellen (BGE 123 V 163 E. 1.; FOUNTOULAKIS, 66 ff., zum Ganzen auch LOCHER, 167 ff.). Die Sozialversicherungsbehörden machen eine so genannte autonome Statusbeurteilung.

295 Bei Vertriebssystemen, welche typischerweise mit einer Vielzahl von gleichen Vertriebsverträgen operieren und diese in der Regel mit Vertriebsnehmern in verschiedenen Kantonen einsetzen, kann dies dazu führen, dass zahlreiche Ausgleichskassen bei der sozialversicherungsrechtlichen Statusbeurteilung eines Vertriebspartners im Einzelfall eine Beurteilung abgeben müssten, was zu ungerechtfertigen unterschiedlichen Statutsbeurteilungen führen könnte.

296 Typischerweise wenden sich die einzelnen Vertriebspartner an die Zweigstelle ihres Wohnortes. Eine Koordination zwischen den betroffenen Ausgleichskassen drängt sich allerdings aus Gründen der Gleichbehandlung zwischen den Beitragspflichtigen auf. Dem hat das Bundesamt für Sozialversicherung mit Mitteilung Nr. 139 vom 7. November 2003 an die AHV Ausgleichskassen und EL-Durchführungsstellen Rechnung getragen. Der typische Ablauf ist der Folgende:

- Die Ausgleichskasse, welche mit dem Status eines einzelnen Vertriebspartners konfrontiert wird, stellt fest, dass dieser aufgrund eines Standardvertrags (etwa Franchisevertrag, Alleinvertriebsvertrag) tätig wird. Die Ausgleichskasse stellt fest oder vermutet, dass weitere Personen unter gleichen Umständen tätig sind.

- Gemäss Mitteilung des Bundesamtes für Sozialversicherung ist die Ausgleichskasse des «Auftraggebers» (richtig hier: Vertriebsgeber) zuständig für die Koordination und zugleich den sozialversicherungsrechtlichen Entscheid. Die betroffenen Ausgleichskassen müssen entsprechend ihre Fälle an die «zentrale Ausgleichskasse» weiterleiten, welcher dem Statusentscheid obliegt.

297 Vorbehalten bleibt die Zuständigkeit der SUVA für bestimmte Tätigkeitsbereiche (siehe dazu Art. 66 UVG und Randziffer 4046.1 ff der Wegleitung des massgeblichen Lohns in der AHV, IV und EO des Bundesamtes für Sozialversicherung).

10.2.3 Vorabbescheid

298 In der Praxis empfiehlt sich im Vorfeld des Einsatzes von Vertriebsverträgen mit natürlichen Personen, wo nicht davon ausgegangen werden kann, dass es sich zweifelsfrei um eine selbstständige Erwerbstätigkeit handelt, mit der zuständigen Sozialversicherungsbehörde vorab Kontakt aufzunehmen und einen Vorabbescheid einzuholen. Üblicherweise ist die Behörde dazu bereit.

299 Es empfiehlt sich, die folgenden Themenbereiche im Detail darzustellen, und einerseits das Vertriebssystem und die betrieblichen Hintergründe zu erläutern, und andererseits einzelne vertragliche Klausen wenn nötig näher zu beleuchten, um etwaigen Missverständnissen vorzubeugen. Zu denken ist an das Folgende:

- Beschreibung der Vertriebsorganisation (geschäftliche Aktivitäten, warum die konkrete Vertriebsform gewählt wird, spezifische Aspekte des Geschäftsmodels).
- Darstellung der Unterstützungsleistungen, gerade wenn es sich um eine stark integrierte Form der Zusammenarbeit handelt, welche die latente Gefahr birgt, darin eine sozialversicherungsrechtlich relevante Unterordnung zu sehen.
- Darstellung, weshalb der einheitliche Auftritt gegenüber Kunden und der breiten Öffentlichkeit gepflegt wird und welche Bedeutung die Beziehung zwischen angestrebter Qualität und Erscheinungsbild nach aussen (Marke) hat. Entsprechend ist darzustellen, weshalb spezifische Steuerungsregelungen in einem solchen Vertriebsvertrag vorgesehen sind.
- Hinweis darauf, dass der Vertriebspartner (mit Ausnahme des Agenten) im eigenen Namen und auf eigene Rechnung als selbstständiger Unternehmer tätig ist, woraus der Vertriebspartner seinen Umsatz erzielt.
- Darstellung der personellen Struktur und der Grad der unternehmerischen Freiheit im Bereich der Personalführung und Entlöhnung.

- Darstellung des infrastrukturellen Umfelds (Geschäftsräumlichkeiten, Geschäftsinventar).
- Bei Eigenhändlern empfiehlt sich der Hinweis, dass der Vertriebsgeber keinen Lohn oder ähnliche Entgelte wie etwa Provisionen an den Vertriebspartner ausrichtet, sondern dass vielmehr durch entsprechenden Kapital- und Personaleinsatz des Vertriebsnehmers und durch Verkauf von Produkten und Dienstleitungen Umsatz erzielt wird.
- In der Regel wickeln die selbstständigen Vertriebspartner ihre administrative Verwaltung selbst ab, die Buchhaltung wird nicht zentral durch den Vertriebsgeber geführt.
- Typischerweise versichern die Vertriebspartner ihren Betrieb selbst.
- Regionale Aktivitäten im Bereich Verkaufsförderung und Marketing, so sie dem Vertriebspartner obliegen, sind Indizien für eine selbstständige Erwerbstätigkeit. Dass der Ermessenspielraum eines Vertriebspartners beispielsweise durch ein einheitliches Corporate Design gesteuert wird, ist Ausfluss der immateriellen Rechte, zu deren Nutzung ein Vertriebspartner unter Umständen berechtigt ist. Sie vermögen einen Vertriebspartner sozialversicherungsrechtlich nicht zu einem Unselbstständigerwerbenden zu machen.
- Kritisch, sowohl bei der Konzipierung eines Vertriebssystems wie auch im Rahmen der sozialversicherungsrechtlichen Statusbeurteilung, ist stets die Beurteilung des Kriteriums der Weisungsabhängigkeit. Typischerweise enthalten Vertriebssysteme Hinweise auf bloss sachlicher Ebene. Damit sind Hinweise und Empfehlungen mit Bezug auf eine möglichst erfolgreiche Tätigkeit im Vertriebssystem gemeint. Persönliche Weisungen sollten unterbleiben.
- Soweit ein Vertragsproduktsortiment nicht ausschliesslich zu führen ist, ist dies ein Indiz für eine selbstständige Tätigkeit und darauf hinzuweisen.
- Nicht nur aus kartellrechtlichen Gründen, sondern auch im Rahmen der unternehmerischen Selbstständigkeit ist eine Kontrolle über die Preisgestaltung des Vertriebspartners zu unterlassen, soweit es sich um Eigenhändler handelt.
- Der Umstand, dass die Öffnungszeiten des Vertriebsgeschäftes im Ermessen des Vertriebspartners liegen, ist ebenfalls ein Indiz für die unternehmerische Selbstständigkeit.
- Unter sozialversicherungsrechtlichen Gesichtspunkten ist empfehlenswert, auf ein nachvertragliches Konkurrenzverbot wenn möglich zu verzichten.
- Ebenfalls ist ein eingeschränktes Informationsrecht, welches sich im Wesentlichen auf die zweckkonforme Erfüllung des Vertrags,

etwa mit Bezug auf den Verkauf der Waren und den Umfang des zu tätigenden Marketings bezieht, ein Indiz für eine selbstständige unternehmerische Tätigkeit. Mit einem derartigen Informationsaustausch soll eine Optimierung des Vertriebssystems geschaffen werden.

- Vorzugsweise beizulegen sind der Mustervertriebsvertrag sowie Modellrechnungen betreffend Investitionen, Liquiditätsplanung und Kostenübersicht.

300 Es ist nach dem Bundesgericht zulässig, im Wissen um die Gefahr einer Umqualifizierung in ein Arbeitsverhältnis eine Netto-Provisionsregelung vertraglich vorzusehen, wonach sich die Höhe der Provision anpasst, sollte der Vertriebsnehmer als unselbständig Erwerbender taxiert und der Vertriebsgeber sozialabgabepflichtig werden (BGE 127 III 449 zu einem Agenturverhältnis). Die Zulässigkeit einer derartigen Vereinbarung bedingt jedoch, dass das Nettoeinkommen des Vertriebsnehmers unbesehen der Qualifikation unverändert bleibt (siehe dazu Koller, 587 ff.).

10.3 Anwendung von Schutzvorschriften aus dem Nominatsvertragsrecht im Innominatbereich?

301 Mit der Qualifikation eines Vertriebsverhältnisses im Innominatbereich, etwa als Alleinvertriebs- oder Franchisevertrag, ist in der Regel noch nicht viel gewonnen. Zum Franchisevertrag hält das Bundesgericht fest (BGE 118 II 160), dass «Franchiseverträge in derart vielgestaltigen Erscheinungsformen auftreten, dass weder eine hinreichend scharfe begriffliche Umschreibung dieses Vertragstypus möglich erscheint noch ein- für allemal gesagt werden könnte, welchen Rechtsregeln solche Verträge unterstehen». Entsprechend gilt es das anwendbare Recht im Einzelfall zu ermitteln. Im Einzelfall kann sich allerdings die Frage der analogen Anwendung von nominatrechtlichen Schutzvorschriften stellen (siehe exemplarisch BGE 118 II 157 ff.).

302 Vertriebsnehmer mögen im Streitfall versucht sein, spezifische Schutzvorschriften des Mietrechts (für den Fall, dass im Vertrag etwa die Überlassung eines Geschäftslokals an den Vertriebsnehmer für die Dauer des Vertriebsvertrages vorgesehen war) bei Beendigung des Vertrags geltend zu machen.

303 Auch wenn das Bundesgericht eine ausgesprochene Methodenvielfalt bei der Beurteilung von Innominatverträgen zeigt (siehe die umfassende Übersicht bei Amstutz/Schluep, Einl. vor Art. 184 N 20 ff.), so ist doch festzuhalten, dass Schutzvorschriften des Nominatvertragsrechts erst dann unter Analogiegesichtspunkten zu prüfen sind,

wenn sie sich auf den Regelungsschwerpunkt des konkreten Vertrags beziehen (seien es aus verschiedenen Einzelverträgen zusammengesetzte Vertragskomplexe, gemischte Verträge oder Verträge sui generis).

304 Entsprechend wurde in BGE 118 II 157 ff. die Anwendung der miet- und pachtrechtlichen Vorschriften über die Vertragsbeendigung ausgeschlossen, da die Überlassung des Miet- bzw. Pachtobjektes als untergeordnete Nebenabrede im Rahmen der umfassenden Rechtsbeziehungen der Parteien, welche schwergewichtig durch andere Vertragsbestandteile geprägt war, angesehen werden musste. Es ist schlüssig zu verlangen, dass in jedem Einzelfall, ausgehend von der Interessenlage der Parteien, zu prüfen ist, welche Bedeutung einzelnen Vertragsbestandteilen im Hinblick auf die Gestaltung der Gesamtrechtsbeziehung zukommt (siehe BGE 118 II 162 mit weiterem Hinweis).

10.4 Anwendung von Konsumentenschutzbestimmungen?

305 Vertriebsverträge sind keine Konsumkreditverträge im Sinne des Konsumkreditgesetzes (KKG). Der Vertriebspartner ist kein Konsument gemäss Art. 3 KKG (wonach von vornherein nur eine natürliche Person als Konsument gilt). Der Vertriebsvertrag wird zu einem Zweck abgeschlossen, der der beruflichen oder gewerblichen Tätigkeit des Vertriebspartners zugerechnet werden muss.

10.5 Checkliste

- Werden die Vertriebsverträge mit natürlichen Personen abgeschlossen?
- Sind die Vertriebspartner «Kleinstunternehmer»?
- Trägt der Vertriebsgeber Investitionen der Vertriebsnehmer?
- Besteht eine ausgesprochene Subordination?
- Welche Schutzvorschriften etwaig analog anwendbaren Rechts kommen im konkreten Vertriebsprojekt in Frage?

11. Personalsicherheiten zugunsten des Vertriebsgebers

11.1 Einleitung

306 Bei Vertriebsverträgen mit juristischen Personen besteht zuweilen das Bedürfnis des Vertriebsgebers, persönliche Sicherungserklärungen jener Personen einzuholen, die wirtschaftlich Berechtigte der Vertriebsnehmergesellschaft sind oder sich für deren Führung verantwortlich zeichnen. In typischen KMU-Verhältnissen ist dieser Wunsch nachvollziehbar, setzt man doch gerade in vertriebsorientierten Netzwerken häufig auf das persönliche Engagement jener Person, mit der Verhandlungen geführt und Einigung erzielt wurde. Wird allerdings aus organisatorischen, steuerlichen oder anderweitigen rechtlichen Gründen (Haftung) der Strukturierung über eine Gesellschaft der Vorzug gegeben, kommen derartige Absicherungsüberlegungen ins Spiel.

307 Das Schweizerische Privatrecht bietet eine ganze Palette an Instrumenten zur Absicherung des Leistungsausfalls einer Vertragspartei. Im Bereich der Personalsicherheit bieten sich dazu die Bürgschaft, die kumulative Schuldübernahme und die Garantie an.

308 Für diese verschiedenen Sicherungsformen gelten unterschiedliche Formvorschriften. Die Bürgschaft (Art. 492 ff. OR) unterliegt in bestimmten Fällen dem Formzwang der öffentlichen Beurkundung. Der Schuldbeitritt und die Garantie sind formfrei gültig. Diese unterschiedlichen Voraussetzungen führen in der Praxis regelmässig zu Differenzen. Aus evidenten Gründen wird im Streitfall geltend gemacht, dass eine formfrei abgegebene Sicherungserklärung eine Bürgschaft sei und entsprechend zufolge Formmangels ungültig.

309 Die Sicherungsformen lassen sich im Überblick wie folgt darstellen:

11.2 Bürgschaft

310 Gemäss der Legaldefinition in Art. 492 OR verpflichtet sich durch den Bürgschaftsvertrag der Bürge gegenüber dem Gläubiger des Hauptschuldners für die Erfüllung der Schuld einzustehen. Es wird keine neue Schuld begründet. Es erfolgt eine Sicherung einer bestehenden (Hauptschuld). Die Bürgschaft ist akzessorisch. Sie hängt vom Bestand der Hauptschuld ab (Art. 492 Abs. 2 OR). Zudem ist die Bürgschaft in ihrer Grundausprägung (eingeschränkt bei der Solidarbürgschaft gemäss Art. 496 OR) nur subsidiär. Die Leistungspflicht des Bürgen manifestiert sich im Zeitpunkt des definitiven Leistungsausfalls des Hauptschuldners (Art. 495 OR).

11.3 Kumulative Schuldübernahme

311 Demgegenüber ist die kumulative Schuldübernahme (auch Schuldbeitritt oder Schuldmitübernahme genannt) dadurch gekennzeichnet, dass der Schuldübernehmer eine eigene zur Verpflichtung des Schuldners hinzutretende selbstständige Verpflichtung begründet, somit die Drittschuld persönlich und direkt übernimmt (BGE 129 III 704). Der Schuldbeitritt ist im Gesetz nicht ausdrücklich geregelt. Er ergibt sich allerdings diese Gestaltungsmöglichkeit aus Art. 143 OR. Der Schuldbeitritt ist nicht akzessorisch und auch nicht subsidiär. Mit der Solidarverpflichtung besteht für den Gläubiger die Möglichkeit des direkten Zugriffs auf den Schuldübernehmer, ohne vorher den anderen Schuldner belangen zu müssen (Art. 144 OR).

11.4 Garantie

312 Im Gegensatz zur Bürgschaft und der Schuldübernahme hängt das Garantieversprechen gemäss Art. 111 OR (siehe dazu BGE 125 III 305 ff.) nicht vom Bestand der Hauptschuld ab. Es ist nicht akzessorisch und damit auch geschuldet, wenn sich herausstellt, dass die Schuld des Dritten nicht entstanden, nichtig oder anfechtbar ist (wobei gemäss Bundesgericht bei Vollnichtigkeit zufolge Widerrechtlichkeit oder Unsittlichkeit auch ein Garantieversprechen nichtig ist (vgl. Hinweise bei Emmenegger, 563). Allerdings ist die Garantie subsidiär, des Inhalts, dass der Garant erst dann in Anspruch genommen werden darf, wenn feststeht, ob und in welchem Ausmass die Leistung des Dritten ausfällt (so das Bundesgericht in BGE 101 II 327).

11.5 Bürgschaftsähnliche Garantie

313 In der Praxis kritisch ist regelmässig die so genannte bürgschaftsähnliche Garantie, bei der ein Dritter erklärt, für das Risiko des Leistungsausfalls des Schuldners einzustehen. Auch wenn das Hauptkriterium in der akzessorischen Bürgschaftsverpflichtung zu sehen ist, hilft dies in der Praxis selten weiter, fehlt es doch üblicherweise gerade an einer Erklärung betreffend der Akzessorietät, weshalb auf weitere Indizien nach Wortlaut, Sinn und Zweck des Vertrags oder Sachzusammenhang abzustellen ist.

314 Folgende Anhaltspunkte können hilfreich sein (siehe dazu mit weiteren Hinweisen Emmenegger, 561 ff.; Pestalozzi, Art. 111 N 21 ff.; Huguenin, OR BT, N 1225):

- Eine Garantievermutung gibt es im Bereich von Erklärungen von Banken oder im internationalen Handel tätigen Unternehmen. Als

Grund wird Geschäftserfahrenheit angeführt. Entsprechend ist allerdings auch bei allgemeinen geschäftsgewandten natürlichen oder juristischen Personen von einer Vermutung zugunsten eines Garantieversprechens auszugehen.

- Eine Vermutung zugunsten Bürgschaft besteht bei Erklärungen von Mitgliedern der Familie bzw. der Lebenspartnerschaft (so genannte Nahbereichspersonen).
- Die Bürgschaft ist schuldnerbezogen, die Garantie dagegen gläubigerbezogen. Dies lässt erwarten, dass die vom Garanten zu erbringenden Leistungen in der Garantieerklärung selbst umschrieben und nicht einzig auf das Grundgeschäft Bezug genommen wird.
- Ein Eigeninteresse spricht für eine Garantie, wogegen der Bürge in der Regel aus uneigennützigen Gründen ein finanzielles Risiko übernimmt. Im jüngsten Entscheid zum Sicherungsversprechen eines einzigen Verwaltungsrates der Schuldnergesellschaft hat das Bundesgericht ein Eigeninteresse des Verwaltungsrates angenommen und die Bürgschaft verworfen. Aufgrund des Wortlautes der Erklärung wurde die Absicherung als Schuldbeitritt qualifiziert.

315 Geht man nicht bereits aufgrund der Interpretation der Erklärung von einer selbstständigen, zur Hauptschuld hinzutretenden solidarischen Verpflichtung (Schuldbeitritt) aus, was bei einem persönlichen und direkten Interesse und entsprechender Formulierung der Erklärung anzunehmen ist, so ergibt sich das folgende Bild: Im Kontext der Sicherungsgruppe «family and friends» ist vermutungsweise eine Bürgschaft anzunehmen; bei geschäftsgewandten Parteien ist von einer Vermutung zugunsten eines Garantieversprechens auszugehen (Emmenegger, 573).

11.6 Checkliste

- Besteht das Bedürfnis nach Personalsicherheiten?
- Sollen Dritte aus dem familiären Umfeld oder der Inhaber bzw. eine Bank Sicherheiten stellen?

12. Geschäftslokal / Standort

12.1 Problemstellung

316 Abhängig von der Vertriebsart spielt das Geschäftslokal und dessen Standort eine massgebliche Rolle für den geschäftlichen Erfolg oder Misserfolg (SCHWENNINGER, 1503 N 16 ff. m.w.H; METZLAFFF, S. 81 N 52).

317 Das Interesse des Vertriebsgebers geht dabei dahin, dass die vertriebenen Produkte adäquat präsentiert werden, und die Lage des Geschäftslokals den Absatz unterstützt und fördert. Als Beispiel sei der Verkauf eines Luxusprodukts an repräsentativer Zentrumslage angeführt.

318 Die sich stellenden Fragen unter diesem Titel beschlagen überwiegend nicht vertriebsspezifische Problemstellungen, weshalb eine einheitliche Behandlung erfolgt. Es beanspruchen die nachfolgenden Ausführungen grundsätzlich für alle Arten von Vertriebsverträgen Geltung.

12.2 Rechtliches

12.2.1 Einleitung

319 Kann eine ansprechende und taugliche Lage sondiert und ein freies Objekt gefunden werden, stellt sich die Frage nach der Anmietung, da ein Erwerb eher untypisch ist. Dies deshalb, weil in den behandelten Vertriebsverhältnissen der Vertriebsgeber diesen Weg gerade zur Schonung seiner finanziellen Ressourcen gewählt hat und der Vertriebsnehmers nicht über unbeschränkte Mittel verfügt und bereits anderweitige Startinvestitionen zu erbringen hat. Zudem rechtfertigt der Amortisationsgedanke gewöhnlich den Erwerb eines Betriebsstandorts nicht.

320 Bei der Anmietung eines geeigneten Mietobjekts bestehen in rechtlicher Hinsicht grundsätzlich zwei Möglichkeiten:

- Der Vertriebsgeber mietet ein Objekt an und stellt es dem Vertriebsnehmer zur Verfügung.
- Der Vertriebsnehmer miete das Objekt (vgl. hierzu FLOHR, Franchisevertrag, 131 ff.).

321 Das Interesse des Vertriebsgebers geht gewöhnlich dahin, sich ein gut gelegenes Mietobjekt auch für die Zeit nach Beendigung des einzelnen Vertriebsvertrags zu sichern, um dort allenfalls einen neuen Vertriebsnehmer positionieren oder den Standort selbst weiter betreiben zu können. Der erschaffene Standortvorteil – welcher in der

Lage an sich oder aber auch im Aufbau der dortigen Kundenbeziehungen liegen kann – soll damit erhalten bleiben.

322 Dieses Ziel wird über ein Eintrittsrecht des Vertriebsgebers in den, vom Vertriebsnehmer geschlossenen, Mietvertrag bei Beendigung des Vertriebsverhältnisses oder über die Anmietung des Objektes durch den Vertriebsgeber unter gleichzeitiger Koppelung des Benutzungsrechts des Vertriebsnehmers mit der Dauer des Vertriebsvertrags erreicht.

323 Daneben kommt auch dem optischen Auftritt des Geschäftlokals eine bedeutende Rolle zu. Der Vertriebsgeber trifft hierfür in der Regel vertragliche Vorkehrungen zwecks Gewährleistung eines ansprechenden und einheitlichen Marktauftritts, wovon auch der Vertriebsnehmer durch den Wiedererkennungswert des Vertriebsobjekts profitiert.

12.2.2 Standortbestimmung

324 Der Auswahl eines Standorts sind keine gesetzlichen Grenzen gesetzt und obliegt alleine der Parteidisposition.

325 Da der Standort als Träger und Verbreiter des System-Images wirkt und damit für den Vertriebsgeber von besonderem Interesse ist (Schwenninger, 1503 N 16.1; Metzlafff, 81 N 53), empfiehlt sich die Erstellung eines Standortprofils. Auswahlkriterien bilden dabei bspw. die Einwohnerzahl des Gemeinwesens, in welchem der Standort liegt, Grösse und Art des Lokals, Parkmöglichkeiten vor Ort, die Konkurrenzsituation und Ähnliches (Metzlafff, 82 N 52).

326 Teils wird die Auffassung vertreten, dass der Vertriebsgeber zur Standortanalyse und Weitergabe der daraus fliessenden Erkenntnisse an den Vertriebsnehmer auch ohne vertragliche Vorsehung verpflichtet sei. Diese Evaluation wird unter die vorvertraglichen Aufklärungspflichten subsumiert, welche dem Vertriebsnehmer eine Antizipation der Umsatz- und Verdienstmöglichkeiten ermöglichen soll (vgl. ein in Flohr, 130, zitierter Entscheid des Oberlandesgerichts Köln vom 16. Mai 1994; ablehnend Metzlafff, 82 f. N 56 und wohl auch Flohr, 130). Eine derart weitgehende Verpflichtung des Vertriebsgebers ist grundsätzlich abzulehnen und erscheint allenfalls bei besonders engmaschigen Vertriebssystemen gerechtfertigt. Geht der Vertriebsnehmer den Vertriebsgeber jedoch diesbezüglich an und erfragt seine Unterstützung, müssen die vermittelten Angaben korrekt sein.

327 Es besteht eine enge Verquickung zwischen Standortanalyse und -sicherung, weshalb sich der Vertriebsgeber ein konstitutives Bewilligungsrecht für die Wahl von Geschäftsräumlichkeiten durch den Vertriebsnehmer vorbehalten sollte, was keine unangemessene Benachteiligung darstellt (Flohr, Franchisevertrag, 130 f.).

12.2.3 Gebrauchsüberlassung / Untermietvertrag

328 Vorab stellt sich die dogmatische Frage, ob im Zusammenhang mit der Überlassung des Mietobjekts durch den Vertriebsgeber von einem Untermietvertrag gesprochen werden kann, da mietvertragliche Schutzbestimmungen nach der hier vertretenen Auffassung gerade nicht zur Anwendung gelangen. Es wird nachfolgend gleichwohl von einem Untermietvertrag gesprochen, da insbesondere die Weitergabe des Objekts im Verhältnis Vertriebsgeber / Vermieter nach mietvertraglichen Aspekten zu beurteilen ist.

329 Der Abschluss eines Untermietvertrags zwischen Vertriebsgeber und -nehmer ist nach Art. 262 OR möglich und kann vom Vermieter nur beim Vorliegen besonderer Umstände verweigert werden. Diese liegen nach Abs. 2 in einer Nichtbekanntgabe der Bedingungen des Untermietvertrags durch den Mieter (Vertriebsgeber), einer Missbräuchlichkeit des Untermietverhältnisses in Bezug zum Mietverhältnis oder aber in daraus erwachsenden, wesentlichen Nachteilen für den Vermieter (vgl. hierzu Higi, Art. 262 N 29 ff., Lachat/Stoll/Brunner, 409 ff. N 2.2).

330 Es steht dem Vertriebsgeber somit frei, ein Geschäftslokal anzumieten und im selben Zug an den Vertriebsnehmer unterzuvermieten. In derartigen Fallkonstellationen wird die Zustimmung des Vermieters regelmässig direkt in den Mietvertrag aufgenommen und zu keinen weiteren Diskussionen Anlass geben.

331 Bei einer nachträglichen Untervermietung ist zwar eine Zustimmung des Vermieters erforderlich, wird mit Blick auf Art. 262 OR aber kaum je verweigert werden können. So bringt ein Wechsel in der Geschäftsführung eines gleich bleibenden Betriebs keine Umnutzung oder zusätzliche Mehrbelastung des Objekts oder der Umgebung mit sich.

332 Ebenso wird die Bekanntgabe der Bedingungen der Untermiete kaum Anlass zu vermieterseitigen Beschwerden bieten, da der Vertriebsgeber seinen Gewinn nicht durch die Untermiete, sondern durch die vertriebene Ware oder Dienstleistung erzielt. Sollte mit der Untermiete gleichwohl ein Nettogewinn erzielt werden, darf dieser den Zinssatz für 1. Althypotheken nicht um mehr als ein halbes Prozent übersteigen (BGE 119 II 353 = Pra 1994 Nr. 57), allenfalls dies einer Missbräuchlichkeit gleich käme.

333 Ob bei keinen investierten Eigenmitteln – was vermutlich seitens des Vertriebsgebers die Regel darstellen dürfte – überhaupt ein Gewinn aus dem Untermietvertrag erzielt werden darf, hat das Bundesgericht im Leitentscheid BGE 119 II 353 offen gelassen, einen Gewinn von 30% bis 40% jedoch als «offensichtlich missbräuchlich» beurteilt.

12.2.4 Übertragung des Mietverhältnisses / Eintrittsrecht des Vertriebsgebers

334 Nach Art. 263 Abs. 1 und 2 OR kann der Mieter «von Geschäftsräumen das Mietverhältnis mit schriftlicher Zustimmung des Vermieters auf einen Dritten übertragen. Der Vermieter kann die Zustimmung nur aus wichtigem Grund verweigern.» Es ist den Vertragspartnern somit möglich, bei der Anmietung des Geschäftslokals mit dem Vermieter zu vereinbaren, dass bei Beendigung des Vertriebsvertrags das Mietverhältnis vom Vertriebsnehmer automatisch auf den Vertriebsgeber übergeht oder dieser in das Mietverhältnis eintreten kann (SCHWENNINGER, 1503 N 16.2); bei einer Weiterführung des Vertriebsgeschäfts durch einen neuen Vertriebsnehmer dürfte auch kaum ein wichtiger Grund zur Ablehnung des Übergangs vorliegen. Besteht eine entsprechende Vereinbarung, bedarf es zum konstitutiven Übergang nur noch einer Anzeige durch die ursprünglichen Vertriebsparteien.

335 Beim Eintritt des Vertriebsgebers in das Mietverhältnis nach Vertragsende sind Probleme vorprogrammiert, wenn der Vertriebsnehmer im Mietobjekt verbleiben möchte und sich der Vertriebsgeber nur im Vertriebs-, nicht aber im Mietvertrag, den Eintritt hat zusichern lassen, somit über keinen direkten Anspruch gegenüber der Vermieterschaft verfügt. Um hier allfälligen Konflikten nach der Vertragsauflösung zu begegnen, muss sich der Vertriebsgeber ein Eintrittsrecht zu seinen Gunsten vertraglich zusichern lassen, und zwar sowohl vom Vertriebsnehmer als auch vom Vermieter (SCHWENNINGER, 1503 N 16.2). Damit wird das Überlassungsgeschäft zu einem Dreiparteienverhältnis. Der Vertriebsgeber wird dabei als Eintrittsgrund bereits den Nachweis einer Vertragskündigung genügen lassen. Sollte der Vermieter einem solchen Anliegen nicht entsprechen, kann im Vertriebsvertrag allenfalls eine Verpflichtung des Vertriebsnehmers aufgenommen werden, den Vertriebsgeber bei Vertragskündigung als Nachmieter nach Art. 264 Abs. 1 OR zu präsentieren, ohne dass der Mietvertrag gekündigt wird (SCHWENNINGER, 1503 N 16.2, empfiehlt dagegen bei Verweigerung der Zustimmung durch den Vermieter im Vertriebsvertrag vollständig auf eine entsprechende Regelung zu verzichten).

336 Pendant zum Eintritt in das Mietverhältnis bildet sodann ein Kaufrecht des Vertriebsgegners für das vom Vertriebsnehmer erworbene Geschäftslokal zu einem im Voraus bestimmten oder bestimmbaren Verkaufspreis (METZLAFFF, 84 N 59).

337 Ebenfalls als Standortsicherungsmassnahme ist schliesslich ein nachvertragliches Konkurrenzverbot zu betrachten, da dieses dem Vertriebsnehmer verbietet, nach Vertragsbeendigung weiter in der

angestammten Branche tätig zu sein, womit das Geschäftslokal für ihn nutzlos wird (Metzlaff, 84 N 59).

338 Abschliessend sei jedoch darauf hingewiesen, dass bei der Nichtfreigabe des Mietobjekts durch den vormaligen Vertriebsnehmer die Vollstreckung des vertraglich vereinbarten Übernahmeanspruchs vor rechtliche Probleme stellt, da eine provisorische oder gar superprovisorische Massnahme kaum je bewilligt würde. Damit wäre der Vertriebsgeber auf ein ordentliches Gerichtsverfahren mit entsprechender Länge verwiesen und könnte für den Verzögerungsschaden allenfalls Schadenersatz (positives Vertragsinteresse) geltend machen. Dieser beschwerliche Weg dürfte jedoch regelmässig aufgrund des Bonitätsrisiko seitens des Vertriebsnehmers nicht beschritten werden.

12.2.5 Koppelung von Vertriebs- und Mietvertrag

339 Bilden Vertriebs- und Standortüberlassung eine rechtliche Einheit, so führt die Auflösung des Hauptvertrags auch zwangsweise zu einem Untergang des Nutzungsrechts, was in Deutschland bereits gerichtlich entschieden worden ist (Flohr, Franchisevertrag, 132 f.). Diese Rechtsfolge ist auch für die Schweiz zu befürworten und wird in Rechtsprechung und Lehre so auch vertreten (vgl. hierzu auch BGE 118 II 157; Wildhaber, Franchising, Vorb 184 f., N 18).

340 Zu beachten gilt es im Zusammenhang mit der Einheit besagter Verträge allenfalls Art. 254 OR. Danach ist ein mit einem Mietvertrag gekoppeltes Geschäft nichtig, wenn der Mieter dabei eine Verpflichtung übernimmt, welche nicht unmittelbar mit dem Gebrauch der Mietsache zusammenhängt (vgl. anstelle vieler Lachat/Stoll/Brunner, 397 N 2 ff.). Im vorliegenden Fall würde das Koppelungsgeschäft demnach im Vertriebsvertrag selbst bestehen. Die Anwendung besagter Gesetzesbestimmung auf die dargestellte Konstellation ist demnach aus verschiedenen Gründen abzulehnen. So ist der Abschluss des Miet- an den Vertriebsvertrag – und nicht umgekehrt wie im Fall von Art. 254 OR – gekoppelt. Sodann dürfte ein Zusammenwirken von Vertriebsgeber und Vermieter nicht vorliegen, was jedoch eine weitere Voraussetzung zur Anwendung von Art. 254 OR bildet (Higi, Art. 254 N 28 f. m.w.H.).

341 Somit besteht zusammengefasst bei der dargestellten Vertragskoppelung eine dahingehende Ausnahme, als dass gesetzlich nach Mietrecht zwingend vorgeschriebene Kündigungsfristen nicht zur Anwendung gelangen, da der mietvertraglichen Komponenten im Gesamtvertrag bloss eine untergeordnete Bedeutung zukommt.

12.2.6 Die Einrichtung und Gestaltung des Geschäftslokals

342 Die Einrichtung und Gestaltung des Geschäftslokals bürgt insbesondere bei engmaschig geführten Vertriebssystemen für einen erwünschten Wiedererkennungswert. Der Vertriebsvertrag regelt in derartigen Fällen meist in einem gesonderten Anhang detailliert Einrichtung und Gestaltung. Dies kann sogar soweit gehen, dass die Einrichtung beim Vertriebsgeber selbst oder einem von ihm bezeichneten Dritten bezogen werden muss (METZLAFF, 87 N 71).

343 Ändert während des laufenden Vertriebsvertrag die Corporate Identity, wird der Vertriebsnehmer mittels vertraglicher Vorsehung meist verpflichtet sein, diese auf eigene Kosten umzusetzen. Auch ist eine Vereinbarung über die periodische Ersetzung der Einrichtung denkbar und anzutreffen (METZLAFF, 87 N 73). Beachtung ist dabei seitens des Vertriebsgebers aber dem Umstand zu schenken, dass bei einer übermässigen Auslieferung des Vertriebsnehmers diesem eine Berufung auf Art. 27 ZGB offen steht, was allenfalls eine Ungültigkeit der betreffenden Vertragsbestimmung nach sich ziehen kann (vgl. HUGUENIN, Art. 27 N 8 ff.). Insbesondere die Intensität der Bindung kann gegen zwingendes Recht verstossen, wobei in der Rechtsprechung nur mit Zurückhaltung eine unzulässige Einschränkung der wirtschaftlichen Entfaltungsfreiheit angenommen wird (BGE 114 II 162 spricht von einer unzulässigen Einschränkung der wirtschaftlichen Bewegungsfreiheit, welche nur dann überschritten sein soll, wenn sich die eine Vertragspartei der Willkür der anderen ausliefert und damit die eigene, wirtschaftliche Existenz gefährdet).

12.3 Lösungsansätze / Vertragliche Gestaltungsmöglichkeiten

344 Sind Standort und Auftritt des Geschäftslokals von Bedeutung für den Vertriebsvertrag, empfiehlt sich eine vertraglich exakte Fixierung.

345 Während eine solche für den Auftritt an sich keinerlei Probleme stellen dürfte, birgt die Standortfrage dann ein Konfliktpotential, wenn ein geeignetes Objekt bei Abschluss des Vertriebsvertrags noch nicht gefunden werden konnte. Der Vertriebsgeber ist in solchen Fällen gut beraten, sich ein konstitutives Genehmigungs- bzw. mindestens ein Vetorecht vertraglich auszubedingen, zumal eine geeignete Wahl unter dem Aspekt eines optimierten Vertriebs auch im Interesse des Vertragspartners liegt.

346 Um nachvertragliche Auseinandersetzung über die Zuweisung des Mietlokals zu vermeiden, bedarf es einer klaren und vor allem im Konfliktfall leicht durchsetzbaren, vertraglichen Regelung. Besteht

ein gewichtiges Standortinteresse des Vertriebsgebers, sollte dieser die Anmietung im eigenen Namen mit gleichzeitigem Abschluss eines Untermietvertrags einem Eintrittsrecht vorzuziehen, da letzteres prozessual schwerer durchsetzbar sein wird. Es gilt dabei auch zu berücksichtigen, dass dem Vermieter grundsätzlich nicht an einem Parteiwechsel gelegen sein wird.

12.4 Checkliste

- Wurde die Weiterverwendung des Geschäftslokals bei Vertragsende vertraglich geregelt?
- Ist die getroffene Regelung rasch durchsetzbar?
- Wurde auf etwaig anwendbare, mietrechtliche Bestimmungen Rücksicht genommen?

13. Pflichten der Vertriebsparteien

13.1 Lizenzierung von immateriellen Rechten

13.1.1 Einleitung

347 Oft räumt der Vertriebsgeber dem Vertriebsnehmer Nutzungsrechte an immateriellen Rechten ein. Dies kann ausdrücklich oder auch nur implizit erfolgen. In der Regel treffen die Parteien eine Vereinbarung über Gegenstand und Umfang der Nutzungsberechtigung. Eine implizite Nutzungsberechtigung kann aber auch aus der Richtlinienkompetenz eines Vertriebsgebers abgeleitet werden, welcher seinem Vertriebsnehmer Verpflichtungen über Art und Umfang beispielsweise im Bereich Marketing oder Produktpräsentation macht (siehe dazu auch MEYER, 208).

13.1.2 Gegenstand

348 Unter den zur Nutzung überlassenen immateriellen Werten wird man sowohl Patente, Marken, Designs oder Urheberrechte verstehen müssen. In einem weiteren Sinn fällt darunter aber auch Know-how als technisches oder betriebliches Wissen eines Vertriebsgebers, das er für die Dauer der Vertriebszusammenarbeit seinen Vertriebsnehmern zur Nutzung überlässt.

349 Immaterielle Werte stellen gerade bei Franchiseverhältnissen (weniger bei Agentur- und Alleinvertriebsverhältnissen, da bei diesen Vertriebsformen die Lizenzkomponente in den Hintergrund tritt) ein wesentliches Aktivum des Vertriebssystems dar.

350 Je stärker sich ein Vertriebssystem durch einheitlichen Auftritt nach aussen definiert, desto wichtiger muss den Vertriebspartnern der Schutz der immateriellen Werte sein.

13.1.3 Genussverschaffung und -erhaltung

351 Es gehört zum Mindeststandard und damit zur Verpflichtung des Vertriebsgebers, dass er weit möglichst den Schutz der lizenzierten immateriellen Werte aufrechterhält, Angriffe gegen die gewerblichen Schutzrechte abwendet und im Rahmen des betrieblich Erforderlichen dem Vertriebsnehmer die wesentlichen Informationen offenbart, die er zur Nutzung der immateriellen Werte benötigt (siehe auch EBNETER, 141). Es muss aber als zulässig angesehen werden, wenn ein Vertriebsgeber in Bagatellfällen auf eine Rechtsverfolgung verzichten kann oder wenn bereits im Vertrag einzelne Risikopositionen offen gelegt werden, für welche eine Rechtsverfolgungspflicht beschränkt

oder ausgeschlossen wird (denkbar ist dies etwa im Bereich von Marken und Domain Names, welche bereits durch eine Drittpartei registriert worden sind). Durch solche Regelungen wird ausreichend Transparenz geschaffen, worauf auch im Rahmen etwaiger vorvertraglicher Aufklärung hinzuweisen ist. Die Grenze der Rechtsverfolgungspflicht ist damit der Grundsatz, dass einem Vertriebsgeber keine rechtlich oder wirtschaftlich unzumutbaren Verpflichtungen auferlegt werden sollen (zur Thematik der Genussverschaffung und der Genusserhaltung bei Lizenzen HILTY, 456 ff.).

352 Geht man von einer grundsätzlichen Pflicht zur Rechtsverfolgung aus, heisst dies nicht zwangsläufig, dass ein Vertriebsgeber auch verpflichtet ist, den Markt hinsichtlich bestehender oder drohender Verletzungen zu überwachen (HILTY, 466). Vielmehr ist im Sinne gegenseitiger Loyalitätspflichten davon auszugehen, dass der Vertriebsnehmer verpflichtet ist, im Rahmen seiner Beistandspflicht die Marktverhältnisse im Auge zu behalten und den Vertriebsgeber bei einer etwaigen Rechtsverfolgung zu unterstützen (so auch FLOHR, Franchisevertrag, 200; HILTY, 466).

353 Dem Vertriebsnehmer, der zur Nutzung von immateriellen Rechten berechtigt ist, ist eine Enthaltungspflicht auferlegt, wonach er die vom Vertriebsvertrag nicht erfassten Rechte nicht verwerten darf. Es ist zusätzlich allgemein anerkannt, dass die Parteien darüber hinaus eine Nicht-Angriffsverpflichtung des Vertriebsnehmers vereinbaren dürfen (einzelne Bedenken solchen Regelungen gegenüber erfolgen nur aus kartellrechtlicher Optik). Jeder Vertriebsgeber hat das Interesse, dass seine Vertriebsnehmer keine seiner Schutzrechte angreifen. In diesem Zusammenhang ist auch die Geheimhaltungspflicht mit Bezug auf zur Nutzung überlassenes Know-how zu sehen (quasi das Pendant zur Nichtangriffsklausel bei «formell vernichtbaren» Schutzrechten; HILTY, 524 f.).

354 Es empfiehlt sich – vergleichbar zur Regelung der Vertragsprodukte im Vertriebsvertrag – vertraglich einen Anpassungsvorbehalt vorzusehen, dem gemäss der Schutzrechtsinhaber berechtigt ist, einseitig die immateriellen Rechte veränderten Verhältnissen anzupassen. Diesbezüglich ist er verpflichtet, nach billigem Ermessen zu handeln.

13.1.4 Domain Names

355 Je bedeutender für das Vertriebssystem der einheitliche Auftritt nach aussen bedeutsam wird, desto mehr wird der Vertriebsgeber darauf bedacht sein, auch im Bereich des E-Business eine möglichst geschützte Rechtsposition zu schaffen. Typischerweise registrieren Vertriebsgeber jene Domain Name-Kennungen, welche sie für die Darstellung ihres Vertriebssystems als sinnvoll erachten. Sie über-

lassen es in der Regel nicht den Vertriebsnehmern, eigene mit dem Vertriebssystem ähnliche oder gleiche Domain Name-Kennungen zu registrieren.

356 Jedes Vertriebssystem ist daher gut beraten, frühzeitig die entsprechenden Domain Name-Kennungen zu schützen, insbesondere wenn es um eine Internationalisierung des Systems geht.

357 Verfügt der Vertriebsnehmer bereits über einen eigenen Webauftritt, empfiehlt es sich, vertragliche Regelungen über die Gestaltung der Website des Vertriebsnehmers zu treffen (Vereinbarkeit mit dem Corporate Design des Vertriebssystems).

358 Domain Name-Kennungen erlangen keinen eigenständigen Rechtsschutz. Sie sind vielmehr über Markenrecht, Lauterkeitsrecht und gegebenenfalls Namensrecht unter bestimmten Umständen geschützt.

13.1.5 Checkliste

- Werden immaterielle Werte zur Nutzung überlassen?
- Sind Marken und Domain Names im Zielmarkt geschützt bzw. registriert?

13.2 Überlassung von Know-how im Besonderen

13.2.1 Einleitung

359 In Vertriebssystemen wird regelmässig in mehr oder minder ausgeprägter Form Know-how überlassen.

360 Oft wird in Systemunterlagen das Geschäftsordnungssystem, also die Richtlinien und Grundsätze, wie sie für die eigene Geschäftstätigkeit, aber auch die Zusammenarbeit mit dem Vertriebsgeber und anderen Vertriebsnehmern erforderlich sind, dargestellt. Damit dienen solche Know-how-Unterlagen auch der Festigung des Vertriebssystems und damit der Einheitlichkeit des Auftritts am Markt.

361 Der Inhalt solcher Systemunterlagen dient auch dazu, die Angemessenheit der finanziellen Gegenleistungen von Vertriebsnehmern zu beurteilen (Flohr, Franchisevertrag, 111). Schliesslich hat die dokumentierte Überlassung des Know-hows auch Beweisfunktion. Ist das Know-how nämlich strittig, ist der Vertriebsgeber für die Überlassung des Know-hows beweispflichtig (Art. 8 ZGB). Dieser Nachweis kann häufig nur anhand der zur Verfügung gestellten Systemunterlagen erfolgen.

362 Die durch dokumentiertes Know-how konkretisierte Richtlinienkompetenz, namentlich des Franchisegeber, ist anerkannt (Amstutz/Schluep, Einleitung vor Art. 184 ff. N 158, mit weiteren Hinweisen).

Wichtig ist aber zu beachten, dass solche Richtlinien nicht so weit gehen dürften, dass der Vertriebspartner seine unternehmerische Selbstständigkeit verliert (entsprechend ist der Grundsatz zu verfolgen: nur so wenig verbindliche Richtlinien wie möglich und nur so viel wie nötig zu erlassen).

13.2.2 Anpassungsvorbehalt

363 Vertriebsverträge sind im Wesentlichen statisch und werden als Dauerschuldverhältnis regelmässig für längere Zeit abgeschlossen. Die dadurch abzubildenden Geschäftsmodelle verlangen demgegenüber nach einer dynamischen Anpassung an das jeweilige Marktumfeld. Bei Vertriebsverhältnissen ist diese Notwendigkeit zur steten Anpassung des Beschaffungs-, Absatz- oder Organisationskonzepts systemimmanent (so etwa zum Franchising EBNETER, 157).

364 Auch ohne spezifische Vertragsanpassungsklausel muss ein Vertriebsnehmer eine Anpassung des Systemkonzeptes dulden. Ein Vertriebsnehmer, der in ein neues System eintritt, muss zudem eine grössere Anpassungsbereitschaft zeigen als ein Vertriebsnehmer, der sich einem bereits seit längerem verhältnismässig gleich bleibenden System anschliesst (EBNETER, 157, zum Franchising). Die Grenzen dieses Anpassungsvorbehaltes sind aber in der Handlungspflicht zu sehen, dass ein Vertriebsgeber stets nach billigem Ermessen vorzugehen hat.

13.2.3 Begriff des Know-how

365 Folgt man dem Verständnis der EU-Gruppenfreistellungsverordnung für vertikale Vertriebsbindungen vom 1.6.2000 (GFVO), so ist betriebliches Wissen nur dann «Know-how», wenn die Kenntnisse geheim, wesentlich und identifiziert sind. Hierbei bedeutet «geheim», dass das Wissen als Gesamtheit oder in der genaueren Gestaltung und Zusammensetzung seiner Bestandteile nicht allgemein bekannt und nicht leicht zugänglich ist. «Wesentlich» bedeutet, dass das Wissen Kenntnisse umfasst, die für den Käufer zum Zwecke der Verwendung, des Verkaufs oder des Weiterverkaufs der Vertragswaren oder -dienstleistungen unerlässlich sind. «Identifiziert» bedeutet, dass das Wissen umfassend genug beschrieben ist, so dass überprüft werden kann, ob es die Merkmale «geheim» und «wesentlich» erfüllt (Art.1 lit. f) GFVO). Bei diesem Verständnis ist evident, dass bei Know-how-bezogener vertrieblicher Zusammenarbeit stets eine ausreichende Dokumentation des Know-how zu erfolgen hat.

13.2.4 Gegenstand

366 Zu unterscheiden sind in der Praxis üblicherweise die folgenden Bereiche:

13.2.4.1 Merkmals- und Verfahrensbeschreibungen

367 Dabei geht es etwa um die Beschreibung etwa eines Produktsortiments, um die Einrichtung und Ausstattung eines Geschäftsbetriebs oder um die Beschreibung einzelner Leistungen eines Lieferanten.

13.2.4.2 Unverbindliche Empfehlungen

368 Darin werden oft so genannte «Best Practises» (Erfahrungswerte) dargestellt. Dieses Wissen soll dem Vertriebsnehmer ermöglichen, eigene Fehler zu vermeiden und von den Erfahrungen des Vertragsgebers zu profitieren, um möglichst optimal am Verkaufspunkt tätig zu sein. Beispielsweise kann angegeben werden, wie typische Kundengespräche stattfinden, ein Bestellablauf funktioniert oder angemessenes Marketing zu betreiben ist.

13.2.4.3 Verbindliche Richtlinien

369 Diese beziehen sich regelmässig auf den einheitlichen Auftritt am Markt (Corporate Identity) und Qualitätsaspekte. Damit wird etwa Bezug genommen auf Warenpräsentation, Visual Merchandising, die Markenverwendung oder auch das Systemcontrolling um Qualitätsaspekten Nachachtung zu verschaffen.

13.2.4.4 Themen

370 Denkbare (allgemeine) Themen solcherart dokumentierten betrieblichen Wissens können etwa die Folgenden sein:

- Management des Vertriebssystems
- Markenauftritt
- Kommunikation
- Produkte / Dienstleistungen
- Geschäftstätigkeit des Vertriebsnehmers
- Training des Vertriebsnehmers
- IT
- Qualitätssicherung
- Rechtliches
- Allgemeine Informationen zum Vertriebssystem (oft in Form von FAQs)

13.2.5 Checkliste

- Bildet besonderes Know-how Gegenstand der vertrieblichen Zusammenarbeit?

13.3 Belieferungs- und Bezugspflichten

13.3.1 Einleitung

371 Bei Eigenhändlerstrukturen trifft den Vertriebsgeber eine Belieferungspflicht oder zumindest die Pflicht zur Aufrechterhaltung einer ausreichenden Belieferungsorganisation durch Drittlieferanten.

13.3.2 Nicht- oder Schlechterfüllung

372 In der Praxis relevant ist die Frage, wie ein Vertriebsnehmer reagieren kann, wenn sein Lieferant (Vertriebsgeber) seinen Lieferverpflichtungen nicht nachkommt. Steht dem Vertriebsnehmer ein Leistungsverweigerungsrecht zu, des Inhalts, dass der Abnehmer etwa nicht mehr an seine Bezugspflicht gebunden ist und bei Drittlieferanten beziehen kann?

373 Dabei ist daran zu erinnern, dass ein Alleinvertriebsvertrag, ein Franchisevertrag oder andere Eigenhändlerstrukturen stets Rahmenvertragscharakter haben (AMSTUTZ/SCHLUEP, Einleitung vor Art. 184 ff. N 135 zum Alleinvertriebsvertrag). Es stehen sich die Rahmenvertragsebene (relationale Ebene) und die Durchführungsebene gegenüber (transaktionale Ebene). Beide Ebenen haben ihre eigenen Synallagmas (EGLI, 165).

374 Auf der relationalen Ebene steht beim Alleinvertriebsvertrag die Gewährung der Exklusivität durch den Vertriebsgeber der Absatzförderungspflicht sowie der (Allein)Bezugspflicht des Vertriebsnehmer gegenüber. Auf der transaktionalen Ebene sind die Hauptleistungspaare die kaufvertragliche Lieferpflicht des Vertriebsgebers einerseits und die Zahlungspflicht des Vertriebsnehmers andererseits (EGLI, 165, zum Alleinvertriebsvertrag).

375 Der Vertriebsnehmer wird nun bei Leistungsverweigerung oder Leistungsrückstand des Vertriebsgebers versucht sein, gestützt auf Art. 82 OR mit dem Rückbehalt seiner Leistung zu reagieren. Er wird versuchen geltend zu machen, dass seine Bezugspflicht nicht mehr einzuhalten sei und er sich bei Drittquellen mit Ware eindecken darf.

376 Das Bundesgericht lässt nun allerdings das Leistungsverweigerungsrecht «über das Kreuz» nicht zu (BGE 107 II 223; MEYER, 249; differenzierend AMSTUTZ/SCHLUEP Einleitung vor Art. 184 ff. N 141, wonach allein für die Anwendbarkeit von Art. 82 OR «über das Kreuz»

entscheidend sein müsse «ob die Zweckstruktur des rechtsgeschäftlichen Verbundes des Alleinvertriebsvertrags auf einen gemeinsamen Finalnexus ausgerichtet sei», was in der Regel bejaht werden müsse).

377 Zu beachten gilt es in diesem Zusammenhang, dass Art. 82 OR auch innerhalb der relationalen bzw. transaktionalen Ebene nur auf Hauptleistungsverpflichtungen anwendbar ist. Verletzt eine Partei also eine vertragliche Nebenpflicht, berechtigt dies nicht, die eigene Hauptleistung zurückzuhalten.

378 In der Praxis kann dieses Fehlen des Leistungsverweigerungsrechts «über das Kreuz» zu erheblichen Schwierigkeiten für eine Vertriebspartei führen. Dies wird deutlich im von Egli geschilderten Praxisbeispiel (Egli, 166): Die Parteien stehen in einem mehrjährigen Alleinvertriebs- und Alleinbezugsverhältnis. Auf der transaktionalen Ebene läuft der Sukzessivlieferungsvertrag aus. Der Rahmenvertrag dauert weiter. Der Lieferant will die Vertragsprodukte unter eigener Marke direkt unter Ausschluss des Alleinvertriebspartners vertreiben und versucht die Exklusivität des Distributors vorzeitig aufzuheben. Er offeriert dem Distributor zwei Varianten: Exklusive Belieferung zu einem unrealistisch hohen Preis oder weiterhin Belieferung zum bisherigen Preis, aber ohne Gewähr der Exklusivität. Gleichzeitig beginnt der Lieferant fällige Lieferverpflichtungen aus vorgeschobenen Gründen zurückzuhalten. Die Lager des Abnehmers leeren sich. Es wird geprüft, sich bei Drittlieferanten einzudecken. Die Lieferverweigerung des Vertriebsgebers ist nun zwar eine Verletzung der Hauptleistungspflicht auf transaktionaler Ebene. Dem steht aber nicht das Leistungsverweigerungsrecht nach Art. 82 OR auf der relationalen Ebene (Missachtung der Alleinbezugspflicht) des Distributors entgegen. Deckt sich der Vertriebsnehmer bei Drittlieferanten ein, ist vielmehr der Lieferant berechtigt, die Exklusivitätszusage nicht mehr einhalten zu müssen. Das Ziel wäre erreicht. Der Distributor wird also nicht umhin kommen, die überhöhten Preisforderungen des Lieferanten zu akzeptieren, will er nicht lieferunfähig werden.

13.4 Aussenauftritt

13.4.1 Problemstellung

379 Insbesondere in Vertriebssystemen mit einer starken Marke oder gut etablierten Produkten / Dienstleistungen ist ein einheitlicher Systemauftritt gegen Aussen von grosser Bedeutung. Der Vertriebsnehmer muss diesbezüglich deshalb einer weitgehenden Weisungsgebundenheit vertraglich unterstellt werden können, was allenfalls in einem gewissen Widerspruch zu dessen wirtschaftlichen Selbständigkeit stehen kann. Gleichzeitig besteht für den Vertriebsgeber die Gefahr,

bei einer Schädigung Dritter durch den Vertriebsnehmer allenfalls aufgrund des erweckten Eindrucks selbst haftbar zu werden (Vertrauens- bzw. Konzernhaftung).

13.4.2 Rechtliche Grundlagen

380 Die gesetzlich geregelten Vertriebsverträge sehen keine Bestimmungen zum Auftritt der Vertriebsnehmer vor, insbesondere auch der Agenturvertrag nicht, sondern beschränken sich weitgehend auf eine Regulierung des Vertretungsrechts (vgl. bspw. Art. 418e OR).

381 Dagegen wird in Art. 33 OR die Anscheinsvollmacht geregelt, wonach bereits der erweckte Anschein eines Vertretungsverhältnisses – in der hier behandelten Konstellation mit dem Vertriebsnehmer als Stellvertreter – zu einer Haftung des Vertriebsgebers gegenüber Dritten führen kann.

13.4.3 Rechtsprechung und Lehre zu den einzelnen Vertriebsverträgen

382 Meist wird der Aussenauftritt im Vertriebsrecht unter dem Titel der Werbung / Marketing oder der Verpflichtung zur Systemeinhaltung gemäss Handbuch behandelt (vgl. FLOHR, Franchisevertrag, 106 und 113 ff.). Die Verpflichtung des Vertriebsnehmers kann dabei von der Ausstattung von Ladenlokalen über die Kleidung der Mitarbeiter bis zum Aussehen von Transportmitteln reichen (METZLAFF, § 8 N 120). Weitgehende Übereinstimmung besteht dahingehend, dass bei weitreichenden Vertriebssystem wie dem Franchisevertrag der Auftritt gegen Aussen im Systemhandbuch geregelt sein sollte (SCHWENNINGER, 1501 N 12). Als Leitlinie hat dabei der Grundsatz von «soviel wie notwendig, so wenig wie möglich» zu gelten, damit die Selbständigkeit des Vertriebsnehmers so wenig wie möglich tangiert wird.

13.4.4 Lösungsansätze / Vertragliche Gestaltungsmöglichkeiten

383 Der Auftritt des Vertriebsnehmers auf dem Markt sollte im Vertriebsvertrag soweit als notwendig geregelt werden, damit das Vertriebskonzept auch in allen Teilen umgesetzt wird, ohne dabei die unternehmerische Freiheit des Vertriebsnehmers über Gebühr zu beschneiden.

384 Gleichzeitig ist festzuhalten, dass das Recht zum systemtypischen Marktauftritt mit der Beendigung des Hauptvertrags ebenfalls erlischt.

13.5 Marketing

13.5.1 Einleitung

385 Es ist zu beobachten, dass Vertriebssysteme zunehmend einheitlich und strukturiert am Markt auftreten. Dies ist nicht ein «Privileg der Grossen», sondern auch eine Entwicklung, der sich auch Klein- und Mittelunternehmen nicht verschliessen.

386 Hersteller bzw. Handelsunternehmen beziehen ihre nachgelagerte Wirtschaftsstufe im Rahmen ihrer Distributionspolitik in ihre Marketingkonzeption mit ein. Dabei wird das Ziel verfolgt, ein bis zum Endkunden reichendes durchgängiges Marketingkonzept zu entwickeln. Dies wird als vertikales Marketing bezeichnet (siehe auch MEYER, 63). Gerade für Hersteller von Markenartikeln ist vertikales Marketing von grosser Bedeutung.

13.5.2 Pflicht zur Überlassung eines Marketingskonzeptes

387 Insbesondere im Franchising (minder ausgeprägt in Alleinvertriebsvertragsverhältnissen zufolge weniger weit gehender Integration in das Vertriebssystem) ist die Bereitstellung eines Marketing- und Kommunikationskonzeptes als Teil der auftragsähnlichen Pflichten des Vertriebsgebers zu verstehen (AMSTUTZ/SCHLUEP, Einleitung vor Art. 184 ff. N 158, mit weiteren Hinweisen).

388 Es ist deshalb davon auszugehen, dass auch ohne spezifische vertragliche Regelung insbesondere der Franchisegeber verpflichtet ist, (1) ein systemübergreifendes Marketingkonzept zu entwickeln, (2) dieses seinem Vertriebsnehmer zur Nutzung zu überlassen, und (3) eigene angemessene Marketinganstrengungen auf Stufe System zu unternehmen.

389 Üblicherweise wird bei Vertriebssystemen zwischen den folgenden Marketingbereichen unterschieden (FLOHR, Franchisevertrag, 105):

- Eröffnungsmarketing, laufendes Marketing,
- regionales Marketing und
- überregionales Marketing

390 Das Eröffnungsmarketing wird normalerweise von den Vertriebsparteien gemeinsam durchgeführt. Es empfiehlt sich diesbezüglich die Kostentragungspflicht vertraglich zu regeln.

391 Der regionale Marktauftritt ist Aufgabe des Vertriebsnehmers, unter entsprechender Kostentragungspflicht. Hierbei wird der Vertriebsnehmer zwecks Durchführung eines einheitlichen, gemeinsamen und verbindlichen Marketingkonzepts anerkennen, dass seine Werbung, Absatzförderung und Öffentlichkeitsarbeit im Einklang mit den Systemgrundsätzen zu erfolgen hat. Dem Vertriebsgeber steht diesbe-

züglich Richtlinienkompetenz zu. Vertriebsgeber stellen in solchen Fällen ihren Vertriebsnehmern beispielsweise Druckvorlagen für deren Marketingmassnahmen zur Verfügung. Dabei gehen die eigentlichen Umsetzungskosten aber zulasten der Vertriebsnehmer. Wer zum Zwecke seines Marktauftritts von den Systemrichtlinien abweichen will, bedarf vorgängig aus Gründen der Corporate Identity der Zustimmung des Vertriebsgebers.

392 Soweit Vertriebssysteme für Verkaufsförderungsaktionen werben – etwa für einen so genannten «Schnäppchenvorrat» oder bei der Einführung von neuen Produkten, welche durch preisbezogene Werbeaussagen präsentiert werden sollen – sind die wettbewerbsrechtlichen Grundsätze zu beachten.

393 Überregionale Aktivitäten werden vom Vertriebsgeber durchgeführt. Dafür wird auch oft in der Praxis eine vertraglich vereinbarte Werbegebühr entrichtet (Flohr, Franchisevertrag, 106). Aufgrund der Richtlinienkompetenz des Vertriebsgebers kann verlangt werden, dass der Vertriebsnehmer in einem angemessenen Umfang an überregionalen Marketingaktionen teilnimmt.

13.5.3 Einstehen für Marktingaktionen

394 Inwieweit eine etwaige Wettbewerbsverletzung durch den Vertriebsnehmer auch dem Vertriebsgeber zuzurechnen ist, ist umstritten. Auf Grundlage von § 13 Abs. 4 Deutsches UWG geht die Rechtsprechung zum Franchising davon aus, dass nicht nur ein Franchisenehmer für eine von ihm geschaltete Werbung auf Unterlassung, Auskunftserteilung oder gegebenenfalls Schadenersatz in Anspruch genommen werden könne, sondern auch sein Franchisegeber. Das Pendant zur deutschen Regelung ist Art. 11 UWG, dem gemäss auch gegen den Geschäftsherrn geklagt werden kann, wenn der unlautere Wettbewerb von Arbeitnehmern oder anderen Hilfspersonen bei dienstlichen oder geschäftlichen Verrichtungen begangen worden ist.

395 In der Regel dürfte sich die Haftung eines Vertriebsgebers aber bereits aus seiner Eigenschaft als Handlungsstörer ergeben. Mithin ist die Frage nicht die Zurechenbarkeit des Handelns eines Vertriebspartners, sondern vielmehr der Umfang des Störerbegriffs. Diesfalls wird ein Vertriebsgeber aber nicht für fremdes, sondern für eigenes Verhalten zur Rechenschaft gezogen (Baudenbacher, Kommentar, Art. 11 N 20). Es stellt sich in diesem Zusammenhang zudem die Frage, ob etwaige diesbezügliche Freizeichnungsklauseln in Vertriebsverträgen gültig sind, oder ob damit gegen gesetzliche Anspruchsgrundlagen verstossen würde. Richtigerweise dürften vertragliche Freizeichnungsklauseln als zulässig angesehen werden, so lange sie nicht die Grundsätze von Art. 100 und 101 OR verletzen.

13.5.4 Checkliste

- Ist ein einheitliches Marketingkonzept über die verschiedenen Verkaufspunkte vorgesehen?

13.6 Controlling

13.6.1 Einleitung

396 Bei integrierten Vertriebssystemen ist Controlling Teil der Richtlinienkompetenz des Vertriebsgebers (AMSTUTZ/SCHLUEP, Einleitung vor Art. 184 ff. N 158; BAUDENBACHER, Franchisevertrag, 378, beide zum Franchising und hauptsächlich aus der Optik einer Kontrolle gegenüber dem Vertriebsnehmer). Controlling ist allerdings umfassender zu verstehen als ein blosses Kontrollrecht des Vertriebsnehmers durch den Vertriebsgeber. Controlling ist vielmehr als eigentliche Steuerungskompetenz des Vertriebsgebers zu sehen. Damit einher geht aber auch eine Verantwortung bei der Ausübung dieser Kompetenz. Der Vertriebsgeber muss seinen Vertriebsnehmern einen «added value» im Rahmen seines Controlling bieten können (zum Ganzen FRAUENHUBER/JUNG, 105 f.).

13.6.2 Gegenstand

397 Vertriebliches Controlling kann die folgenden Bereiche abdecken:

- Aufarbeitung von Finanzdaten und vertriebsrelevanten Kennzahlen
- Betriebsvergleiche
- Periodenvergleiche
- Soll-Ist-Vergleiche
- Grundlagen für Hinweise bei der Positionierung des Vertriebsnehmers
- Diagnose oder als Frühwarnsystem

398 Effektives Controlling soll dem Vertriebsnehmer zeigen wo er steht und wie er sich optimal innerhalb des Vertriebssystems weiter entwickeln kann (FRAUENHUBER/JUNG, 106).

399 Aus dem juristischen Blickwinkel ist zwecks Wahrung der unternehmerischen Selbstständigkeit eines Vertriebsnehmers allerdings nur so stark in die Geschäftstätigkeit des Vertriebsnehmers einzugreifen wie nötig und so wenig wie möglich. Die verbindliche Vorgabe von Geschäftsöffnungszeiten, verbindliche Regelungen betreffend Personaleinstellung, Kündigung oder Ferienregelungen sind, so sie bindend sind, problematisch und können den rechtlich selbstständigen Vertriebsnehmer zur arbeitnehmerähnlichen Person machen. Aus dem Umstand, dass bestimmte Bindungen vertriebssystemimmanent sein

können, darf zudem nicht geschlossen werden, dass ein Vertriebsnehmer von vornherein kein Arbeitnehmer ist (siehe die Erwägungen im so genannten «EISMANN-Beschluss» vom 16.7.1997 des Deutschen Bundesarbeitsgerichts, zitiert bei FLOHR, Franchisevertrag, 179). Es ist zu empfehlen, vertraglich den Umfang von Kontrollrechten des Vertriebsgebers zu regeln. Üblicherweise wird auch eine Kostentragungsregelung vereinbart. Grundsätzlich hat der Vertriebsgeber seine Kontrollkosten selbst zu tragen. Stellen sich aber bei der Überprüfung, etwa bei Umsatzmeldungen, Unregelmässigkeiten heraus, sind die Kosten vom Vertriebsnehmer zu überehmen. Fehlinformationen des Vertriebsnehmers sind eine positive Vertragsverletzung und begründen entsprechende Schadenersatzpflichten.

13.6.3 Agenturvertrag

400 Positiv-rechtlich ist ein Aspekt des Controlling im Agenturvertrag in Art. 418k OR geregelt; und zwar zugunsten des Agenten. Demgemäss ist vorbehältlich einer gegenteiligen schriftlichen Abrede der Auftraggeber verpflichtet, dem Agenten eine schriftliche Abrechnung unter Angabe der provisionspflichtigen Geschäfte zu übergeben. Ungenügend ist die blosse Zustellung von Rechnungen oder eines offensichtlich unvollständigen Kontoauszugs an den Agenten (Obergericht Luzern, SJZ 1967, 191). Eine vom Auftraggeber dem Agenten zugestellte Abrechnung gilt als genehmigt, wenn sie nicht innert angemessener Prüfungsfrist beanstandet wird (BGE 95 II 147).

13.6.4 Checkliste

- Welche Informationen über die Geschäftstätigkeit des Vertriebsnehmers sind eine effiziente Steuerung des Vertriebsnehmers erforderlich?

13.7 Datenschutz bei Vertriebssystemen

13.7.1 Einleitung

401 Bei vielen Vertriebssystemen werden zwischen den Parteien Daten ausgetauscht, sei es betreffend dem Vertriebsnehmer selbst oder hinsichtlich dessen Kunden und Lieferanten.

13.7.2 Für Vertriebssysteme relevante Bereiche

402 Mit der Revision des Datenschutzgesetzes auf 1.1.2008 sind einige wichtige Neuerungen im Datenschutz zu beachten. Für Vertriebssysteme sind insbesondere die folgenden Themenbereiche relevant:

- Information der betroffenen Personen
- Meldepflichten bei Datensammlungen
- Datenübermittlung ins Ausland

13.7.2.1 Informationspflicht

403 Art. 7a DSG verpflichtet jene Inhaber von Datensammlungen, die besonders schützenswerte Personendaten oder Persönlichkeitsprofile beschaffen, die betroffene Person darüber zu informieren. Diese Pflicht besteht nicht nur dann, wenn die Daten direkt bei der betroffenen Person beschafft werden, sondern auch bei der Beschaffung über Dritte (Eidg. Datenschutz- und Öffentlichkeitsbeauftragter, 6).

404 Art. 7a Abs. 2 DSG legt den Umfang der Informationspflicht fest. Die betroffene Person muss mindestens die Identität des Inhabers der Datensammlung, den Zweck der Bearbeitung sowie, wenn eine Datenbekanntgabe vorgesehen ist, die Kategorien der Datenempfänger kennen.

13.7.2.2 Meldepflicht

405 Im privaten Bereich wurde die Meldepflicht für Datensammlungen ausgedehnt. Der Inhaber einer Datensammlung muss diese anmelden, wenn regelmässig besonders schützenswerte Personendaten oder Persönlichkeitsprofile bearbeitet werden oder wenn regelmässig Personendaten an Dritte bekannt gegeben werden. Dies gilt selbst dann, wenn die betroffene Person über die Datenbearbeitung informiert ist (Eidg. Datenschutz- und Öffentlichkeitsbeauftragter, 11). Ausnahmen sind nur begrenzt vorgesehen, so etwa bei Adressdaten, soweit sie allerdings nicht für die Kundenakquisition verwendet werden oder Datensammlungen, die nicht zu personenbezogenen Zwecken verwendet werden, etwa im Bereich der Planung und Statistik (Art. 4 VDSG). Relevant ist zudem die Ausnahme, wonach Datensammlungen nicht gemeldet werden müssen betreffend Lieferanten oder Kunden, aber nur dann, wenn sie keine schützenswerten Personendaten oder Persönlichkeitsprofile enthalten (Art. 18 VDSG).

406 Nach wie vor unscharf ist der Begriff der Persönlichkeitsprofile. Von einem Persönlichkeitsprofil ist dann auszugehen, wenn eine Zusammenstellung von mehreren Informationen über eine bestimmte oder bestimmbare natürliche Person vorliegt, die eine Beurteilung wesentlicher Aspekte der Persönlichkeit zulassen (Belser, Art. 3 N 21).

407 Ferner kann von einer Meldung abgesehen werden, wenn ein unabhängiger Datenschutzverantwortlicher benannt wird.

408 Im Bereich Vertriebssysteme wird damit das Data Mining datenschutzrechtlich relevant. Aus Teilaspekten wie Konsumverhalten oder Zahlungsverhalten kann ohne weiteres ein Persönlichkeitsprofil entstehen, das in den Anwendungsbereich des Datenschutzes fällt.

13.7.2.3 Datenübermittlung ins Ausland

409 Eine weitere wesentliche Änderung betrifft die Datenübermittlung ins Ausland. Beibehalten wird der Grundsatz, dass Daten nicht ins Ausland bekannt gegeben werden dürfen, wenn dadurch die Persönlichkeit der betroffenen Personen schwerwiegend gefährdet würde, namentlich weil ein dem schweizerischen Datenschutz entsprechender Schutz fehlt.

410 Das Datenschutzgesetz erklärt die grenzüberschreitende Datenübermittlung in bestimmten Fällen ausdrücklich als zulässig, selbst wenn die ausländische Gesetzgebung keinen angemessenen Schutz gewährt. Praktisch relevant sind namentlich die folgenden Fälle:

- Angemessener Schutz durch private Vereinbarungen, so genannte Transborder Data Flow Agreements: Derartige Vereinbarungen müssen allerdings dem Eidg. Datenschutz- und Öffentlichkeitsbeauftragten gemeldet werden (Art. 6 Abs. 3 DSG und Art. 5 VDSG).
- Datenbekanntgabe innerhalb eines Unternehmens oder Gruppe von Unternehmen. Funktional gesehen können darunter auch Vertriebssysteme verstanden werden. Voraussetzung ist, dass Datenschutzregeln erlassen worden sind, die einen angemessenen Schutz gewährleisten. Auch diese müssen dem Eidg. Datenschutz- und Öffentlichkeitsbeauftragen gemeldet werden.
- Einwilligung zur Datenübermittlung ins Ausland. Eine generelle Zustimmung genügt allerdings nicht. Die betroffene Person muss ihre Zustimmung im Einzelfall erteilen. Diese kann auch stillschweigend sein, muss aber ausdrücklich erfolgen, wenn die Bekanntgabe von besonders schützenswerten Personendaten oder Persönlichkeitsprofilen betreffen ist (EIDG. DATENSCHUTZ- UND ÖFFENTLICHKEITSBEAUFTRAGTER, 6).

13.7.3 Checkliste

- Welche Informationen des Vertriebsnehmers werden benötigt, um das Vertriebsystem effizient führen zu können?
- Sollen Daten von Kunden erhoben und bearbeitet werden?
- Erfolgt ein grenzüberschreitender Datentransfer?
- Sind Persönlichkeitsprofile betroffen?

13.8 Besteinsatzgebot

13.8.1 Einleitung

411 Das Besteinsatzgebot ist regelmässig in Vertriebsverträgen anzutreffen und verlangt insbesondere vom Vertriebsnehmer, sich nach besten Kräften für das Vertriebssystem einzusetzen und dieses nach allen Möglichkeiten zu fördern.

13.8.2 Rechtliche Grundlagen

412 Explizit wird ein Besteinsatzgebot gesetzlich nicht erwähnt, lässt sich jedoch aus verschiedenen Gesetzesbestimmungen analog oder direkt herleiten. Die vertragsgemässe Geschäftsbesorgung nach Art. 394 Abs. 1 oder aber Art. 418c Abs. 1 OR (Interessenwahrung *«mit der Sorgfalt eines ordentlichen Kaufmanns»*) zielen auf den Besteinsatz des Vertragspartners ab und können als eigentliche Anspruchsgrundlagen herangezogen werden.

13.8.3 Rechtsprechung und Lehre zu den einzelnen Vertriebsverträgen

413 Das Besteinsatzgebot wird mitunter auf unterschiedlichste Grundlagen abgestützt, mitunter auch auf die Betriebspflicht und die peinliche Einhaltung der Systembestimmungen bzw. des vereinbarten Vertragsinhalts (BAUDENBACHER, Franchisevertrag, 350).

414 METZLAFFF spricht sich für eine explizite Erwähnung des Besteinsatzgebotes in Franchiseverträgen aus (§ 8 N 108). Als Begründung führt er an, dass es sich hierbei um eine zentrale Vertragspflicht handelt, auch wenn diese im Geschäftsbesorgungsvertrag bereits beinhaltet sei. Andernorts wird das Besteinsatzgebot unter den allgemeinen Vertragspflichten geführt (vgl. FLOHR, Franchisevertrag, 118 ff.).

415 Unter das Besteinsatzgebot zu subsumieren ist auch die Verpflichtung des Franchisenehmers, keine Aktivitäten zu fördern oder in seinem Geschäftslokal zu dulden, welche dem Image und Ruf des Vertriebssystems abträglich sind (METZLAFF, § 8 N 109 f.). Das generelle Verbot einer Nebentätigkeit geht jedoch über das Besteinsatzgebot hinaus und muss zusätzlich vereinbart werden (METZLAFF, § 8 N 110).

416 Bei einer Verletzung des Besteinsatzgebots durch den Vertriebsnehmer können vertragliche Sanktionen vorgesehen werden, welche bis zur Einräumung eines ausserordentlichen Kündigungsrecht zugunsten des Vertriebsgebers gehen können (METZLAFF, § 8 N 353 zum vertraglich vereinbarten Mindestumsatz).

13.8.4 Lösungsansätze / Vertragliche Gestaltungsmöglichkeiten

417 Das Besteinsatzgebot stellt eine Selbstverständlichkeit dar und muss nicht in einer separaten Bestimmung erwähnt werden. Allenfalls kann es in die Präambel einfliessen. Will sich der Vertriebsgeber den Besteinsatz des Vertriebsnehmers vertraglich versichern, tut er dies mit Vorteil über Bezugsverpflichtungen oder Umsatzziele, welche messbare Grössen darstellen.

13.9 Befolgung von Vertriebsrichtlinien

13.9.1 Einleitende Bemerkungen

418 Es stellt eine gefestigte Erkenntnis dar, dass eine starke Marktposition nicht nur in der Qualität des Vertriebsobjekts gründet, sondern auch die wirksame Bewerbung einen erheblichen Anteil an den Geschäftserfolge beitragen kann.

419 Der Vertriebsgeber hat deshalb ein ureigenes Interesse daran, dass der Vertriebsnehmer nicht einfach nur ein Produkt oder eine Dienstleistung verkauft, sondern auch der Art des Vertriebs Beachtung schenkt. Hierfür werden teils engmaschige Richtlinien aufgestellt, zu deren Befolgung und Einhaltung sich der Vertriebsnehmer verpflichten muss. Regelmässig werden diese in separaten Handbüchern erfasst.

420 Dieser Umstand kann bei besonders engmaschigen Vertriebsrichtlinien dazu führen, dass der Vertriebsnehmer seine unternehmerische Freiheit in diesem Bereich vollständig aufgibt. An eine derart ausgeprägte Subordinationskomponente im Vertriebsvertrag schliesst sich unweigerlich die Frage an, ob der Verpflichtet noch als Selbständigerwerbender zu betrachten ist, oder ob das Vertragsverhältnis nicht als Arbeitsvertrag zu qualifizieren ist, was dann weit reichende Folgen bezüglich der sozialversicherungsrechtlichen Qualifikation nach sich ziehen kann.

13.9.2 Rechtliche Grundlagen

421 Im Agenturrecht wird der Auftraggeber in Art. 418f Abs. 1 OR verpflichtet, dem Agenten «die nötigen Unterlagen zur Verfügung zu stellen» um damit eine erfolgreiche Tätigkeit zu ermöglichen. Hier wird also nur der Anspruch des Vertriebsnehmers auf Erhalt der notwendigen Unterlagen und Instruktionen festgeschrieben.

13.9.3 Rechtsprechung und Lehre

422 In der Lehre ist anerkannt, dass eine Interpendenz zwischen den Pflichten des Vertriebsnehmers und dem System an sich besteht. Die Pflichten werden dahingehend definiert, dass der Vertriebsnehmer Richtlinien zu beachten und den Absatz zu fördern hat (Flohr, Franchisevertrag, 110 ff.). Ebenso wird aber darauf hingewiesen, dass dem Vertriebsnehmer ein hinreichender autonomer Entscheidungsbereich belassen werden muss (Metzlaff, § 8 N 121). Flohr erwähnt im Zusammenhang mit dem Handbuch explizit die jederzeitige Möglichkeit des Vertriebsgebers zu dessen Abänderung, verweist aber auch gleichzeitig auf die Gefahr der Subsumption der Zusammenarbeit als Arbeitsverhältnis (Franchisevertrag, 113).

13.9.4 Lösungsansätze / Vertragliche Gestaltungsmöglichkeiten

423 Um der Interessenlage beider Parteien gerecht zu werden, gilt bei der Aufstellung von Richtlinien die altbewährte Faustregel: Soviel wie notwendig, sowenig wie möglich. Es gilt eine Ausgewogenheit zwischen den Weisungsinteressen des Vertriebsgebers auf der einen und dem Anspruch auf Selbstbestimmung des Vertriebsnehmers auf der anderen Seite zu finden. Der Fokus hat dabei stets auf eine Optimierung des Vertriebssystems gerichtet zu sein.

424 Die Definition der Richtlinien ist dabei vorzugsweise in einem gesonderten Teil, vorzugsweise in einem sog. Handbuch, zusammenzufassen, was auch der Übersichtlichkeit dient. Dem Vertriebsgeber muss dabei zwingend eine Anpassungsmöglichkeit eingeräumt werden, welche jedoch nicht die Gefahr eines Eingriffs in das von den Parteien vereinbarte Vertragsäquivalent nach sich ziehen darf.

425 Zur Verbindlichkeit des Handbuchs ist auf dieses im Vertriebsvertrag zu verweisen und als Dokument zusätzlich von beiden Parteien zu unterzeichnen, andernfalls die bei Vertragsschluss gültige Version nachträglich nicht mehr festgestellt werden kann.

13.9.5 Checkliste

- Besteht ein Bedarf nach Systematisierung und Standardisierung des Vertriebskonzeptes?
- Wurde bei der Erarbeitung der Vertriebsrichtlinien dem Controlling Rechnung getragen?

13.10 Interessewahrungspflichten

13.10.1 Einleitung

426 Grundsätzlich schulden einander die Vertragsparteien Rücksicht in dem Umfange, wie sich dies aus den zu verfolgenden vertraglichen Abmachungen ergibt (Meyer, 42). Bei einfachen Kaufverträgen dürfte diese Interessenwahrungspflicht geringer sein als bei auf langfristige Zusammenarbeit ausgerichteten Vertriebsverträgen.

427 Die Interessen der Parteien von Vertriebsverträgen sind zwar nicht deckungsgleich, aber doch gleichartig, weil sie, wenn auch auf verschiedenen Marktstufen, auf optimale Ausschöpfung des Marktpotentials gerichtet sind.

13.10.2 Gegenstand

428 Unter den Interessenwahrungspflichten wird hauptsächlich die Absatzförderungspflicht bzw. das Besteinsatzgebot abgehandelt (siehe Rz 411 ff.).

429 Damit nicht unklar bleibt, was die Parteien unter der gegenseitigen Interessenwahrung zu leisten haben, enthalten Vertriebsverträge typischerweise neben Regelungen zur Absatzförderungspflicht auch solche zu Informations- bzw. Unterstützungspflichten (MEYER, 44). Diese finden sich etwa im Bereich der Verfolgung von Schutzrechtsverletzungen oder bei der Pflicht des Vertriebsnehmers zur Marktbeobachtung.

430 Ausfluss der Interessenwahrungspflicht ist auch eine Treuepflicht. Diese wird etwa im Bereich eines Abwerbeverbotes vertraglich geregelt.

13.10.3 Gleichbehandlungspflicht?

431 Aus kooperationsvertraglicher Optik wird im Zusammenhang mit einer gegenseitigen Interessenwahrungspflicht gefordert, dass die Vertragsparteien alles zu vermeiden hätten, was ihre Leistungen und ihren Erfolg beeinträchtigen könnte (EBNETER, 152). Daraus wird etwa zum Franchising geschlossen, dass der Franchisegeber eine Pflicht zur Wahrung des Bestandesinteresses des Franchisenehmers habe und daraus ein Gleichbehandlungsanspruch zugunsten des Franchisenehmers abzuleiten sei, wobei immerhin relativierend eingeschränkt wird, dass es sich diesfalls nicht um eine absolute Gleichbehandlung, sondern nur um eine Gleichstellung mit dem Durchschnitt handeln könne (EBNETER, 153).

432 Auch wenn es in der Regel im Interesse eines Vertriebsgebers liegen dürfte, aus Effizienzgründen eine möglichst einheitliche Struktur und damit Führung des Vertriebssystems zu erzielen, und damit auch die Vertriebspartner wenn möglich gleich behandeln dürfte, darf dieser Ruf nach Gleichbehandlung nicht zu restriktiv gehandhabt werden. Im Rahmen der Vertragsfreiheit einerseits und der erwünschten Flexibilität in der unternehmerischen Umsetzung des Vertriebskonzeptes durch den Vertriebsgeber andererseits, dürfen an die sachliche Begründung einer Ungleichbehandlung keine allzu hohen Forderungen gestellt werden. Dabei ist auch daran zu erinnern, dass im Kartellrecht nur marktbeherrschende Unternehmen verpflichtet sind, alle ihre Geschäftspartner grundsätzlich gleich zu behandeln (Art. 7 KG; ZÄCH, N 634).

13.10.4 Checkliste

- Sind einzelne Vertriebsnehmer unterschiedlich zu behandeln?
- Bestehen hierfür sachliche Gründe?

13.11 Aus- und Weiterbildung

13.11.1 Einleitung

433 «Für eine erfolgreiche Tätigkeit im Interesse des Auftraggebers, dem insofern das eigene Interesse des provisionsberechtigten Agenten an einem möglichst grossen Umsatz entspricht, ist der Agent auf die Unterstützung durch den Auftraggeber angewiesen. Dem trägt Art. 418f OR Rechnung, indem der Auftraggeber verpflichtet wird, alles zu tun, um dem Agenten die Ausübung einer erfolgreichen Tätigkeit zu ermöglichen.» (BGE 122 III 70).

13.11.2 Gegenstand

434 Dieser Grundsatz gilt auch für andere Vertriebsverträge. In der Praxis finden sich so genannte Betriebskonzeptklauseln, worin festgelegt wird, wie das Be- und Vertriebskonzept des Abnehmers zu gestalten ist (Meyer, 48). Gerade in Vertriebsverhältnissen, bei denen die Integration und die lizenzvertragliche Komponente ausgeprägt sind – wie beim Franchising – trifft den Vertriebsgeber eine eigentliche Genussverschaffungspflicht (siehe dazu im Detail Hilty, 456 ff.). Dazu gehört ausreichende Schulung. Dabei ist auch zu beachten, dass nach den Regelungen der EU-Gruppenfreistellungsverordnung für vertikale Vertriebsbindungen der Vertriebsgeber verpflichtet ist, sein Knowhow nicht nur zu beschreiben und zu übermitteln, sondern seinen Vertriebsnehmern auch zu vermitteln (Flohr, Franchisevertrag, 100). Dies wird über eigentliche Aus- und Weiterbildungskonzepte umgesetzt.

435 Üblicherweise wird unterschieden zwischen Grundausbildung, welche vor oder nach Vertragsabschluss, aber vor Betriebseröffnung, stattfindet und laufender Schulung, etwa durch Seminare, Informationsveranstaltungen oder Arbeit in Erfahrungsaustauschgruppen (ERFA).

436 Je nach Umfang des Vertriebssystems und Mass der Integration des Vertriebsnehmers in das Geschäftsmodell des Vertriebsgebers (stark ausgeprägt im Franchising, in minderem Masse beim Alleinvertriebsvertrag) unterscheidet sich der Inhalt der Schulungskonzepte. Denkbar ist unter anderem das Folgende:

- Waren- und Sortimentskunde
- Finanzwesen
- Warenwirtschaftssystem
- Personalrekrutierung und -führung
- Marketing

13.11.3 Delegationsrecht

437 Es ist in der Regel davon auszugehen, dass ein Vertriebsgeber sich Dritten bei der Erbringung der Schulungsleistung bedienen darf. Diesfalls trifft den Vertriebsgeber die Haftung für gehörige Sorgfalt bei der Wahl und Instruktion des beigezogenen Dritten (Art. 399 Abs. 2 OR). Aus Gründen der Klarstellung empfiehlt es sich dennoch, vertraglich festzuhalten, dass ein Vertriebsgeber zur Delegation berechtigt ist.

13.11.4 Finanzielles

438 Die Kosten der Schulung sind ohne gegenteilige vertragliche Abrede durch die finanziellen Gegenleistungen des Vertriebsnehmers abgegolten. Im Agenturvertrag ist davon auszugehen, dass die Leistung unter Art. 418f OR bei der Aushandlung der Provisionshöhe mitberücksichtigt wurde. Unklar mag die Kostentragungspflicht ohne vertragliche Regelung dann werden, wenn der Umfang der Schulungsleistungen nicht vorhersehbar ist, etwa weil die Bedürfnisse des Vertriebsnehmers erheblich schwanken (etwa dann, wenn auch Personal auszubilden ist). Es empfiehlt sich, entsprechend vertraglich für Klarstellung zu sorgen.

13.11.5 Zeitpunkt der Schulung

439 Bei komplexen Vertriebssystemen hängt der Erfolg eines Vertriebsnehmers massgeblich von dessen Grundausbildung und seiner Eignung für die künftige Vertriebstätigkeit ab. Diese kann sich unter Umständen auch erst im erfolgreichen Durchlaufen einer Grundausbildung zeigen. Vertriebssysteme gehen deshalb zunehmend dazu über, bereits vor Vertragsabschluss Schulungsleistungen zu erbringen. Diesfalls werden in der Regel separate Schulungsverträge abgeschlossen. Darin wird u. a. geregelt, welche Kriterien erfüllt werden müssen, damit einem Vertriebsnehmer für die künftige Tätigkeit überhaupt ein Vertriebsvertrag angeboten wird.

13.11.6 Checkliste

- Welche Erfolgsfaktoren bestehen für die Geschäftstätigkeit des Vertriebsnehmers?
- Wie und wann werden diese geschult?

13.12 Fürsorge- und Interventionspflicht

13.12.1 Einleitende Bemerkung

440 Im Rahmen eines Vertriebsvertrags liegt es am Vertriebsgeber, gewisse Rahmenvoraussetzungen für den wirtschaftlichen Erfolg zu gewährleisten, während der Vertriebsnehmer bestmöglichen Einsatz bei der Umsetzung des Vertriebskonzepts zu erbringen hat. Die Pflichten des Vertriebsgebers bestehen dabei, den Vertriebsnehmer auf seine Tätigkeit vorzubereiten, laufend zu betreuen und rechtswidrige Störungen durch Dritte abzuwenden.

13.12.2 Rechtliche Grundlagen der einzelnen Vertriebsverträge

441 Den gesetzlich geregelten Vertriebsverträgen ist gemein, dass ihnen spezifische Fürsorge- und Interventionsbestimmungen fremd sind. Will eine Herleitung aus dem Gesetz konstruiert werden, müssen die allgemeinen Treue- und Beistandsbestimmungen herangezogen werden, welche verschiedene Nominatskontrakte kennen (vgl. bspw. Art. 321a OR zum Einzelarbeitsvertrag).

13.12.3 Rechtsprechung und Lehre zu den einzelnen Vertriebsverträgen

442 Die Fürsorgepflicht des Vertriebsgebers umfasst nicht nur die Gewährleistung der Qualität des Vertriebsobjekts und die Vornahme indizierter Anpassungen an veränderte Verhältnisse (tatsächlicher, rechtlicher oder wirtschaftlicher Natur), sondern insbesondere die Aufklärung des Vertriebsnehmers über derartige Umstände und dessen Unterstützung im Marktauftritt (vgl. Straub, 1425 f. N 21 und 1448 N 21.1 ff.). Dies kann bis zur Einräumung eines Anspruchs auf Schulung und Weiterbildung gehen, wie dies bspw. in Franchiseverhältnissen üblich ist (vgl. Schwenninger, 1489 N 31 ff., 1508 ff. N 31.1 ff.). Eine intensive Produkte- oder Systemeinführung zu Beginn des Vertragsverhältnisses wird dabei durch laufende Schulungen und Weiterbildungen ergänzt und ist insbesondere beim Vertrieb von markenstarken Produkten von erheblicher Bedeutung. Die Entschädigung dieser fortlaufenden Dienstleistung des Vertriebsgebers erfolgt dabei entweder indirekt über den Wareneinkauf oder direkt über eine laufende Umsatzabgabe (royalties). Dabei sollte die Betreuung stets auch auf spezifische Fragen des einzelnen Vertriebsneh-

mers ausgerichtet sein bzw. eingehen (FLOHR, Franchisevertrag, 97 ff.; METZLAFF, § 8 N 178 ff.).

443 Die Interventionspflicht ist dann gefragt, wenn ausserhalb des Vertriebsverhältnisses stehende Dritte dieses in rechtswidriger Weise stören. Als praktisches Beispiel sei der Fall angeführt, in welchem eine Markenrechtsverletzung stattfindet oder durch den Verkauf von Falsifikaten der Vertriebsnehmer Umsatzeinbussen erleidet. Da der Vertriebsnehmer den direkten Kundenkontakt pflegt, wird er oftmals vor dem Vertriebsgeber von einer solchen Verletzung Kenntnis erhalten. Seine Interventionspflicht besteht dann in einer umgehenden Meldung an den Vertriebsgeber, damit dieser als Eigentümer des Markenschutzrechts rechtliche Schritte gegen einen verletzenden Dritten einleiten kann. Bei einer Untätigkeit des Vertriebsgebers wird dem Vertriebsnehmer regelmässig ein direkter Beseitigungsanspruch eingeräumt (vgl. SCHWENNINGER, 1507 N 26 f; METZLAFF, § 8 N 137). Es lässt sich anhand des dargestellten Beispiels aufzeigen, dass die thematisierten Pflichten keinesfalls einseitiger Natur sind, sondern beide Vertragsparteien gleichwohl berechtigten wie verpflichten.

13.12.4 Lösungsansätze / Vertragliche Gestaltungsmöglichkeiten

444 Die in den vorstehenden Literaturverweisen angeführten Vertragsbeispiele geben durchaus taugliche Lösungsvorschläge wieder. Da die Hauptleistung des Vertriebsgebers nebst der ständigen Systemweiterentwicklung insbesondere in der Betreuung der Vertriebsnehmer zu sehen ist, hat dieser Punkt eine exakte Regelung zu erfahren. Die Kunst bei der Vertragsausarbeitung besteht dabei darin, die gegenseitigen Pflichten kurz und klar zu definieren.

13.12.5 Checkliste

- Welche Fürsorgepflichten obliegen den Parteien?
- Wie, durch wen und in welcher Regelmässigkeit erfolgen Schulungen der Vertriebsnehmer?
- Besteht eine Teilnahmepflicht?
- Wie verhält es sich mit der Meldepflicht bei Störungen durch Dritte?
- Wurde die Ersatzvornahme durch den Vertriebsnehmer geregelt?

13.13 Geheimhaltung während der Vertragsdauer

13.13.1 Problemstellung

445 Je enger die Zusammenarbeit in einem Vertriebsverhältnis ausgestaltet ist, desto mehr geheimhaltungswürdige Informationen gelangen

den Parteien gegenseitig zur Kenntnis. Soweit dessen Offenbarung den Vertriebserfolg gefährdet, ist die Geheimhaltungspflicht während der Vertragsdauer offenkundig.

446 Es bestehen jedoch auch Konstellationen, in welchen die Bekanntgabe von Sonderwissen zwar nicht das Vertriebsverhältnis belastet, gleichwohl einer Partei bei einer Offenbarung zum Nachteil gereichen kann.

447 Die hier behandelte Problematik akzentuiert sich gewöhnlich vermehrt in der Zeit nach der Vertragsauflösung. Da die vertragliche Geheimhaltungspflicht über das Vertragsende hinaus Wirkung entfaltet, wird grundsätzlich auf die Ausführungen hinten zur nachvertraglichen Geheimhaltungspflicht verwiesen (Rz 689 ff.). In gegenwärtigem Kapitel wird deshalb die vertragliche Geheimhaltungspflicht nur summarisch skizziert.

13.13.2 Rechtliche Grundlagen

448 Für sämtliche Vertriebsverträge kann bezüglich der Geheimhaltung entweder direkt oder aber analog auf die Bestimmungen des Auftrags- (Wettenschwiler, Art. 418d N 1) und subsidiär des Arbeitsrechts verwiesen werden. Dort regeln die Art. 398 und 402 bzw. Art. 321a OR eine Geheimhaltungspflicht der Vertragspartner während der Vertragslaufzeit. In den Formulierung von Art. 418d Abs. 1 OR («auch nach Beendigung des Vertrages») und Art. 321a Abs. 4 OR («...während des Arbeitsverhältnisse nicht verwerten oder anderen mitteilen; auch nach dessen Beendigung bleibt er zur Verschwiegenheit verpflichtet...») erfolgt explizit eine Gleichstellung der vertraglichen und nachvertraglichen Geheimhaltungspflicht.

449 Die «getreue» Geschäftsausführung des Beauftragten in Art. 398 Abs. 2 OR umfasst insbesondere auch eine Geheimhaltungsverpflichtung. Dem Wortlaut von Art. 402 OR kann zwar direkt keine entsprechende Formulierung entnommen werden; gleichwohl ist aber unbestritten, dass auch der Auftraggeber einer Geheimhaltungspflicht bezüglich Erkenntnis über den Beauftragten unterliegt, welche unter diese Bestimmung subsumiert wird.

450 Im Arbeitsrecht statuiert Art. 321a Abs. 1 und insbesondere Abs. 4 OR explizit die Geheimhaltungspflicht für «Fabrikations- und Geschäftsgeheimnisse», während die agenturrechtliche Regelung lediglich pauschal vom «Geschäftsgeheimnis» spricht (Art. 418d Abs. 1 OR).

13.13.3 Rechtsprechung und Lehre

451 Bezüglich der Rechtsprechung und Lehre zur vertraglichen Geheimhaltung wird grundsätzlich auf die hinten stehenden Ausführungen zum nachvertraglichen Konkurrenzverbot verwiesen.

452 In der Literatur ist unbestritten, dass die beidseitige Pflicht zur Geheimhaltung ein Element des Vertriebsvertrags darstellt (STRAUB, 1344 N 24 ff.). Die Abgrenzung von schutzbedürftigen Informationen zu nicht schutzbedürftigen ist dabei im Interesse des Geheimnisinhabers weit zu fassen (STRAUB, 1345 N 24.3). An der Persönlichkeit des Vertriebsnehmers festgemachte Geschäfte oder von ihm gewonnene Kunden fallen jedoch a priori nicht in den Schutzbereich (BÜHLER, Art. 418d N 13; WETTENSCHWILER, Art. 418d N 1; STRAUB, 1462 N 32.1). Aufgrund der mit der fehlenden Rechtsprechung verbundenen Unsicherheiten empfiehlt sich jedoch unbedingt eine vertragliche Vorsehung (so auch STRAUB, 1345 N 24.4 f.).

453 Summarisch können folgende Eckpunkte zusammengefasst werden:

- Es besteht für beide Parteien eine Geheimhaltungsverpflichtung an sämtlichen Erkenntnissen, die sie geschützt wissen wollen.
- Für Vertriebsverträge gelangen direkt durch gesetzlichen Verweis oder aber analog die Bestimmungen zum Auftrag, Agentur- und Arbeitsvertrag zur Anwendung.
- Eine Widerhandlung kann mittels Schadenersatz und allenfalls auch Genugtuung sanktioniert werden und zudem von strafrechtlicher Relevanz sein.

454 Zu den Aspekten der individuellen Regelung vergleiche STRAUB (1463 N 32.2). Es gilt in diesem Zusammenhang darauf hinzuweisen, dass insbesondere nebst dem Vertragspartner auch Dritte in die Schutzklausel einzubinden sind (SCHWENNINGER, 1506 N 23.1). Insbesondere wo das Geschäftsgeheimnis in immaterialgüterrechtlich nicht schutzfähigem Know-how besteht, ist dieses vertraglich zu schützen, andernfalls der Geheimnischarakter gar in Frage gestellt sein kann (SCHWENNINGER, 1506 N 23.1). Grundsätzlich ist jedoch davon auszugehen, dass im Rahmen von Vertriebsverhältnissen offenbarte Geschäftsgeheimnisse grundsätzlich und auch ohne explizite Vertragsregelung geschützt sind (so wohl auch EBNETER, 123).

13.13.4 Lösungsansätze / Vertragliche Gestaltungsmöglichkeiten

455 Um beiden Parteien die Schutzwürdigkeit sämtlicher geheimhaltungswürdiger Informationen in Erinnerung zu rufen, ist die Geheimhaltungspflicht auch während der Vertragsdauer vertraglich zu regeln und der Widerhandlungsfall mittels Vereinbarung einer Konventionalstrafe zu pönalisieren. Eine Konventionalstrafe legt sich nahe, da die Bestimmung ansonsten zufolge der latenten Schwierigkeiten beim Schadensnachweis zu einer leeren Worthülse verkommen würde.

13.13.5 Checkliste

- Wurde die vertragliche Geheimhaltungspflicht geregelt?
- Wurden die geheimhaltungswürdigen Tatsachen umschrieben?
- Wurde der Widerhandlungsfall mittels einer Konventionalstrafe sanktioniert?

13.14 Wettbewerbsabreden (exkl. Kartellrechtsproblematik)

13.14.1 Einleitende Bemerkung

456 Zum Begriff «Wettbewerbsabreden» assoziieren Vertriebskundige unweigerlich die sich daraus ableitenden Fragestellungen kartellrechtlicher Natur. Diese werden in gegenwärtiger Publikation in einem separaten Kapitel behandelt (vgl. Rz 942 ff.).

457 Daneben ist ein Wettbewerbsverbot jedoch bspw. auch bedeutungsvoll im Zusammenhang mit allenfalls konkurrenzierenden Nebenbeschäftigungen des Vertriebsnehmers. Es gilt bei derartigen Konstellationen unbesehen der vertraglichen Vereinbarung auch Art. 28 ZGB zu berücksichtigen.

13.14.2 Rechtliche Grundlagen

458 Die Bestimmungen zum Agentur- und Auftragsrecht sehen keine Bestimmungen bezüglich Wettbewerbsabreden vor. Es kann deshalb lediglich auf die gegenseitigen Generalklauseln der Art. 418c Abs. 1, Art. 418f, Art. 398 Abs. 2 und 402 Abs. 2 OR verwiesen werden, welche die Treuepflicht und Sorgfalt in der Geschäftsführung als Leitgebot statuieren.

13.14.3 Rechtsprechung und Lehre

459 Ein grundsätzliches Verbot für Nebenbeschäftigungen wird in der Lehre abgelehnt, soweit die Teilnahme am Vertrieb nicht den uneingeschränkten persönlichen Einsatz des Vertriebsnehmers bedingt und auch nicht die Interessen des Vertriebsgebers beeinträchtigt bzw. konkurrenziert (Metzlaff § 8 N 110). Ein zu weit gehendes Verbot würde einerseits mit Art. 28 ZGB, andererseits auch mit dem Selbstbestimmungsrecht und der damit verbundenen Unabhängigkeit des Vertriebsnehmers in Widerspruch stehen und das Verhältnis in die Nähe eines Arbeitsverhältnisses rücken. Dort bestehen bekanntlich weitergehende Einschränkungsmöglichkeiten zufolge der in Art. 321a Abs. 3 OR statuierten Treuepflicht.

13.14.4 Lösungsansätze / Vertragliche Gestaltungsmöglichkeiten

460 Wettbewerbsabreden im oben verstandenen Sinn sind grundsätzlich abzulehnen, soweit nicht eine besondere Indikation besteht. Liegt ein solche vor, sollten die verbotenen Tätigkeiten möglichst präzise definiert werden. Eine Zulässigkeit dürfte immer dort gegebenen sein, wo diese sachlich gerechtfertigt ist und gleichzeitig den damit Belasteten nicht unverhältnismässig in seiner Persönlichkeit und seinem wirtschaftlichen Fortkommen einschränkt.

13.14.5 Checkliste

- Besteht überhaupt ein Bedürfnis auf Abschluss einer Wettbewerbsabrede?
- Wurde diese präzise eingeschränkt?
- Ist die Abrede verhältnismässig?

13.15 Versicherungspflicht

13.15.1 Einleitende Bemerkung

461 Der Vertrieb von Waren und Dienstleistungen birgt Gefahren, welche sich für eine oder beide Parteien schädigend auswirken können. Zu denken ist dabei bspw. an Naturereignisse, Streik, ein Ressourcenmangel, menschliches Fehlverhalten u.a. Solche Risiken sind durch den Abschluss entsprechender Verträge versicherbar. Da die Risikoverteilung in rechtlicher Hinsicht nicht immer offenkundig ist, sind in Vertriebsverträgen immer wieder Klauseln anzutreffen, welche meist der Vertriebsnehmer zum Abschluss von Versicherungsverträgen vertraglich verpflichtet, womit dessen Selbständigkeit selbstredend teilweise untergraben wird.

13.15.2 Rechtliche Grundlagen

462 Dem Privatrecht sind vertriebsrechtliche Bestimmungen fremd, welche eine Versicherungsverpflichtung vorsehen. Gesetzlich verteilt werden aber Verlustrisiken zwischen den Parteien, bspw. im Kaufrecht in Art. 185 OR. Die versicherungstechnische Absicherung des Verlustrisikos wird jedoch der das Risiko tragenden Partei anheim gestellt. Auch beim Kommissionsvertrag wird der Kommissionär zu einer Versicherung der Ware nur bei entsprechendem Auftrag durch den Kommittenten verpflichtet (Art. 426 Abs. 2 OR).

13.15.3 Rechtsprechung und Lehre

463 Folgende Versicherungen werden in der Praxis zur Vorkehrung gegen die üblichen Risiken abgeschlossen (METZLAFF, § 8 N 311):

- Betriebshaftpflichtversicherung
- Sachversicherungen
- Betriebsunterbruchsversicherungen
- Berufs- und Vermögenshaftpflichtversicherung

464 Vorab hat der Vertriebsvertrag abzugrenzen, wer welche Risiken abzudecken hat. Andernfalls können sich unbeabsichtigte Versicherungslücken entstehen (so wohl auch SCHWENNINGER, 1502 N 12.1). BAUDENBACHER spricht sich grundsätzlich für eine Verpflichtung des Vertriebsnehmers zum Abschluss einer Haftpflicht- wie auch der üblichen Sachversicherungen aus, ohne dies rechtlich jedoch herzuleiten (Franchisevertrag, 351).

465 Einigkeit besteht darüber, dass eine Versicherungspflicht dem Vertriebsnehmer vertraglich nur soweit aufzuerlegen ist, als dass dies zur Aufrechterhaltung des Vertriebs beim Eintritt eines Schadenfalls notwendig erscheint (METZLAFF, § 8 N 311; FLOHR, Franchisevertrag, 133).

466 Selbst jedoch bei der entsprechenden Gefahr, dass dem Vertriebsnehmer beim Schadenseintritt die Arbeitsgrundlage unwiderruflich entzogen würde, stellt sich die Frage, ob einem selbständigen Vertriebspartner eine zur Systemerhaltung notwendig Versicherungspflicht auferlegt werden kann, zumal damit Kosten verbunden sind. Ebenso sollte der unternehmerische Entscheid grundsätzlich beim Risikoträger liegen, insbesondere wenn dieser über Mittel verfügt, einen allfälligen Schadenseintritt aus Eigenmitteln zu überbrücken. Es wird deshalb in der Lehre die Auffassung vertreten, grundsätzlich nur Empfehlungen abzugeben (FLOHR, Franchisevertrag, 133; METZLAFF, § 8 N 311). Die Vorsehung einer Versicherungspflicht hat sich deshalb wenn schon auf elementarste Risiken zu beschränken und sollte auch den Vertriebsgeber treffen. So kann ein elementares Schadensereignis beim Vertriebsgeber auch beim Vertriebnehmer einen mittelbaren Schaden hervorrufen, bspw. wenn er nicht mehr mit der Vertragsware beliefert werden kann.

467 Die Verpflichtung zum Versicherungsschluss birgt für den Vertriebsgeber die Gefahr, in einer gerichtlichen Auseinandersetzung als Arbeitgeber mit allen daraus fliessenden Konsequenzen qualifiziert zu werden. Eine solche Beurteilung kann immer dort drohen, wo die rechtliche Selbständigkeit des Vertriebsnehmers nur auf dem Papier besteht, faktisch durch weit reichende Vorgaben und vertragliche Verpflichtungen jedoch ausgeschlossen wird. Es sei aber klargestellt,

dass hierzu die vertragliche Vorsehung einer Versicherungspflicht für sich alleine kaum ausreichen dürfte, sondern es einer grundsätzlichen, sich durch das gesamte Vertragswerk durchziehende Beschneidung der rechtlichen Selbständigkeit des Vertriebsnehmers bedarf.

468 Sodann droht bei weit reichenden Versicherungspflichten zudem die Unverbindlichkeitserklärung der entsprechenden Vertragsbestimmung nach Art. 28 ZGB oder gar Art. 19 f. OR. Es kann in diesem Zusammenhang auf den vom Bundesgericht entwickelten «Schutz der wirtschaftlichen Entfaltung» verwiesen werden, welcher hier analog angewendet werden könnte (vgl. hierzu MEILI, Art. 28 N 31 mit weiteren Hinweisen). Dies legt sich dort nahe, wo eine Versicherungsleistung im Schadenfall vertraglicher direkt der nicht Partei des Versicherungsvertrags bildenden Partei zukommen soll.

13.15.4 Lösungsansätze / Vertragliche Gestaltungsmöglichkeiten

469 Zur Gewährleistung der unternehmerischen Freiheit sind Pflichten zum Versicherungsabschluss seitens des Vertriebsgebers nur zurückhaltend und wenn dann beidseits vorzusehen. Eine Verpflichtung zum Abschluss von Versicherungsverträgen kann für solche Risiken befürwortet werden, deren Eintritt im Falle eines versicherungslosen Zustandes mit höchster Wahrscheinlichkeit der, das entsprechende Risiko nicht tragenden, Partei einen substantiellen Schaden bereiten könnte, welcher auch in der dannzumaligen Illiquidität des Vertragspartners liegen kann.

470 Immer muss dem Vertriebsnehmer die Auswahl des Versicherers anheim gestellt werden. Der Vertriebsgeber ist nicht berechtigt, hier einen bestimmten Versicherer vorzusehen, um sich allenfalls einen zusätzlichen Profit durch einen Kickback bzw. eine Retrozession zu sichern.

471 Es ist jedoch – insbesondere bei unerfahrenen Vertriebsnehmern – erwünscht, entsprechende Empfehlungen abzugeben und den Anschluss an einen bestehenden Rahmenvertrag zu ermöglichen.

13.15.5 Checkliste

- Welcher Risiken bestehen?
- Sind diese versicherbar?
- Kann ein allfälliger Schadenseintritt von der betroffenen Partei nach höchster Wahrscheinlichkeit aus eigenen Mitteln bestritten werden, ohne dass dadurch die Interessen des Vertragspartners gefährdet werden?
- Bestehen Rahmenverträge? Wie verhält es sich dabei mit Retrozessionen? Wurden solche mindestens deklariert?

13.16 Haftung bei Vertriebssystemen

13.16.1 Einleitung

472 In Vertriebssystemen treten Haftungsfragen unterschiedlicher Natur auf. Zu denken ist an eine Haftung wegen Verletzung vorvertraglicher Aufklärungspflichten nach den Grundsätzen der culpa in contrahendo, Haftung aus Vertrag nach Art. 97 ff. OR, Gewährleistung für Vertragsprodukte oder Haftung aus Produkthaftpflichtrecht. Zudem wird von einzelnen Autoren eine Haftung nach den Grundsätzen der Prospekthaftung thematisiert.

473 Nachstehend wird auf einzelne haftungsrechtliche Aspekte eingegangen. «Klassische Fragestellungen» im Anwendungsbereich von Art. 97 OR werden dabei bewusst ausgeklammert. Diesbezüglich wird auf das allgemeine Schrifttum verwiesen.

474 Ferner finden sich in Verzriebsverträgen häufig Haftungsfreizeichnungs- und Schadloshaltungsklauseln.

13.16.2 Haftung aus vorvertraglicher Aufklärungspflicht

475 Hierzu wird auch auf die weiterführenden Ausführungen in Rz 122 ff. verwiesen. Unter bestimmten Voraussetzungen kann ein Vertriebsgeber verpflichtet sein, umfassend Auskunft und Aufklärung gegenüber seinem künftigen Vertriebsnehmer zu leisten. Wird diese Auskunftspflicht verletzt, so haftet der Vertriebsgeber nach den Grundsätzen der culpa in contrahendo. Aufklärungs-, Beratungs- und Hinweispflichten dürften aber insgesamt nicht dermassen überzogen sein, dass Expansions- und Innovationsfreudigkeit eines Vertriebssystems gehemmt werden. Wer als Vertriebsnehmer die Chancen eines Vertriebssystems falsch einschätzt, ohne dass ihm ein zur Aufklärung verpflichteter Vertriebsgeber diesbezüglich falsche Informationen überlassen oder Informationserteilung unterlassen hätte, darf sich nicht später beim etwaigen Scheitern seiner Tätigkeit an die Vertragsgegenseite halten (so auch LIESEGANG, 234).

13.16.3 Gewährleistung

476 Bei Eigenhändlerstrukturen stellen sich Fragen der Gewährleistung für Vertragswaren. Dabei stehen namentlich Aspekte im Vordergrund, welche sich aufgrund einer mehrstufigen Vertriebsstruktur ergeben (zu Fragen grundsätzlicher Natur aus dem Gewährleistungsrecht statt vieler HONSELL, Kommentar, Vor Art. 197–210, N 1 ff.).

477 Gewährleistungsklauseln in Vertriebsverträgen müssen dem Umstand Rechnung tragen, dass zwischen den Gewährleistungsansprüchen des Vertriebsnehmers gegenüber seinem Lieferanten und

solchen gegenüber seinen Kunden keine zeitlichen oder sachlichen Lücken bestehen. Zudem gilt es auch, die Praxis, wie sie im Markt des Vertriebsnehmers besteht, miteinzubeziehen. Dies kann unter Umständen dazu führen, dass ein Vertriebsnehmer weit mehr Gewährleistungsverpflichtungen eingehen muss, als ihm der Lieferant zu geben bereit ist.

478 Ob ein Austausch- oder Nachbesserungsrecht oder eine Gutschriftregelung gegenüber dem Vertriebsnehmer gewählt ist, ist Verhandlungssache. Oft ist ein Lieferant bestrebt, eine Gutschriftregelung mit Bezug auf den Einkaufspreis des Vertriebsnehmers vorzusehen, um damit die Lagerhaltung und Transportkosten zu minimieren. Dies zwingt auf der anderen Seite den Vertriebsnehmer dazu, eigene entsprechende Strukturen aufzubauen, was letztlich wieder bei der Vereinbarung der vertraglichen Konditionen seinen Niederschlag finden wird. Denkbar ist auch, dass der Lieferant seine Herstellergarantie an den Vertriebsnehmer abgibt, um diesem zu ermöglichen, diese an seine Kunden weitergeben. Erfolgt dann die Gewährleistungsabwicklung zwischen Kunde und Vertriebsnehmer, wird hierfür typischerweise eine Regelung betreffend dem Handling und entsprechender Kostenübernahme getroffen (siehe auch Egli, 154 f.).

479 Es empfiehlt sich im Vertriebsvertrag eine Regelung, wie bei etwaigen Rückrufaktionen vorzugehen ist. Dies bezieht sich auf Inhalt und Umfang der durchzuführenden Massnahmen, aber auch auf die Kostenregelung und möglicherweise etwaige Schadloshaltung des Vertriebsnehmers aus solchen Massnahmen.

13.16.4 Produkthaftung des Vertriebsgebers

13.16.4.1 Hersteller

480 Soweit die Produkte, die vom Vertriebsnehmer vertrieben werden, vom Vertriebsgeber hergestellt wurden, ist dieser Hersteller im Sinne von Art. 2 PrHG. Hersteller ist der Vertriebsgeber aber auch dann, wenn die Ware für ihn unter seiner Marke produziert werden (so genannter «Quasihersteller», Art. 2 Abs. 1 lit. b PrHG).

481 Gemäss Art. 2 Abs. 1 lit. c PrHG gilt letztlich auch jene Person als Hersteller, die «ein Produkt zum Zwecke des Verkaufs, der Vermietung, des Mietkaufs oder einer anderen Form des Vertriebs im Rahmen ihrer geschäftlichen Tätigkeit einführt».

482 Hersteller, Importeur und Quasihersteller haften solidarisch (Art. 7 PrHG). Eine Haftungswegbedingung gegenüber dem Geschädigten ist nichtig (Art. 8 PrHG).

483 Da ein Vertriebsnehmer in der Regel die Vertragsprodukte nicht unter einer Eigenmarke vertreibt, ist die Importeurseigenschaft der

einzige Anknüpfungspunkt, welche seine Haftung unter PrHG auslöst. Er wird also möglicherweise versuchen seinen Lieferanten importieren zu lassen (wobei EGLI, 156, zusätzlich empfiehlt, dass die Vertragsprodukte auch erst im Vertragsgebiet an den Distributoren veräussert werden).

484 Den Vertriebsnehmer trifft unter Umständen allerdings eine subsidiäre produkthaftpflichtrechtliche Haftung. Kann nämlich der Hersteller des Produktes nicht festgestellt werden, so gilt jede Person als Herstellerin, welche das Produkt geliefert hat, sofern sie dem Geschädigten nach einer entsprechenden Aufforderung nicht innerhalb einer angemessenen Frist die Herstellerin oder die Person nennt, die ihr das Produkt geliefert hat (Art. 2 Abs. 2 PrHG). Gleiches gilt für Produkte, bei denen nicht festgestellt werden kann, wer sie eingeführt hat, selbst wenn der Name der Herstellerin angegeben ist (Art. 2 Abs. 3 PrHG).

13.16.4.2 Schadloshaltung und Freizeichnung

485 Es ist zu empfehlen, in den Vertriebsverträgen produkthaftpflichtrechtliche Klarstellungen zu treffen. Hersteller sind grundsätzlich bestrebt, Schadloshaltungs- und Freizeichnungsklauseln auch mit Bezug auf produkthaftpflichtrechtliche Ansprüche in den Vertrag aufzunehmen, dies nicht zuletzt mit dem Hinweis, der Vertriebsnehmer, der unter Umständen als Importeur vom Geschädigten ins Recht gefasst wird, könne ja auf den Hersteller von Gesetzes wegen regressieren. Dies trägt allerdings den Interessen eines Vertriebsnehmers ungenügend Rechnung. Dieser kann erst dann regressieren, wenn der Geschädigtenanspruch bezahlt ist. Es ist damit klar, dass zumindest Unterstützungspflichten des Herstellers vertraglich geregelt werden sollten, unter Umständen auch Kostentragungspflichten, so der Vertriebsnehmer dies in seinen Verhandlungen gegenüber dem Lieferanten überhaupt durchsetzen kann.

13.16.4.3 Praktische Vorkehren

486 Auch bei ausreichender vertraglicher Regelung der Produkthaftpflichtthematik empfiehlt es sich zudem, praktische Vorkehrungen zu treffen, um etwaige produkthaftpflichtrechtliche Risiken möglichst zu vermeiden oder – so sie sich dann realisieren – abzufedern bzw. auf Dritte zu externalisieren.

487 Ein ausreichendes Qualitätssicherungssystem kann grosse Dienste leisten. Dazu gehören entsprechende Ausgangs- und Eingangskontrollen oder auch eigentliche zertifizierte Herstellungsprozesse. Dies ist notwendigerweise bei Vertriebssystemen, welche erst auf Handelsstufe tätig sind, in den entsprechenden Beschaffungsverträgen mit Drittlieferanten umzusetzen.

488 Ferner empfiehlt es sich, dem Vertriebsnehmer vertraglich die Pflicht aufzuerlegen (oder dies zumindest nachhaltig zu empfehlen), dass entsprechende Versicherungen abgeschlossen werden. Dabei ist der Begünstigtenkreis aus der Versicherung möglichst weit zu fassen und die verschiedenen Kategorien der Hersteller (eigentliche Hersteller, Quasihersteller und Importeur) als Begünstigte zu definieren.

13.16.5 Prospekthaftung des Vertriebsgebers?

13.16.5.1 Einleitung

489 Vereinzelt wird in der Literatur die Auffassung vertreten, dass neben der allgemeinen etwaigen Haftung eines Vertriebsgebers wegen Verletzung vorvertraglicher Aufklärungspflichten auch eine Haftung nach den Grundsätzen der Prospekthaftung gegeben sei (so zum deutschen Recht etwa GIESLER, 2131 ff.; FLOHR, Franchisevertrag, 210 f). Begründet wird dies damit, dass von Vertriebsgebern in der Vermarktung ihrer Vertriebsverträge Prospekte verwendet würden, welche nicht nur allgemeine Darstellungen des Vertriebssystems beinhalten, sondern auch Angaben zur Rentabilität oder zu Umsatz- und Ertragserwartungen machen. Damit seien auch Prognosen umfasst, soweit diese sich auf unrichtige Tatsachen beziehen, gegen Erfahrungsgrundsätze verstossen oder wenn ihnen die erforderliche Zurückhaltung fehlt (Hinweise bei LIESEGANG, 226).

13.16.5.2 Keine analoge Anwendung von Art. 752 OR

490 Angesichts des Innominatvertragscharakters vieler Vertriebsverträge stellt sich die Frage, ob auch unter schweizerischem Recht die Grundsätze der Prospekthaftung (so geregelt in Art. 752 OR) analog Anwendung zu finden haben.

491 Art. 752 OR ist anwendbar auf Titel, welche von einer schweizerischen Aktiengesellschaft in der Schweiz ausgegeben werden. Ein Prospekt hat «eine Garantiefunktion vergleichbar der Zusicherung im Kaufrecht» (BGE 120 IV 128). Er soll dem Anleger «diejenigen Fakten über den Emittenten und das Wertpapier vermitteln, die für einen fundierten Anlageentscheid nötig sind und mittels einer Art vorvertraglicher Aufklärungspflicht der Investor auf Gefahren der Emission hinweisen muss».

492 Die Prospekthaftung greift dort, wo massenweise Wertpapiere emittiert werden, mithin die gleiche Kapitalanlage in gleicher Weise von einer Vielzahl unterschiedlicher Personen gezeichnet wird. Der Investitionsgegenstand ist somit stets der Gleiche. Individuelle Vertragsergänzung oder Abreden kommen nicht in Betracht. Der Kapitalanleger kann nur entweder das ihm vorgelegte Standardangebot zeichnen oder davon Abstand nehmen. Mithin fehlt es an einer persönlichen Beziehung zwischen den Vertragsparteien.

493 Die Ausgangslage beim Abschluss von Vertriebsverträgen unterscheidet sich allerdings grundlegend von jener im Bereich des Abschlusses von Kapitalanlagegeschäften:

494 Vertriebsverträge werden – wenn auch in der Regel nicht umfassend – dann doch punktuell verhandelt. In einem Vertriebsvertrag werden regelmässig individuelle Absprachen getroffen: Diese können sich auf den konkreten Standort, die Grösse des Geschäftes oder auch damit zusammenhängende Verträge (z.B. Mietverträge, Umsatzzielvorgaben, Produktportfolio etc.) beziehen. Gerade auch finanzielle Aspekte, etwa das Investitionsvolumen im jeweiligen Vertriebsverhältnis, werden verhandelt oder dann doch zumindest individuell festgelegt. Eine Vielzahl von Regelungen bezieht sich auf Fragen, die ausschliesslich den individuell bestimmten Vertriebspartner betreffen.

495 Oft werden vor Vertragsabschluss Informationsveranstaltungen durchgeführt, zum Teil Schulungen abgehalten, welche sich mit der individuellen Eignung des Vertriebspartners befassen. Entsprechend kann sich in der Regel ein Vertriebspartner ein umfassendes Bild des Vertriebssystems verschaffen, das über das hinausgeht, was möglicherweise in einem «Prospekt» dargestellt wird (so auch Liesegang, 229).

496 Der typische Entscheidungsprozess eines Vertriebspartners wird auch dadurch bestimmt, welche Auskünfte er von Drittseite (etwa von anderen Vertriebsnehmern) erhält. Die Entscheidung wird damit nicht ausschliesslich auf schriftlich formulierte Prospektunterlagen abgestützt. Schliesslich ist auch zu beachten, dass der Erfolg eines Engagements eines Vertriebsnehmers auch von seinem eigenen Engagement abhängt. Seine Bereitschaft, sich persönlich, finanziell und auch emotional mit einer Vertriebstätigkeit zu identifizieren, ist bei der Frage, ob eine Wertungskongruenz (als Grundlage jeglicher Analogiebildung) zum Kapitalanleger im Bereich der Prospekthaftung besteht, zu berücksichtigen. Bei Vertriebsverhältnissen geht es gerade nicht um die blosse zur Verfügungstellung eines Geldbetrages, der in eine drittverwaltete Unternehmung investiert wird, sondern um den Aufbau einer eigenen unternehmerischen Tätigkeit.

497 Die Grundlage für eine Analogie zu den Prospekthaftungsgrundsätzen auf Vertriebsverhältnisse besteht damit nicht (auch Liesegang, 230). Vielmehr bleibt es unter bestimmten Voraussetzungen bei der Pflicht zur ordnungsgemässen vorvertraglichen Aufklärung des Vertriebsgebers gegenüber dem Vertriebsnehmer.

13.16.6 Haftungsfreizeichnung

13.16.6.1 Einleitung

498 Oft versuchen Vertriebsgeber sich von einer Haftung weitgehend freizuzeichnen. Dabei sind die Schranken von Art. 100 und 101 OR zu beachten.

13.16.6.2 Art. 100 OR

499 «Eine zum voraus getroffene Verabredung, wonach die Haftung für rechtswidrige Absicht oder grobe Fahrlässigkeit ausgeschlossen sein würde, ist nichtig.» (Art. 100 OR). In der Praxis hat die Reduktion der Haftung auf Absicht und Grobfahrlässigkeit allerdings nur begrenzte Bedeutung. Erstens ist das Verschulden des Vertriebsgebers zu vermuten (Art. 97 OR). Zweitens ist davon auszugehen, dass etwa fehlerhafte Angaben über das Vertriebssystem, die Rentabilität eines Vertriebsgeschäftes (so eine entsprechende Angabe gemacht wurde) oder über die Anzahl bestehender Vertriebspartner Informationen sind, welche von vornherein dem Vertriebsgeber als bekannt gelten, so dass in der Regel mindestens grobe Fahrlässigkeit vorliegen dürfte (FLOHR, Franchisevertrag, 212).

500 Umstritten ist, ob Art. 100 Abs. 1 OR neben Art. 199 OR auch bei Freizeichnungsklauseln in Kaufverträgen gilt. Dies ist insbesondere bei Vertriebsverträgen mit Eigenhändlerstrukturen (Alleinvertriebsvertrag oder Franchisevertrag) wesentlich, da auf der transaktionalen Ebene Kaufverträge abgeschlossen werden. Bis anhin wurde vom Bundesgericht die Frage offen gelassen und nur Art. 199 OR angewendet (BGE 126 III 67). Für die Zulässigkeit der Freizeichnung von grober Fahrlässigkeit in Kaufverträgen spricht, dass Art. 199 OR lex specialis ist. Das Gesetz erklärt einzig die Wegbedingung der Gewährleistung bei Arglist als unzulässig. E contrario muss daraus geschlossen werden, dass Grobfahrlässigkeit nicht schadet (so HONSELL, Kommentar, Art. 199 N 1, mit weiteren Hinweisen).

13.16.6.3 Art. 101 OR

501 Art. 101 Abs. 2 OR lässt die Haftungsfreizeichnung in grösserem Ausmass als Art. 100 OR zu. Allerdings nur mit Bezug auf die vertragliche Haftung, nicht für ausservertraglicher Haftung der Hilfspersonen selbst (WIEGAND, Art. 101 N 16).

13.16.6.4 «Im Dienst des anderen»?

502 Steht der Verzichtende zur Zeit seiner Erklärung «im Dienst des anderen» (Art. 100 Abs. 2 OR und Art. 101 Abs. 3 OR), so wird das Mass der zulässigen Haftungsreduktion einschränkender geregelt. Im Anwendungsbereich von Art. 100 OR kann der Richter in einem solchen

Fall eine Haftungsfreizeichnung auch für leichtes Verschulden als nichtig betrachten, im Haftungsbereich für Hilfspersonen kann eine Haftungsfreizeichnung höchstens für leichtes Verschulden erfolgen.

503 Nach Weber (Art. 100 N 107 ff.) sei der Begriff «im Dienst stehen» nicht allzu eng auszulegen. Entscheidend sei das sozialökonomische Abhängigkeitsverhältnis. Es ist damit nicht auszuschliessen, dass bei ausgeprägter vertrieblicher Subordination eine analoge Anwendung der vorerwähnten Bestimmungen auch auf andere als Arbeitsverhältnisse offen steht.

13.16.7 Schadloshaltung

504 Vertriebsnehmer im Rahmen von Eigenhändlerstrukturen sind vom Vertriebsgeber rechtlich selbstständig. Das heisst, sie haben für ihre Tätigkeit gegenüber Dritten selbst einzustehen.

505 In der Regel enthalten deshalb Vertriebsverträge in aller Regel Schadloshaltungsklauseln, welche den Vertriebsnehmer verpflichten, den Vertriebsgeber von Ansprüchen Dritter, welche im Zusammenhang mit der Tätigkeit des Vertriebsnehmers stehen, schad- und klaglos zu halten. Normalerweise wird festgehalten, dass diesfalls auch die Abwehrkosten (gerichtlicher oder aussergerichtlicher Natur) übernommen werden müssen. Zuweilen wird vertraglich die Freistellungspflicht des Vertriebsnehmers allerdings dann ausgeschlossen, wenn die Inanspruchnahme auf einer Pflichtverletzung des Vertriebsgebers beruht (wobei auch diesbezüglich Freizeichnungen im Rahmen von Art. 100 bzw. 101 OR zulässig bleiben müssen).

13.16.8 Checkliste

- Welche besonderen Haftungstatbestände kommen für das konkrete Vertriebsprojekt in Frage?
- Besteht aufgrund der besonderen Risikosituation ein Bedürfnis nach einer Haftungsbegrenzung?
- Ist eine Schadloshaltungsklausel opportun?
- Besteht ein ausgesprochenes Unterordnungsverhältnis zwischen Vertriebsgeber und -nehmer?

14. Bezug der Vertragsprodukte, finanzielle Leistungen von Lieferanten

14.1 Einleitung

506 Vertriebsgeber wollen üblicherweise den Fluss der Vertragsprodukte steuern. Dies erfolgt zum einen mit Blick auf die Einheitlichkeit des Vertriebssystems. Je hochwertiger das Produkt oder je ausgereifter das Vertriebskonzept (Vertragsprodukte, inkl. entsprechendem Visual Merchandising, Marketingbegleitung und Beratung, so genannte Expert Authority), desto eher will der Lieferant/Vertriebsgeber sicherstellen, dass die Vertragsprodukte nur an geeigneten Verkaufspunkten und nur durch entsprechend qualifizierte Vertriebspartner angeboten werden.

14.2 Alleinbezugsverpflichtung

507 Dieser absatzorientierte Aspekt widerspiegelt sich in der häufigen Verpflichtung, Vertragsprodukte aus Gründen effizienter Logistik und Qualitätssicherung nur vom Vertriebsgeber/Lieferanten oder von speziell bestimmten Dritten («gelistete Lieferanten») zu beziehen («Full Line Forcing»).

508 Im Zusammenhang mit einer solchen ausschliesslichen Bezugsregelung ist auch das in einem solchen Fall regelmässig vereinbarte Verbot zu sehen, Produkte von Dritten zu beziehen. Damit soll sichergestellt werden, dass das Know-how, welches etwa gerade bei Franchiseverhältnissen zusammen mit den Vertragsprodukten dem Vertriebspartner überlassen wird, nicht Konkurrenten zugute kommt.

509 Ziel von derartigen Bezugsbindungen zusammen mit entsprechenden Konkurrenzverboten ist es, am Verkaufspunkt einen einheitlichen Auftritt sicherzustellen («Quasifilialität», siehe Vogel, N 189, mit weiteren Hinweisen).

510 Neben dem Schutz des mit den Absatzbemühungen verbundenen Know-hows und dem Vermeiden von dessen Nutzung zugunsten systemfremder Produkte («free riding»), soll auch die Fokussierung des Vertriebspartners, der einer Alleinbezugsverpflichtung unterliegt, auf die Vertragsprodukte verstärkt werden. Unter dem Gesichtspunkt des effizienten Ressourceneinsatzes des Vertriebsnehmers sind daher derartige Bezugspflichten durchaus positiv zu sehen.

511 Alleinbezugsverpflichtungen machen den Händler vollumfänglich von der Effizienz der Beschaffungsorganisation des Lieferanten ab-

hängig. Dies bedeutet, dass den Lieferanten insbesondere die folgenden Verpflichtungen treffen:

- Einrichtung eines effizienten Bestellwesens.
- Verpflichtung zur vollständigen Belieferung des Vertriebsnehmers oder zumindest die Aufrechterhaltung einer ausreichenden Belieferung durch gelistete Drittlieferanten.
- Die Verpflichtung, dem Abnehmer den Aufbau eines Warenbestandes zu ermöglichen, damit dieser verzugslos seine Endkunden beliefern kann (siehe auch FLOHR, Franchisevertrag, 151).

512 Einer ausschliesslichen Alleinbezugspflicht des Abnehmers steht deshalb, ganz allgemein ausgedrückt, eine exklusive Lieferpflicht des Lieferanten gegenüber (MEYER, 343; EBNETER, 120). Mit EBNETER ist davon auszugehen, dass eine einseitige Alleinbezugspflicht, ohne entsprechende Verpflichtung des Lieferanten, zumindest eine Belieferungsorganisation aufrechtzuerhalten, als unangemessen angesehen werden muss.

513 Wird der Abnehmer nicht vollständig beliefert oder ist das Bestellwesen nicht effizient, ist dies eine positive Vertragsverletzung des Lieferanten und führt entsprechend zu Schadenersatzpflichten. In gravierenden Fällen kann dies eine fristlose Kündigung des Vertrags aus wichtigem Grund rechtfertigen.

14.3 Einfache Bezugsbindung

514 Wird keine Alleinbezugsverpflichtung vereinbart und stattdessen bloss eine so genannte einfache Bezugsbindung eingegangen, besteht eine Verpflichtung im Sinne einer Mindestabnahmemenge, allerdings mit der Möglichkeit, Diversifikationsprodukte zu vertreiben. Typischerweise wird dadurch aber der Bezug und Absatz von Konkurrenzprodukten (zum Vertragssortiment) nicht zulässig. Ein Händler hat damit die Möglichkeit, Produkte von Dritten zu beziehen und in seinem Betrieb abzusetzen.

515 Solche einfachen Bezugsbindungen werden häufig eingesetzt, um die Selbstständigkeit des Abnehmers zu stärken (siehe dazu vorne Rz 251).

14.4 Fehlen einer Bezugsverpflichtung

516 Ein Sonderfall liegt vor, wenn der Vertriebspartner keinen Bezugspflichten unterworfen ist. Dies mag dann der Fall sein, wenn der Vertriebsgeber über keine eigenen Produkte verfügt und auch kein Portfolio von gelisteten Lieferanten bewirtschaftet. In solchen Fällen

ist der Abnehmer in der Wahl der Lieferanten und deren Produkte grundsätzlich frei. Der Vertriebsgeber beschränkt sich diesfalls auf die Vorgaben von Qualitätsstandards, dem Produktemix (Category Management) und die entsprechende Positionierung am Markt, üblicherweise verstärkt durch entsprechende Marketingmassnahmen. Diesfalls ist sinnvoll, entsprechende Vorgaben vertraglich zu regeln.

517 Führt allerdings ein solcher Kriterienkatalog faktisch dazu, dass die zulässigen Lieferanten stark eingeschränkt werden, führt dies zu einer normalen Alleinbezugsbindung, zwar nicht gegenüber dem Vertriebsgeber, aber gegenüber dessen Lieferanten.

14.5 Sanktionen bei Missachtung

518 Die Spanne möglicher Sanktionierungen bei Missachtung von Bezugspflichten bzw. die Missachtung von Kriterien bei Diversifikationsprodukten kann breit sein. Sie kann bei Ausschliesslichkeitsregelungen zum Wegfall der Exklusivität über Schadenersatzfolgen bis zur Auflösung des Vertrages führen. Auch wenn eingewendet werden könnte, dass für den Lieferanten zufolge der üblicherweise höheren Verkaufspreise an seinen Abnehmer bei tieferen Bezugsmengen der ökonomische Nachteil sich in Grenzen hält, ist doch festzuhalten, dass ein weiteres wesentliches Ziel jeder Vertriebsorganisation, nämlich eine ausreichende Marktdurchdringung zu erreichen, oft nicht erfüllt wird. Der Entzug der Exklusivität bei Nichterfüllen der Zielvorgaben ist deshalb ein adäquates Mittel, um auf die Entwicklung des Vertriebssystems Einfluss zu nehmen (Egli, 133).

519 In der Praxis ist zudem klarzustellen, ob «justiziable» Mindestbezugspflichten vereinbart werden bzw. anderweitige objektivierbare Zielsetzungen (etwa über Zielvereinbarungen oder Geschäftsplanungen) oder ob nur Bedarfsschätzungen vom Händler verlangt werden. Letztere stellen kein ausreichendes Kriterium dar für den Entzug etwaiger Exklusivitätszusagen.

520 Missachtet der Händler für die zu vertreibenden Waren vorgesehene Qualitätskriterien, kann ihn das zufolge positiver Vertragsverletzung schadenersatzpflichtig machen bzw. kann vom Händler verlangt werden, dass er künftig entsprechenden Warenbezug unterlässt. Aus wichtigen Gründen kann die fristlose Kündigung ausgesprochen werden, so wenn der Händler trotz Abmahnung wiederholt die Qualitätsvorgaben missachtet.

14.6 Finanzielle Leistungen von Lieferanten

14.6.1 Einleitung

521 In der Praxis weit verbreitet sind Werbekostenzuschüsse an den Vertriebsgeber, die mit Warenlieferungen des Zuschussgebers eng verknüpft sind und deren Höhe sich nach dem Umfang der gelieferten Waren richtet und entsprechend wirtschaftlich einen Preisnachlass darstellt. Damit hängen auch Vereinbarungen zwischen Lieferant und Vertriebsgeber etwa mit Bezug auf Listinggebühren, Boni oder ganz allgemein so genannte «Supplier Allowances» zusammen.

14.6.2 Gegenleistungen des Lieferanten

522 In aller Regel können solche Leistungen als Gegenleistung für das Aufrechterhalten des Vertriebssystems des Vertriebsgebers gesehen werden. Sie sind Entgelt für effektive Marketingleistungen zugunsten der Produkte des Lieferanten oder Gegenleistung für Logistikleistungen von Grosshandels- auf Einzelhandelsstufe.

14.6.3 Herausgabepflicht?

523 Dennoch stellt sich die Frage, ob Leistungen des Lieferanten, welche letztlich mit Produktabnahmen durch den Vertriebsnehmer (etwa des Alleinvertreters oder Franchisenehmers) zusammenhängen, an diesen Vertriebsnehmer (anteilig) auszukehren sind. In der Schweiz ist spätestens mit dem Entscheid BGE 132 III 460 ff. zur Auskehrung von Retrozessionen die Thematik betreffend Herausgabe von Leistungen Dritter aktuell.

14.6.3.1 Herausgabe bei vertraglichem Anspruch

524 Ein Blick auf die deutsche Gerichtspraxis zeigt zu dieser Thematik das Folgende: Das OLG München und ihm folgend der deutsche BGH (siehe Hinweise bei Flohr, Franchisevertrag, 158) haben entschieden, dass Drittleistungen an die Vertriebsnehmer weiterzugeben sind, soweit sich der Vertriebsgeber verpflichtet habe, bestmögliche Einkaufsbedingungen für die Händler auszuhandeln. Im Weigerungsfall mache sich der Vertriebsgeber schadenersatzpflichtig. Andererseits hat der BGH im Sixt-Urteil vom 3.2.1999 (BB 1999, 860) festgestellt, dass nach Deutschem Recht ex lege kein Grundsatz besteht, wonach solche Leistungen auszukehren sind. Auch gemäss der Apollo Optik-Entscheidung (siehe BB 2003, 2254) ist in erster Linie der Wortlaut der vertraglichen Regelungen massgeblich, so wie ein Händler die Klausel habe verstehen dürfen. Dieser Rechtsaufassung ist auch für die Schweiz zuzustimmen.

525 Werden also etwa im Vertriebsvertrag Formulierungen wie «Vorteile zur Erreichung optimaler Geschäftserfolge verschaffen», «Bündelung der Einkaufsmacht zugunsten besserer Einkaufspreise» oder «bestmögliche Einkaufskonditionen durch zentrale Beschaffung» verwendet (siehe FLOHR, Franchisevertrag, 160), so muss in der Regel davon ausgegangen werden, dass darin eine vertragliche Grundlage gesehen werden kann, welche einem Vertriebsnehmer Anspruch auf mindestens teilweise und anteilsmässige Auskehrung von Lieferantenzuschüssen verschafft. Will der Vertriebsgeber Leistungen seiner Lieferanten einbehalten, so empfiehlt sich deshalb eine klare vertragliche Regelung.

14.6.3.2 Herausgabe ohne vertragliche Regelung?

526 Besteht nach schweizerischem Recht eine Rechtsgrundlage zur Rechenschaftspflicht und Herausgabe von Drittleistungen auch ohne vertragliche Grundlage?

527 Im deutschen Schrifttum wird zuweilen die Auffassung vertreten, dass in vertrieblichen Netzwerken eine Weiterleitungspflicht aus dem so bezeichneten «Netzwerkrecht» bzw. dem Netzwerkgedanken abgeleitet werden könne (BÖHNER, 119). Dieser Gedanke dürfte nicht nur dem Deutschen Recht fremd sein, sondern findet auch im Schweizer Recht keine Grundlage. Vertriebsverträge – wenn auch in Netzwerken organisiert und gebündelt – stellen keine Vertragsverhältnisse horizontaler Wirkung, insbesondere keine Gesellschaftsverträge dar. «Netzwerkrecht» würde den Grundsatz bilateraler Vertragsbeziehungen aus den Angeln heben.

528 Bei dieser Diskussion darf zudem das Folgende nicht übersehen werden:

529 Auch wenn Vertriebsverträge Elemente der Arbeitsleistung enthalten, so ist dies konzeptionell eine Beziehung, bei welcher der Vertriebsnehmer zugunsten des Vertriebsgebers Absatzleistungen erbringt und sich – wenn überhaupt – Fragen der etwaigen analogen Anwendung von Auftragsrecht betreffend der Leistungen des Vertriebsnehmers gegenüber dem Vertriebsgeber stellen und nicht umgekehrt. Der Vertriebsgeber ist allerdings gerade nicht, weder direkt noch indirekt, auf Basis eines Auftrags- oder auftragsähnlichen Verhältnisses für den Vertriebsnehmer tätig. Soweit er eine Beschaffungsorganisation aufrechterhält, macht er dies im eigenen Namen, auf eigene Rechnung und im eigenen Interesse zwecks künftigem Absatz der Vertragsprodukte – wenn auch unter Beizug von rechtlich selbstständigen Vertriebsnehmern.

530 Damit stellt sich von vornherein die Frage nicht, ob Art. 400 Abs. 1 OR auf die Beziehungen zwischen Vertriebsgeber und -nehmer ana-

log anwendbar ist. Ferner kann damit auch die Auseinandersetzung mit der (im Übrigen einzig in einem obiter dictum) in BGE 132 III 460 ff. erfolgten Überlegungen im Zusammenhang mit der rechtsgültigen Wegbedingung einer Herausgabepflicht auf Basis von Auftragsrecht an sich offen bleiben.

531 Es ist ferner zu beachten, dass eine Auskehrungspflicht, so sie nicht vertraglich klar festgehalten ist, überhaupt nur dann zur Anwendung käme, wenn keine Gegenleistungen des Vertriebsgebers vorliegen, die eigenständig gegenüber dem Drittlieferanten erbracht worden sind. Im Regelfall stehen aber echte Gegenleistungen eines Vertriebsgebers jenen der Systemlieferanten oder weiteren Dienstleistern gegenüber, sodass keine Anspruchsgrundlage besteht.

532 Auch wenn zuweilen ein Zusammenhang zwischen Höhe der Werbekostenentschädigung und Verkaufsvolumen bestehen dürfte, führt dieser alleinige Umstand auch nicht dazu, dass Zahlungen unter Art. 400 Abs. 1 OR fallen. Die Transaktionsvolumen sind einzig Berechnungsgrundlage, aber nicht Grund für etwaige Drittleistungen (siehe zu dieser Thematik auch Abegglen, 130).

533 Angesichts der Tatsache, dass es sich, ausgenommen bei der Agentur, um innominatrechtliche Vertriebsverträge handelt und zwecks Vermeidung von etwaigen Diskussionen um die Weitergabe von Einkaufsvorteilen, dürfte es sich allerdings dennoch vorsorglich empfehlen, in den Vertriebsverträgen diesbezüglich eine klare Regelung zu treffen. Damit wird auch das Transparenzgebot bei der Vertragsgestaltung beachtet. Beispielsweise könnte vertraglich festgehalten werden, dass zwischen den Vertragsparteien Einigkeit bestehe, dass Drittleistungen wie Werbekostenzuschüsse, Boni etc. ausschliesslich dem Vertriebsgeber zustehen, nicht (auch nicht anteilig) an die Vertriebsnehmer auszuschütten sind und auch kein entsprechender Rechenschaftsanspruch besteht. In Analogie zur Rechtslage bei arbeitsrechtlicher Ausrichtung von Gratifikationen kann ferner geregelt werden, dass aufgrund des Umstandes, dass in Einzelfällen eine Weiterleitung von Einkaufsvorteilen erfolgt, kein Rechtsanspruch des Vertriebsnehmers für zukünftige Fälle und künftige Leistungsweiterleitung entsteht.

14.7 Checkliste

- Bedarf der Vertrieb der Vertragsprodukte besonderen Know-hows?
- Kann die Beschaffungssicherheit nur über eine ausschliessliche Bezugspflicht sichergestellt werden oder reicht eine solche einfacher Natur aus?

- Liegt ein Vertriebsystem vor, dass keine systemspezifischen Produkte kennt?
- Erhält der Vertriebsgeber Vergütungen seitens seiner Systemlieferanten?
- Wofür werden diese Leistungen erbracht?
- Sollen diese Leistungen an die Vertriebsnehmer ausgekehrt werden?

15. Immaterialgüterrecht in Vertriebsverträgen

15.1 Bedeutung

534 Immaterialgüterrechte sind für Vertriebsgeber von grosser Bedeutung. Sie sind eine wichtige Voraussetzung für die Kapitalbeschaffung, weshalb sie auch von Investoren und Kreditgebern vorausgesetzt werden. Unerlässlich sind Immaterialgüterrechte aber vor allem für die rechtliche Absicherung des Vertriebssystems gegenüber Vertriebsnehmern und Dritten. Immaterialgüterrechte stärken die Rechtsposition von Vertriebsgebern und ergänzen die vertraglichen Vereinbarungen mit den Vertriebsnehmern.

535 Für den Schutz von immateriellen Werten in Vertriebsverhältnissen steht das Markenrecht im Vordergrund. Aber auch Urheber-, Patent- und Designrechte können für Vertriebsgeber von Interesse sein. Es stellen sich mit einzelnen Ausnahmen diesbezüglich keine besonderen vertriebsrechtlichen Fragen, weshalb auf die allgemeine immaterialgüterrechtliche Literatur verwiesen werden kann.

536 Das Know-how ist von grosser praktischer Bedeutung für die Parteien eines Vertriebsvertrages. Dieses ist jedoch nicht als solches geschützt. Wenn überhaupt, so ist das Know-how nur mittelbar geschützt, beispielsweise vor unlauterer Auskundschaftung, vgl. Art. 4 lit. c, Art. 5 lit. a und b UWG. Mangels eines eigentlichen Know-how Schutzes empfiehlt es sich, den Gegenstand und die Nutzung des Know-how im Vertriebsvertrag detailliert zu regeln.

537 Dem immaterialgüterrechtlichen Schutz sind sowohl produkt- als auch systembezogene Elemente eines Vertriebsystems zugänglich. Produktbezogene Elemente beziehen sich auf den Namen, das Design oder die Verpackung von einzelnen Produkten. Systembezogene Elemente beziehen sich auf das Vertriebssystem als solches wie dessen Name, die Einrichtung der Geschäftslokale oder die Geschäftsmethode.

538 Nachfolgend soll auf einzelne, ausgewählte Aspekte im Umgang mit Immaterialgüterrechten eingegangen werden, die für Vertriebsgeber von Interesse sind. Entsprechend der grossen praktischen Bedeutung wird nachfolgend vor allem auf das Markenrecht eingegangen.

15.2 Schutzrechtskonzept

539 Die Entwicklung eines Schutzrechtskonzepts ist für den Umgang mit Immaterialgüterrechten unterlässlich. Das Schutzrechtskonzept gibt Antwort auf die Frage, welche Elemente eines Vertriebssystems ge-

schützt werden sollen und wie bei allfälligen Rechtsverletzungen vorzugehen ist.

540 Um einen optimalen Markenschutz zu gewährleisten, ist die Beachtung der folgenden Grundsätze unerlässlich:

15.2.1 Bestimmung des sachlichen und geografischen Einsatzgebietes der Marke

541 In einem ersten Schritt ist die Frage zu klären, in welchen Ländern und für welche Produkte der Name des Produktes bzw. des Vertriebskonzeptes eingesetzt werden soll. Die Klärung dieser Frage ist eine wichtige Voraussetzung für die Bestimmung der folgenden Kriterien.

15.2.2 Vermeiden von schwachen Marken oder Marken, an denen ein Freihaltebedürfnis besteht

542 Im Rahmen der Markenprüfung werden Zeichen häufig beanstandet oder gar zurückgewiesen, die kennzeichnungsschwach oder freihaltebedürftig sind.

543 Als schwach gelten Zeichen, die sich eng an Angaben anlehnen, die das bezeichnete Produkt beschreiben, beispielsweise nach Herkunft, Wirkungsweise, Gebrauchszweck, Zusammensetzung oder Qualität der gekennzeichneten Ware. Derartige Zeichen verfügen über eine geringe Kennzeichnungskraft – sie sind kennzeichnungsschwach. Erst nach einem mehrjährigen und intensiven Gebrauch können ursprünglich kennzeichnungsschwache Zeichen einen stärkeren Markenschutz erlangen.

544 Als freihaltebedürftig gelten Zeichen, die für den Wirtschaftsverkehr wesentlich oder gar unentbehrlich sind und im Interesse eines funktionierenden Wettbewerbs vom Markenschutz ausgenommen werden müssen. Ein einzelner Gewerbetreibender soll ein Zeichen nicht für eigene kommerzielle Zwecke monopolisieren dürfen, das aufgrund seines Sinngehalts für andere Gewerbetreibende von Bedeutung ist oder in Zukunft noch werden könnte. Freihaltebedürftig sind insbesondere einzelne Zahlen oder Buchstaben, Grundfarben, gebräuchliche geometrische Figuren sowie allgemeine Qualitätshinweise oder reklamehafte Anpreisungen.

Beispiele:

- «Campus»: Für Bankdienstleistungen an Studenten enthält «Campus» einen Hinweis auf die Adressaten der mit dieser Marke gekennzeichneten Dienstleistungen. Die Marke ist nicht beschreibend, wohl aber kennzeichnungsschwach. Aufgrund ihrer Kennzeichnungsschwäche konnte die Banque cantonale Vaudois es der UBS nicht verbieten, diese Marke mit dem Zusatz «Liberty» bzw. «UBS»

zu verwenden (BGer Urteil 4C.3/1999 vom 18. Januar 2000, E. 4.c und 5, abgedruckt in: sic! 2000, 194 ff.);
- «Securitas»: Für Sicherheitsdienstleistungen ist «Securitas beschreibend, da sie mit dem französischen oder englischen Wort für Sicherheit in Verbindung gebracht wird («sécurité» bzw. «security»). Aufgrund ihres jahrzehntelangen Gebrauchs hatte sich «Securitas» als Marke der Securitas AG im Verkehr durchgesetzt. Entsprechend konnte diese ihre Exklusivität mit Erfolg gegenüber Dritten verteidigen (BGE 127 III 160 ff., 167, E. 2.b.bb.).
- «Duo»: Aufgrund ihrer umfassenden, an keine Waren- oder Dienstleistungskategorie gebundenen allgemeinen Bedeutung muss «Duo» für den geschäftlichen Verkehr freigehalten werden. In Alleinstellung ist «Duo» dem Markenschutz nicht zugänglich (BGE 118 II 183).
- «We make ideas work»: Der Sinngehalt dieses Werbeslogans lässt sich mit «Wir verwirklichen Ihre Ideen» übersetzen. Aufgrund der universellen Bedeutung besteht ein Freihaltebedürfnis, weshalb dem Slogan der Markenschutz verweigert wurde (BGer Urteil 4A.161/2007 vom 18. Juli 2007).

545 Bei schwachen und freihaltebedürftigen Zeichen besteht weiter das Risiko, dass die Exklusivität nicht verteidigt werden kann. Der Markeninhaber kann Dritte nicht davon abhalten, dasselbe Zeichen zu verwenden. Um sich dem Vorwurf der Markenverletzung zu entziehen genügt oft das Voranstellen eines abweichenden Zusatzes. Bei der Evaluation der Marke ist zu berücksichtigen, dass die Marke in einer Vielzahl von Ländern eingesetzt wird. Entsprechend darf sich die Prüfung nicht auf die schweizerischen Landessprachen beschränken. Vielmehr müssen die Sprachen der Länder miteinbezogen werden, in denen die Waren und Dienstleistungen vertrieben werden. Aus diesem Grund ist die Bestimmung des geographischen Einsatzgebietes wichtig, vgl. oben Rz 541.

15.2.3 Abklären von Konflikten mit älteren Marken Dritter

546 Vom Markenschutz ausgenommen sind Zeichen, die mit einer älteren, bereits registrierten Marke ähnlich sind, so dass sich daraus eine Verwechslungsgefahr ergibt. Die Registrierung einer verwechslungsfähigen Marken berechtigt den Inhaber der älteren Marke, gegen die jüngere Marke Widerspruch zu erheben um damit deren Löschung zu bewirken. Zu beachten ist, dass die Prüfung der Verwechslungsgefahr in vielen Ländern durch das Markenamt von Amtes wegen erfolgt. Unzulässig ist nicht nur die Registrierung, sondern auch die blosse Benützung eines verwechslungsfähigen Zeichens zur Kennzeichnung von Waren oder Dienstleistungen.

547 Ob eine Verwechslungsgefahr vorliegt, hängt von der Gleichheit der Waren und Dienstleistungen, der Kennzeichnungskraft sowie der Ähnlichkeit der Marken ab. Auch weitere Kriterien, wie die Aufmerksamkeit der Abnehmer oder die Umstände, unter denen die Produkte vermarktet werden, können für die Beurteilung der Verwechslungsgefahr von Bedeutung sein. Da die Verwechslungsgefahr ein relativer Begriff ist, sind die Anforderungen an die Verschiedenheit der Waren oder Dienstleistungen umso höher, je mehr sich die Marken ähnlich sind.

548 Um Konflikte mit älteren Marken Dritter abzuklären, ist die Kenntnis des sachlichen und geographischen Einsatzgebietes unerlässlich. Ältere Marken können nur dann zuverlässig recherchiert und beurteilt werden, wenn das Einsatzgebiet festgelegt wurde.

15.2.4 Bestimmung der Länder, in denen Markenschutz erlangt und verteidigt werden soll

549 In den meisten Ländern ist ein Zeichen markenrechtlich nur geschützt, wenn es im Markenregister eingetragen ist. Die Registrierung ist Voraussetzung für die Geltendmachung markenrechtlicher Ansprüche.

550 Die Registrierung einer Marke auf Vorrat und ohne mittelfristige Gebrauchsabsicht ist nicht sinnvoll. Die Registrierung schafft kein dauerhaftes Markenrecht. Vielmehr muss die Marke für die beanspruchten Waren und Dienstleistungen auch tatsächlich benützt werden. Aufgrund dieses Gebrauchserfordernisses kann das Recht aus einer Marke gegenüber Dritten nur geltend gemacht werden, wenn sie rechtserhaltend benützt worden ist. Das Gebrauchserfordernis ist international anerkannt.

551 Dasselbe gilt auch für den sachlichen Umfang des Markenschutzes. Beispielsweise ist in allen Autos eine digitale Uhr eingebaut. Will der Hersteller von Automobilen markenrechtliche Ansprüche gegenüber Uhrenherstellern geltend machen, so muss seine Marke auch für Zeitmessgeräte geschützt sein. Doch selbst wenn der Autohersteller seine Marke für Zeitmessgeräte schützen lassen sollte, kann der rechtserhaltende Gebrauch fraglich sein, da der Autohersteller keine Uhren selbständig kommerzialisiert (vgl. BGer Urteil 4C.392/2000 vom 4. April 2001 «Jaguar»).

552 Hinzu kommt, dass ein umfassender Markenschutz mit hohen Kosten verbunden ist. Für die meisten – in Aufbau begriffenen – Vertriebssysteme ist es deshalb unvermeidlich, Prioritäten zu setzen. Die Kosten des Markenschutzes beschränken sich nicht auf die unmittelbar mit der Registrierung in Zusammenhang stehenden Auslagen (Registrierungskosten). Vielmehr besteht ein enger Zusammenhang

mit der Markenverteidigung und -durchsetzung. Insbesondere ist es nicht sinnvoll, eine Marke umfassend registrieren zu lassen, wenn sie nicht verteidigt wird. Der Wert der Marke hängt davon ab, dass der Markeninhaber ihre Exklusivität verteidigt. Die Kosten der Markenverteidigung sind deshalb bereits im Zeitpunkt der Registrierung zu berücksichtigen. Ist der Markeninhaber nicht bereit, die hohen Kosten für die Markenverteidigung einzugehen, so lohnen sich auch die Kosten für die Registrierung nicht. Die Bereitschaft der Markenverteidigung ist ein Kriterium um zu bestimmen, ob, wo und wofür Markenschutz erlangt werden soll.

553 Weitere Kriterien für die Bestimmung des Umfanges des Markenschutzes ergeben sich aus dem Geschäftsplan und der Art der Produkte. Ist eine rasche Expansion geplant, so muss die Marke in mehr Ländern geschützt werden. Handelt es sich um ein kurzlebiges Produkt oder ein Zeichen, dass stets in Verbindung mit einer Dach- oder Firmenmarke verwendet wird, so genügt es, wenn diese registriert sind. Schliesslich ist zu beachten, dass in der Regel immer die Möglichkeit besteht, eine Marke auch noch zu einem späteren Zeitpunkt registrieren zu lassen.

554 Das Schutzrechtskonzept hat nicht nur über die Frage Aufschluss zu geben, welche Elemente eines Vertriebssystems geschützt werden sollen. Vielmehr hat dieses auch das Vorgehen festzulegen, wie bei allfälligen Rechtsverletzungen vorzugehen ist.

555 In diesem Zusammenhang von grosser Bedeutung ist die Marktüberwachung. Im In- und Ausland stellt die Rechtsprechung zunehmend höhere Anforderungen an ein rechtzeitiges Vorgehen gegen eine Schutzrechtsverletzung. In einem kürzlichen Entscheid hatte das Bundesgericht die Klage eines Markeninhabers abgewiesen, obwohl die Markenverletzung «nur» 24 Monate gedauert hatte. Nach Auffassung des Bundesgerichts habe der Markeninhaber mit der Geltendmachung seiner markenrechtlichen Ansprüche zu lange zugewartet. Der Markeninhaber betrieb ein Franchisesystem für Bäckereiwaren. Da der Markenverletzer sein Geschäftslokal in unmittelbarer Nähe eines Franchisenehmers betrieb, erachtete es das Bundesgericht als erwiesen, dass der Markeninhaber von der Markenverletzung Kenntnis hatte. Faktisch rechnete es die Kenntnis des Franchisenehmers dem Markeninhaber zu (BGer Urteil 4C.371/2005 vom 2. März 2006, E. 3.2., abgedruckt in sic! 2006, 500 ff. «Pain Paillasse»). Dieser Entscheid macht die Notwendigkeit deutlich, den Informationsfluss mit Konzerntochtergesellschaften, Vertriebspartnern und Aussendienstmitarbeitern sicherzustellen, um ein rechtzeitiges Vorgehen gegen Markenverletzungen sicherzustellen.

556 Auch im Ausland stellt die Rechtsprechung zum Teil strenge Anforderungen an die Marktüberwachung. Beispielsweise verwirkt in Deutschland der Markeninhaber sein Recht auf vorsorgliche Massnahmen, wenn der Dritte seine Tätigkeit bereits während mehreren Monaten ausgeübt hat. Diese Frist beurteilt sich absolut und unabhängig vom Zeitpunkt der Kenntnisnahme durch den Markeninhaber.

557 Die Marktüberwachung hat auch die Register von Geschäftsfirmen, Marken und Domain Namen einzuschliessen. Diese Register können vielfach elektronisch abgefragt werden. Viele Länder kennen ein vereinfachtes und kostengünstiges Administrativverfahren, um gegen rechtsverletzende Neueintragungen vorzugehen. Regelmässig stehen diese attraktiven Rechtsbehelfe nur während einer beschränkten Zeit zur Verfügung. Beispielsweise ist die Frist für einen Widerspruch gegen jüngere Marken in der Schweiz auf drei Monate ab Publikation der Markenregistrierung beschränkt (Art. 31 Abs. 2 MSchG). Um gegen Neueintragungen rechtzeitig vorzugehen, ist die periodische Überwachung unerlässlich.

558 Ein weiteres Mittel der Marktüberwachung ist die Hilfeleistung der Zollverwaltung zur Bekämpfung der Produktpiraterie. Gestützt auf einen entsprechenden Antrag ist die Zollverwaltung verpflichtet, die Zollfreigabe auszusetzen und den Markeninhaber über verdächtige Sendungen zu informieren. Während maximal 20 Tagen hat dieser die Ware beim Zoll zu besichtigen und gegebenenfalls beim zuständigen Gericht vorsorgliche Massnahmen zu erwirken, vgl. Art. 71 ff. MSchG. Die Hilfeleistung der Zollverwaltung hat sich als ein wirksames Mittel erwiesen, um die Verbreitung gefälschter Waren bereits an der Grenze zu unterbinden.

15.3 Registrierung von Marken und Domain Namen durch Vertriebsnehmer

559 In internationalen Vertriebsverhältnissen ist der Vertriebsgeber verstärkt der Gefahr ausgesetzt, dass seine Geschäftspartner in eigenem Namen dessen Zeichen als Marke oder Domain Namen registrieren. Während der Dauer des Vertriebsvertrages sind derartige Registrierungen unproblematisch und im Interesse beider Parteien. Häufig entstehen Auseinandersetzungen bei der Beendigung des Vertriebsvertrages, wenn der Vertriebsnehmer die Löschung oder Rückübertragung der von ihm registrieren Marken oder Domain Namen verweigert oder von der Gewährung finanzieller Vorteile abhängig macht. In besonders gravierenden Fällen beginnt der ehemalige Vertriebspartner unter den Marken oder Domain Namen des früheren Vertriebsgebers eigene Produkte zu vertreiben, welche in keinem Zusammenhang mit jenen des früheren Vertriebsgebers stehen.

560 Missbräuchlichen Markenregistrierungen werden durch das Pariser Verbandsübereinkommen (PVÜ) Schranken gesetzt. Danach sind die Mitgliedstaaten verpflichtet, dem Vertriebsgeber bestimmte Rechtsbehelfe zur Verfügung zu stellen, um die Registrierung seiner Marken durch Vertriebsnehmer zu verhindern (vgl. Art. 6septies PVÜ). Eine entsprechende Bestimmung kennt auch das schweizerische Markenrecht (vgl. Art. 4 MSchG).

561 Obwohl als Agentenmarke bezeichnet, sind diese Bestimmungen nicht nur auf Agenturverhältnisse, sondern auf Vertriebsverhältnisse allgemein anwendbar. Entscheidend ist, dass der Dritte die Marke mit Zustimmung des Markeninhabers benützt. Die Privilegierung des Markeninhabers vor dem «agent illoyal» ergibt sich aus der Verpflichtung des Vertriebsnehmers, die Interessen des Geschäftsherrn zu wahren. Der Vertriebsnehmer soll sich nicht die Marke seines Geschäftsherrn eigenmächtig aneignen dürfen, wenn die Marke mit der vertraglichen Tätigkeit in Zusammenhang steht und vom Geschäftsherrn (bzw. mit dessen Zustimmung durch einen Dritten) bereits früher in einem anderen Land gebraucht worden war.

562 In der Schweiz ist der Markeninhaber berechtigt, vom Dritten die Löschung der Marke und die Unterlassung der Verwendung zu verlangen (vgl. Art. 13 Abs. 3 MSchG). Sofern zwischen der Publikation der Markenregistrierung bzw. dem Wegfall der Zustimmung zur Markenregistrierung noch keine zwei Jahre vergangen sind, kann der Markeninhaber auch die Übertragung der Marke verlangen (Art. 53 MSchG).

563 Der durch die Pariser Verbandsübereinkunft und das schweizerische Markenrecht gewährte Rechtsschutz ist vielfach ungenügend. Illustrativ ist ein kürzlicher Entscheid des schweizerischen Bundesgerichts zur Marke «S 100». Während Jahren vertrieb die amerikanische Brookside Import Specialities, Inc., (nachfolgend Brookside) in den Vereinigten Staaten die Motorradreinigungsmittel der deutschen Dr. O.K. Wack Chemie GmbH. 1992 wurde der Vertriebsvertrag wegen grundlegender Meinungsverschiedenheiten aufgelöst. Nach Vertragsauflösung begann Brookside eigene Produkte unter derselben Marke zu vertreiben. 1998 hinterlegte sie die Marke «S100» auch in der Schweiz und erhob Widerspruch, als der frühere Vertriebsgeber einige Jahre später versuchte, dieselbe Marke ebenfalls in der Schweiz zu registrieren. Vergeblich klagte der frühere Vertriebsgeber auf Löschung der Marke «S100» (BGE 131 III 581 ff.).

564 Dieses Beispiel führt die Unzulänglichkeiten des Sonderschutzes vor missbräuchlichen Markenregistrierungen durch (ehemalige) Vertriebsnehmer deutlich vor Augen. Dieser gilt nur:

- für Marken, nicht aber für Domain Namen oder Firmen;
- für Marken, die der Vertriebsnehmer während der Dauer des Vertriebsvertrages registriert. Die Bestimmungen kommen nicht zur

Anwendung, falls die Marke nach Beendigung des Vertriebsvertrages registriert wird;

- für Marken, die der Vertriebsnehmer für sein Vertriebsgebiet registriert. Die Bestimmung kommt nicht zur Anwendung für Marken, die der Vertriebsnehmer ausserhalb des Vertriebsgebietes registriert;
- für Ansprüche gegenüber dem Vertriebsnehmer, nicht aber gegenüber Dritten. Unter Vorbehalt des Rechtsmissbrauchs können gegenüber Dritten oder einer dieser nahe stehenden Person keine Ansprüche geltend gemacht werden.
- Zur Vermeidung derartiger Schutzlücken sind Vertriebs- und Lizenzverträge anzupassen. Vertraglich ist insbesondere ein nachvertraglicher Schutz vor Verwendung und Registrierung der Marken des Vertriebsgebers zu vereinbaren. Danach dürfen alle während dem Vertriebsvertrag verwendeten Zeichen nicht als Marke, Firma oder Domain Namen verwendet oder registriert werden. Unerheblich ist, ob die Verwendung in- oder ausserhalb des Vertragsgebietes erfolgt.

15.4 Missbräuchliche Marken und Domain Namen Registrierungen durch Dritte

565 Gelegentlich stellen Vertriebsgeber bei der Ausweitung ihrer Geschäftstätigkeit fest, dass ein Dritter ihren Produkte- oder Vertriebsnamen bereits in eigenem Namen als Firma, Marke oder Domain Namen registriert hat. Derartige Registrierungen werden durch das Eintragungsprinzip («first come, first serve») sowie die fehlende Pflicht der Registerbehörden, die Berechtigung des Anmelders zu prüfen, begünstigt.

566 Missbräuchlichen Registrierungen eines fremden Kennzeichens als Firma, Marke oder Domain Namen wird durch das Gesetz gegen den unlauteren Wettbewerb sowie dem Schutz für notorisch bekannte Handelsnamen oder Marken beschränkt, vgl. Art. 6bis PVÜ und Art. 3 Abs. 2 lit. b MSchG.

567 Obwohl der Dritte formal Eigentümer der Marke bzw. des Domain Namens ist, kann sein Verhalten gegen Treu und Glauben im Geschäftsverkehr verstossen. Der Missbrauch wird nicht durch die Registrierung als solche, sondern durch die besonderen, häufig subjektiven Begleitumstände begründet, welche den bösen Glauben indizieren. Der alleinige Umstand, dass eine Person eine Marke ohne erkennbare kommerzielle Motivation hinterlegt hat, verstösst nicht gegen Treu und Glauben. Auch die fehlende, sofortige Gebrauchsaufnahme lässt nicht zwangsläufig auf ein missbräuchliches Verhal-

ten schliessen. Das Markenrecht gewährt dem Markeninhaber eine fünfjährige Benutzungsschonfrist um den zukünftigen Gebrauch vorzubereiten.

568 Missbräuchlich sind demgegenüber Registrierungen um sachfremde Vorteile zu erzwingen, wie ein unangemessenes Entgelt, das Fernhalten eines Konkurrenten vom Eintritt in den lokalen Markt, die Benachteiligung in der Ausübung legitimer Rechte oder der Bruch eines langdauernden Treueverhältnisses.

569 Beispiele aus der jüngeren Rechtsprechung:

- «Limmi»: Der Vertriebsgeber registriert die Marke seines früheren des Vertriebsnehmers in eigenem Namen. Der frühere Vertriebsnehmer hat sich selbständig gemacht und begonnen, unter dieser Marke eigene Produkte in direkter Konkurrenz zum früheren Vertriebsgeber zu vertreiben. Der frühere Vertriebsgeber macht Rechte aus der in eigenem Namen registrierten Marke gegen den Vertriebsnehmer geltend und versucht diesen dadurch zu hindern, in den Schweizer Markt einzudringen. Nach Auffassung des Obergerichts Thurgau war die Registrierung der fremden Marke unlauter, vgl. OGer TG Urteil Akten-Nr. Z1.2002.2 vom 27. März 2003, publiziert in sic! 2005, 194 ff.).
- «C'est bon la vie»: Die Biscuits Bossy SA fordert Nestlé auf, die Verwendung des Slogans «C'est bon la vie» für Milchwaren zu unterlassen. Obwohl die Biscuits Bossy SA diesen Slogan seit mehr als 20 Jahren verwendet hatte, hatte sie diesen nicht als Marke registriert. 3 Tage nach Eingang der Unterlassungsaufforderung registrierte Nestlé den Slogan in eigenem Namen für Lebensmittel, unter Einschluss von Bäckereiwaren. Nach Auffassung des Bundesgerichts hat Nestlé damit unlauter gehandelt, weil sie damit die Biscuit Bossy SA an der Ausübung rechtmässiger Rechte hinderte (BGer Urteil 4C.431/2004 vom 2. März 2005, publiziert in sic! 2005, 463 ff.).

15.5 Checkliste

- Wurden die Kennzeichen auf immaterialgüterrechtlichen Schutz im relevanten Markt abgeklärt und gegebenenfalls geschützt?
- Ist die Markt- und Markenüberwachung sichergestellt?
- Sind Aussendienstmitarbeiter Geschäftsführer von Tochtergesellschaften und Vertriebspartner darüber informiert, dass sie mögliche Markenverletzungen melden müssen?
- Wurde ein Schutzrechtskonzept festgelegt und mit den mitverantwortlichen Personen besprochen?

16. Finanzielles

16.1 Agenturvertrag

16.1.1 Vermittlungs- oder Abschlussprovision

570 Gemäss Art. 418g Abs. 1 OR hat der Agent «Anspruch auf die vereinbarte oder übliche Vermittlungs- oder Abschlussprovision für alle Geschäfte, die er während des Agenturverhältnisses vermittelt oder abgeschlossen hat sowie mangels gegenteiliger schriftlicher Abrede für solche Geschäfte, die während des Agenturverhältnisses ohne seine Mitwirkung vom Auftraggeber abgeschlossen werden, sofern er den Dritten als Kunden für Geschäfte dieser Art geworben hat». Ferner hält Art. 418g Abs. 2 OR fest, dass «der Agent, dem ein bestimmtes Gebiet oder ein bestimmter Kundenkreis ausschliesslich zugewiesen ist», Anspruch hat «auf die vereinbarte oder mangels Abrede auf die übliche Provision für alle Geschäfte, die mit Kunden dieses Gebietes oder Kundenkreises während des Agenturverhältnisses abgeschlossen werden».

571 Der Provisionsanspruch des Agenten ist das Synallagma zur vereinbarten Tätigkeit des Agenten (Bühler, Art. 418g N 1).

16.1.2 Provisionsformen

572 In der Praxis anzutreffen sind die folgenden Provisionsformen:

- Umsatzprovisionen. Bemessungsgrundlage ist der vom Agenten getätigte Umsatz bzw. in Anwendung von Art. 418g Abs. 2 OR der Umsatz mit Kunden des Vertragsgebietes oder Kundenkreises.
- Fixe Entschädigungen pro Geschäftsabschluss oder Vertragsprodukt.
- Inkassoprovisionen.
- Delkredereprovisionen.
- Gewinnprovisionen. Bemessungsgrundlage ist hier der erzielte Gewinn, wobei diesfalls zu empfehlen ist, vertraglich klare Regelungen zur Gewinnberechnung zu treffen.

573 Typisch ist die Provisionsfestlegung in Prozenten.

574 In Fällen, bei denen eine Provision vereinbart ist, geht die Vereinbarung zwischen den Parteien der Übung vor. Ansonsten ist die Praxis im räumlichen und sachlichen Bereich des Agenten zu konsultieren. Auch Verbandstarife können Ausdruck der Übung sein (Badertscher/Spörri, Art. 418g N 1).

16.1.3 Voraussetzung für die Provision

575 Voraussetzung für die Entstehung des Provisionsanspruchs ist das Zustandekommen eines rechtsgültigen Vertrages. Das heisst, er darf also weder anfechtbar noch nichtig sein (BÜHLER, Art. 418g N 13).

576 Weiter setzt das Gesetz voraus, dass die Tätigkeit des Agenten kausal zum Zustandekommen des Vertrages gewesen sein muss. Anders als beim Mäklervertrag genügt gemäss ZBJV 85/1949, 556 f ein psychologischer Zusammenhang nicht (so auch BÜHLER, Art. 418g N 13; a.M. BADERTSCHER/SPÖRRI, Art. 418g N 3, welche einen psychologischen Zusammenhang als ausreichend ansehen). Ein solcher muss zufolge der Gesetzesverweisung in Art. 418b OR, welcher auf Mäklervertragsrecht verweist, allerdings ausreichen. Der Mäkler hat seinen Lohn gerade dann auch schon verdient, wenn der Vertrag nicht als unmittelbare Folge der Mäklertätigkeit zustande gekommen ist.

577 Art. 418g Abs. 1 OR nennt drei Fälle für eine ausreichende Tätigkeit des Agenten:

- Die erfolgreiche Vermittlungstätigkeit. Die Vermittlungsprovision ist geschuldet, wenn während dem Agenturverhältnis der Agent das Geschäft erfolgreich vermittelt. Der Vertragsabschluss kann aber auch noch nach Beendigung des Agenturvertrages stattfinden. Art. 418g Abs. 3 OR bezieht sich nur auf den Entstehenszeitpunkt des Provisionsanspruchs und nicht auf den Zeitpunkt, indem der Vertrag abgeschlossen wurde (siehe mit weiteren Hinweisen BÜHLER, Art. 418g N 17).
- Die Abschlussprovision ist verdient, sobald der Agent während der Dauer des Agenturverhältnisses den Vertrag abgeschlossen hat.
- Schliesslich verdient der Agent mangels gegenteiliger Abrede seine Provision auch für Geschäfte, die während des Agenturverhältnisses abgeschlossen werden, sofern er den Dritten als Kunden für Geschäfte dieser Art während dem Agenturverhältnis geworben hat.

16.1.4 Entfall der Provision

578 Art. 418h OR nennt zwei Konstellationen, bei denen nachträglich vom Auftraggeber keine Provision zu entrichten ist. Diese Fälle treten neben jene von Art. 418g Abs. 3 OR für den Fall, dass der Vertrag gar nicht zustande kommt, ungültig oder nichtig ist.

579 Eine Provisionspflicht entfällt, wenn die Ausführung eines Geschäftes aus Gründe nicht erfolgt, die vom Auftraggeber nicht zu vertreten sind (also etwa Gründe beim Kunden, dem Agenten oder äussere Umstände; BADERTSCHER/SPÖRRI, Art. 418h N 4 und 6).

580 Art. 418h Abs. 2 OR bezieht sich auf den Sonderfall, dass die Gegenleistung des Kunden ganz oder teilweise nicht erfolgt. Zumutbar

sind dem Auftraggeber in der Regel Mahnungen und Betreibungen. Bestehen intakte Erfolgsaussichten, sind auch Inkassoprozesse zu führen. Diesfalls ist auf den erzielten Schadenersatz Provision abzuführen (BÜHLER, Art. 418h N 16 f.).

16.1.5 Weitere Modalitäten

581 Art. 418g Abs. 2 OR regelt ausdrücklich, dass der Exklusivagent einen Provisionsanspruch auch auf jene Geschäfte hat, die direkt zwischen dem Auftraggeber und dem Kunden abgeschlossen werden, sofern es um Kunden seines Vertragsgebietes geht oder aus seinem Kundenkreis. Nicht relevant ist, wo das Geschäft abgeschlossen wurde oder wo es erfüllt wird.

582 Art. 418g OR ist nicht zwingend, wobei der Gesetzgeber unterscheidet zwischen Abweichungen zufolge auch nur mündlicher Abmachung und schriftlichen Vereinbarungen. Von der gesetzlichen Regelung abgewichen werden kann nur schriftlich auf den Anspruch auf Werbungsprovisionen (Art. 418g Abs. 1 OR), ebenfalls nur schriftlich über den Zeitpunkt des Entstehens des Provisionsanspruchs (Art. 418g Abs. 3 OR) und (aber auch nur mündlich) über die Exklusivagentur (Art. 418g Abs. 2 OR). Zwingend ist demgegenüber, welcher Zusammenhang zwischen dem Geschäftsabschluss und der Tätigkeit des Agenten als Voraussetzung für den Provisionsanspruch bestehen soll (BÜHLER, Art. 418g N 26).

583 Nach Art. 418i OR wird die Provision mangels anderer Abrede oder Üblichkeit auf Ende des Kalenderhalbjahres, in denen das Geschäft abgeschlossen wurde, abgerechnet; im Versicherungsgeschäft nach Massgabe der Zahlung der ersten Jahresprämie.

584 Grundlage der Provisionsabrechnung ist mangels schriftlicher Abrede die vom Auftraggeber zu erstellende Abrechnung der provisionspflichtigen Geschäfte. Dem Agenten steht ein entsprechendes Akteneinsichtsrecht zu. Dieses Kontrollrecht kann auch auf einen Sachverständigen übertragen werden (BÜHLER, N 13 zu Art. 418k OR).

585 Gemäss Art. 418e Abs. 2 OR gilt der Agent vermutungsweise nicht als ermächtigt, Zahlungen entgegen zu nehmen. Dies kann vereinbart werden. Diesfalls steht dem Agenten mangels anderweitiger Vereinbarung oder Üblichkeit eine Inkassoprovision zu. Dies ist eine separate Abmachung zum übrigen Agenturverhältnis und kann demzufolge Kraft einfachen Auftragsrechts jederzeit widerrufen werden (BÜHLER, Art. 418l N 1).

586 Schliesslich steht dem Agenten ein zusätzliches Entgelt zu, wenn er das Delkredere übernimmt. Das Gesetz unterscheidet in Art. 418c Abs. 3 OR zwei Fälle: Zum einen das Einstehen für die Zah-

lung oder anderweitige Erfüllung der Verbindlichkeiten des Kunden, zum anderen die Haftungsübernahme für Kosten der Einbringung von Forderungen. Ob dies als Garantievertrag gemäss Art. 111 OR (so WETTENSCHWILER, Art. 418c N 6, ohne weitere Begründung) oder als Bürgschaft (so mit weiteren Hinweisen BÜHLER, Art. 418c OR N 36) zu qualifizieren ist, ist umstritten. Ohne eine gültige Schuldverpflichtung mit dem Kunden lässt sich keine Delkrederehaftung des Agenten ableiten. Sie ist also akzessorisch, weshalb in Ergänzung Bürgschaftsrecht anzuwenden ist (trotz dem Formerfordernis der einfachen Schriftlichkeit). Übernimmt der Agent das Delkredere (Art. 418c Abs. 3 OR), kann die Provision mit dem Delkredereanspruch verrechnet werden.

16.1.6 Finanzielle Ansprüche nach Vertragsbeendigung

587 Auch nach Beendigung des Agenturverhältnisses kann einem Agenten ein Provisionanspruch zustehen. Dies ist der Fall, wenn Nachbestellungen von einem vom Agenten während dem Agenturverhältnis gewonnenen Kunden noch vor Beendigung des Agenturvertrages einlaufen. Es genügt also, dass der Auftraggeber die Nachbestellung erhält, bevor der Agenturvertrag beendet wird. Der Provisionsanspruch entsteht allerdings, wie auch bei der normalen Geschäftsvermittlung, erst mit Abschluss des Vertrags (BÜHLER, Art. 418t N 4). Auch für Vermittlungsagenten besteht ein Provisionsanspruch, welche zwar noch vor Beendigung des Agenturvertrags vermittelt wurden, allerdings erst nach Beendigung des Vertrages abgeschlossen werden (BÜHLER, Art. 418t N 8). Beim Abschlussagenten braucht es entsprechend den Vertragsabschluss vor Beendigung des Agenturvertrages, wobei die Ausführung auch erst nach Beendigung des Vertrages erfolgen kann.

588 Schliesslich spricht Art. 418t Abs. 2 OR von einem Ersatzanspruch des Agenten bei Beendigung des Agenturverhältnisses. Dazu sind folgende Ansprüche – neben jenen auf Provision – zu zählen: Anspruch des Einfirmenagenten auf Provisionsersatz (Art. 418m Abs. 2 OR), Schadenersatzanspruch bei schuldhafter Pflichtverletzung des Auftraggebers (Art. 418f und Art. 418m Abs. 1 OR), Schadenersatzansprüche gegen den Auftraggeber, der einen wichtigen Grund zur fristlosen Vertragsauflösung zu vertreten hat (Art. 418r OR), Anspruch auf Auslagenersatz (sofern vereinbart oder üblich nach Art. 418n OR), Anspruch auf Kundschaftsentschädigung (Art. 418u OR) sowie Anspruch auf Karenzentschädigung (Art. 418d Abs. 2 OR).

16.2 Besonderheiten des Kommissionsagenturvertrags

589 Anders als der Agent hat der Kommissionsagent gleich wie der Kommissionär das Kauf- oder Verkaufsgeschäft mit dem Kunden nicht nur abzuschliessen, sondern zur Besorgung zu übernehmen, d. h. auszuführen. Gleich wie der Kommissionär hat deshalb der Kommissionsagent einen Provisionsanspruch erst mit der Ausführung des Rechtsgeschäfts (Art. 425 und Art. 432 Abs. 1 OR). Das Inkasso gehört entsprechend zur gewöhnlichen Tätigkeit des Kommissionsagenten und wird durch die normale Provision abgegolten. Eine gesonderte Inkassoprovision ist also nicht geschuldet (DUBLER, Kommissionsagenturvertrag, 172).

590 Das bedeutet, dass der Kunde des Kommissionsagenten seine Verpflichtungen vollständig erfüllt haben muss, d. h. er muss entweder geliefert oder den Erlös vom Dritten erhalten haben (DUBLER, Kommissionsagenturvertrag, 163 f.).

591 Kommen vom Kommissionsagenten abgeschlossene Geschäfte nicht zur Ausführung, so gilt es zweierlei zu unterscheiden: Liegt der Grund in der Person des Auftraggebers, entsteht dennoch ein Provisionsanspruch (Art. 432 Abs. 1 OR). Liegen die Gründe beim Kunden, Dritten oder liegen objektive Gründe vor, so hat der Kommissionsagent einzig Anspruch auf eine Vergütung für seine Bemühungen (Art. 432 Abs. 2 OR).

16.3 Alleinvertriebsvertrag

16.3.1 Anwendung des Kaufrechts

592 Der Alleinvertriebsvertrag ist ein Rahmenvertrag, unter dem im Rahmen des Sukzessivlieferverhältnisses einzelne Liefergeschäfte zwischen Vertriebsgeber und Vertriebsnehmer zustande kommen. Zwar werden im Alleinvertriebsvertrag oft schon bereits die Konditionen der Liefergeschäfte wie etwa Lieferfristen, Bestellungsvorgänge, Gewährleistungsfragen oder Zahlungsmodalitäten im Detail geregelt. Dies ändert allerdings nichts daran, dass es sich auf dieser transaktionalen Ebene (im Gegensatz zur relationalen Ebene des Alleinvertriebsvertrags) um Kaufverträge zwischen Lieferanten und Alleinvertreter handelt.

593 Es wird deshalb diesbezüglich auf die einschlägige Literatur zum Kaufvertrag verwiesen.

16.3.2 Zollrecht

594 Handelt sich um eine Vertragsbeziehung innerhalb des Geltungsbereichs des Freihandelsabkommens Schweiz-EU, werden für gewerbliche Produkte mit wenigen Ausnahmen keine Zölle erhoben. Die Zollfreiheit findet Anwendung auf so genannte Ursprungserzeugnisse der EU bzw. der Schweiz.

595 «Dies sind Erzeugnisse, die entweder vollständig in einem der genannten Gebiete erzeugt oder unter Verwendung von Drittlandserzeugnissen hergestellt wurden, die in ausreichendem Masse be- oder verarbeitet worden sind. Eine ausreichende Be- oder Verarbeitung setzt grundsätzlich voraus, dass das hergestellte Produkt einer anderen vierstelligen Zolltarifposition zugeordnet ist, als das bei der Produktion verwendete Drittlandsvormaterial. Im Zweifel sollte deshalb immer beim Zollamt nachgefragt werden, ob der Produktionsvorgang ausreicht, den Ursprung zu begründen. Ist dies der Fall, so hängt die Zollfreiheit weiter davon ab, dass der Ursprung durch eine Warenverkehrsbescheinigung nachgewiesen wird» (Paetzold, 35 f.).

16.4 Franchisevertrag

16.4.1 Franchisegebühren im Allgemeinen

596 Üblicherweise wird im Franchising unterschieden zwischen

- Eintrittsgebühr
- Laufende Gebühren
- Werbegebühren (statt vieler Flohr, Franchiserecht, N 148)

597 Die Terminologie ist allerdings nicht einheitlich. Zum Teil wird auch von Einstiegsgebühr, Einmallizenz oder Eintrittszahlung gesprochen. Bei laufenden Gebühren ist zunehmend auch der Begriff «Royalty» anzutreffen.

598 Aus der häufigen Verwendung des Begriffs «Gebühr» ist abzuleiten, dass die Leistung des Franchisenehmers nicht voraussetzungslos, sondern nur als adäquates Entgelt für eine bestimmte Leistung des Franchisegebers bezahlt werden muss. Dies ergibt sich bereits aus Art. 21 OR.

16.4.2 Grundsätze bei der Festlegung

599 Bei der Festlegung der Höhe der Gebühren sind die Parteien grundsätzlich frei. Massgebliche Überlegungen sind die Folgenden:

- Bestehen von Know-how des Franchisegebers.
- Erfahrungshorizont des Franchisegebers mit dem zu franchisierenden Geschäftsmodell.

- Brauchbarkeit und Tauglichkeit des Franchisekonzeptes.
- Umfang der typischen Akquisitionsleistungen und Eingliederungsmassnahmen (Schulungen) des Franchisegebers.
- Umfang der Entwicklungsleistungen für das Franchisekonzept unter Berücksichtigung der Amortisierungsdauer.
- Mass der laufenden Leistungen des Franchisegebers.
- Umfang eines etwaigen Vertragsgebietes und damit Berücksichtigung des Marktpotentials.

600 Die Praxis ist uneinheitlich. Zum Teil wird gänzlich auf Einstiegsgebühren verzichtet, zum Teil werden sie individuell festgelegt.

601 Zur Ermittlung der «richtigen» Franchisegebühr besteht in der Schweiz keine Übung (siehe dennoch die allgemeinen Überlegungen betreffend Festsetzung der Höhe von Lizenzgebühren und die Angabe von Grössenordnungen in Hilty, 493).

602 Das Bundesgericht äussert sich in BGE 118 II 165 zur Höhe der Franchisegebühr nur mit Bezug auf die Frage, ob die einseitig erlassende Gebührenerhöhung von 1 % auf 7 % des Umsatzes rechtens war. Auf die an sich wesentlichen Hinweise der Franchisegeberin, die Erhöhung der Gebühren sei durch verkaufsfördernde Massnahmen, Produktivitätssteigerung und erhöhtes Kostenbewusstsein problemlos wettgemacht worden, wurden vom Gericht nicht eingegangen, weil sie im kantonalen Verfahren nicht vorgebracht worden sind (BGE 118 II 166).

603 Der Eintrittsgebühr kommen in der Regel verschieden Funktionen zu: Einerseits sind sie als Entgelt für die Eingliederungsmassnahmen und mit der Betriebseröffnung erbrachten Leistungen sowie Grundentgelt für die Nutzung der immateriellen Güter zu sehen, andererseits sind sie eine Beteiligung an den regelmässig hohen Kosten von Planung und Aufbau des Franchisesystems.

604 Entsprechend kommt grundsätzlich bei einer vorzeitigen Beendigung des Franchisevertrags eine «pro rata temporis»-Erstattung der Einstiegsgebühr nicht in Frage, vorausgesetzt, diese Eingliederungsmassnahmen und Ausstattungsleistungen wurden vertragskonform vom Franchisegeber erbracht.

605 Gelegentlich wird auch auf die Leistung laufender Franchisegebühren verzichtet, zugunsten einer Einkalkulierung in die Preise für Vertragsprodukte. Diesfalls spricht man von verdeckten Franchisegebühren. Dies bedingt konzeptionell allerdings eine 100%ige Bezugspflicht, andernfalls die Finanzierung des Vertriebssystem gefährdet sein kann.

606 Schliesslich kennen viele Franchisesysteme die Verpflichtung, so genannte Werbegebühren zu bezahlen. Diese Beträge werden vom Franchisegeber zweckgebunden verwendet.

16.4.3 Bemessungsgrundlage

607 Die häufigste Bemessungsgrundlage für laufende Franchise- und Werbegebühren ist der Umsatz des Franchisenehmers. Sie werden in der Regel in einem Prozentsatz abgerechnet. Dieser kann degressiv oder auch progressiv ausgestaltet sein oder auch mit einem «Dach» (Cap) versehen werden. Auch können minimale oder fixe Franchisegebühren vereinbart werden, ungeachtet der tatsächlichen wirtschaftlichen Ergebnisse des Franchisenehmers.

608 Es empfiehlt sich die Klarstellung im Vertrag, welche Umsatzträger als Bemessungsgrundlage beizuziehen sind (nur Umsatz mit Vertragsprodukten, Vertragsdienstleistungen oder auch solche mit Diversifikationsangeboten). Vom Franchisenehmer abzuführende Steuern werden normalerweise aus der Umsatzberechnung herausgerechnet, so etwa Mehrwertsteuer. Denkbar ist dies auch bei Drittspesen (etwa Versand). Zwar mögen derartige Berechnungen sachlich gerechtfertigt sein, weil sie den Versuch darstellen, nur die eigentliche Wertschöpfung als Berechnungsgrundlage der Franchisegebühren heranzuziehen. Doch ist nicht zu übersehen, dass derartige Berechnungsmethoden administrativ kompliziert erscheinen mögen.

16.4.4 Weitere Modalitäten

609 Um das Inkassorisiko abzusichern, bedienen sich Franchisesysteme zuweilen auch separater Sicherungsabreden, etwa durch Stellen von Bankgarantien oder der Leistung einer Kaution.

610 Üblicherweise werden für die laufenden Franchisegebühren feste Fälligkeitsdaten vereinbart. Diese sind als Verfalltage zu verstehen und lösen die Verzugszinspflicht ohne erforderliche Mahnung aus (Art. 102 Abs. 2 OR).

611 Der Franchisenehmer ist – wie der Alleinvertriebsnehmer – Eigenhändler. Es wird diesbezüglich ergänzend auf die Ausführungen zum Alleinvertriebsvertrag verwiesen.

16.5 Checkliste

- Welche finanziellen Beziehungen bestehen zwischen Vertriebsgeber und Vertriebsnehmer?
- Besteht bei Warentransaktionen ein internationaler Bezug?
- Auf welcher Bemessungsgrundlage soll die Abrechnung von etwaigen Gebühren erfolgen?

17. Umstrukturierungen

17.1 Problemstellung und rechtliche Grundlagen

612 Am 1.7.2007 trat das Bundesgesetz über Fusion, Spaltung, Umwandlung und Vermögensübertragung (Fusionsgesetz, FusG) in Kraft. Ziel des Gesetzes war und ist es, Umstrukturierungen von Unternehmen zu vereinfachen, seien sie unter den Gesellschaftsformen des OR oder juristischen Personen des ZGB organisiert, sowie die Überführung eines Instituts des öffentlichen Rechts in einen Rechtsträger des Privatrechts zu erleichtern. Gleichzeitig war ein wichtiges Anliegen des Gesetzgebers, die rechtlichen Rahmenbedingungen solch struktureller Veränderungen nicht nur dem Prinzip der Privatautonomie anzuvertrauen, sondern durch ein neues Gesetz insbesondere auch den schützenswerten Interessen Dritter (vornehmlich der Gläubiger und Arbeitnehmer) Rechnung zu tragen (Botschaft zum FusG, 4344). So regelt das FusG abschliessend die Absorptions- und die Kombinationsfusion, die Auf- und Abspaltung, und die Umwandlung sämtlicher Rechtsträger sowie die Vermögensübertragung zwischen sämtlichen Rechtsträgern. Rechtsträger sind dabei im FusG (Art. 2 lit. a) definiert und umfassen im wesentlichen alle Kapital-, Kollektiv- und Kommanditgesellschaften, Genossenschaften, Vereine, Stiftungen, wie auch im Handelsregister eingetragene Einzelfirmen und schliesslich die Institute des öffentlichen Rechts.

17.2 Lehre und Rechtsprechung

613 Bei vertraglichen Vertriebssystemen, seien es Agentur-, Kommissions-, Franchise- oder sonstige Vertriebsverträge, besteht ein wesentliches Charakteristikum darin, gerade keine juristische Einheit zwischen Vertriebsgeber und Vertriebsnehmer zu schaffen. Somit steht die Frage nach dem Schicksal der vertraglichen Beziehungen zwischen an einer Umstrukturierung beteiligten Rechtsträgern und deren Vertriebs-Vertragspartnern (nachfolgend als Drittparteien bezeichnet) im Vordergrund; dabei spielt es offensichtlich keine Rolle, wer Vertriebsgeber und wer Vertriebsnehmer ist. Da die Drittpartei bezüglich ihrer Ansprüche aus dem Vertriebsverhältnis aber immer auch Gläubiger ist, interessieren natürlich auch die entsprechenden Gläubigerschutzbestimmungen des FusG. Allerdings unterscheidet sich die Drittpartei eines Vertriebsvertrages rechtlich betrachtet in ihrer Gläubigerstellung in den allermeisten Fällen nicht von den übrigen Gläubigern des umstrukturierenden Rechtsträgers. Deshalb erübrigt sich eine separate Darstellung dieser Problematik und es kann auf

die reichlich vorhandenen und meist auch ausführlichen Darstellungen zum FusG respektive der darin enthaltenen Ausführungen zum Gläubigerschutz verwiesen werden.

614 Das Schicksal der Verträge mit Aussenstehenden hat interessanterweise im FusG nur teilweise eine explizite Regelung erfahren. Die Frage ist deshalb differenziert zu beantworten. Ausgangspunkt ist die Feststellung, dass im Schweizer Recht die uno actu-Vertragsübertragung nicht geregelt ist, und deshalb eine als obligatorische Vereinbarung konzipierte Übertragung im Rahmen der Vertragsautonomie zusätzlich noch der Zustimmung der Drittpartei bedarf.

17.2.1 Fusion und Aufspaltung

615 Bei der Fusion geht der Vertragspartner, der übertragender Rechtsträger ist, gleichzeitig mit dem Eintrag der Fusion im Handelsregister und kraft Gesetzes unter (Art. 22 iVm Art. 3 Abs. 2 FusG); das war bereits nach dem alten Fusionsrecht nach OR so (Art. 748 ff. aOR). Vorbehältlich gesetzlicher Sonderbestimmungen (insb. Art. 338 f. OR) gehen gleichzeitig sämtliche Verträge auf dem Weg der Gesamtrechtsnachfolge kraft Gesetzesbestimmung vom übertragenden auf den übernehmenden Rechtsträger über (ZK FusG, Albrecht, Vor Art. 3–28, Rz 11). Mithin erübrigt sich die Frage nach einer Zustimmung der Drittpartei zur Auswechslung ihrer Gegenpartei. Dies ist allgemein anerkannt. Aber selbst ohne eine solche Konzeption wäre die Drittpartei in den extremsten der denkbaren Fälle immer noch besser bedient, eine ihr schlechterdings unzumutbare neue Gegenpartei zu haben, als dass sie jeglicher Gegenpartei und somit des Vertrages selbst verlustig ginge: So ist es ihr immerhin möglich, ein etwaiges Auflösungsrecht mit den sich daraus ergebenden Ansprüchen (vgl. nachvertragliche Abwicklungen) auf vertraglicher Basis geltend machen zu können.

616 Bei der Aufspaltung, die durch das FusG als neues Institut eingeführt wurde, werden sämtliche Aktiven und Passiven des übertragenden Rechtsträgers auf mehrere Rechtsträger verteilt; der übertragende Rechtsträger wird mit Eintragung der Aufspaltung im Handelsregister ebenfalls gelöscht (Art. 51 Abs. 3 FusG). Aus derselben Überlegung muss man auch bei der Aufspaltung von einer Universalsukzession ausgehen; dies ist ebenfalls allgemein anerkannt (Pfeifer/Meier, Vor Art. 29–52, Rz. 10 f.).

17.2.2 Abspaltung und Vermögensübertragung

617 Im Gegensatz dazu bleibt der übertragende Rechtsträger bei der Abspaltung und der Vermögensübertragung erhalten, wenngleich sich seine Substanz verringert hat, da nur die im Inventar aufgeführten

Aktiven und Passiven auf den übernehmenden Rechtsträger übergehen (lit b] der Art. 37 f. respektive des Art. 71 iVm Art. 72 FusG). Dieser Umstand macht diese beiden Formen der Umstrukturierung aus Sicht des Gläubigerschutzes problemanfällig (PFEIFER/MEIER, Vor Art. 29–52, Rz. 2). Zudem ergibt sich aus dem Gesetzestext nicht eindeutig, ob die im Rahmen einer Vermögensübertragung oder Abspaltung zu übertragenden Aktiven und Passiven kraft Gesetz in automatischer Rechtsnachfolge auf den übernehmenden Rechtsträger übergehen, oder ob es dazu der Zustimmung auch der Drittpartei bedarf. Rechtsdogmatisch lassen sich beide Sichtweisen stützen (vgl. dazu einlässlich ZK FusG, BERETTA, Art. 73 Rz. 37 mit weiteren Hinweisen).

618 Um eine im Geschäftsleben praktikable und damit dem Geschäftsverkehr zuträgliche Lösung zu wählen, muss davon ausgegangen werden, dass auch in diesen Fällen ein Übergang der Verträge auf den übernehmenden Rechtsträger kraft Gesetzes und ohne Zustimmung der Drittpartei zustande kommt: Der Fall, in dem der Drittpartner objektiv gerechtfertigte Einwände gegen den neuen Vertragspartner hat, wird – auf sämtliche Vertriebsverhältnisse betrachtet – wohl eher die Ausnahme bilden, auch wenn diese Möglichkeit teilweise sogar standardmässig in die Vertriebsverträge einfliesst. Sollte dies jedoch zutreffen, so steht der Drittpartei das Recht zu, den Vertrag auf den Zeitpunkt der Rechtswirksamkeit der Umstrukturierung hin zu beendigen (BERETTA, vor Art. 96–77, Rz 55 ff.). Diesfalls stellen sich dann die allgemeinen Fragen der Vertragsauflösung im Vertriebsbereich (insb. der goodwill- und Kundschaftsentschädigungen sowie des nachvertraglichen Konkurrenzverbotes). Diese Sichtweise bezügliche des automatischen Überganges kraft Gesetzes hat auch das Bundesgericht in seinem Entscheid vom 31. Januar 2006 (4C.385/2005) hinsichtlich der Abspaltung bestätigt: «Die Spaltung bewirkt eine partielle Universalsukzession. Mit der Eintragung ins Handelsregister gehen alle im Inventar aufgeführten Aktiven und Passiven von Gesetzes wegen auf die übernehmende Gesellschaft über (...) Dabei ist mit der beinahe einhelligen Lehre «partiell» dahingehend zu verstehen, dass es sich qualitativ um eine vollwertige Universalsukzession handelt, die aber quantitativ auf die im Inventar genannten Vermögenswerte beschränkt ist.» (E. 1.2.2). Für die Vermögensübertragung muss das gleiche gelten, da in dieser Frage keine Wertungsunterschiede zur Abspaltung auszumachen sind.

619 Der Drittpartei steht in diesen Fällen ein ausserordentliches Kündigungsrecht zu, wenn es ihr nicht zumutbar ist, mit dem neuen Partner das Vertriebsverhältnis fortzuführen. Dabei kommen in erster Linie Konstellationen in Betracht, in denen ein (direkter) Konkurrent den Platz des alten Vertragspartners einnehmen möchte, oder in denen

der neue Partner für die Aufrechterhaltung der Qualitätsanforderungen (etwa im Bereich Ausbildung oder Infrastruktur) nicht mehr genügende Gewähr bieten kann. Grundsätzlich muss aber die Messlatte für eine solche ausserordentliche Auflösung hoch angesetzt werden. Ein vertragliches Abtretungsverbot alleine vermag eine Umstrukturierung nach FusG nicht verhindern, da der obligatorischen Abrede durch das Prinzip der automatischen Rechtsnachfolge kraft Gesetzes derogiert wird. Allerdings ist in diesen Fällen ohne weiteres ein Rücktrittsrecht zu bejahen (VISCHER, Einleitung, Rz 40).

620 Ein ausdrückliches Kündigungsrecht ist bereits in vielen Musterverträgen enthalten und es spricht nichts dagegen, diese Möglichkeit auch für unakzeptable Resultate von Umstrukturierungen geltend zu machen. Dies gilt insbesondere auch für die Fusion und die Aufspaltung, obwohl dort die Rechtsfolge der Universalsukzession allgemein anerkannt ist.

621 Damit werden im Resultat zwei Ziele erreicht: Das grosse Mehr der Umstrukturierungen kann effizient geplant und umgesetzt werden, ohne dass die Drittparteien unnötigerweise einbezogen werden müssen. In den Ausnahmefällen, in denen sich eine Wechsel des Vertragspartner als sensibel abzeichnet, werden die an der Umstrukturierung beteiligten Parteien, im Wissen um deren Rücktrittsrecht, die Bereitschaft der Drittpartei zur Zusammenarbeit mit dem übernehmenden Rechtsträger entweder schon im Vorfeld der Umstrukturierung abklären oder – insbesondere wenn es sich um sog. key-accounts handelt – den Spaltungs- respektive Vermögensübertragungsvertrag unter eine entsprechende Suspensivbedingung stellen.

17.2.3 Umwandlung

622 Bei der Umwandlung bleibt der Rechtsträger weiter bestehen, allerdings in einem neuen Rechtskleid; die Rechtsverhältnisse des Rechtsträgers werden dadurch nicht verändert (Art. 53 FusG), insbesondere erfolgt weder eine Übertragung von Aktiven, noch von Passiven, noch einzelner Vertragsverhältnisse. Dieser Umstrukturierungstatbestand hat somit keinen strukturellen Einfluss auf bestehende Vertriebssysteme.

17.3 Kartellgesetz

623 Art. 1 Abs. 4 FusG macht einen ausdrücklichen Vorbehalt betreffend die weitere Anwendbarkeit des KG; dessen Bestimmungen sollen durch das FusG in keiner Weise eingeschränkt werden. Mithin ist ein nach FusG zulässige Umstrukturierung gegebenenfalls zusätzlich daraufhin zu prüfen, ob dadurch «ein oder mehrere Unternehmen

unmittelbar oder mittelbar die Kontrolle über ein oder mehrere bisher unabhängige Unternehmen oder Teile von solchen erlangen» (Art. 4 Abs. 3 KG) und dadurch ein nach Massgabe von Art. 9 KG meldepflichtiger Unternehmenszusammenschluss erfolgt.

17.4 Vertragliche Gestaltungsmöglichkeiten

624 Es ist den Parteien einer Abspaltung oder einer Vermögensübertragung auf jeden Fall zu empfehlen, die Vertriebsverträge explizit in das Inventar der zu übertragenden Aktiven und Passiven (Art. 37 resp. 71, jeweils lit. b, FusG) aufzunehmen, da auch gesamte Vertragsverhältnisse darin aufgenommen werden können (Beretta, vor Art. 96–77, Rz 37). Somit ist im Hinblick auf die geschilderte und nach wie vor bestehende Unsicherheit hinsichtlich der Gesamtrechtsnachfolge der Parteiwille klarer zum Ausdruck gebracht.

625 Die Aufnahme eines Übertragungsverbotes kann zwar den Übergang des Vertriebsverhältnisses im Rahmen einer Umstrukturierung nach FusG nicht verhindern, garantiert der Drittpartei jedoch ein Kündigungsrecht für den Fall, dass sie mit dem neuen Vertriebspartner nicht einverstanden ist.

18. Inkrafttreten, Dauer und Beendigung

18.1 Inkrafttreten

18.1.1 Agenturvertrag

626 Das Schweizer Recht schreibt für den Agenturvertrag keine Form vor (Bühler, Art. 418a N 59). Allerdings sieht das Gesetz vor, dass einzelne Vereinbarungen, die vom dispositiven Recht abweichen, der Schriftform bedürfen

- Einfirmenagentur (Art. 418c Abs. 2 OR).
- Übernahme der Delkrederehaftung (Art. 418c Abs. 3 OR).
- Konkurrenzverbot (Art. 418d Abs. 2 OR).
- Vorbehalt, dass bei Zuweisung eines Vertragsgebietes oder Kundenkreises auch andere Agenten tätig sein dürften (Art. 418f Abs. 3 OR).
- Entfall einer Werbungsprovision (Art. 418g Abs. 1 OR).
- Entstehung des Provisionsanspruchs nicht bereits mit Geschäftsabschluss (Art. 418g Abs. 3 OR).
- Pflicht zur Aufstellung der Provisionsabrechnungen (Art. 418k Abs. 1 OR).
- Verkürzung der gesetzlichen Kündigungsfrist im ersten Jahr der Vertragsdauer (Art. 418q Abs. 1 OR).
- Spätere Fälligkeit von Provisionsansprüchen als mit Beendigung des Vertrags für Geschäfte, die ganz oder teilweise nach Vertragsbeendigung zu erfüllen sind (Art. 418t Abs. 3 OR).

627 In der Regel werden Agenturverträge allerdings schriftlich abgeschlossen.

18.1.2 Alleinvertriebsvertrag/Franchisevertrag

628 Alleinvertriebs- und Franchisevertrag entstehen formlos (statt vieler Amstutz/Schluep, Einleitung vor Art. 184 ff. N 136 und N 154). Aus Beweisgründen ist es allerdings heute die Regel, dass solche Verträge angesichts der komplexen Regelungsmaterie schriftlich abgeschlossen werden.

629 Vertriebsverträge sind oft, bei Franchisesystemen sogar in der Regel, Formularverträge. Entsprechend sind die allgemeinen Kriterien betreffend die Gültigkeit von Allgemeinen Geschäftsbedingungen sowie im Besonderen die Anwendung von Art. 8 UWG zu beachten (zum Ganzen Baudenbacher, Kommentar, Art. 8 N 1 ff., sowie die Ausführungen Rz 260 ff.).

18.2 Dauer

18.2.1 Mindestdauer

630 Als Dauerschuldverhältnisse werden Vertriebsverträge in aller Regel auf eine bestimmte Mindestdauer abgeschlossen, um auch den etwaig zu tätigenden Investitionen der Parteien angemessen Rechnung zu tragen (WILDHABER, Wachstumsstrategie, 196).

631 Wird ein Alleinvertriebsvertrag oder Franchisevertrag über die Mindestvertragsdauer hinaus weitergeführt, so ist von einem unbefristeten Vertragsverhältnis auszugehen (so zum Alleinvertriebsvertrag MEYER, 269 f.; WILDHABER, Wachstumsstrategie, 196).

18.2.2 Schranken der Vertragsdauer

632 Das Bundesgericht ist zwar zurückhaltend bei der Einschränkung der Freiheit der wirtschaftlichen Betätigung. Dennoch sind die Schranken des Persönlichkeitsrechts und damit Art. 20 OR mit Bezug auf eine etwaige übermässige zeitliche Bindung zu beachten. Gemäss BGE 114 II 159 ff. muss eine wirtschaftliche Einschränkung allerdings nur dann als übermässig angesehen werden, wenn «sie den Verpflichteten der Willkür eines anderen ausliefert, seine wirtschaftliche Freiheit aufhebt oder in einem Masse einschränkt, dass die Grundlagen seiner wirtschaftlichen Existenz gefährdet sind.»

633 Gerade zum Franchisevertrag ist festzuhalten, dass vor dem Hintergrund, dass nicht nur der Franchisenehmer Leistungen erbringt, sondern auch der Franchisegeber namentlich Schulungen, laufende Beratung und Know-how-Transfer leistet sowie Optimierungspflichten das Franchisesystem betreffend übernimmt, ein Franchisevertrag wohl nur selten eine unzulässige übermässige zeitliche Bindung aufweisen dürfte (WILDHABER, Wachstumsstrategie, 197; a.M. STEIN-WIGGER, 256 f., der eine analoge Anwendung von Art. 334 Abs. 3 OR befürwortet, allerdings für «unternehmensbezogene» Franchisenehmer diese Regelung doch nicht anwenden will und damit nur die «personenbezogenen, kleingewerblichen Franchisenehmer, ohne nennenswerten kaufmännischen Apparat» im Auge hat; eine Übersicht zur Rechtsprechung zu «überlangen» Verträgen bei HUGUENIN, Kommentar, Art. 27 N 15).

18.3 Ordentliche Beendigung

18.3.1 Agenturvertrag

634 «Ist der Agenturvertrag auf bestimmte Zeit abgeschlossen, oder geht eine solche aus seinem Zweck hervor, so endigt er ohne Kündigung mit dem Ablauf dieser Zeit.» (Art. 418p Abs. 1 OR).

635 Gleiches gilt, wenn der von den Parteien vereinbarte Zweck erreicht ist. Dies kann etwa dann der Fall sein, wenn ein Warenlager vollständig veräussert worden ist (BÜHLER, Art. 418p N 6).

636 «Wird ein auf eine bestimmte Zeit abgeschlossenes Agenturverhältnis nach Ablauf dieser Zeit für beide Teil stillschweigend fortgesetzt, so gilt der Vertrag als für die gleiche Zeit erneuert, jedoch höchstens für ein Jahr.» (Art. 418p Abs. 2 OR). Anders die Situation, wenn dem Auflösen des befristeten Vertrags eine Kündigung vorauszugehen hat. Diesfalls wird der Vertrag bei Unterbleiben der Kündigung für die ursprüngliche Vertragsdauer mit identischer Kündigungsfrist weitergeführt (BÜHLER, Art. 418p N 8). Diese Regelung unterscheidet sich von der arbeitsvertraglichen in Art. 334 Abs. 3, welche eine jederzeitige Kündbarkeit mit sechsmonatiger Frist auf einen für mehr als zehn Jahre abgeschlossenen Arbeitsvertrag vorsieht.

637 Ist ein Agenturvertrag nicht auf bestimmte Zeit abgeschlossen (oder geht eine solche nicht aus einem Zweck hervor), so gilt das Folgende:

- Im unterjährigen Agenturvertrag besteht eine Kündbarkeit nur auf das Ende des der Kündigung folgenden Monats (eine Verkürzung der Monatsfrist bedarf der Schriftlichkeit, die Verlängerung dagegen ist formlos möglich).
- Demgegenüber besteht eine zweimonatige Kündigungsfrist auf Ende des Kalendervierteljahres bei überjährigen Agenturverhältnissen. Eine kürzere Kündigungsfrist kann nicht vereinbart werden, wohl aber eine längere oder ein anderer Endtermin (Art. 418q OR).

638 Stillschweigende Fortsetzung eines ordnungsgemäss gekündigten auf unbestimmte Dauer abgeschlossenen Vertrages gilt als auf unbestimmte Dauer verlängert (BADERTSCHER/SPÖRRI, Art. 418q N 5).

18.3.2 Alleinvertriebsvertrag/Franchisevertrag

18.3.2.1 Anwendung des Auftragsrechts?

639 Beim Alleinvertriebsvertrag wie auch beim Franchisevertrag stellt sich die Frage, ob diese in Anwendung von Art. 404 Abs. 1 OR jederzeit beendbar sind oder ob (analog) andere Beendigungsregelungen des Nominatvertragsrechts anzuwenden sind.

640 Das Bundesgericht hat in BGE 115 II 464 ff. festgehalten, dass das jederzeitige Auflösungsrecht von Art. 404 OR zwingend sei und sowohl reine Auftragsverhältnisse als auch gemischte Verträge, für welche hinsichtlich der zeitlichen Bindung der Parteien die Bestimmungen des Auftragsrechtes als sachgerecht erscheinen, beschlagen. Noch in BGE 109 II 462 ff. hat das Bundesgericht die Auffassung vertreten, dass es Verträge auf Arbeitsleistung sui generis gäbe, die sich nicht vorbehaltlos dem Recht über den einfachen Auftrag unterwerfen liessen.

18.3.2.2 Alleinvertriebsvertrag

641 Der Alleinvertriebsvertrag ist ein auch auf Arbeitsleistung ausgerichteter Vertriebsvertrag, womit sich die Frage stellt, ob die auftragsrechtlichen oder analog andere Bestimmungen zur Beendigung anwendbar sind.

642 Die herrschende Lehre und Rechtsprechung vertritt die Auffassung, dass bei unterjährigen Vertragsverhältnissen Agenturvertragsrecht (Art. 418q Abs. 1 OR) anzuwenden sei; bei überjährigen Alleinvertriebsverhältnissen allerdings die Frist des Gesellschaftsrechts (Art. 546 Abs. 1 OR, sechs Monate; statt vieler FOUNTOULAKIS, 93 f., STEIN-WIGGER, 266 f. mit weiteren Hinweisen).

643 Begründet wird die Analogie zum Agenturvertragsrecht dadurch, dass «nach seiner wirtschaftlichen Aufgabe und seinem Platze im Handelsgewerbe [Der Alleinvertragshändler] ein Verwandter des Agenten» sei (BGE 78 II 36). Kritisch allerdings BGE 107 II 218, worin man die Anwendung von analog anzuwendenden Bestimmungen aus zwei Vertragstypen moniert, wonach eine Ungleichgewichtung der Interessen erfolge.

644 Für eine angemessene Kündigungsfrist gerade bei überjährigen Alleinvertriebsverträgen spricht allerdings die Ausprägung der relationalen Ebene zwischen Vertriebsgeber und Vertriebsnehmer. Diese Zweckgleichrichtung, welche üblicherweise mit nicht unerheblichen Investitionen seitens des Vertriebsnehmers verbunden ist, spricht für die Anwendung der längeren, im Nominatsvertragsrecht geregelten Frist im Recht der einfachen Gesellschaf (so auch MEYER, 272). Deutlich diesbezüglich BGE 107 II 220, wonach «sich der Rückgriff auf die Gesellschaft nicht nur darum rechtfertigt, weil in der Lehre eine solche Lösung befürwortet wird [...], sondern weil vor allem die Zusammenarbeit der Parteien einem Gesellschaftsverhältnis sehr nahe kommt».

18.3.2.3 Franchisevertrag

645 Das eben zum Alleinvertriebsvertrag Gesagte gilt entsprechend für den Franchisevertrag, wobei diesbezüglich gerade unter dem Gesichtspunkt der vom Franchisenehmer zu tätigenden Investitionen und in Anbetracht der ausgeprägten Integration in das Vertriebssystem des Franchisegebers einzig die Anwendung von Art. 546 Abs. 1 OR sachgerecht erscheint. Dies trägt dem Umstellungsbedürfnis des Franchisenehmers bei Vertragsbeendigung Rechnung (statt vieler AMSTUTZ/SCHLUEP, Einleitung vor Art. 184 ff N 170, mit weiteren Hinweisen). Die Anwendung der Frist von Art. 546 Abs. 1 OR berücksichtigt auch die berechtigten Erwartungen des Franchisegebers, welcher in aller Regel einen aufwendigen Auswahlprozess vor Abschluss eines

Franchisevertrags mit einem Interessenten durchläuft und damit ebenfalls erhebliche Investitionen im Hinblick auf das Eingehen des Franchiseverhältnisses tätigt. Derart aufwendige Akquisitions- und Assessment-Prozesse brauchen einen angemessenen zeitlichen Vorlauf, dem auch die ausreichend lange Kündigungsfrist für die Rekrutierung eines Nachfolgers des Franchisenehmers Rechnung trägt.

18.4 Ausserordentliche Beendigung

18.4.1 Agenturvertrag

18.4.1.1 Wichtige Gründe

646 Gemäss Art. 418r OR kann der Agenturvertrag aus wichtigen Gründen sofort aufgelöst werden. Art. 418r Abs. 2 OR verweist diesbezüglich auf die Vorschriften des Arbeitsvertragsrechts.

647 Art. 418 r OR ist zwingend und darf auch für die Nebenagentur nicht wegbedungen werden (BÜHLER, Art. 418r N 7).

648 Gemäss Art. 337 Abs. 2 OR ist ein wichtiger Grund jeder Umstand, welcher die Fortsetzung des Vertrages für die die Auflösung erklärende Partei als unzumutbar erscheinen lässt (BÜHLER, Art. 418r N 3, mit weiteren Hinweisen).

649 Wichtige Gründe können bei wesentlichen oder nachhaltigen Vertragsverletzungen, aber auch beim Vorliegen objektiver Gründe, welche die Fortsetzung des Vertrages unzumutbar machen, bestehen.

650 Als wichtige Gründe kommen also etwa die Folgenden in Frage:

- Der Auftraggeber ist nicht in der Lage festzulegen, wann und ob er überhaupt liefern kann (BGE 89 II 36).
- Untätigsein des Agenten (BÜHLER, Art. 418r N 3).
- Ungerechtfertigte Arrestnahme von Kundenguthaben durch den Agenten (ZR 83 1984 Nr. 2).
- Konkurseröffnung über den Agenten (BADERTSCHER/SPÖRRI, Art. 418r N 3).
- Ganz allgemeine Treuverletzung, ungerechtfertigte Vorenthaltung oder unkorrekte Abrechnung der Provisionen (BÜHLER, Art. 418r N 5).

651 Im Einklang mit dem arbeitsvertragsrechtlichen Erfordernissen ist eine fristlose Vertragsauflösung ohne vorgängige Abmahnung nur bei Vorliegen einer gravierenden Vertragsverletzung zulässig (BÜHLER, Art. 418r N 6).

18.4.1.2 Verweis auf das Arbeitsrecht

652 Umstritten ist das Ausmass des Verweises auf die arbeitsvertragsrechtlichen Bestimmungen. Wo zur Zeit des Erlasses der agenturrechtlichen Bestimmungen auf den alten Art. 352 OR verwiesen wurde, ist der Verweis heute auf Art. 337 OR zu sehen. Dies bedeutet zum einen, dass die Kündigung begründet werden muss, wenn die andere Partei dies verlangt. Zum anderen stellt sich die Frage, ob bei entsprechender Anwendung von Art. 337 c OR bei einer ungerechtfertigen Kündigung durch den Auftraggeber der Agent auf die arbeitsvertragliche Ersatzforderung zu verweisen ist. Diese Meinung vertrat das Bundesgericht in BGE 125 III 16. Sachgerecht erscheint demgegenüber eher, dass bei Fehlen eines wichtigen Grundes der Agenturvertrag bis zum nächsten ordentlichen Kündigungstermin bzw. bis zum Ablauf der bestimmten Frist weiterzuführen ist (BÜHLER, Art. 418r N 8, mit weiteren Hinweisen). Aufgrund der fehlenden Wertungskongruenz zwischen Agentur- und Arbeitsvertrag (der Agent steht nur in einem sachlichen/wirtschaftlichen Abhängigkeitsverhältnis und gerade nicht in einem persönlichen Unterordnungsverhältnis wie der Arbeitnehmer, womit sich die «Zerrüttung» des Vertragsverhältnisses weit weniger manifestiert als bei dem auch auf persönlicher Ebene ausgeprägten Verhältnis zwischen Arbeitgeber/Arbeitnehmer) ist die Auffassung des Bundesgerichtes abzulehnen.

653 Analog zur arbeitsvertraglichen Regelung hat allerdings die Auflösung des Vertrages wiederum ohne Verzug zu erfolgen. Unzumutbar ist eben gerade nur, was eine Weiterführung des Vertragsverhältnisses nicht erlaubt. Wer sich bereit erklärt hat, mit der Gegenpartei in Kenntnis solcher wichtigen Gründe weiter zusammenzuarbeiten, kann sich nicht auf eine fristlose Kündigung zufolge wichtiger Gründe berufen (BGE 99 II 310). Der kündigenden Partei ist allerdings eine gewisse Überlegungsfrist zuzubilligen (BÜHLER, Art. 418r N 10, mit weiteren Hinweisen).

18.4.1.3 Weitere Gründe für eine ausserordentliche Beendigung

654 Art. 418s OR regelt die ausserordentliche Beendigung des Agenturvertrags zufolge Tod, Handlungsunfähigkeit oder Konkurs einer Partei.

655 Der Agenturvertrag erlischt automatisch durch Tod oder Eintritt der Handlungsunfähigkeit des Agenten sowie durch den Konkurs des Auftraggebers. Daraus ist zu schliessen, dass im Falle des Konkurses des Agenten keine Auflösung des Vertrages eo ipso erfolgt. Der Konkurs setzt allerdings einen wichtigen Grund für eine vorzeitige Vertragsbeendigung.

656 Die Möglichkeit, dass die Konkursverwaltung gemäss Art. 211 Abs. 2 SchKG im Konkurs zweiseitige Verträge unter Sicherstellung weiter-

führen könnte, ist aufgrund der klaren Bestimmung in Art. 418s OR nicht gegeben.

657 So wie der Konkurs des Agenten ist auch die Handlungsunfähigkeit des Auftraggebers kein automatischer Beendigungsgrund, setzt aber immerhin einen wichtigen Grund für die fristlose Auflösung des Vertrags (Bühler, Art. 418s OR N 12).

18.4.2 Alleinvertriebsvertrag / Franchisevertrag

18.4.2.1 Wichtige Gründe

658 Distributionsverträge sind Dauerschuldverhältnisse. Für die gesetzlich geregelten Dauerschuldverhältnisse bestehen regelmässig Vorschriften, die die vorzeitige Auflösung aus wichtigem Grund vorsehen (etwa Art. 266 g OR zur Miete, Art. 337 OR zum Arbeitsvertrag, Art. 418r OR zum Agenturvertrag). Gemäss Lehre und Praxis ist dies Ausdruck eines allgemeinen Prinzips, das grundsätzlich für alle Dauerverträge gilt (BGE 128 III 429 mit Verweis auf den Literaturstand und zum Grundsatzentscheid BGE 122 III 265). Das Bundesgericht hält fest, dass in verschiedenen Entscheiden die Auflösbarkeit eines Dauerschuldverhältnisses aus wichtigem Grund auch auf Innominatverträge ausgedehnt wurde (insbesondere zum Alleinvertriebsvertrag BGE 99 II 310).

18.4.2.2 Alleinvertriebsvertrag

659 Für die Beendigung eines Alleinvertriebsvertrags durch einseitige Erklärung einer Partei gelten nach Rechtsprechung die gleichen Vorschriften wie für den Agenturvertrag (BGE 89 II 33, sowie weitere Hinweise bei Fountoulakis, 94). Dies bezieht sich gemäss BGE 89 II 34 auch auf Art. 418r Abs. 2 OR. Diese Auffassung ist allerdings umstritten. Gerade angesichts der rein wirtschaftlichen Beziehungsebene in der typischen Konstellation zwischen Vertriebsgeber und Vertriebsnehmer fehlt es an der Unterordnung und der persönlichen Abhängigkeit und somit an einer Wertungskongruenz zwischen Alleinvertriebsvertrag und Arbeitsvertrag. Im Regelfall führt deshalb eine (ungerechtfertigte) Kündigung aus wichtigem Grund nicht zur Auflösung des Alleinvertriebsvertrags. Dieser dauert vielmehr bis zum Datum der nächstmöglichen Beendigung fort (Vulliety, 91 ff.; so auch Fountoulakis, 94).

660 Wie beim Agenturvertrag sind wichtige Gründe bei wesentlichen oder nachhaltigen Vertragsverletzungen zu sehen oder bei objektiven Umständen, welche eine Fortsetzung des Alleinvertriebsvertrags unzumutbar machen (etwa Kontrollwechsel, wirtschaftliche Erfolglosigkeit; dazu Egli, 162 ff.).

18.4.2.3 Franchisevertrag

661 Das vorgenannt Ausgeführte gilt entsprechend für die vorzeitige Vertragsbeendigung eines Franchisevertrags aus wichtigen Gründen (WILDHABER, Wachstumsstrategie, 198, mit weiteren Hinweisen). Wichtige Gründe können insbesondere in der Vernachlässigung der Absatzförderungspflicht, der Nichteinhaltung von massgeblichen Verfahrensrichtlinien, aber auch in der Verletzung vertraglich eingeräumter Exklusivität gesehen werden.

18.4.3 Beendigung aus anderen Gründen als einer Vertragsverletzung

662 Lässt sich der wichtige Grund aus einer Vertragsverletzung einer Vertragspartei ableiten, sind solche Fälle weniger problematisch als wenn eine Partei einen anderen Umstand als wichtigen Grund anführt.

663 In der Praxis stellt sich diese Problematik etwa dann, wenn aufgrund wirtschaftlicher Erfolglosigkeit eines Vertriebsnehmers die eine oder andere Partei diesen Vertrag aus wichtigem Grund vorzeitig beenden will. Ähnlich ist die Konstellation, wenn der Vertriebsgeber generell einen Rückzug aus dem entsprechenden Markt beabsichtigt und diesbezüglich alle bestehenden Vertriebsverträge (also nicht nur einen Einzelnen) aufzulösen beabsichtigt.

18.4.3.1 Wirtschaftliche Erfolglosigkeit

664 Nicht jede wirtschaftliche Erfolglosigkeit muss im Fehlverhalten einer Partei gründen. Es ist ohne weiteres denkbar, dass sich trotz an sich guter Produkte, ausreichenden Absatzbemühungen und Systembetreuung keine genügende Nachfrage einstellt, sei dies aufgrund konjunktureller oder wettbewerblicher Situation. Um den Parteien, aber auch einem Richter für den Fall einer etwaigen Streitigkeit eine Leitlinie zu geben, wann das Nichterreichen wirtschaftlicher Ergebnisse unzumutbar und damit einen wichtigen Grund darstellt, legen die Parteien in der Praxis oft vertraglich Sollwerte fest bzw. regeln, dass eine Zielvorgabe sich in einer bestimmten Bandbreite, oft ausgehend vom Durchschnittumsatz des Vertriebssystems, bewegen soll.

665 Mit einer solchen vertraglichen Regelung zeigen die Parteien auf, was aus ihrer Sicht als unzumutbar angesehen wird (zur Problematik vertraglich vereinbarter wichtiger Gründe sogleich nachstehend). Damit ist durchaus denkbar, dass auch wirtschaftliche Erfolglosigkeit die vorzeitige Vertragsbeendigung zufolge wichtigem Grund rechtfertigen kann (so auch EGLI, 164; andere Meinung STEIN-WIGGER, 292, der die Auffassung vertritt, dass bei ausbleibendem Erfolg der Absatzkooperation oder bei konjunkturbedingten Ertragseinbrüchen der nächst mögliche Kündigungstermin abzuwarten sei; dies dürfte nicht

immer den Interessen der Parteien entsprechen. Diese Auffassung dürfte stark durch das Bestandesschutzinteresse eines Vertriebsnehmers geprägt sein).

18.4.3.2 Rückzug aus dem Markt

666 Vom vorliegenden «Einzelfall» zu unterscheiden ist die Thematik, wenn sich ein Vertriebsgeber gänzlich aus dem Markt zurückziehen will und entsprechend beabsichtigt, die Vertriebsverträge vorzeitig zufolge wichtigen Grunds aufzulösen. In der US-amerikanischen Praxis wird ein Marktrückzug als «good cause» verstanden, wenn der Vertriebsgeber in «good faith and in the normal course of business» handelt und «legitimate business reasons» angeführt werden können (STEIN-WIGGER, 293, mit Hinweisen zur Rechtsprechung). Auch die deutsche Rechtsprechung befürwortet ein Beendigungsrecht, weil es einer Partei nicht zuzumuten sei, eine verlustbringende Tätigkeit lediglich im Interesse ihrer Absatzmittler fortzuführen (STEIN-WIGGER, 156, mit weiteren Hinweisen).

667 Dieser Auffassung ist auch unter schweizerischem Recht zuzustimmen. Ein Vertriebsgeber ist deshalb berechtigt, für den Fall eines Marktrückzugs die von ihm abgeschlossenen Vertriebsverträge vorzeitig fristlos aufzulösen. Beabsichtigt der Vertriebsgeber allerdings nur sein Systemkonzept neu auszurichten und beispielsweise nach erfolgter Auflösung der Vertriebsverträge die Geschäftstätigkeit selbst (im Direktvertrieb oder über Gruppenstrukturen) oder unter Nutzung eines neu konzipierten Vertriebsmodells fortzuführen, rechtfertigt dies keine vorzeitige ausserordentliche Kündigung des Vertriebsvertrages. Es ist aber zu fordern, dass ein Vertriebsgeber nach dem Grundsatz der Verhältnismässigkeit vorgeht und die am wenigsten einschneidende Massnahme ergreift (siehe dazu auch STEIN-WIGGER, 293 ff.).

18.4.4 Bedeutung vertraglich vereinbarter wichtiger Gründe

668 Es ist verbreitete Praxis, in Vertriebsverträgen einen Katalog über Umstände aufzunehmen, welche als wichtige Gründe gelten und damit zur fristlosen Beendigung des Vertriebsvertrages berechtigen sollen. Damit versuchen die Parteien eine Bewertung vorzunehmen, was ihrer Meinung nach als unzumutbar anzusehen ist und damit zur Kündigung berechtigen soll.

669 Fraglich ist, ob derartige Kataloge rechtsverbindliche Bedeutung haben und ob insbesondere der Richter bei seiner Beurteilung an die Einschätzung der Parteien gebunden ist.

670 Die deutsche Rechtspraxis hegt gegen solche Auflistungen keine Bedenken und prüft im Einzelfall lediglich, ob die von den Parteien im

Vertrag festgeschriebenen Voraussetzungen für die ausserordentliche Beendigung des Vertriebsvertrages erfüllt sind (siehe Hinweise bei STEIN-WIGGER, 296).

671 Der Meinungsstand zur Zulässigkeit vertraglicher Regelungen zur Konkretisierung wichtiger Gründe bei der Beendigung von Dauerschuldverhältnissen ist uneinheitlich: Zum einen wird die Möglichkeit einer Katalogisierung von Gründen befürwortet, die eine fristlose Auflösung erlauben sollen (HILTY, 982). Die gleiche Auffassung scheint in AMSTUTZ/SCHLUEP, Einleitung vor Art. 184 ff. N 173 vertreten zu werden, wonach aber eine Aufzählung von wichtigen Gründen nie abschliessend sein könne. Auch EGLI, 164, empfiehlt etwa die unverschuldete wirtschaftliche Erfolglosigkeit als selbstständigen Kündigungsgrund zu erfassen, der beide Parteien damit zur ausserordentlichen Kündigung berechtige. Demgegenüber wird zum Arbeitsvertrag vertreten, dass zufolge der absolut zwingenden Ausgestaltung von Art. 337 OR Konkretisierungen von Gründen, die zur fristlosen Entlassung führen sollen, wenig sinnvoll seien. Der Richter überprüfe frei, ob im Einzelfall die Unzumutbarkeit der Fortsetzung des Arbeitsverhältnisses gegeben sei (STREIFF/VON KÄNEL, Art. 337 N 26).

672 Zufolge des zwingenden Charakters des Rechts über die fristlose Kündigung aus wichtigen Gründen kann das ausserordentliche Kündigungsrecht nicht auf Sachverhalte ausgedehnt werden, die nicht als wichtiger Grund im Sinne des Gesetzes anzusehen sind (zur zwingenden Natur BGE 89 II 35 f., sowie allgemein mit weiteren Hinweisen STEIN-WIGGER, 296 f.). Zudem steht es den Parteien nicht zu, bestimmte Sachverhalte verbindlich von der Bewertung als wichtiger Grund auszunehmen (BGE 89 II 36). Parteiabreden haben allerdings insofern eine Bedeutung als sie ein Indiz darstellen, was aus Sicht der Parteien noch als zumutbar oder eben als unzumutbar erscheint. Entsprechend vermögen auch vertragliche Bestimmungen den Richter nicht zu binden, wonach bestimmte Modalitäten (etwa Verwarnung oder das Einhalten einer «grace period») vor Aussprechen der Kündigung zu erfüllen sind (zum Arbeitsvertrag STREIFF/VON KÄNEL, N 26 zu Art. 337 OR).

18.5 Checkliste

- Sollte eine minimale Vertragsdauer festgelegt werden?
- Berücksichtigt eine etwaige Kündigungsfrist für eine ordentliche Kündigung die erforderliche Umstellungsdauer?
- Welche Umstände in der Vertriebsbeziehung sind wesentlich und könnten bei Nichtbeachtung einen wichtigen Grund setzen?

19. Allgemeine Pflichten nach Vertragsbeendigung

19.1 Problemstellung

673 Bei der Beendigung eines Vertriebsverhältnisses gilt es verschiedenen rechtlichen und tatsächlichen Konsequenzen Rechnung zu tragen. Zu denken ist insbesondere an die Rückgabe von Vertragsmaterial wie Handbüchern, Waren und Ausstattungen oder aber auch das Erlöschen von Nutzungs- und Lizenzrechten (Marke, Patent, Firma).

674 Es stellt sich hier vorab die Frage nach der vertraglichen Vorsehung und daran anschliessend allenfalls die Verbindlichkeit entsprechender Abmachungen sowie auch allfällige dispositive Regelungen.

19.2 Rechtliche Grundlagen

19.2.1 Auftragsrechtliche Regelungen

675 Der Auftrag als «Rechtsbasis» verschiedener Vertriebsverträge regelt in Art. 406 OR, dass vom Beauftragten abgeschlossene Verträge bis zur Kenntnis der Vertragsauflösung den Auftraggeber verpflichten. Dies bedeutet auf den Vertriebsvertrag im Allgemeinen übertragen, dass bis zur Vertragsauflösung abgeschlossene Geschäfte noch nach den vertraglichen Konditionen behandelt werden. Im Umkehrschluss haben diese deshalb nach der Vertragsauflösung noch eine Vergütung zu erfahren.

676 Ebenso von Relevanz bei der Vertragsauflösung erscheint Art. 400 OR, wonach der Beauftragte Rechenschaft abzulegen und anvertrautet Güter (vom Auftraggeber oder Dritten) herauszugeben hat.

19.2.2 Agenturvertragliche Regelung

677 Art. 418v OR regelt als lex specialis, jedoch ohne weiter als die auftragsrechtliche Regelung zu gehen, dass vorbehältlich allfälliger Retentionsrechte alles gegenseitig Empfangene herauszugeben ist.

19.3 Rechtsprechung und Lehre

678 Zufolge der offensichtlich einvernehmlichen oder mindestens klaren Regelungen der nachvertraglichen Abwicklungen in Vertriebsverträgen haben sich die Gerichte kaum mit derartigen Sachverhalten zu befassen.

679 Dogmatisch ist das Verfahren mit Lagerbeständen eng mit der Frage des Investitionsschutzes verbunden, da auch hier die Amortisation getätigter Investitionen im Vordergrund steht (Stein-Wigger, 339).

680 Da in der Regel beidseitig ein erhebliches Interesse an einer Rückgabe von Vertragswaren bestehen dürfte, ist dem Vertriebsnehmer ein Rückgaberecht einzig dann zu verweigern, wenn er die Vertragsauflösung verschuldet hat (vgl. hierzu Stein-Wigger, 339, welcher ein schwerwiegendes Verschulden voraussetzt). Die überwiegende Lehre bejaht denn auch ein Rückgaberecht von Vertragswaren (Amstutz/Schluep, Einl. vor Art. 184 ff., N 175 m.w.H.). Begründet wird der Rückgabeanspruch mit der Treuepflicht des Vertriebsgebers (Stein-Wigger, 340) und als Korrelat zur vertraglichen Verpflichtung zur Haltung eines umfangreichen Warenlagers (vgl. zur Problematik auch Martinek / Wille, § 56 N 71).

681 Dieser Grundsatz gilt uneingeschränkt bei Markenware mit ausschliesslichen Vertriebskanälen, bedarf hingegen einer Relativierung bei leicht handelbarer Ware, welche weit verbreitet ist, von in Konkurrenz stehenden Händlern im selben Einzugsgebiet ebenfalls vertrieben wird und zudem keine Verpflichtung zur Haltung eines beträchtlichen Warenlagers besteht. Bei derartigen Konstellationen ist nicht einzusehen, weshalb nicht vertraglich das Rückgaberecht sollte ausgeschlossen werden können (ebenso Wildhaber, Franchising, Vorb. 184 f. N 41).

682 Der Rücknahmewert bemisst sich grundsätzlich am Zeitwert, womit die Gefahr der Zeitentwertung im unternehmerischen Risiko des Vertriebsnehmers liegt (Stein-Wigger, 340).

683 Als Beispiel für nachvertragliche Abwicklungsregelungen sei der Franchisevertrag angeführt, welcher regelmässig folgende Pflichten und Rechte vorsieht (Schwenninger, 1513 f. N 42.1 ff.):

- Entfernung sämtlicher auf das aufgelöste Vertriebsverhältnis hinweisende Zeichen, Schriften, Werbemittel und Ähnliches
- Rückgabe des Handbuchs und allenfalls elektronisch aufgezeichneter Unterlagen
- Herausgabe von Kundendaten
- Warenrückgabe gegen entsprechende Vergütung

684 Sollten sodann Domains, Marken oder Lizenzen auf den Namen des Franchisenehmers registriert worden sein, sind diese per Vertragsende zu löschen bzw. zu übertragen (Metzlaff, § 8 N 388).

685 Insbesondere bei weltweit tätigen Konzernen ist es immer wieder anzutreffen, dass die «regionalen» Domains (in der Schweiz .ch/.li) aus Praktikabilitätsgründen direkt vom Vertriebsnehmer registriert und betreut werden. Bei der Vertragsauflösung erlöschen jedoch unbese-

hen der registrierenden Partei die Nutzungs- und Lizenzrechte, womit diese Domains gemäss vertraglicher oder dispositiver Regelung übertragen werden müssen, was sich in der Rechtspraxis als durchaus problematisch erweisen kann.

19.4 Lösungsansätze / Vertragliche Gestaltungsmöglichkeiten

686 Um sich im Rahmen der nachvertraglichen Abwicklungen nicht unnötig aufhalten zu müssen – zumal das Interesse daran ein geringes sein wird – empfiehlt es sich, die gegenseitigen Rechte und Pflichten auf Rückgabe und Rückübertragung vertraglich klar zu regeln. Insbesondere das Vorgehen bezüglich allfälliger Warenrestbestände und immaterieller Rechte sollte für beide Seiten klar und transparent vorgesehen werden.

687 Da nach der schweizerischen Praxis der «Domain-Registrierungsgesellschaft» Switch eine treuhänderische Haltung von Domains nicht möglich ist, erfordert es einer klar definierten Übertragungspflicht des Vertriebsnehmers nach Vertragsbeendigung.

688 Sodann sollte es dem Vertriebsnehmer vertraglich untersagt werden, allenfalls vom Vertriebsgeber geschützte Marken in der Firma zu verwenden. Ansonsten kann dies bei Vertragsbeendigung relative umfangreiche Rechtsvorkehrungen nach sich ziehen, wenn der Vertriebsnehmer die Umfirmierung nicht freiwillig vornimmt.

19.5 Checkliste

- Wurden die mit der Vertragsauflösung einher gehenden Pflichten geregelt?
- Ist die Pflicht zur Warenrücknahme wie auch die damit zusammenhängenden Konditionen geregelt?

20. Nachvertragliche Geheimhaltungspflicht

20.1 Problemstellung

689 Die gegenseitige Geheimhaltung vertraulicher Daten nach der Vertragsbeendigung liegt im Interesse beider Parteien, birgt deren Preisgabe doch ein Schädigungspotential in sich. Seitens des Vertriebsgebers wird die nachvertragliche Geheimhaltung vielfach nur über das Konkurrenzverbot geregelt, ohne dass der Weitergabe ohne Verwertung zu Konkurrenzzwecken Beachtung geschenkt würde. Gerade deshalb lohnt die Abklärung des Schutzes des Geheimnisinhabers und die an eine Verletzung anschliessenden Sanktionsmöglichkeiten.

20.2 Rechtliche Grundlagen

20.2.1 Allgemeines

690 Da die gesetzlich geregelten Vertriebsverträge direkt oder indirekt auch auf Auftrags- und Arbeitsrecht verweisen, werden die entsprechenden Gesetzesregelungen nachfolgend ebenfalls behandelt.

20.2.2 Agenturrecht

691 «Der Agent darf Geschäftsgeheimnisse des Auftraggebers, die ihm anvertraut oder aufgrund des Agenturverhältnisses bekannt geworden sind, auch nach Beendigung des Vertrags nicht verwerten oder anderen mitteilen.» (Art. 418d Abs. 1 in Anlehnung an Art. 321a OR). Dazu hat der Agent die Interessen des Auftraggebers «mit der Sorgfalt eines ordentlichen Kaufmannes zu wahren» (Art. 418c Abs. 1 OR).

692 Auch wenn nicht speziell erwähnt, gelangt aufgrund des Generalverweises auf den Kommissionsvertrag bezüglich des Abschlussagenten in Art. 418b OR via Art. 425 Abs. 2 OR auch die nachfolgend dargestellte Bestimmung von Art. 321a OR in diesem Bereich zur Anwendung.

20.2.3 Auftragsrecht

693 Die «getreue» Geschäftsausführung des Beauftragten in Art. 398 Abs. 2 OR umfasst insbesondere auch eine Geheimhaltungsverpflichtung. Diese dauert dabei auch nach der Auftragsausführung fort. Dabei sind subsidiär die arbeitsrechtlichen Bestimmungen anwendbar (Art. 398 Abs. 1 OR).

694 Dem Wortlaut von Art. 402 OR kann zwar direkt keine entsprechende Formulierung entnommen werden, gleichwohl ist jedoch un-

bestritten, dass auch der Auftraggeber einer Geheimhaltungspflicht unterliegt, welche unter diese Bestimmung zu subsumieren ist. Entsprechend haftet der Auftraggeber nach Art. 402 Abs. 2 OR bei Nichtgelingen des Exkulpationsbeweises.

20.2.4 Arbeitsrecht

695 Art. 321a Abs. 1 OR bestimmt, dass der Arbeitnehmer «die berechtigten Interessen des Arbeitgebers in guten Treuen zu wahren» hat, während Abs. 4 präzisiert, dass der Arbeitnehmer auch «nach dessen Beendigung zur Verschwiegenheit verpflichtet» bleibt, «soweit es zur Wahrung der berechtigten Interessen des Arbeitgebers erforderlich ist».

696 Art. 328 und 328b OR verpflichten als Korrelat auch den Arbeitgeber, den Arbeitnehmer in seiner Persönlichkeit zu schützen, was auch für die Zeit nach Vertragsbeendigung gilt. Darunter ist insbesondere auch der Umgang mit persönlichen Daten zu subsumieren, welche per 1. Juli 1993 ausdrücklich als Schutzobjekte gesetzliche Aufnahme fanden (vgl. Rz. 401 ff.).

20.2.5 Bestimmungen über den unlauteren Wettbewerb

697 Sodann gilt es bezüglich der nachvertraglichen Geheimhaltungspflicht auch die gesetzlichen Bestimmungen des Gesetzes über den unlauteren Wettbewerb zu beachten. Art. 4 lit. c und Art. 6 UWG – welche sich jedoch insbesondere an den Nutzniesser eines Geheimnisverrates richten – sanktionieren die Verletzung der Geheimhaltungspflicht. Vorgesehen wird die Möglichkeit einer Klage mit dem Antrag um Erlass eines Verbots oder einer Beseitigung des rechtswidrigen Zustandes, auf Feststellung und Urteilspublikation und schliesslich auf Schadenersatz und Genugtuung nach den Bestimmungen von Art. 41 ff. OR (Art. 9 UWG).

20.3 Rechtsprechung und Lehre

20.3.1 Agenturvertrag

698 Das nachvertragliche Geheimhaltungsgebot nach Agenturvertrag orientiert sich nach herrschender Lehre an der auftragsrechtlichen Bestimmung von Art. 398 OR, da der selbständige Agent dem Auftraggeber näher steht als dem stark weisungsgebundenen Arbeitnehmer (WETTENSCHWILER, Art. 418d N 1; BÜHLER, Art. 418d N 4 m.w.H.). Aufgrund des gesetzlichen Verweises in Art. 398 Abs. 1 OR können die arbeitsrechtlichen Bestimmungen jedoch nicht ausgeblendet werden, da das Auftragsrecht explizit die Sorgfaltspflichten des Be-

auftragten mit denjenigen des Arbeitgebers gleichsetzt. Diese Frage dürfte sich jedoch von rein dogmatischer Relevanz erweisen, da die Pflichten nicht klar definiert und somit immer im Einzelfall zu bestimmen sind.

699 Die den kaufmännisch-organisatorischen schützenden Geschäftsgeheimnisse sind durch die Schutznorm ebenso umfasst wie auch das, die Produktionsabläufe und Konstruktionen schützende, Fabrikationsgeheimnis (BÜHLER, Art. 418d N 6 f. mit Beispielen).

700 Das Geschäftsgeheimnis definiert sich durch die beschränkte Anzahl von Kenntnisträgern sowie den erschwerten Zugang zu den Informationen, ein objektiv gerechtfertigtes Interesse an der Geheimhaltung und den Geheimhaltungswillen des Trägers (BÜHLER, Art. 418d N 8 ff.). Als den Agenturvertrag typisierende Geschäftsgeheimnisse sind Kundenlisten, Buchhaltungsunterlagen, Preislisten und Fabrikationsgeheimnisse zu erwähnen, welche im Rahmen der Berufsausübung anvertraut worden sind (BÜHLER, Art. 418d N 12 ff.).

701 Die Geheimhaltungspflicht besteht in absoluter Form und überdauert die Beendigung des Agenturverhältnisses. Es tritt nachvertraglich jedoch analog zum Arbeitsrecht eine gewisse Lockerung ein (BÜHLER, Art. 418d N 18). Die Geheimhaltungspflicht verjährt nicht, insbesondere auch nicht nach Ablauf eines Konkurrenzverbots (WETTENSCHWILER, Art. 418d N 3). Damit wird berechtigterweise den elementaren Kerngeheimnissen absoluter und zeitlich unbeschränkter Schutz eingeräumt.

702 Auch im deutschen Vertriebsrecht wird eine Geheimhaltungsverpflichtung angenommen, solange ein berechtigtes Interesse des Geschützten daran besteht (vgl. MARTINEK /ULLRICH, § 21 N 25 zum Vertragshändlervertrag).

703 Der Geheimnisverrat kann durch Verwertung wie auch Mitteilung an aussenstehende Dritte begangen werden (BÜHLER, Art. 418d N 15 ff.). Für eine Verletzung haftet der Agent auf das negative Vertragsinteresse, wobei der Anspruch sowohl auf eine vertragliche als auch eine ausservertragliche Grundlage abgestützt werden kann (BÜHLER, Art. 418d N 19 f.).

704 Auch wenn der Agenturvertrag nur die Geheimhaltungspflicht des Agenten regelt, gilt eine solche analog auch für den Auftraggeber. In der Praxis sind derartige Fälle jedoch bedeutungslos.

705 Die Bestimmungen zum Agenturvertrag sind analog auch auf weitere Vertriebsverträge, insbesondere den Franchise- und Alleinvertriebsvertrag anzuwenden. So ist die Interessenlage dort kongruent.

20.3.2 Auftrag

706 Auch im Auftragsrecht besteht eine das Vertragsverhältnis überdauernde Diskretions- und Geheimhaltungsverpflichtung (BGE 106 II 225 f.; WEBER, Art. 398 N 11; ZSR 1983 35 f.; FELLMANN, Art. 398 N 77) Im Rahmen der Geheimhaltungspflicht wird beim Auftrag immer auch auf das besondere Vertrauensverhältnis hingewiesen (FELLMANN, Art. 398 N 42). Abgeleitet wird die Verpflichtung originär aus Art. 28 ZGB, was nur teilweise richtig sein dürfte. Schon eher wird eine vertragliche Nebenpflicht anzunehmen sein, welche sich an den Interessen des Auftraggebers orientiert (vgl. FELLMANN, Art. 398 N 49 und 45 sowie N 60).

707 Bezüglich des Schutzobjekts kann grundsätzlich auf die Ausführungen zum Agenturrecht verwiesen werden, da sich dieses unbesehen des Vertragstyps kaum unterscheidet. Aufgrund des besonderen Vertrauensverhältnisses wird in Abweichung zu anderen Verträgen beim Auftrag primär das subjektive Interesse des Auftraggebers geschützt, selbst wenn dieses Ausfluss einer Laune oder Willkür darstellt (FELLMANN, Art. 398 N 64). Das Geheimhaltungsinteresse muss entsprechend nicht objektiv gerechtfertigt sein und gilt absolut (vgl. FELLMANN, Art. 398 N 69 ff. und 73 ff.).

708 Sanktioniert wird eine Verletzung auch im Auftragsrecht mittels Schadenersatz und Genugtuung (FELLMANN, Art. 398 N 96), wobei zusätzlich auch eine Strafbarkeit nach StGB oder UWG in Betracht gezogen werden kann, insbesondere dort wo eine berufsspezifische Geheimhaltungspflicht zusätzlich besteht.

709 Die Geheimhaltungspflicht nach Auftragsrecht ist auch auf andere Vertriebsverträge anwendbar, soweit diesen ein besonderes Vertrauensverhältnis zugrunde liegt oder aber eine stark persönliche Komponente besteht.

20.3.3 Arbeitsvertrag

710 Unbesehen vorstehender Ausführungen gilt es auch das via den gesetzlichen Verweisen auf das Auftragsrecht und dort im Lichte von Art. 398 Abs. 1 OR die arbeitsrechtliche Regelung kurz darzustellen. Eine analoge Anwendung jener Bestimmungen ist bei Vertriebsverträgen mit einer strengen Weisungsgebundenheit angezeigt, wie dies bei Franchisesystemen üblich ist.

711 Grundsätzlich ist der arbeitsvertragliche Sorgfaltsmassstab höher anzusetzen als derjenige des gewöhnlichen Beauftragten (vgl. BÜHLER, Art. 418d N 4). Offenkundig ist, dass eine nachvertragliche Geheimhaltungspflicht beider Parteien besteht, auch wenn im Gesetz lediglich eine arbeitnehmerseitige Behandlung erfolgt. Mit zunehmendem

Zeitablauf nach Vertragsauflösung wird das Geheimhaltungsinteresse geringer, besteht in abgeschwächter Form jedoch weitere (STREIFF/VON KÄNEL, Art. 321a N 13). Damit soll ein Ausgleich zwischen den Interessen des Arbeitgebers und des Arbeitnehmers auf uneingeschränkte berufliche Entwicklung gewährleistet werden.

712 Unter den Geheimnisschutz fallen nebst Geschäfts- und Fabrikationsgeheimnisse auch persönliche und finanzielle Informationen über den Arbeitgeber. Es findet auch hier eine Orientierung an den Interessen des Arbeitgebers statt (STREIFF/VON KÄNEL, Art. 321a N 12 unter der Anführung diverser Entscheide).

713 Der Kundenkreis ist zwar auch nach Vertragsschluss geheim zu halten, fällt jedoch nicht unter ein Verwertungsverbot, andernfalls die Bestimmungen über das Konkurrenzverbot hinfällig wären (ZR 2005 Nr. 18 E. 3b; vgl. auch METZLAFF, § 8 N 289 f.).

714 Sanktioniert wird ein Geheimnisverrat wie andere Treuebrüche auch mittels Schadenersatz; ein Genugtuungsanspruch dürfte kaum jemals bestehen (STREIFF/VON KÄNEL, Art. 321a N 15 mit Verweis auf N 3 und 8). Daneben besteht auch die Möglichkeit einer Kündigung des Arbeitsverhältnisses; bei Vertriebsverträgen ist analog eine ausserordentliche Vertragsauflösung möglich.

715 Schliesslich ist darauf hinzuweisen, dass die arbeitsrechtliche Bestimmung dispositiver Natur ist und von den Parteien wegbedungen werden kann (STREIFF/VON KÄNEL, Art. 321a N 17), da eine Geheimnispreisgabe nach erfolgter Zustimmung des Inhabers immer möglich ist.

20.3.4 Franchise-, und Alleinvertriebs- und weitere Innominatsverträge

716 Dem Franchise- und Alleinvertriebsvertrag ist auch ohne ausdrückliche Vereinbarung eine nachvertragliche Geheimhaltungspflicht immanent (AMSTUTZ/SCHLUEP, Einl. vor Art. 184 ff. N 138 und 161; WILDHABER, Franchising, Vorb. 184 ff. N 21; EBNETER, 170 ff.). An welche gesetzliche Regelung sich der Umfang der Geheimhaltungspflicht beim einzelnen Innominatsvertrag jedoch anzulehnen hat, kann nur individuell nach Prüfung des jeweiligen Vertrags beurteilt werden. Eine pauschale Antwort existiert deshalb nicht, da es im Einzelfall abzuklären gilt, welchem der gesetzlich geregelten Vertragstypen der konkrete Vertriebsvertrag am Nächsten steht, wodurch sich dann ein entsprechender Analogieschluss nahe legt.

717 Grundsätzlich ist für eine Anwendbarkeit der agenturrechtlichen Bestimmungen einzutreten, wobei bei einer stark persönlichen Komponente oder aber einer engen Weisungsgebundenheit des Vertriebsnehmers auch auf die auftrags- und arbeitsrechtlichen Bestimmungen zurückgegriffen werden muss.

718 Die Pflicht dauert dabei grundsätzlich bis zum Erlöschen des Geheimnischarakters der in Frage stehenden Immaterialgüter oder des Know-hows an, dürfen jedoch das wirtschaftliche Fortkommen des Vertriebsnehmers nicht beeinträchtigen (EBNETER, 171). Da es sich beim Franchiseverhältnis um eine engere Form der Zusammenarbeit als beim Alleinvertriebsvertrag handelt, ist bei jenem auch eine weitergehende Geheimhaltungspflicht anzunehmen. Diese hat sich dabei in beiden Vertragsverhältnissen grundsätzlich am Willen des Geheimnisinhabers zu orientieren.

20.4 Lösungsansätze / Vertragliche Gestaltungsmöglichkeiten

719 Da die nachvertragliche Geheimhaltungspflicht ohne Bezug zu einem Konkurrenzverbot dem Vertriebsnehmer oft nicht bewusst sein dürfte, legt es sich nahe, die geheimhaltungswürdigen Fakten vertraglich zu umschreiben und explizit auf die Weitergeltung des Geheimnisanspruchs nach Vertragsbeendigung hinzuweisen. Dadurch werden die Parteien auf die Problematik sensibilisiert, was auch die Gefahr einer Verletzung vermindert.

720 Eine Widerhandlung gegen die nachvertragliche Geheimhaltungspflicht kann zusätzlich mit einer Konventionalstrafe gesichert werden, da dadurch der meist schwer zu erbringende Schadensnachweis entfällt. Diese Vorkehrung stellt gleichzeitig auch ein taugliches Lenkungsinstrument dar.

20.5 Checkliste

- Bestehen geheimhaltungswürdige Informationen?
- Wurde auf die vertrauliche Behandlung besonders sensibler Daten vertraglich hingewiesen?
- Wurde eine ausreichende Sanktionierung für den Widerhandlungsfall vertraglich vorgesehen?

21. Das nachvertragliche Konkurrenzverbot (Wettbewerbs- bzw. Weiterverwertungsverbot) und die Karenzentschädigung

21.1 Einleitende Bemerkungen

721 Geht bei einem Vertriebsverhältnis die Zusammenarbeit über eine reine Lieferanten- / Abnehmerbeziehung hinaus, erhält der Vertriebsnehmer Einblicke in die vertraulichen Geschäftsinterna des Vertriebsgebers, was bereits unter der vertraglichen und nachvertraglichen Geheimhaltungspflicht abgehandelt wurde.

722 Nach der Beendigung des Vertriebsvertrags kann die vormals gleichgerichtete Interessenlage schlagartig diametral werden, indem der Vertriebsnehmer bspw. in geschäftliche Konkurrenz zum Vertriebsgeber tritt. Für derartige Fälle lässt sich der Vertriebsgeber gewöhnlich zum Schutze seiner Fabrikations- und Geschäftsgeheimnisse ein sog. nachvertragliches Konkurrenzverbot zusichern, welches meist mit einer Konventionalstrafe abgesichert wird.

723 Die Bezeichnung Konkurrenzverbot vermag in die Irre zu leiten, da es grammatikalisch korrekt wäre, von einem Weiterverwertungs- oder Wettbewerbsverbot zu sprechen. So soll und darf der Schutzzweck des Konkurrenzverbots nicht auf die Verhinderung von Konkurrenz abzielen und damit eine Marktregulierung bezwecken, sondern geheimhaltungswürdige Fakten vor deren Kundgabe an Dritte schützen.

724 Nicht behandelt wird im gegenwärtigen Kapitel die wettbewerbsrechtliche Zulässigkeit von Konkurrenzverboten. Es wird hier auf das spezielle Kapitel hierzu verwiesen (vgl. Rz 942 ff.).

21.2 Rechtliche Grundlagen

21.2.1 Agenturvertrag

725 Im Agenturrecht regelt Art. 418d OR die Geheimhaltungspflicht wie auch das Konkurrenzverbot. Nach Abs. 1 darf der Agent ihm im Rahmen des Agenturverhältnisses zur Kenntnis gelangte oder anvertraute Geschäftsgeheimnisse nach Vertragsbeendigung weder verwerten noch Dritten mitteilen.

726 Abs. 2 sieht die Möglichkeit der Vereinbarung eines Konkurrenzverbots ausdrücklich vor und verweist auf die Bestimmungen zum «Dienstvertrag». Gemeint sind damit die Bestimmungen von Art. 340 ff. OR zum Einzelarbeitsvertrag (Art. 319 ff. OR). Danach muss ein Konkurrenzverbot im Agentur- wie auch im Arbeitsrecht schriftlich vereinbart werden (Art. 418d Abs. 2 in Verbindung mit Art. 340 Abs. 1 OR).

727 Das Konkurrenzverbot im Agenturvertrag ist im Gegensatz zum Arbeitsvertrag jedoch ein entgeltliches. Dem Agent steht danach bei Vertragsende zwingend ein Anspruch auf ein «angemessenes besonderes Entgelt» zu.

21.2.2 Arbeitsvertragsrecht

728 Nach den auf den Agenturvertrag subsidiär anwendbaren, arbeitsrechtlichen Bestimmungen kann der Arbeitnehmer auf die Betreibung eines konkurrenzierenden Geschäfts, auf eine Tätigkeit in oder einer Beteiligung an einem solchen rechtsgültig verzichten (Art. 340 Abs. 1 OR).

729 Gültig ist eine Vereinbarung nur bei einem Einblick des Arbeitnehmers in den Kundenkreis oder in ein Geschäfts- oder Fabrikationsgeheimnis und die Verwendung dieser Kenntnisse ein hohes Schädigungspotential für den Arbeitgeber darstellen kann (Art. 340 Abs. 2 OR).

730 Das Verbot ist sachlich, örtlich und zeitlich zu begrenzen und darf grundsätzlich nicht länger als drei Jahre dauern. Ebenso darf das wirtschaftliche Fortkommen des Arbeitnehmers nicht unbillig erschwert werden (Art. 340a Abs. 1 OR). Ein übermässiges Verbot unterliegt nach Art. 4 ZGB der richterlichen Anpassung (Art. 340a Abs. 2 OR).

731 Eine Widerhandlung gegen ein vereinbartes Konkurrenzverbot zieht eine Schadenersatzpflicht des Arbeitnehmers nach sich, welche durch eine Konventionalstrafe mit möglichem Mehrforderungsvorbehalt im Voraus quantifiziert werden kann (Art. 340b Abs. 1 und 2 OR). Bei spezieller Vereinbarung kann der Arbeitgeber zudem auch die Beseitigung des vertragswidrigen Zustands verlangen (Art. 340b Abs. 3 OR).

732 Das Verbot wird hinfällig bei einem fehlenden Interesse des Arbeitgebers oder wenn dieser den Grund zur Beendigung des Arbeitsverhältnisses gesetzt hat, unabhängig von der Person des Kündigenden (Art. 340c OR).

21.2.3 Alleinvertriebsvertrag

733 Auf den Alleinvertriebsvertrag als nicht geregeltes Schuldverhältnis gelangen keine gesetzlichen Bestimmungen direkt zur Anwendung, nach herrschender Lehre jedoch analog diejenigen von Art. 418d und Art. 340 ff. OR (Amstutz/Schluep, Einl. vor Art. 184 ff. N 146 mit weiteren Verweisen; Martinek/Wille, § 56 N 70).

734 Bei der noch lockereren Rechtsbeziehung des Sukzessivliefervertrags ohne weitere Bindungselemente entfällt die Problematik weitgehend,

da nur in Ausnahmefällen überhaupt Fabrikations- oder Geschäftsgeheimnisse zur Kenntnis gelangen dürften. Sollte dem gleichwohl so sein, beanspruchen die Ausführungen für den Alleinvertriebsvertrag auch beim Sukzessivliefervertrag Geltung.

21.2.4 Franchisevertrag

735 Nach einem überwiegenden Teil der Lehre gelangen Art. 418d und Art. 340 ff. OR auch bei Franchiseverhältnissen zur Anwendung (vgl. Amstutz/Schluep, Einl. vor Art. 184 ff. N 178 m.w.H).

21.3 Rechtsprechung und Lehre zu den einzelnen Vertriebsverträgen

21.3.1 Allgemeines

736 Da das agenturrechtliche Konkurrenzverbot auf die Grundregelung des «Dienstvertrags» verweist, wird nachfolgend vorab das arbeitsrechtliche Konkurrenzverbot dargestellt.

21.3.2 Zum arbeitsrechtlichen Konkurrenzverbot

21.3.2.1 Einleitung

737 Kaum ein arbeitsrechtliches Themengebiet hat eine extensivere Auseinandersetzung in Rechtsprechung und Lehre erfahren wie das Konkurrenzverbot nach Art. 340 ff. OR. Es sei deshalb ein Zitat aus BGE 130 III 357 vorangestellt:

738 «Die in den Art. 340 ff. OR enthaltenen Regelungen macht die Wirksamkeit und die Rechtsfolgen des eigentlichen Konkurrenzverbots wie auch anderer nachvertraglicher Wettbewerbsbeschränkungen von einem ausgewogenen Interessenausgleich abhängig. Die Regelung verlangt eine Beurteilung im Einzelfall und erlaubt damit sehr wohl auch zu berücksichtigen, in welchem Ausmass die konkrete Ausgestaltung der Wettbewerbsbeschränkung die wirtschaftliche Freiheit des Arbeitnehmers tatsächlich beeinträchtigt.»

739 Zitierter Entscheid gibt das Spannungsfeld zwischen dem Interesse des Arbeitgebers am Schutze seiner Geschäftsgeheimnisse und dasjenige des Arbeitnehmers an seiner wirtschaftlichen Entfaltungsfreiheit wieder, welches eine kasuistische Betrachtung nach dem Bundesgericht zwingend indiziert.

21.3.2.2 Schutzzweck und Verbindlichkeit

740 Das Konkurrenzverbot bringt dem Arbeitnehmer keinen Gegenwert (ausser bei Vereinbarung der gesetzlich nicht vorgesehenen Karenzentschädigung) und begünstigt somit einseitig den Arbeitgeber und

dessen Interessen. Ebenso widerspricht ein Konkurrenzverbot grundsätzlich einer liberalen Marktordnung, weshalb STREIFF/VON KÄNEL im Rahmen einer Revision das Konkurrenzverbot enger definiert wissen wollen (Art. 340 N 3 OR).

741 Die notwendige Schriftlichkeit fordert eine klare Vereinbarung (Unklarheitsregel zulasten des Arbeitgebers), welche der Arbeitnehmer mittels Unterschrift ausdrücklich anerkennt (STREIFF/VON KÄNEL, Art. 340 N 5 f.).

742 Zur Verbindlichkeit muss der Arbeitnehmer weiter Einblick in Geschäftsgeheimnisse des Arbeitgebers im weiteren Sinne gehabt haben. Der Geheimnischarakter definiert sich durch eine beschränkte Anzahl von Kenntnisträgern, der objektiven Rechtfertigung des Geheimhaltungsinteresses sowie eines entsprechenden Willens des Arbeitgebers (COTTI, 84 N 210 ff.).

743 Während das Geschäftsgeheimnis die kaufmännischen und unternehmerischen Belange beschlägt, schützt das Fabrikationsgeheimnis technisches Spezialwissen. Schwieriger gestaltet sich aber die Eingrenzung des geschützten Kundenkreises. Die Schutzwürdigkeit einer Kundenliste ist nur dort gegeben, wo Spezialkenntnisse bestehen, welche Konkurrenten unbekannt und nicht durch allgemeine Informationsmittel zugänglich sind.

744 Geschützt werden damit nur Erkenntnisse über persönliche Eigenschaften des Kunden, welche einen Geschäftsvorteil gegenüber der Konkurrenz verschaffen (BGE 91 II 372 ff.; COTTI, S. 86 ff. N 217 ff. mit einer Vielzahl von Entscheidungen). STREIFF/VON KÄNEL sprechen in diesem Zusammenhang treffend von einem geschützten Kundenstamm, «für den man beim Verkauf des Geschäfts Goodwill bezahlen würde» (Art. 340 N 9 ff. m.w.H.).

745 Das Bundesgericht ersieht das schützenswerte Geheimnis insbesondere im Kontakt mit dem Kunden und der damit verbundenen Möglichkeit, «allfällige Angebote erfolgsversprechend zu gestalten und frühzeitig auf die konkreten Bedürfnisse des Kunden auszurichten» (BGE 4C.360/2004, E. 3.2).

746 Grundsätzlich unstatthaft erachtet wird ein Konkurrenzverbot für die sog. freien Berufe wie Arzt, Rechtsanwalt, Architekt, Ingenieur usw. Hier könnte allenfalls ein Konkurrenzverbot für eine Tätigkeit im selben Gebäude vereinbart werden (STREIFF/VON KÄNEL, Art. 340 N 11).

747 Das Schädigungspotential für den Arbeitgeber liegt grundsätzlich in der Gefahr der Ausnutzung von geheimen und eigens erschaffenen Spezialkenntnissen, nicht jedoch in der besonderen Eignung des Arbeitnehmers. Dieser darf nicht aufgrund seiner Fähigkeiten als Mitbewerber für eine gewisse Dauer vom Markt ferngehalten werden (STREIFF/VON KÄNEL, Art. 340 N 3).

748 Ermangelt es dem Kundenkontakt an einer gewissen Intensität, ist eine Schutzwürdigkeit abzulehnen, insbesondere bei Anstellungsverhältnissen in unteren Hierarchiestufen wie dem gewöhnlichen Verkäufer, dem Tankstellenwart, dem Monteur oder Hauswart (STREIFF/VON KÄNEL, Art. 340 N 9). Fraglich erscheint hingegen, ob der Arbeitnehmer persönlichen Kundenkontakt haben muss, um überhaupt einem Konkurrenzverbot unterworfen werden zu können. In Lehre und Rechtsprechung wird dies – mindestens konkludent – vorausgesetzt (STREIFF/VON KÄNEL, Art. 340 N 9b mit weiteren Literatur- und Rechtsprechungsverweisen). Dies wird in der Regel zwar der Fall sein, darf jedoch nicht eine «condicio sine qua non» für die Verbindlichkeit darstellen. Zu denken ist in diesem Zusammenhang an Fälle, in denen die Kundenbeziehung einzig über den Preis definiert wird, was in gewissen Bereichen des Warenhandels durchaus der Fall ist. Hier kann auch ein Mitarbeiter im Backoffice durch die konkurrenzierende Verwendung dieser Kenntnisse ein beachtliches Schädigungspotential entwickeln. Mitunter für solche Fälle wurde aber Art. 340 ff. OR gerade statuiert. Es ist deshalb entgegen STREIFF/VON KÄNEL für untere «Chargen ohne intensiven Kundenkontakt» ein Konkurrenzverbot nicht a priori ausgeschlossen (Art. 340 N 9).

749 Die potentielle Schädigung braucht sich zur Gültigkeit eines Verbots nicht zu realisieren, muss jedoch «erheblich» sein. Das Schädigungspotential muss den Grad der Geringfügigkeit übersteigen und zudem adäquat kausal auf die besonderen Kenntnisse und deren Verwertung durch den Arbeitnehmer zurückzuführen sein (STREIFF/VON KÄNEL, Art. 340 N 15). Die gesetzlich erforderliche Erheblichkeit sieht das Bundesgericht bei einem Provisionsverlust von über CHF 10'000.00 bei einer Transportunternehmung bereits als erfüllt an (4C.360/2004, E. 3.3), stellt dabei jedoch nicht auf das Schädigungspotential (wie dies der Fall sein sollte), sondern auf den effektiven Schaden ab. Offenkundig ist, dass ein Schädigungspotential von CHF 10'000.00 die Erheblichkeitsgrenze nicht tangieren kann.

21.3.2.3 Konkurrenzierende Handlungen

750 Das Konkurrenzverbot verbietet nur eine effektive Konkurrenzierung, während der Besitz von Aktien eines Konkurrenten oder die Gewährung eines Darlehens an einen solchen nicht ausreicht. Ein unmittelbarer Einfluss auf die Geschäftsführung bildet jedoch nicht notwendige Voraussetzung zur gültigen Vereinbarung. So ist doch häufig die Konstellation anzutreffen, dass ein Konkurrent den Verbotsbelasteten als gewöhnlichen Arbeitnehmer ohne Geschäftsführungsfunktionen und -einfluss einstellt (bspw. in der Personalvermittlung und -rekrutierung). Es ist aber offenkundig, dass gerade auch in diesen Fällen das Konkurrenzverbot Geltung beanspruchen soll.

751 Das Konkurrenzverbot ist schliesslich in einem weiten Sinne zu verstehen und impliziert auch ein Abwerbungsverbot (vgl. ebenfalls BGE 130 III 353 ff.).

21.3.2.4 Karenzentschädigung

752 Wird in einem arbeitsvertraglichen Konkurrenzverbot dem Arbeitnehmer eine Karenzentschädigung zugesichert, erhöhen sich dadurch die Chancen auf dessen richterlichen Schutz (BGE 130 III 354 f. E. 2 m.w.H.). In der Lehre wird verschiedentlich die Auffassung vertreten, dass auch im Arbeitsrecht mit Blick auf die Wirtschaftsfreiheit Konkurrenzverbote ohne Karenzentschädigung mindestens teilweise für ungültig zu erklären seien (STREIFF/VON KÄNEL, Art. 340 N 19 m.w.H.).

753 Es ist nach dem Bundesgericht dabei vermutlich auch zulässig, die Höhe der Karenzentschädigung bereits bei Vertragsschluss festzulegen (BGE 101 II 277). Dies erscheint im Gegensatz zur zwingenden Karenzentschädigung im Agenturrecht möglich, da die Höhe auf einer Parteivereinbarung und nicht auf einer gesetzlichen Bestimmung beruht. Je bescheidener sich eine solche aber ausnimmt, desto geringer werden die Chancen auf richterlichen Schutz des Verbotes sein.

21.3.3 Agenturvertrag

754 Mit der Bestimmung von Art. 418d Abs. 2 OR wird wie im Arbeitsrecht das nachvertragliche Konkurrenzverbot geregelt (WETTENSCHWILER, Art. 418d N 4; BÜHLER, Art. 418d N 27).

755 Im Lichte der Zweiseitigkeit des Agenturvertrags kann ein Konkurrenzverbot vom Berechtigten nur bei vertraglicher Vorsehung vor Vertragsende gekündigt werden und damit der Verpflichtung zur Ausrichtung der Karenzentschädigung entgangen werden (BGE 95 II 151; BÜHLER, Art. 418d N 29). Aufgrund des Verweises auf die arbeitsrechtliche Regelung gelten grundsätzlich die dort statuierten Erfordernisse (BÜHLER, Art. 418d N 32).

756 Das Konkurrenzverbot entfällt bei Bezahlung der Konventionalstrafe, beim Nachweis des mangelnden Interesses an dessen Aufrechterhaltung seitens des Auftraggebers, bei einer vom Auftraggeber zu vertretenden Kündigung, bei Nichtausrichtung der Karenzentschädigung wie auch bei Ablauf der maximal möglichen Dreijahresfrist nach Art. 340a Abs. 1 OR (BÜHLER, Art. 418d N 34).

757 Das gesetzlich vorgesehene «angemessene besondere Entgelt» ist zwingender Natur, was eine grundlegende Abweichung zum Einzelarbeitsvertrag darstellt (WETTENSCHWILER, Art. 418d N 6; BÜHLER, Art. 418d N 38). Es ist selbst dann geschuldet, wenn der Vertrag vom Agenten gekündigt wird (BGE 95 II 143 E. II. 3.).

758 Ausgeglichen wird mit der Karenzentschädigung den aus der Konkurrenzenthaltungspflicht resultierende Schaden, weshalb nicht a priori der vormalige Nettojahresverdienst Berechnungsgrundlage bilden kann (BGE 95 II 153; WETTENSCHWILER, Art. 418d N 7; BÜHLER, Art. 418d N 36 f.; a.M. GAUTSCHI, Art. 418d N 5c). Die Höhe der Karenzentschädigung ist wie folgt zu berechnen:

- Hypothetisch erzielbares Einkommen bei Ausübung einer konkurrenzierenden Tätigkeit
- abzüglich des erzielbaren Einkommens
- =Karenzentschädigung

759 Besagte Formel bedarf folgender Erläuterungen und gilt für sämtliche Vertriebsverträge, soweit eine Karenzentschädigung geschuldet ist:

760 Auszugehen ist beim hypothetischen Einkommen von einer realistischen, konkurrenzierenden Tätigkeit. Beweispflichtig hierfür ist der Agent als Ansprecher. Das effektiv zu erzielende Einkommen ist ebenfalls zu antizipieren, da die Karenzentschädigung per Vertragsschluss geschuldet ist. Dabei ist der Agent nicht verpflichtet, Hilfsarbeiten oder Tätigkeiten, welche nicht seinem Ausbildungsstand entsprechen, anzunehmen. Beweispflichtig hierfür ist ebenfalls nach der allgemeinen Regel von Art. 8 ZGB der Auftraggeber.

761 Übersteigt das effektiv erzielbare Einkommen das hypothetische, ermangelt es einem Schaden, weshalb keine Karenzentschädigung geschuldet ist (wohl a.M. WETTENSCHWILER, Art. 418d N 7; zuzustimmen ist ihr jedoch darin, dass es einen Minderverdienst in der Aufbauphase bei der Bestimmung des Ersatzeinkommen selbstredend zu berücksichtigen gilt). So ist darauf hinzuweisen, dass die Einschränkung nur vorübergehender Natur ist, und der Agent nach Ablauf der vereinbarten Frist ohnehin konkurrenzierend tätig werden kann. Grenzen sind ihm dann nur noch durch das nachvertragliche Geheimhaltungsgebot und die Regeln des UWG gesetzt.

762 Der Anspruch auf Karenzentschädigung entsteht im Zeitpunkt, in welchem das Konkurrenzverbot seine Wirkung entfaltet, somit mit Beendigung des Agenturvertrags (BÜHLER, Art. 418d N 39 m.w.H.). Da es sich um einen gesetzlich unabdingbaren Anspruch handelt, muss dieser jedoch nicht vom Agenten geltend gemacht werden; der Auftraggeber ist gehalten, die Entschädigung unaufgefordert auszurichten. Tut er dies nicht, ist der Agent an das Verbot nicht gebunden, da die Aufforderung zur Einhaltung durch den Auftraggeber dann rechtsmissbräuchlich wäre. Gleichwohl kann der Agent die gesamte oder einen Teil der Karenzentschädigung beanspruchen, sollte ihm durch die anderweitige Planung ein Schaden entstanden sein (Selbständigkeit konnte zufolge der Annahme der Verbindlichkeit des Verbots nicht vorbereitet werden).

21.3.4 Alleinvertriebsvertrag

763 Nach herrschender Lehre wird die Anwendung der agentur- und arbeitsrechtlichen Regeln bezüglich des Konkurrenzverbots auf den Alleinvertriebsvertrag befürwortet, inhärent somit auch die Pflicht zur Ausrichtung einer Karenzentschädigung (SCHLUEP/AMSTUTZ, Einl. vor Art. 184 ff. N 146 m.w.H; GAUTSCHI, 418d N 4d). Diese Rechtsauffassung verdient Zustimmung, zumal der Alleinvertriebsvertrag dem Agenturvertrag näher steht als dem Arbeitsvertrag und in beiden Fällen fremde Waren oder Dienstleistungen direkt oder indirekt vertrieben werden. Dies bedeutet, dass entgegen einer vom Zürcher Obergericht vertretenen Auffassung – in welcher ein «Alleinvertretungsvertrag» zur Beurteilung stand –, die Verpflichtung zur Ausrichtung einer Karenzentschädigung auch auf andere Vertragsverhältnisse auszudehnen ist (COTTI, N 854 f; SJZ 1981 Nr. 35, S. 213 ff.; ZR 1979 N 67, S. 152 ff.). Hiergegen spricht weder der Grundsatz der Vertragsautonomie, noch die Singularität von Art. 418d OR. So sind Analogieschlüsse bei Innominatsverträgen doch gerade üblich. Weshalb die Singularität einer Bestimmung einer analogen Anwendung entgegenstehen soll, wird denn auch nicht weiter begründet. Es ist deshalb mit WILLE einher zu gehen, welcher auch beim Alleinvertriebsvertrag zwingend die Pflicht zur Ausrichtung einer Karenzentschädigung postuliert (MARTINEK/WILLE, Vertriebsrecht, § 56 N 70).

764 Es gilt jedoch auch immer den Einzelfall im Auge zu behalten, da eine ausschliessliche Zusammenarbeit nicht zwingend einen Einblick in Geschäftsgeheimnisse voraussetzt. Bedenklich sind deshalb a priori Konkurrenzverbote, welche den nachvertraglichen Vertrieb von Konkurrenzprodukten untersagen (COTTI, N 281). Hier fällt die Verbindlichkeit des Verbots bereits aus kartellrechtlichen Überlegungen ausser Betracht.

21.3.5 Franchisevertrag

765 WILLE fasst in seiner Kurzdarstellung die herrschenden Lehrmeinungen zum nachvertraglichen Konkurrenzverbot bei Franchiseverträgen treffend zusammen:

766 «Das in der Praxis der Franchiseverträge häufig stipulierte nachvertragliche Konkurrenzverbot muss in analoger Anwendung der entsprechenden Bestimmungen aus dem Arbeits- und Agenturvertragsrecht nach Ort, Zeit und Gegenstand angemessen begrenzt sein und gibt dem Franchisenehmer Anspruch auf ein besonderes Entgelt (Karenzentschädigung).» (MARTINEK/WILLE, § 56 N 100 m.w.H.). Es wird darin die herrschende Lehrmeinung wiedergegeben, welche sich für die analoge Anwendbarkeit der agenturrechtlichen Bestimmung von

Art. 418d OR ausspricht und damit zur Verbindlichkeit einer Konkurrenzklausel deren Abgeltung mittels Karenzentschädigung postuliert (Amstutz/Schluep, Einl. vor Art. 184 ff. N 178 m.w.H; Baudenbacher, 380 f; Stein-Wigger, 341 ff.; Martinek/Wille, § 56 N 100).

767 Es existieren aber auch gegenläufige Auffassungen, wenn auch mit eher schwachen Begründungen. Ebneter sieht ein Konkurrenzverbot als vertragstypisch an und schliesst deshalb einen Karenzanspruch aus, soweit das wirtschaftliche Fortkommen des Franchisenehmers nicht unangemessen beeinträchtigt wird (173). Eine andere Auffassung sieht wenn überhaupt eine Analogie, dann ein solche von Franchise- und Arbeitsvertrag aufgrund der beidseitigen Subordination vor und schliesst eine Karenzentschädigung damit aus. Dieses Argument vermag aufgrund der wirtschaftlichen Selbständigkeit des Franchisenehmers im Gegensatz zum Arbeitnehmer aber gerade nicht zu greifen (Wildhaber, Franchising, Vorb. Art 184 ff. N 44). So drängt sich ein Analogieschluss einzig zum Agenturverhältnis auf, zumal es sich bei beiden Formen der Zusammenarbeit um Vertriebsverträge im klassischen Sinne handelt und die Systemeinbindung des Agenten mit derjenigen des Franchisenehmers durchaus vergleichbar sein kann, was für den Arbeitnehmer als Unselbständigerwerbender gerade nicht gilt. Es ist deshalb einer analogen Anwendung von Art. 418d Abs. 2 Satz 2 OR als «lex specialis» gegenüber der arbeitsrechtlichen Regelung der Vorzug einzuräumen (im Ergebnis ebenso Stein-Wigger, 343 f.).

768 Hierfür spricht übrigens auch der Umstand, dass der Schweizer Franchiseverband als Interessengemeinschaft der Schweizer Franchisegeber anlehnend an ausländische und den europäischen Ehrenkodex den Mitgliedern die Vereinbarung einer Karenzentschädigung als Abgeltung nachvertraglicher Konkurrenzverbote bis ins Jahr 2007 empfohlen hat («Bei einem nachvertraglichen Wettbewerbsverbot hat der Franchisenehmer Anspruch auf eine angemessene Entschädigung für die Dauer der Wettbewerbsbeschränkung, sofern der Franchisegeber nicht wirksam auf die nachvertragliche Wettbewerbsabrede verzichtet hat.» / Ziffer 6. Ehrenkodex). Der Streichung zitierter Passage lag vermutlich der Gedanke zugrunde, aufgrund der noch unbeurteilten Rechtslage kein Präjudiz zulasten der eigenen Mitglieder schaffen zu wollen.

769 Ein Blick über die Grenzen zeigt, dass in Deutschland der Anspruch auf Ausrichtung einer Karenzentschädigung gerichtlich geschützt wird (vgl. einen kommentierten Entscheid des Obelandesgerichts Celle in: DFI-Franchiseblick, Ausgabe 08/2007, www.franchise-institut.de).

770 Das Zürcher Obergericht hat Art. 418d OR auf den Alleinvertriebsvertrag für nicht anwendbar erklärt, damit aber kein verbindliches

Präjudiz über die Kantonsgrenzen hinaus und schon gar keines für den Franchisevertrag geschaffen (SJZ 1981, 213 ff.). Begründet wurde der Entscheid mit der Vertragsautonomie, der Singularität der agenturrechtlichen Regelung sowie mit dem Verweis des Agenturrechts auf die arbeitsvertraglichen Bestimmungen. Besagter Entscheid vermag aber ebenso wenig wie die oben angeführten Lehrmeinungen zu überzeugen, zumal keines der gegenläufigen Argumente auch nur zu widerlegen versucht wird, die Ausführungen sehr allgemein bleiben und die vertriebspezifische Problematik gänzlich ausgeblendet wird. Zudem kann der Verweis sich gerade eben nicht auf die Karenzentschädigung beziehen, da hierzu in Satz 2 eine derogierende Spezialnorm konstituiert wird.

771 Es gilt demnach zu konstatieren, dass ein höchstrichterlicher Entscheid in dieser Rechtsfrage ebenso aussteht wie wünschenswert wäre. Aus dogmatischen Erwägungen und aufgrund der Stellung des Franchisenehmers legt sich jedoch eine analoge Anwendung der agenturrechtlichen Regelung nahe.

772 Schliesslich ist übereinstimmend mit COTTI eine Zulässigkeit von Verbotsklauseln aus Gründen der wirtschaftlichen Effizienz als rechtfertigend anzusehen, soweit sich diese einzig auf die Vertriebsprodukte bezieht, hingegen ist sie wettbewerbspolitisch als bedenklich einzustufen, wenn der Verkauf von Konkurrenzprodukten untersagt wird (N 281). Die hat nicht bloss während des laufenden Vertragsverhältnisses, sondern in noch höherem Masse nach dessen Auflösung zu gelten.

21.4 Lösungsansätze / Vertragliche Gestaltungsmöglichkeiten

773 Im Lichte der dargestellten Zurückhaltung der Rechtsprechung, Konkurrenzverbote im vertraglich vereinbarten Umfang zu schützen, gilt es wo immer möglich Alternativen vorzusehen, denen eine höhere Rechtssicherheit bzw. Rechtsbeständigkeit zukommt. Hier gilt es vorab auf die Möglichkeiten zur Standort- und Markensicherung hinzuweisen.

774 Bei starken Vertriebssystemen wird durch die Sicherung von Standort und Marke(n) die zusätzliche Vereinbarung eines Konkurrenzverbots obsolet. Ein solches wird in diesen Fällen allenfalls noch den Zweck verfolgen, die nachvertragliche Geheimhaltungspflicht zu betonen. Es ist in der Praxis denn auch immer wieder festzustellen, dass Vertriebssysteme mit schwacher Marke Gerichte in diesem Zusammenhang überproportional beschäftigen.

775 Sollte hingegen ein zu schützendes Geschäftsgeheimnis bestehen, empfiehlt sich die Vereinbarung eines Konkurrenzverbots. Um die-

sem im Widerhandlungsfall richterlichen Schutz zu versichern, sollte unbedingt ein angemessenes Entgelt als Karenzentschädigung vertraglich vorgesehen werden. So ist nur schwer vorstellbar, dass bei einer wirtschaftlichen Schadloshaltung des Vertriebsnehmers die Durchsetzung eines Konkurrenzverbots nicht geschützt würde; immer vorausgesetzt, das Verbot wurde vertraglich griffig definiert und die Durchsetzbarkeit damit adäquat vorbereitet.

776 Aus Kostengründen aber auch aus den Erfahrungen in der Praxis dürfte ein einjähriges Konkurrenzverbot für gewöhnlich genügen. Diese Laufzeit haben ausländische Rechtsordnungen teilweise als Höchstmass gesetzlich festgelegt.

777 Da dem Vertriebsnehmer mit der Karenzentschädigung der wirtschaftliche Nachteil ausgeglichen werden soll und bei Verbotsbeginn bereits geschuldet ist, erscheint eine vertragliche Ergänzung zulässig, welche das zu entrichtende Entgelt nur im Ausmass des effektiven Schadens als geschuldet erklärt und ein zuviel bezahlter Betrag vom Vertriebsgeber zurückgefordert werden kann. Eine derartige Regelung müsste vorsehen, dass das mit einer nicht konkurrenzierenden Tätigkeit erzielte Einkommen in der Verbotsphase einen Rückerstattungsanspruch des Vertriebsgebers entstehen lässt. Selbiges hat auch dann zu gelten, wenn es der Vertriebsnehmer mutwillig unterlässt, ein Einkommen zu erzielen. So beanspruchen auch bei Vertriebsverträgen der Grundsatz des Überentschädigungsverbots sowie des redlichen Verhaltens Geltung. Da nach Art 8 ZGB die Beweispflichten für eine Überentschädigung oder einen Einkommensverzicht beim Vertriebsgeber liegen, dürfte eine solche Vertragsergänzung sich aber nur selten als griffiges Instrument erweisen.

21.5 Checkliste

- Kann ein Konkurrenzverbot überhaupt gültig vereinbart werden?
- Braucht es überhaupt ein Konkurrenzverbot oder bestehen andere «Absicherungsinstrumente», welche denselben Zweck erfüllen?
- Ist ein vereinbartes Konkurrenzverbot abzugelten?

22. Investitionsschutz

22.1 Problemstellung

778 Die Aufnahme der Zusammenarbeit ist für den Vertriebsnehmer meist mit erheblichen Investitionen zur Anschaffung einer Einrichtung oder zur Leistung einer Einstiegsgebühr an den Vertriebsgeber für die Systemeinführung und -einschulung verbunden. Er beabsichtigt deshalb nach einem individuellen Businessplan die investierten Mittel über einen bestimmten Zeitraum zu amortisieren. Als Korrelat hierzu sind die oftmals in Dienstleistungen erbrachten Startinvestitionen des Vertriebsgebers zu betrachten, welche mit den laufenden Umsatzabgaben (sog. royalties) und allenfalls auch einer Einstiegsgebühr abgegolten werden.

779 Es ist deshalb für beide Parteien von Interesse, dass ihre Amortisationserwartungen geschützt sind.

780 Diesem Umstand wird meist mittels einer fixen Vertragslaufzeit Rechnung getragen, welche sich in Ermangelung einer Kündigung innert einer ebenfalls vertraglich fixierten Frist automatisch verlängert.

781 Die sich hieraus ableitende Fragestellung besteht darin, ob ein rechtlicher Schutz von Investitionen im dargestellten Sinn besteht; allenfalls auch ohne vertragliche Vorsehung.

782 Zum Streitpunkt wird der Investitionsschutz gewöhnlich im Zusammenhang mit (meist vorzeitigen) Kündigungen, da hohe Investitionen einerseits faktisch die Kündigungsmöglichkeit der investierenden Partei einschränken, andererseits der Amortisationsplan bei einer vorzeitigen Kündigung nicht verwirklicht werden kann.

783 Da sich die die Fragestellung bei sämtlichen Vertriebsverträgen identisch stellt, wird das Thema in den nachfolgenden Abschnitten einheitlich und nicht aufgeteilt nach den verschiedenen Vertriebsverträgen behandelt.

22.2 Rechtliche Grundlagen

784 Die gesetzlichen Bestimmungen zu den direkt geregelten Vertriebsverträgen enthalten keine Bestimmungen zum Investitionsschutz.

785 Einzig der Ehrenkodex des Schweizer Franchise Verband enthält in Ziffer 5.4 unter der Rubrik der unentbehrlichen Vertragsbestimmungen eine Verpflichtung des Franchisegebers, die Vertragsdauer so zu bemessen, dass der Franchisenehmer seine franchisespezifischen Anfangsinvestitionen amortisieren kann. Es ist davon auszugehen, dass sich Gerichte an dieser Bestimmung als Auslegungshilfe orientieren

werden, zumal es sich dabei um eine selbst auferlegte Pflicht der belasteten Partei handelt.

22.3 Rechtsprechung und Lehre zum Investitionsschutz

22.3.1 Bundesgerichtliche Rechtsprechung

786 Das Bundesgericht hat sich nach den zugänglichen Quellen bislang mit der Frage des Investitionsschutzes noch nicht explizit auseinanderzusetzen gehabt.

787 Im Entscheid 107 II 216 ff. hatte es jedoch einen «ewigen» Vertrag zu beurteilen, den es auf eine feste Laufzeit von acht Jahren reduzierte. Dies mit der Begründung, dass mit einer Anlaufzeit von drei und einer Amortisationszeit von fünf Jahren im konkreten Fall zu rechnen gewesen sei. Damit wurde ein Anspruch auf Investitionsschutz mittelbar anerkannt, wobei offen blieb, ob als Folge einer Vertragsauslegung (von den Parteien gewollt) oder einer Vertragsergänzung (von den Parteien mutmasslich gewollt) handelte.

22.3.2 Lehrmeinungen

22.3.2.1 Dogmatische Herleitung

788 In der Lehre wird einhellig von einem Rechtsanspruch auf Investitionsschutz ausgegangen. Dessen Ableitung erfolgt dabei entweder aus Art. 2 Abs. 2 ZGB (Baudenbacher, Franchisevertrag, 383 f.) oder aber aus Vertrag (Stein-Wigger, 309; ders. in AJP 2000 S. 1091; wohl ebenfalls BSK OR I- Amstutz/Schluep, Einl. vor Art. 184 ff. N 171).

789 Am Einlässlichsten hat sich Stein-Wigger mit der Thematik in seiner Dissertation (Vertragsbeendigung, 305 ff.) und einem nachfolgenden Aufsatz zum Franchisevertrag befasst (AJP 2000, 1079 ff.). Da beide Publikationen weitgehend kongruent sind und der Franchisevertrag der dichtest normierte Vertriebsvertrag darstellt, wird nachfolgend einzig auf die Fundstellen der ursprünglichen Publikation verwiesen (Stein-Wigger, Vertragsbeendigung, 305 ff.).

790 Als Ausgangslage betrachtet Stein-Wigger die getätigten Investitionen (und wohl nicht den Investitionsschutz, 306) als empfindliche «Einschränkung der Vertragsfreiheit». Fallen bei Vertragsschluss erhebliche Investitionen an, kann dieser Meinung zugestimmt werden, da dadurch faktisch eine frühzeitige Vertragsauflösung verhindert wird. So wird jeder Vertriebsnehmer einen «return of investment» anstreben (vgl. hierzu auch Stein-Wigger, 307 m.w.H.). Ein Teil der Lehre lehnt einen Investitionsersatzanspruch ab und will die Problematik einzig über die vorvertragliche Aufklärungspflicht thematisiert wissen (Wildhaber, Franchising, Vorb. Art 184 ff. N 39 f.). Dieser an-

dere Ansatz dürfte aber schliesslich in den meisten Fällen zum selben Ergebnis führen.

791 Dogmatisch betrachtet stellt der Investitionsschutz eine konsequente Fortführung des Gedankens der vertraglichen Rücknahmepflichten dar (STEIN-WIGGER, 308). So ist die entgeltliche Rücknahme von Einrichtungen oder Lagerbeständen durch den Vertriebsgeber bei Vertragsbeendigung üblich, zumal es sich weitgehend um ausserhalb des Vertriebssystems schwer veräusserbare Waren handeln dürfte (STEIN-WIGGER, 308). Eine Rücknahme- und Vergütungspflicht ist entsprechend einleuchtend und bedarf keiner näheren Erläuterung (zu denken ist bspw. an die systemspezifische Ausstattung eines Geschäftlokals oder markengekennzeichnete Produkte, deren Vertriebsberechtigung mit der Vertragsauflösung dahin fällt). Anders dürfte die Problematik zu beurteilen sein, wenn sich die Investitionen auf ein Warenlager mit leicht handelbaren Gütern beschränkt.

22.3.2.2 Arten des Investitionsschutzes

792 Unterschieden wird zwischen dem direkten und indirekten Investitionsschutz.

793 Unter den direkten Investitionsanspruch wird der eigentliche pekuniäre Restitutionsanspruch wie auch Rücknahmepflichten des Vertriebsgebers subsumiert (STEIN-WIGGER,313 f.), welcher selbstredend auch vertraglich im Rahmen einer teilweisen Rückabwicklung vorgesehen werden kann (STEIN-WIGGER, Vertragsbeendigung, 318).

794 Unter dem indirekten Investitionsschutz wird nebst der Einschränkung der Vertragsbeendigungsfreiheit auch die Statuierung von minimalen Vertragslaufzeiten verstanden (STEIN-WIGGER, 311 f.). Eine Einschränkung der Beendigungsmöglichkeit und eine Festlegung von Mindestvertragslaufzeiten ist abzulehnen, da die «Aufrechterhaltung einer Absatzbeziehung gegen den Willen einer Partei wenig Sinn macht» (STEIN-WIGGER, 314). Eine solche würde denn auch dem, unserer Rechtsordnung mit wenigen Ausnahmen (bspw. im Mietrecht Art. 266l OR) inhärenten, Grundsatz der Kündigungsverbindlichkeit und der Vertragsfreiheit zuwiderlaufen.

795 Sinnvoll erscheint dagegen die Einräumung eines grundsätzlichen Anspruchs des Vertriebsnehmers auf Übertragung des Vertriebsvertrags an Dritte (STEIN-WIGGER, 317), womit «das Amortisationsinteresse des ausscheidenden Franchisenehmers mit den Ausschliesslichkeitsinteressen der im System verbleibenden Mitglieder vereinbart werden». Ein Übertragungsrecht kann dabei selbstredend nicht uneingeschränkt befürwortet werden, was das Beispiel einer Übertragung an einen Konkurrenten offen legt (so auch STEIN-WIGGER, 317 mit Hinweisen zum amerikanischen Recht).

22.3.2.3 Voraussetzungen für einen direkten Investitionsschutzanspruch

796 Der grundsätzliche Anspruch auf Investitionsschutz soll nicht darüber hinwegtäuschen, dass bei einer zu frühen Vertragsauflösung nicht sämtliche Aufwendungen zum Zeitwert vergütet werden müssen.

797 So sind grundsätzlich nur fremdbestimmte Investitionen zu ersetzen. Gemeint sind solche auf ausdrückliche Weisung, aber auch solche auf konkludente Anregung des Vertriebsgebers (STEIN-WIGGER, Vertragsbeendigung, 319).

798 Zu weit geht STEIN-WIGGER, wenn er auch die mit stillschweigendem Einverständnis vorgenommenen Investitionen ersetzt wissen will (Vertragsbeendigung, 319). Ist der Vertriebsnehmer als selbständig Erwerbender zu qualifizieren, fallen die nicht systemkausalen Aufwendungen nicht unter den Anwendungsbereich des Investitionsschutzes. Da es sich beim Investitionsschutz um einen von der Praxis herausgebildeten Anspruch handelt, sind die Aufwendungen ohnehin eng zu definieren und entsprechend auf systembezogene zu begrenzen. Lediglich branchenspezifische Investitionen wie bspw. die Kaffeemaschine eines Speiselokals oder die Kücheneinrichtung sind allenfalls dann zu ersetzen, wenn es dem Vertriebsnehmer zufolge eines nachvertraglichen Konkurrenzverbots untersagt wird, die entsprechenden (Im)Mobilien weiter gewerblich zu nutzen (für eine weitere Auslegung STEIN-WIGGER, 320 f.).

22.3.2.4 Bemessung des Ersatzanspruchs

799 Investitionen werden nicht zum Anschaffungswert, sondern zum Zeitwert ersetzt. Die Berechnung des Amortisationsumfangs hat dabei nach der hypothetischen Amortisationserwartung im Zeitpunkt der Investitionsvornahme zu erfolgen (STEIN-WIGGER, 322). Es erfolgt damit eine «ex ante» Betrachtung. STEIN-WIGGER ist beizupflichten, wenn er keine Veranlassung ausmachen kann, «den Franchisenehmer von Risiken zu entbinden, die ihn als ungebundenen, ausserhalb des Franchisesystems wirtschaftenden Kaufmann in derselben Weise treffen würden» (322).

22.3.2.5 Zeitliche Wirksamkeit des Investitionsschutzes

800 Der Investitionsschutz wirkt nicht präventiv, sondern immer erst nachträglich und kompensatorisch (STEIN-WIGGER, 318). So kann der Gedanke des Investitionsschutzes die Weisungsbefugnis des Vertriebsgebers und damit laufende Anpassungen (und damit verbunden auch Investitionen) des Vertriebssystems an das sich ändernde Umfeld im Interesse aller Beteiligten nicht ausgeschlossen werden. Erst wenn diese bei Eintritt des von den Parteien antizipierten Ge-

schäftsgangs nicht möglich sein sollte, kann ein Anspruch auf Investitionsersatz entstehen.

22.3.2.6 Wegfall des Investitionsschutzes

801 Der Investitionsersatzanspruch entfällt, wenn der Vertriebsnehmer den Grund für eine ausserordentliche Kündigung selbst gesetzt hat (Stein-Wigger, 310). Bei einer ordentlichen Kündigung ist abzuwägen, ob die Vertragslaufzeit ex ante zur vollständigen Amortisation ausreichend bemessen war. Wenn nicht, besteht ein Ersatzanspruch.

22.3.2.7 Zusammenfassung

802 Zusammenfassend ist festzuhalten, dass der Investitionsschutz enttäuschte Amortisationserwartungen (und nicht Umsatzerwartungen per se) abgelten soll und grundsätzlich in einer Ausgleichszahlung besteht. Diese kann vom Vertriebsgeber durch die Einräumung des Rechts zur Vertragsübertragung oder der Rücknahme von Waren abgewendet werden (Stein-Wigger, 318).

803 Es handelt sich somit nicht um einen absoluten Anspruch, sondern nur um eine konsequente Umsetzung des (unformulierten) Parteiwillens, somit um eine Vertragsauslegung (Stein-Wigger, 323).

22.4 Lösungsansätze / Vertragliche Gestaltungsmöglichkeiten

804 Um Auseinandersetzungen über die Abgeltung von Investitionen vorzubeugen, empfiehlt sich die Erarbeitung eines Amortisationsplans im Rahmen der Vertragsverhandlungen. Ein Businessplan als Planungsinstrument sollte eine entsprechende Berücksichtigung immer enthalten. Anhand der dortigen Annahme gilt es eine feste Vertragslaufzeit zu vereinbaren, welche einem jederzeit kündbaren Verhältnis vorzuziehen ist. Damit werden mit Einhaltung der Laufzeit Investitionsersatzansprüche bei Vertragsende hinfällig. Faktisch wird die investierende Partei jedoch dann erst recht ein Interesse an einer Vertragsverlängerung hegen, da nach erfolgter Amortisation der Investitionen für die Folgejahre mit einem höheren Gewinn gerechnet werden kann.

805 Das dargestellte Vorgehen birgt auch noch einen zweiten Vorteil. Wird ein Vertrag vor Ablauf der festen Laufzeit ausserordentlich gekündigt und besteht dem Grundsatz nach ein Investitionsersatzanspruch, kann dieser leicht berechnet werden. Der richterlichen Beurteilung bleibt dann lediglich die Frage überlassen, welche Partei die vorzeitige Vertragsauflösung zu verantworten hatte.

22.5 Checkliste

- Wurde eine angemessene Vertragslaufzeit vereinbart?
- Wurde ein Business- bzw. ein Amortisationsplan gemeinsam erarbeitet?

23. Kundschaftsentschädigung

23.1 Problemstellung

806 Verschiedentlich erarbeitet der Vertriebsnehmer im Laufe des Vertragsverhältnisses einen Kundenstamm, von welchem der Vertriebsgeber auch nach der Vertragsauflösung weiter profitieren kann. Dieser geschaffene Wert ist dem Goodwill immanent und ist entscheidend für den Erfolg eines Vertriebssystems. Es stellt sich deshalb die Frage, ob dem Vertriebsnehmer bei Vertragsauflösung eine Entschädigung für diesen von ihm erarbeiteten Mehrwert zusteht, von welchem der Vertriebsgeber auch nach der Beendigung der Zusammenarbeit weiter profitieren kann.

23.2 Rechtliche Grundlagen der einzelnen Vertriebsverträge

23.2.1 Agenturvertrag

807 Art. 418u OR sieht für den Agenturvertrag eine «Entschädigung für die Kundschaft» vor. Voraussetzungen hierfür bilden eine wesentliche Erweiterung des Kundenkreises, daraus erwachsene, erhebliche Vorteile für den Auftraggeber nach Vertragsbeendigung sowie das Element der Billigkeit. Sind besagte Voraussetzungen erfüllt, verfügt der Agent über «einen unabdingbaren Anspruch auf eine angemessene Entschädigung», deren Höhe maximal einem Nettojahresverdienst entspricht, berechnet nach dem Durchschnitt der vergangenen fünf Jahre (Abs. 2). Der Anspruch entfällt, wenn der Vertrag aus einem vom Agenten zu vertretenden Grunde aufgelöst wird (Abs. 3).

23.2.2 Alleinvertriebsvertrag

808 Auf den Alleinvertriebsvertrag findet nach einem älteren Entscheid des Bundesgerichts Art. 418u OR keine analoge Anwendung (BGE 88 II 171 = Pra 1963, S. 384 Nr. 127). Besagter Leitentscheid vermag in keiner Weise zu überzeugen, worauf nachfolgend bei der Darstellung von Rechtsprechung und Lehre zurückzukommen sein wird.

23.2.3 Franchisevertrag

809 Auf den Franchisevertrag findet Art. 418u OR nach überwiegender Autorenansicht Anwendung, was vom Bundesgericht bislang jedoch nicht zu beurteilen war. Aufgrund der Rechtsprechung zum Alleinvertriebsvertrag sind diesbezüglich denn auch Zweifel angebracht, werden die Erwägungen von BGE 88 II 171 berücksichtigt (Pra 1963, S. 384 Nr. 127; Wettenschwiler, Einl. vor Art. 184 ff. N 177 m.w.H.).

23.3 Rechtsprechung und Lehre zu den einzelnen Vertriebsverträgen

23.3.1 Agenturvertrag

23.3.1.1 Anspruchsvoraussetzungen

810 Bei der Kundschaftsentschädigung nach Art. 418u OR handelt es sich nach dem Bundesgericht nicht um ein nachträgliches Entgelt für erbrachte Leistungen, sondern um den Ausgleich eines geschaffenen Mehrwerts, welcher der Auftraggeber nach Vertragsbeendigung weiter nutzen kann (BGE 122 III 72 m.w.H; Bühler, Art. 418u N 19; Fountoulakis, 82 f.). Die zwingende Vorsehung einer Kundschaftsentschädigung im Agenturrecht stellt eine gesetzlich Spezialität dar und hat deshalb in der bundesgerichtlichen Rechtsprechung nur eine zurückhaltende Anwendung erfahren (vgl. hierzu Wettenschwiler, Art. 418u N 1 m.w.H.).

811 Der Begriff «Kundenkreis» im Sinne der erwähnten Bestimmung meint nicht lediglich ein Adressverzeichnis, sondern einen eigentlichen Kundenbestand, mit Hilfe dessen ein Nachfolger die Tätigkeit des Agenten fortsetzen kann (Bühler, Art. 418u N 24) und der entsprechend nicht für jedermann frei zugänglich ist.

812 Das Element der Wesentlichkeit erfordert sodann eine Neuschaffung oder eine Vergrösserung der Anzahl potentieller Abnehmer, wobei auch bei einer numerischen Stabilität eine Erweiterung vorliegen kann, beispielsweise beim Verkauf von Lebensversicherungen (BGE 103 II 281; Bühler, Art. 418u N 127 ff.). Definiert wird wesentlich als eine gewisse wirtschaftliche Relevanz (vgl. Wettenschwiler, Art. 418u N 8 f. mit weitreichenden Rechtsprechungsverweisen). Dieser wurde erblickt in einer Erweiterung von 85 auf 123 Kunden innert weniger als zwei Jahren oder das Werben von 200 Kunden in 14 Jahren (vgl. hierzu BGE 84 II 164 ff; 103 II 277 ff; Fountoulakis, 83 f.).

813 Lehre und Rechtsprechung verstehen unter der Erweiterung den Anfall weiterer Geschäfte nach Vertragsschluss, welche praktisch ohne Zutun des Auftraggebers anfallen (Bühler, Art. 418u N 32 f.). Ein solcher Vorteil ist deshalb a priori zu verneinen, wenn der Agent den Kundenstamm selbst weiter nutzt (Bühler, Art. 418u N 34).

814 Dogmatisch nicht nachvollziehbar ist die vom Bundesgericht und einem Teil der Lehre vertretene Auffassung, dass eine Unbilligkeit vorliege und damit kein Anspruch bestehe, wenn der Agent für seine Leistungen während der Vertragsdauer bereits hinreichend entschädigt worden sei (BGE 110 II 476 m.w.H.; Bühler, Art. 418d N 45; a.M. Gautschi, Art. 418u N 4 ff.). Dabei wird nämlich verkannt, dass mit dem Agentenlohn die Tätigkeit an sich und der unmittelbare Erfolg, mit der Kundschaftsentschädigung jedoch ein langfristig geschaffener und nachwirkender Mehrwert und damit ein mittelbarer Ge-

winn abgegolten wird. Nach der Intuition des Gesetzgebers zielt die Stossrichtung der Billigkeitsklausel denn auch einzig auf die Verhinderung von Rechtsmissbräuchen ab (StenBull StR 1948 S. 9; BGE 110 II 482 f. E. 3e). Es ermangelt der bundesgerichtlichen Interpretation damit sowohl am rechtlichen Fundament wie auch einer dogmatischen Herleitung.

815 Die klassischen Fälle der Unbilligkeit sind bei einer Weiterverwertung des Kundenstamms durch den Agenten nach der Vertragsauflösung zu erblicken. Hier besteht kein Anspruch auf eine Kundschaftsentschädigung. Ein Rechtsmissbrauch kann in der Einforderung einer Kundschaftsentschädigung aber selbst dann nicht erblickt werden, wenn vorher ein überdurchschnittlicher Lohn bezahlt worden war. Dies würde in der Konsequenz nämlich bedeuten, dass der Agentenlohn vom Auftraggeber «verrechnungshalber» zurückgefordert werden könnte, indem der gesetzlich Anspruch auf eine Kundschaftentschädigung fiktiv mit früheren Lohnbezügen getilgt würde. Wäre dies vom Gesetzgeber gewollt, hätte er dies explizit festgehalten.

816 Schliesslich sei darauf hingewiesen, dass dem Gericht ein erheblicher Ermessensspielraum anheim gestellt wird, indem aus Billigkeitsüberlegungen der Anspruch nicht bloss aufgehoben, sondern auch angemessen herabgesetzt werden kann (BGE 110 II 476).

23.3.1.2 Unabdingbarkeit des Anspruchs

817 Die Unabdingbarkeit des Anspruchs meint die Unmöglichkeit eines Verzichts vor Vertragsende, d.h. bevor der Anspruch überhaupt entstanden ist. Ebenso ist es unzulässig, eine den Agenten schlechter stellende Pauschalentschädigung zu vereinbaren, da das Gesetz in Art. 418u Abs. 2 OR die Berechnungsgrundlagen ebenfalls zwingend vorgibt (Bühler, Art. 418u N 50). Selbiges hat auch bezüglich der Vereinbarung von Berechnungskriterien zu gelten (wohl a.M. Wettenschwiler, Art. 418u N 16; Bühler, Art. 418u N 50).

23.3.1.3 Anspruchsberechnung

818 Art. 418u Abs. 2 OR regelt auch die Anspruchsberechnung. Danach beträgt die Kundschaftsentschädigung höchstens einen Nettojahresverdienst, basierend auf dem Durchschnitt der vergangenen fünf Jahre. Der Nettoverdienst definiert sich damit nach dem verbleibenden Einkommen nach Abzug der effektiv angefallenen Unkosten, wie bspw. Reise-, Telekommunikations-, Büro- oder Mitarbeiterkosten (Wettenschwiler, Art. 418u N 11; Bühler, Art. 418u N 55). Nicht gleichzusetzen ist dieser mit dem Nettoeinkommen gemäss Steuererklärung (Bühler, Art. 418u N 55). Grosszügiger erweist sich in diesem Zusammenhang die Richtlinie des Europäischen Rates die selbstän-

digen Handelsvertreter betreffend, welche von der Bruttoprovisionssumme ausgeht (FOUNTOULAKIS, 89 m.w.H; STEIN-WIGGER, 334 f.).

819 Konkret werden bei der Berechnung die vergangenen fünf Nettoverdienste addiert und anschliessend durch den Faktor fünf dividiert. Die Summe entspricht dann der maximalen Kundschaftsentschädigung, welche der Agent beanspruchen kann. Hat das Vertragsverhältnis keine fünf Jahre gedauert, berechnet sich die Entschädigung nach dem Durchschnitt der gesamten Vertragsdauer (BÜHLER, Art. 418u N 52).

23.3.1.4 Wegfall des Anspruchs

820 Der Anspruch des Agenten auf Ausrichtung einer Kundschaftsentschädigung entfällt nach Art. 418u Abs. 3 OR, wenn er den Grund zur Kündigung gesetzt hat. Darunter fallen nebst der Kündigung durch den Agenten ohne vorhergehendes Fehlverhalten des Auftraggebers auch die Setzung eines Auflösungsgrundes durch den Agenten und anschliessender Kündigung durch den Auftraggeber. Unerheblich ist, ob der Auftraggeber zufolge des Fehlverhaltens eine ordentliche oder ausserordentliche (fristlose) Kündigung ausspricht (BGE 103 II 280; Pra 1984, 574; WETTENSCHWILER, Art. 418u N 3; BÜHLER, Art. 418u N 59 ff.). Zusammenfassend entfällt der Anspruch bei einem schuldhaften Verhalten des Agenten, dessen unbegründeter Kündigung oder aber der Setzung eines Kündigungsgrunds durch den Agenten (FOUNTOULAKIS, 87 m.w.H.).

821 Der Anspruch entfällt nicht bei der Kündigung einer Partei zufolge Alter, Krankheit, Eintritt der Handlungsunfähigkeit oder Tod. Dabei ist der überwiegend vertretenen Auffassung zuzustimmen, wonach die gesetzliche Regelung eng auszulegen ist, weshalb nur vom Agenten verschuldete Auflösungsgrunde dem Anspruch entgegenstehen. Dies entspricht auch dem der Bestimmung zugrunde liegenden Billigkeitsgedanken (WETTENSCHWILER, Art. 418u N 3 m.w.H; a.M. GAUTSCHI, Art. 418u N 7b).

23.3.1.5 Kumulation von Kundschafts- und Karenzentschädigung?

822 Im Entscheid 103 II 282 hält das Bundesgericht abstützend auf GAUTSCHI fest (Art. 418d N 6a ff.), dass ein unabdingbarer Anspruch auf eine Karenzentschädigung bei Vereinbarung eines Konkurrenzverbots bestehe, was jedoch nicht heissen würde, dass zugleich noch eine Kundschaftsentschädigung verlangt werden könne. Ob das Bundesgericht in besagtem Entscheid eine konkrete Meinung wiedergeben wollte bzw. dies getan hat, kann offen bleiben. Sollte dem so sein, wäre diese jedoch abzulehnen.

823 GAUTSCHI begründet seinen Standpunkt mit der Auffassung des Vor-

liegens einer Überentschädigung, da der Agent für die Zeit der Untätigkeit das Doppelte als bei gehöriger Vertragserfüllung verdienen würde, was zu weit ginge (N 6a). Auch wenn GAUTSCHI auf die unterschiedlichen Anspruchsvoraussetzungen hinweist, verkennt er, dass eine Kumulation nur bei einem entsprechenden Gegenwert für den Auftraggeber anfällt, nämlich wenn sich der Agent jeglicher Konkurrenzierung enthält und zudem seine Kundschaft weiter genutzt werden kann.

824 Die herrschende Lehre zum Franchisevertrag – welche für eine analoge Anwendung von Art. 418u OR auf den Franchisevertrag eintritt – geht aufgrund der unterschiedlichen Abgeltungsgrundlagen von einer Kumulation der Ansprüche aus (BAUDENBACHER, Franchisevertrag, 383; STEIN-WIGGER, 324 ff.; AMSTUTZ/SCHLUEP, Einl. vor Art. 184 ff. N 178; KULL, 104).

825 Die gesamtheitliche Betrachtung nach GAUTSCHI hat durchaus auch bei der Bemessung der Entschädigungen einzufliessen (Art. 418u N 6a). So sprechen sowohl Art. 418d als auch 418u OR von angemessenen Entschädigungen. Damit ist offenkundig, dass dem beurteilenden Gericht das Ermessen eingeräumt wird, auf eine Anspruchskumulation zu befinden, aus Billigkeitserwägungen jedoch auch eine Entschädigung unter den höchstmöglichen Werten zusprechen kann. Dies dürfte STEIN-WIGGER wohl auch mit «differenzierende Betrachtungsweise» meinen (337). Er führt das Beispiel an, dass die mittels Entschädigung nach Art. 418u OR entschädigte Kundschaft nicht nochmals über die Karenzentschädigung nach Art. 418d OR abgegolten werden könne, ansonsten dies unbillig wäre. Dieser Auffassung ist beizupflichten, wobei auch bei diesem Beispiel grundsätzlich beide Ansprüche kumulativ bestehen, die besonderen Umstände aber in die Bemessung der Entschädigungen einfliessen. So werden über die Karenzentschädigung alte nebst den zukünftigen Kunden abgegolten (STEIN-WIGGER, 337 m.w.H.), zusätzlich jedoch auch das erschwerte wirtschaftliche Einkommen des Agenten. Wenn der Aufbau der Kundschaft ausschliesslich auf der Stärke einer Marke beruht, welche Kundschaft ohne besonderes Zutun des Agenten generiert, kann eine Entschädigung allenfalls auch weitgehend entfallen (in diesem Sinne auch STEIN-WIGGER, 337).

23.3.2 Alleinvertriebsvertrag

826 Seitens der Gerichte wurde der Anspruch des Alleinvertreters auf Ausrichtung einer Kundschaftsentschädigung bislang überwiegend abgelehnt (BGE 88 II 171 f. – Pra 1962, 385; AMSTUTZ/SCHLUEP, Einl. vor Art. 184 ff. N 145). Dies mit dem Argument, dass der Agent im Gegensatz zum Alleinvertreter die Kundschaft des Auftraggebers er-

weitere, während Letztgenannter seine eigenen Kunden bedient. Das Bundesgericht hat aber in einem Entscheid aus dem Jahre 2002 die Möglichkeit einer analogen Anwendung auch beim Alleinvertriebsvertrag eingeräumt und ist dabei zu einer kasuistischen Betrachtungsweise übergegangen (vgl. ein zitierter Entscheid bei FOUNTOULAKIS, 95, in der Revue Valaisanne de Jurisprudence), was sachgerecht erscheint. So ist nicht einzusehen, weshalb eine Ungleichbehandlung zum Agenten erfolgen sollte, soweit eine weitgehend ähnliche Interessenlage besteht (SCHLUEP, 848 f., welcher als Beispiel die ausschliessliche Bezugspflicht von Markenartikeln anführt).

827 Da die Praxis teils nicht vorhersehbare Konstellationen hervorbringt, legt sich eine kasuistische Betrachtung nahe und stünde auch mit der grundsätzlichen Betrachtungsweise des Bundesgerichts in Einklang. Eine analoge Anwendung von Art. 418u OR auf den Alleinvertriebsvertrag kann aus sachlichen Überlegungen nicht a priori ausgeschlossen werden, soweit die Einbindung des Alleinvertreters in das Vertriebssystem des Lieferanten derart eng ist, dass ihn dies in die Nähe des Agenten rückt (SCHLUEP, 847 f.; SCHLUEP/AMSTUTZ, Einl. vor Art. 184 ff. N 145 m.w.H.; a.M. wohl BÜHLER, Art. 418u N 68).

828 Findet eine analoge Anwendung von Agenturrecht statt, so gelten die dort erläuterten Voraussetzungen und Umstände.

23.3.3 Franchisevertrag

829 Das Bundesgericht hatte bislang nicht zu beurteilen, ob dem Franchisenehmer analog zum Agenturrecht bei Vertragsende Anspruch auf eine Kundschaftsentschädigung zusteht. Die wenigen kantonalen Entscheide, welche sich bislang mit dieser Frage auseinanderzusetzen hatten, lehnen eine analoge Anwendung mit den Argumenten des Bundesgerichts im Entscheid 88 II 169 zum Alleinvertretungsvertrag ab (vgl. STEIN-WIGGER, 326 m.w.H.). Besagte Rechtsprechung und insbesondere der bisherige Leitentscheid des Bundesgerichts zum Alleinvertriebsvertrag wurde verschiedentlich kritisiert. Einerseits sollen «allein wertende Überlegungen über die Analogiefähigkeit einer Norm Aufschluss geben», andererseits entbehrt die richterliche Argumentation der erforderlichen «Stringenz» (STEIN-WIGGER, 329 m.w.H.). So hat sich die wirtschaftliche Erkenntnis durchgesetzt, dass sich auch eine starke Marke nicht mehr von alleine verkauft, sondern es hierzu entsprechender Bemühungen (durch einen Vertriebsnehmer) bedarf. Den Erfolg eines Franchisesystem und gewonnene Kunden einzig an der Sogwirkung der Marke festmachen zu wollen, ist deshalb heute illusorisch (AMSTUTZ/SCHLUEP, Einl. vor Art. 184 ff. N 177 m.w.H; STEIN-WIGGER, 330 f.).

830 Nach der jüngeren Lehre ist Art. 418u OR auf den Franchisevertrag

aber analog anzuwenden, wenn der Franchisenehmer eng in die Vertriebsorganisation des Franchisegebers eingebunden wird und eine nachvertragliche Weiterbelieferung offen steht. Ausschlaggebend ist damit, ob der Kundenstamm bei Vertragsbeendigung auf den Franchisegeber übergeht (Baudenbacher, Franchisevertrag, 381 ff.; Amstutz/Schluep, Einl. vor Art. 184 ff. N 177; Stein-Wigger, 328 ff.). Liegt die Hauptursache für den Aufbau beziehungsweise die Erweiterung des Kundenstamms in der Sogwirkung einer Marke, ist dieser Umstand bei der Anspruchsbemessung zu berücksichtigen (Amstutz/Schluep, Einl. vor Art. 184 ff. N 177).

831 In der deutschen Lehre wird § 89b HGB von den Gerichten grundsätzlich analog angewendet (Flohr, 241 ff.).

832 Der Entschädigungsanspruch entfällt basierend auf Art. 4 ZGB einzig bei einer vom Franchisenehmer verschuldeten, fristlosen Vertragsauflösung (Bühler, Art. 418u N 59; Kull, 104). Selbiges hat zu gelten, wenn der Vertrag unter Einhaltung der ordentlichen Frist beim Vorliegen eines schuldhaften Verhaltens des Franchisenehmers aufgelöst wird.

833 Findet eine analoge Anwendung von Agenturrecht statt, so gilt dies auf sämtliche dort erläuterten Voraussetzungen und Umstände, wobei sich allenfalls bei der Bemessung der Entschädigung Differenzierungen aufdrängen (vgl. Stein-Wigger, 333 ff.).

23.4 Lösungsansätze / Vertragliche Gestaltungsmöglichkeiten

834 Hinterlässt der Vertriebsnehmer bei seinem Ausscheiden aus dem Vertriebssystem einen nachträglich nutzbaren Kundenstamm, ist eine Entschädigung vorzusehen, welche sich an objektiven Kriterien zu berechnen hat.

835 Um eine Überentschädigung zu verhindern, sollte dabei eine Koordination mit einer Karenzentschädigung für die Einhaltung eines nachvertraglichen Konkurrenzverbots ebenfalls bereits vertraglich geregelt werden.

836 Für den Fall von Uneinigkeiten in der Anspruchsberechnung sollte allenfalls eine Schiedsklausel aufgenommen werden, wobei es sich beim Schiedsrichter nicht zwingend um einen Juristen handeln muss.

837 Ob sich eine Kumulation von Karenz- und Kundschaftsentschädigung aufdrängt, wird bei Vertragsbeginn kaum je zu bestimmen sein, weshalb hier eine Gesamtbetrachtung und Festlegung erst bei Vertragsende erfolgen kann. Es anerbietet sich deshalb, die Ansprüche grundsätzlich bei Vertragsschluss festzuhalten, deren Bestimmung

im Einzelfall jedoch erst beim effektiven Anfall zu bestimmen.

23.5 Checkliste

- Ist eine Kundschaftsentschädigung geschuldet und vereinbart?
- Sind etwaige Bemessungsgrundlagen klar definiert?
- Ist ein bestehender Kundenstamm vertraglich ausgeschieden?

24. Nebenabreden

24.1 Einleitung

838 Vertriebsverträge enthalten in der Regel diverse Nebenabreden. Die Terminologie, unter welcher solche Bestimmungen zusammengefasst werden, ist uneinheitlich. Häufige Bezeichnungen sind «Allgemeinen Bestimmungen», «Schlussbestimmungen», «Standardklauseln» oder aber «Nebenabreden». Gemeint ist damit jedoch immer dasselbe. Es wird die Bezeichnung «Nebenabreden» verwendet, damit einerseits eine sprachlich Abgrenzung zu den Allgemeinen Vertragsbedingungen (AVB) erfolgt, andererseits diese Bezeichnung dem Inhalt am Nächsten kommt. So werden in derartigen Bestimmungen keine den Kern des Vertriebsvertrags berührende Punkte geregelt, sondern solche, die von untergeordneter Bedeutung sind.

839 Hierunter zu subsumieren sind bspw. die Vereinbarung auf einen Gerichtsstand, das anwendbare Recht, das Vertragsschicksal bei teilweiser Vertragsunverbindlichkeit oder aber die Form für nachträgliche Vertragsabänderungen.

840 Es handelt sich dabei praktisch ausschliesslich um standarisierte Vertragsbestimmungen, welche vom Vertriebsgeber vorgegeben werden und diesen begünstigen. Es gilt deshalb in diesem Zusammenhang immer Art. 8 UWG zu beachten, weshalb auf die Ausführungen im Kapitel «Allgemeine Geschäftsbedingungen» verwiesen wird.

841 Die unter besagten Titeln geregelten Punkte sind vielfältig und ausufernd. Nachfolgend werden deshalb nur die wichtigsten und immer wieder anzutreffenden kurz skizziert und auf eine ausführliche Darstellung von Lehre und Rechtsprechung verzichtet.

24.2 Die einzelnen Nebenabreden

24.2.1 Gerichtsstand

842 Der Gerichtsstand unterliegt im Vertriebsrecht grundsätzlich der Parteidisposition, weshalb der Vertriebsgeber als bestimmende Partei meist eine Prorogation auf das zuständige Gericht an seinem Sitz vorsieht (vgl. SCHWENNINGER, 1515 N 48.1; STRAUB, 1379 N 54 und 1480 ff. N 53.1 ff.). Die birgt den Vorteil, sich im Fall von gerichtlichen Auseinandersetzungen an die lokalen Rechtsinstanzen wenden und auf den bewährten und vertrauten Rechtsbeistand zurückgreifen zu können. Gleichzeitig kann dies für den Vertriebsnehmer eine erhebliche Belastung darstellen und ihn allenfalls zu einem Einlenken ohne die Einschaltung autoritativer Instanzen bewegen.

843 Für Binnenverhältnisse bestimmt Art. 2 des Gerichtsstandsgesetzes (GestG; SR 272), dass nur bei ausdrücklicher Vorsehung ein im Gesetz geregelter Gerichtsstand zwingender Natur ist, was als Umkehrschluss aus Art. 21 ff. GestG für Vertriebsverträge Geltung beansprucht und eine willkürliche Bestimmung somit ermöglicht.

844 Als ergänzende Ausführung hält sodann Art. 9 GestG fest, dass für bestehende und zukünftige Rechtsstreitigkeiten ein Gerichtsstand vereinbart werden kann, welchem dann die Vermutung der Ausschliesslichkeit zukommt. Die Vereinbarung muss schriftlich erfolgen (Abs. 2), bedarf jedoch keiner optischen Hervorhebung, wie dies bis zum Inkrafttreten des GestG bei Formularverträgen nach der bundesgerichtlichen Rechtsprechung notwendig gewesen war. Das prorogierte Gericht kann bei einer entsprechenden Vereinbarung seine Zuständigkeit nur dann ablehnen, wenn die Streitigkeit keinen genügenden örtlichen und sachlichen Bezug zum vereinbarten Gerichtsstand aufweist (Abs. 3). Ein solcher ist aber bereits erstellt, wenn eine Partei einen Sitz im Wirkungskreis des angerufenen Gerichts aufweist.

845 Ermangelt es einem Vertriebsvertrag an einer Gerichtsstandsklausel, sind Klagen grundsätzlich am Wohnsitz des Beklagten anhängig zu machen (Art. 3 GestG).

846 Bei Vertriebsverhältnissen mit internationalem Bezug gilt es die Bestimmungen des Internationalen Privatrechts und des Lugano-Übereinkommens über die gerichtliche Zuständigkeit und die Vollstreckung gerichtlicher Entscheidungen in Zivil- und Handelssachen zu beachten (IPRG und LugÜ / SR 29 und SR 0.275.11). Grundsätzlich gilt dabei, dass sowohl nach IPRG als auch nach dem vorgehenden LugÜ bei Staatsvertragszugehörigkeit der Wohnsitzgerichtsstand gilt, jedoch allenfalls alternative oder ausschliessliche Spezialzuständigkeiten bestehen können (vgl. hierzu Art. 112 ff. IPRG und Art. 2 ff. LugÜ; Keller/Kren Kostkiewicz, Art. 112 N 13 ff.).

24.2.2 Rechtswahl

847 Mit einer Gerichtsstandsklausel wird und sollte auch immer eine Rechtswahlklausel verbunden werden, worin sich die Parteien in der Regel auf das anwendbare Recht am vereinbarten Gerichtsstand vereinbaren. Ansonsten kann es dazu kommen, dass zwar das prorogierte Gericht zuständig ist, jedoch ausländisches Recht anzuwenden hat. In komplexen Fällen wird dies unweigerlich dazu führen, dass ausländische Rechtsgutachten eingeholt werden müssen, womit sich das Verfahren nicht nur erheblich verteuert, sondern auch verlängert. In der Regel sehen Vertriebsverträge derartige Bestimmungen vor (vgl. hierzu Schwenninger, 1515 N 47.1; Straub, 1379 N 53 und 1480 f. N 52.1 ff.).

848 Während bei Binnenverhältnis immer inländisches Recht zur Anwendung gelangt, gilt es dieses bei Verträgen mit Bezug zum Ausland individuell zu bestimmen. In der Praxis enthalten Vertriebsverträge eine Rechtswahlklausel. Sollte diese aber einmal fehlen, gelangen dispositiv die Bestimmungen des IPRG zur Anwendung.

849 Nach Art. 116 IPRG ist im Agenturverhältnis im internationalen Kontext in Ermangelung einer gültigen Rechtswahl das Recht jenes Staates anwendbar, an welchem der Agent seinen gewöhnlichen Aufenthalt oder seine Geschäftsniederlassung hat. Die Leistung des Agenten ist als die charakteristische im Sinne von Art. 117 Abs. 3 lit. c IPRG anzusehen (BÜHLER, Vorbemerkungen Art. 418a-418v N 48).

850 Nach herrschender Lehre und Praxis untersteht der Alleinvertriebsvertrag bei fehlender Rechtswahl dem Recht des Staates, in dem der Vertriebsnehmer seine Niederlassung hat (BSK OR I-AMSTUTZ/SCHLUEP, Einleitung vor Art. 184 ff N 144, mit weiteren Hinweisen).

851 Die objektive Anknüpfung des Franchisevertrags ist umstritten (zum Meinungsstand AMSTUTZ/VOGT/WANG, Art. 117 N 62). Der Wahl von Franchising als Vertriebsstrategie liegt in der Regel die strategische Zielsetzung zugrunde, den Markt durch die Externalisierung des Vertriebs zu erschliessen. In diesem Fall ist die Umsetzungstätigkeit des Franchisenehmers als charakteristische Leistung im Sinne von Art. 117 Abs. 3 lit. c IPRG anzusehen. Entsprechend besteht ein Anknüpfungspunkt am Niederlassungsort des Franchisenehmers, und es ist das dort geltende Recht anwendbar (so auch AMSTUTZ/VOGT/WANG, Art. 117 N 62). Ausnahmen mögen sich in Fällen ergeben, in welchen die Lizenzkomponente im Vordergrund steht und er nur Unterstützungsfunktionen wahrnimmt (was aber nicht dem typischen Franchising entspricht). Hier ist der Schwerpunkt des Vertrages auf Seiten der Franchisegeber zu erblicken (WILDHABER, Franchising, 252).

24.2.3 Vertragsbeständigkeit bei teilungültigen Bestimmungen

852 In einer sog. salvatorischen (rettenden) Klausel halten die Parteien fest, dass auch bei einer Nichtigkeit oder Ungültigkeit eines bestimmten Vertragsteils der Vertrag als solcher weiterhin Bestand hat (vgl. hierzu SCHWENNINGER, 1515 N 46.1; STRAUB, 1379 N 52).

853 Eine derartige Vereinbarung ist zulässig, soweit diese nicht gegen zwingendes Recht verstösst oder aber die Ausgewogenheit der vertraglichen Vereinbarung zufolge der Teilunverbindlichkeit aus dem Gleichgewicht gerät. Hier haben die Parteien entweder den Vertrag zur Widerherstellung des Äquivalenzverhältnisses zu modifizieren, was entweder einvernehmlich oder aber durch Anrufung des zuständigen Gerichts mittels richterlicher Lückenfüllung erfolgen kann.

24.2.4 Formvorbehalte

854 Vertriebsverträge erfahren im Rechtsalltag grundsätzlich eine schriftliche Regelung (vgl. SCHWENNINGER, 1514 N 45.1; STRAUB, 1363 N 36.1 f.). Es handelt sich dabei um einen der Parteiautonomie entspringenden Formvorbehalt nach Art. 16 OR, welcher aus Beweisgründen unerlässlich ist. Konsequent wird deshalb als Nebenabrede festgehalten, dass auch nachträgliche Vertragsabänderungen oder -ergänzungen zur Verbindlichkeit der schriftlichen Form bedürfen.

855 Behauptet deshalb eine Partei eine vom schriftlichen Vertrag abweichende Vereinbarung zufolge mündlicher oder konkludenter Ergänzung, hat sie nebst dem Anspruch an sich zu beweisen, dass die Parteien auch die Formabrede formlos aufgehoben haben. Dies ist selbstredend auch bei einem Formvorbehalt grundsätzlich möglich (STRAUB, 1363 N 36.2).

24.2.5 Vertragsübertragungsklausel

856 Der Vertriebsvertrag wird zwischen Vertriebsgeber und -nehmer geschlossen. Sämtliche Rechte und Pflichten binden ausschliesslich diese zwei beteiligten Parteien. Die Übertragung eines Teils oder sämtlicher Rechte und Pflichten könnte die andere Vertragspartei aus vielfältigen Gründen benachteiligen. Zu denken ist dabei bspw. an einen Solvenzverlust, den Systemeintritt eines Konkurrenten oder aber die Verbindung mit einer Partei, zu der ein guter Kontakt nicht hergestellt werden kann. Damit eine Partei das Vertragsverhältnis deshalb nicht zuungunsten der anderen verschlechtern kann, sehen Vertriebsverträge meist ein Abtretungsverbot der aus dem Vertrag resultierenden Rechte und Pflichten vor, soweit der Vertragspartner seine Zustimmung aus sachlichen Gründen verweigert (FLOHR, Franchisevertrag 229 ff.; SCHWENNINGER, 1498 f. N 4 ff.sieht ein Übertragungsverbot in seinem Mustervertrag vor) Eine derartige Vereinbarung kann im Rahmen der Privatautonomie gültig vereinbart werden.

24.2.6 Annexklausel

857 Mit einer Annexklausel werden ergänzende Vertragsdokumente als Vertragsbestandteile anerkannt und die Kenntnis deren Inhalts vorausgesetzt, ohne dass diese dem Hauptvertrag beigefügt oder unterzeichnet worden wären (zu den Annexverträgen vgl. MARTINEK, Vertriebsrecht, § 4 N 5 f.).

858 Zu unterscheiden hiervon ist eine Klausel im Hauptvertrag, welche zur Übersicht die beigehefteten und ebenfalls unterzeichneten Anhänge aufführt. Dies geschieht regelmässig mit allgemeinen Vertragsbestimmungen (AVB) bzw. Geschäftsbedingungen, Kundenlisten

und Ähnlichem. Dies ist unproblematisch, wenn der bestätigenden Vertragspartei die ergänzenden Unterlagen inhaltlich bekannt sind. Andernfalls wird sie in einer allfälligen Auseinandersetzung nachzuweisen haben, dass eine Bestätigung ohne inhaltliche Kenntnisnahme abgegeben wurde. Es wird damit in der Konsequenz die Beweislast vom Vertriebsgeber auf den Vertriebsnehmer überwälzt.

24.2.7 Empfangsbestätigungsklausel

859 Regelmässig werden im Rahmen von Vertragsabschlüssen auch Unterlagen und Arbeitsmaterial übergeben, wie bspw. das Systemhandbuch, Kundendateien oder Einrichtungs- bzw. Arbeitsmaterial. Der Erhalt von Unterlagen und Material wird dabei der Einfachheit halber regelmässig direkt im Hauptvertrag bestätigt.

860 Eine derartige Klausel führt wiederum – sollte der Inhalt nicht den Fakten bei Vertragsschluss entsprechen – zu einer Umkehr der Beweislast im Falle späterer Unstimmigkeiten.

24.3 Checkliste

- Enthält der Vertriebsvertrag eine Gerichtsstands- bzw. Rechtswahlklausel?
- Wurden sämtliche massgeblichen Fakten festgehalten?
- Wurde die Möglichkeit einer Vertragsübertragung diskutiert und vertraglich geregelt?

25. Prozessuales / Schlichtung und Mediation

25.1 Einleitende Bemerkung

861 Stehen Ansprüche aus einem Vertriebsvertrag im Streit, stellt sich die Frage nach der Art der Streiterledigung. Aus prozessualer Sicht bleibt dabei der Gang an eine ordentliches oder aber ein Schiedsgericht, falls letzteres vertraglich vorgesehen wurde.

862 Da es sich bei beiden Schritten immer um die «ultima ratio» handelt und der Vertriebsgeber kein Interesse daran hegt, seine Vertriebskonditionen in einem Prozess offen zu legen, wird häufig vertraglich als erste Stufe der Streiterledigung eine gegenseitige Verpflichtung zur Durchführung eines Schlichtungs- bzw. Mediationsverfahrens vorgesehen. Vor der Durchführung eines solchen einvernehmlichen Streiterledigungsversuchs ist es den Parteien vertraglich meist verwehrt, den Prozessweg zu beschreiten. Im Rahmen des Schlichtungsverfahrens amtet dann eine oder mehrere von den Parteien bestimmte Personen als Streitschlichter mit dem Ziel die Auseinandersetzung einem Vergleich zuzuführen.

25.2 Vorsehung eines vorprozessualen Schlichtungsverfahrens

863 Abzugrenzen gilt es ein vertraglich vorgesehenes Schlichtungsverfahren von ähnlichen Instituten, wie sie den meisten kantonalen Prozessgesetzen als zwingende Verfahrensschritte bekannt sind (bspw. Vermittlungsverfahren vor dem Friedensrichter oder dem Instruktionsrichter; vgl. ZPO BL § 2 ff. oder ZPO BE Art. 144 ff.).

864 Wurde ein vorprozessuales Schlichtungsverfahren zwischen den Parteien vertraglich vereinbart, bildet dessen Durchführung eine formale Prozessvoraussetzung; somit kann nur bei einer Zustimmung des Vertragspartners direkt Klage erhoben oder das ordentliche Schiedsverfahren anhängig gemacht werden (Flohr, Franchisevertrag, 215). Grundsätzlich müssen aber die gesetzlich vorgesehenen Vermittlungsstufen zusätzlich durchlaufen werden.

865 Die Auswahl des Streitschlichters wie auch die Art des Verfahrens können von den Parteien frei bestimmt werden, weshalb in der Praxis unterschiedliche Regelungen anzutreffen sind. Teils werden ein einzelner Streitschlichter, teils ein Kollegialgremium vorgesehen. Gemeinsamkeiten sind meist eine paritätische Bestellung oder aber die frühzeitige Bestimmung im Vertriebsvertrag (vgl. bspw. Schwenninger, 1511 N 39 ff.; Flohr, Franchisevertrag, 214 ff.; Metzlaff, § 8 N 446 ff. und § 9 N 119 ff.). Verfahren wie auch Schlichter können

die Parteien frei regeln, soweit diese nicht gegen Schranken des zwingenden Rechts verstossen (bspw. Art. 19 f. OR oder Art. 28 ZGB).

25.3 Mediationsverfahren

866 Die Unterschiede zu einem vorprozessualen Schlichter, welcher den Parteien in der Regel einen Vergleichsvorschlag unterbreitet, arbeitet der Mediator auf eine einvernehmliche Lösung der Parteien selbst hin und versucht nicht nur den Konflikt pragmatisch zu lösen, sondern thematisiert auch die allenfalls tiefer liegenden Ursachen. Es handelt sich somit hauptsächlich um eine «Verhandlungsvermittlung», welche das Gefühl einer Verfahrensfairness und damit eine höhere Akzeptanz vermitteln soll (METZLAFF, § 8 N 459 ff.).

867 In der Schweiz wird die Ausbildung zum Mediator bspw. vom Schweizerischen Anwaltsverband angeboten und stellt eine Zusatzausbildung dar. Es soll jedoch nicht unerwähnt bleiben, dass die Grenzen zwischen Schlichtungs- und Mediationsverfahren fliessend sind, zumal auch ein «gewöhnlicher Schlichter» versucht sein wird, die Parteien zu einer Lösung mit beidseitig grosser Akzeptanz zu leiten; ohne diese ist ein Vergleichsversuch ohnehin zum Scheitern verurteilt.

868 Schlichtungs- und Mediationsverfahren unterscheiden sich – wenn überhaupt – von dem hier nicht zu erläuternden Unterschied in der Person des Vermittelnden und dessen Vorgehensweise. Der Zweck ihrer Tätigkeit ist aber kongruent, nämlich der Versuch eine Streitsache ohne Durchführung eines kontradiktorischen Verfahrens und ohne autoritatives Urteil zu erledigen.

25.4 Prozessuale Anspruchsdurchsetzung

25.4.1 Ordentliches Verfahren

869 Bei der prozessualen Durchsetzungen von Ansprüchen aus einem Vertriebsverhältnis ergeben sich keine rechtsrelevanten Besonderheiten. Es handelt sich durchwegs um Zivilansprüche, welche nach kantonalem Prozess- und materiellem Bundesrecht eingeklagt werden können.

25.4.2 Schiedsverfahren

870 Auch bei der vertraglichen Vorsehung eines Schiedsgerichts zur richterlichen Beurteilung von Ansprüchen aus einem Vertriebsverhältnis ergeben sich prozessual keine Besonderheiten. Es kann bezüglich auf die einschlägigen Bestimmungen zum bundesweit geltenden Konkordat über die Schiedsgerichtsbarkeit (vgl. bspw. SG BS 222.200) und

im internationalen Recht auf die Bestimmungen des IPRG verwiesen werden (vgl. insbesondere Art. 176 ff. IPRG).

871 Die Vorteile des Schiedsverfahren sind darin zu sehen, dass ein fachkundiges Gericht bestellt werden kann, während die ordentlichen Gerichte mit den rechtlichen und praktischen Grundlagen von Vertriebsverträgen – insbesondere wenn es sich um gesetzlich nicht geregelte Verträge handelt – oftmals nicht vertraut sind (vgl. hierzu METZLAFFF, § 8 N 446). Daneben gewährleistet das Schiedsverfahren einen rascheren Abschluss der Streitsache, als dies bei ordentlichen Gerichten der Fall ist (METZLAFFF, § 9 N 126 f.), während jedoch auch die Kosten höher sind.

25.5 Lösungsansätze / Vertragliche Gestaltungsmöglichkeiten

872 Je nach Situation kann sich die Vorsehung eines freiwilligen Schiedsverfahrens als unerwünschte Verzögerung herausstellen, weshalb ein solches vorzugsweise fakultativ ausgestaltet werden sollte und damit im konkreten Fall der vorgängigen Zustimmung beider Parteien bedarf. Als Alternative lässt sich auch ein obligatorisches mit fixem Zeitrahmen vereinbaren.

873 Die Frage, ob die staatlichen Instanzen oder ein Schiedsgericht Streitigkeiten beurteilen sollen, kann nicht generell beantwortet werden. Da es sich beim Vertriebsrecht, insbesondere beim Franchiserecht, um ein Rechtsgebiet handelt, mit welchem sich die hiesigen Gerichte selten zu befassen haben, kann durch die Vorsehung eines Schiedsgerichts in der Regel eine höhere Fachkompetenz als bei staatlichen Instanzen gewährleistet werden.

874 Ansonsten bleibt es bei den üblichen Vor- und Nachteilen der beiden Verfahrensarten: Das Schiedsverfahren ist schneller und teurer, das staatliche Verfahren träger, aber auch kostengünstiger.

875 Schliesslich erweist sich bei internationalen Sachverhalten eine Gerichtsstand- und Rechtswahlklausel unerlässlich, wollen sich die Parteien nicht der Gefahr aussetzen, dass inländische Gerichte ausländisches Recht anzuwenden haben. Dies stellt sich immer als unbefriedigend heraus, da das Verfahren dadurch erschwert, verlangsamt und verteuert wird. Diese unliebsame Folge lässt sich mit entsprechenden Klauseln leicht verhindern, während im Nachgang ein Prorogation auf das am Forum geltende Recht nicht gegen den Willen eines Vertragspartners durchgesetzt werden kann, falls das dispositive Recht auf ausländisches Recht verweist.

26. Steuerrecht

26.1 Das Schweizerische Steuersystem

876 Im Gegensatz zu anderen Ländern steht die Steuerhoheit in der Schweiz nicht nur einem, sondern gleich drei Gemeinwesen (Bund, Kantone und Gemeinden) zu, die gleichzeitig nebeneinander aufgrund ihrer eigenen Gesetzgebungen Steuern erheben. Da die Festsetzung der Steuersätze und Steuerfreibeträge in der alleinigen Kompetenz der Kantone und Gemeinden liegt, bleibt genügend Freiraum für die Austragung eines innerstaatlichen Steuerwettbewerbs. Dieser innerstaatliche Konkurrenzkampf führt letztlich dazu, dass die Schweiz mit ihrer im internationalen Vergleich geringen Steuerbelastung ein äusserst interessanter Steuerstandort ist. Im Folgenden werden die für die Vertriebssysteme massgebenden Steuerarten kurz erläutert. Bei den einzelnen Vertriebssystemen werden dann gewisse Besonderheiten bei der Besteuerung näher erläutert sowie die einzelnen Leistungsströme steuerlich gewürdigt (Schweizerische Steuerkonferenz, Das schweizerische Steuersystem).

26.1.1 Einkommens- und Gewinnsteuern

877 Das Einkommen der natürlichen Personen und der Gewinn der juristischen Personen stellen in der Schweiz das wichtigste Objekt der Besteuerung dar. Die natürlichen Personen entrichten jährlich auf ihrem gesamten Reineinkommen die allgemeine Einkommenssteuer an Bund, Kantone und Gemeinden. Selbständig Erwerbende versteuern ihr Nettoeinkommen aus der gewerblichen Tätigkeit zusammen mit ihrem übrigen steuerbaren Einkommen. Die juristischen Personen ihrerseits schulden dem Bund, den Kantonen und den Gemeinden jährlich die allgemeine Gewinnsteuer auf ihrem gesamten Reingewinn. Der steuerbare Reingewinn entspricht dem Saldo der handelsrechtlichen Erfolgsrechnung, der gegebenenfalls nach steuerrechtlichen Vorschriften korrigiert werden muss.

878 Für das Einkommen der natürlichen Personen sind die Tarife sowohl bei den direkten Bundessteuern als auch bei den Kantons- und Gemeindesteuern grundsätzlich progressiv ausgestaltet, wobei sich teilweise erhebliche Steuerbelastungsunterschiede von über 20% ergeben können. Bei den juristischen Personen unterliegt der Reingewinn sowohl beim Bund als auch bei den meisten Kantonen und Gemeinden einem proportionalen Steuersatz, wobei sich auch hier erhebliche Steuerbelastungsunterschiede von gut 10% ergeben können. Im Unterschied zu den meisten anderen Ländern qualifizieren die Steuern bei den juristischen Personen als abzugsfähiger Aufwand

(KUBAILE/SUTER/JAKOB, A II 3.1.1 ff; Schweizerische Steuerkonferenz, Das schweizerische Steuersystem).

26.1.2 Mehrwertsteuer (MWST)

879 Bei der Mehrwertsteuer handelt es sich um eine allgemeine Verbrauchs- und Konsumsteuer. Ihr unterliegen Inlandumsätze sowie die Einfuhr von Gütern und Dienstleistungen. Steuerpflichtig ist, wer eine mit der Erzielung von Einnahmen verbundene selbständige berufliche oder gewerbliche Tätigkeit ausübt und daraus jährlich einen steuerbaren Umsatz von mindestens CHF 75'000 erzielt. Darüber hinaus ist unabhängig von der Unternehmereigenschaft steuerpflichtig, wer pro Kalenderjahr mehr als CHF 10'000 Dienstleistungen aus dem Ausland bezieht. Bemessungsgrundlage ist bei im Inland erbrachten Lieferungen und Dienstleistungen das vereinbarte bzw. vereinnahmte Bruttoentgelt. Von der abzuliefernden Mehrwertsteuer können die den steuerbaren Umsätzen zuzurechnenden Vorsteuern abgezogen werden.

880 Das schweizerische Mehrwertsteuersystem unterscheidet zwischen den steuerbaren, den von der Mehrwertsteuer ausgenommenen und den von der Mehrwertsteuer befreiten Umsätzen. Nur die dem steuerbaren und dem befreiten Umsätzen zuordenbaren Vorsteuern können zurückgefordert werden (KUBAILE/SUTER/JAKOB, A II 3.2.3 ff; Schweizerische Steuerkonferenz, Das schweizerische Steuersystem).

26.1.3 Verrechnungssteuer (VST)

881 Die Verrechnungssteuer ist eine Bundessteuer und wird als Quellensteuer auf dem Ertrag von beweglichem Kapitalvermögen (35%), Lotteriegewinnen (35%) und auf Versicherungsleistungen (8–15%) erhoben. Die Verrechnungssteuer wird Personen mit Wohnsitz in der Schweiz, welche die verrechnungssteuerbelasteten Einkünfte als Einkommen oder Ertrag deklarieren, vollumfänglich zurückerstattet. Im Verhältnis zum Ausland wird die Verrechnungssteuer nur zurückerstattet bzw. an der Quelle befreit, sofern mit dem Staat, in welchem der Empfänger seinen steuerlichen Wohnsitz hat, ein Doppelbesteuerungsabkommen abgeschlossen wurde. Zu beachten ist, dass die leistende Gesellschaft Schuldner der Verrechnungssteuer ist und die Steuer zwingend auf den Empfänger überwälzen muss (KUBAILE/SUTER/JAKOB, A II 3.2.1 ff; Schweizerische Steuerkonferenz, Das schweizerische Steuersystem).

26.2 Agenturvertrag

26.2.1 Chart mit Ausgangslage

882 Die nachstehenden steuerlichen Ausführungen basieren auf dem folgenden Chart mit den für ein Agentenverhältnis normalerweise involvierten Parteien A (Auftraggeber), B (Agent) sowie C (Kunde).

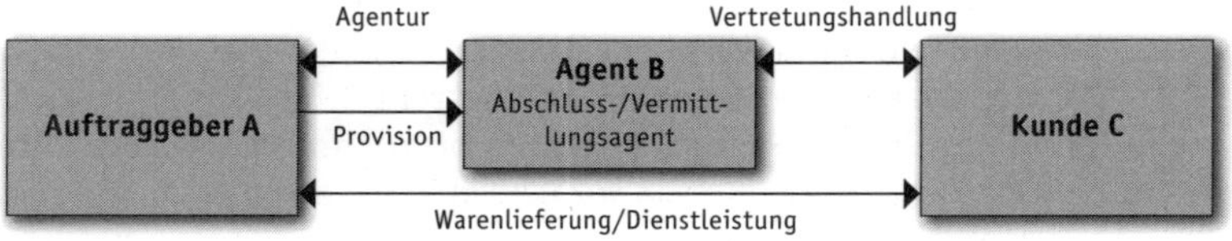

883 Der Agent handelt im Namen und auf Rechnung des Herstellers bzw. Lieferanten. Wie im Kapitel 2.3.1 näher erläutert, unterscheidet das Gesetz zwischen der Vermittlungsagentur (Agent bereitet Vertragsabschluss vor, Vertrag wird jedoch durch Auftraggeber unterzeichnet) und der Abschlussagentur (Agent ist durch Vollmacht berechtigt Verträge rechtsverbindlich für den Auftraggeber zu unterzeichnen). Die Unterscheidung ist auch aus steuerrechtlicher Sicht relevant.

26.2.2 Einkommen- und Gewinnsteuern

884 Die Provisionszahlungen stellen beim Auftraggeber grundsätzlich abzugsfähigen Aufwand und beim Agenten steuerpflichtigen Ertrag dar. Sofern der Agent eine nahe stehende Person ist (z.B. eine Konzerngesellschaft oder eine vom gleichen Anteilseigner gehaltene Gesellschaft) und die Provisionszahlungen einem Drittvergleich nicht standhalten, erfolgt eine entsprechende Ertragskorrektur bei den involvierten Parteien.

885 Wenn ein wirtschaftlich abhängiger Agent die Vollmacht besitzt, Rechtsgeschäfte im Namen des Auftraggebers abzuschliessen (namentlich Abschlussagent), begründet er im interkantonalen Verhältnis an seinem Arbeitsort regelmässig eine Betriebsstätte für seinen Auftraggeber. Dies führt zum Resultat, dass der Auftraggeber an diesem Ort eine beschränkte Steuerpflicht mit entsprechenden Verfahrenspflichten und Steuerfolgen begründet. Agenten, welche indessen lediglich zur Vermittlung von Aufträgen befugt sind (namentlich Vermittlungsagent; Versicherungsagenten ohne Abschlussvollmacht), begründen in der Regel keine Betriebsstätte für den Auftraggeber (Höhn/Mäusli, Interkantonales Steuerrecht, §10, N 24–27).

26.2.3 Mehrwertsteuer

886 Gemäss Mehrwertsteuergesetz liegen bei einer direkten Stellvertretung zwei getrennte und unterschiedliche Leistungen vor, namentlich die Grundleistung zwischen den Parteien A und C und die Vermittlungsleistung zwischen A und B (Glauser, Mwst-com, Art. 11, N 20–21). Im Gegensatz zum Zivilrecht gilt bei der Mehrwertsteuer das blosse Vermitteln von Geschäften (namentlich Vermittlungsagent) nicht als direkte Stellvertretung (im Sinne des MWSTG Art. 11.1), sondern nur das Abschliessen von rechtsverbindlichen Verträgen im Namen und für Rechnung von Dritten (namentlich Abschlussagent). Bei der Leistung des Vermittlungsagenten handelt es sich auch nicht um eine indirekte Stellvertretung (wie z.B. bei der Kommission) sondern um eine reine Werbeleistung (sog. «finder's fees», MWST-WL, N 201, 632/647).

887 Damit für Mehrwertsteuerzwecke eine direkte Stellvertretung (Abschlussagent) vorliegt und mithin nicht eine steuerpflichtige Leistung zwischen A und B und zwischen B und C vorliegt (analog dem Kommissionär), müssen gemäss Verordnungen/Verlautbarungen (MWST-WL, N 190–205) und gemäss diversen Bundesgerichtsentscheiden (u.a. BVGE A-1462/2006 vom 6.9.2007 sowie BVGE A-1930/2006 vom 30. Oktober 2007) strenge materielle Voraussetzungen erfüllt werden. So muss der Agent ausdrücklich im Namen und für Rechnung des Auftraggebers handeln. Es genügt deshalb nicht, wenn der Agent dem Kunden bloss anzeigt, dass er als Vertreter handelt, ohne die Identität des Auftraggebers namentlich bekannt zu geben. Eine stillschweigende Willenskundgabe, in fremdem Namen und für fremde Rechnung handeln zu wollen, genügt nach der gesetzlichen Regelung ebenfalls nicht zur Annahme einer direkten Stellvertretung im Sinne des Mehrwertsteuerrechts. Ungenügend ist gemäss der bundesgerichtlichen Rechtssprechung ferner, den Kunden bloss über die Identität des Auftraggebers in Kenntnis zu setzen. Vielmehr ist zusätzlich ausdrücklich bekannt zu geben, dass ein Vertretungsverhältnis vorliegt und auf welche Tätigkeit es sich bezieht.

26.2.4 Vermittlungs- und Abschlussprovision

888 Sofern alle Parteien (A, B, C) im Inland ansässig sind, unterliegt die Vermittlungs- als auch die Abschlussprovision beim Agenten grundsätzlich der Mehrwertsteuer von 7.6%, sofern die massgebliche Umsatzgrenze (CHF 75'000) bei diesem überschritten wird. Das gleiche gilt auch für eine allfällige Entschädigung nach OR Art. 418u betreffend die Abgeltung des aufgebauten Kundenkreises. Die Dienstleistung des Abschluss- als auch des Vermittlungsagenten ist somit grundsätzlich steuerbar, sogar dann, wenn das vermittelte Geschäft

von der Steuer ausgenommen ist (z.B. Vermittlung von Wohnungen). Dieser Grundsatz wird jedoch relativiert durch die ausdrücklich MWST-ausgenommenen Vermittlungsaktivitäten im Bereich der Versicherungen und Banken (GLAUSER, Mwst-com, Art. 11, N 21). Hier gilt es jedoch zu beachten, dass das blosse Zuführen von potentiellen Kunden nicht als Vermittlungsleistung, sondern als steuerbare Werbeleistung (sog. «finder's fees») gilt. So qualifizieren in vielen Fällen die Leistungen des Vermittlungsagenten aus Mehrwertsteuersicht als eine steuerbare Werbeleistung (MWST-WL, N 201, 632/647).

26.2.5 Verrechnungssteuer

889 Sofern der Agent gegenüber dem Auftraggeber als eine nahe stehende Person qualifiziert, und die Provisionszahlung einem Drittvergleich nicht standhält, unterliegt die entsprechende Differenz als geldwerte Leistung der Verrechnungssteuer von 35% und ist auf den Agenten (falls Provisionszahlung zu hoch) oder auf den Auftraggeber (falls Provisionszahlung zu tief) zu überwälzen. Diese Steuerfolgen resultieren jedoch nur, wenn eine Kapitalgesellschaft diese geldwerte Leistung erbringt.

26.2.6 Internationale Aspekte

26.2.6.1 Transferpreisbestimmungen

890 Sofern der Agent sowie der Auftraggeber verbundene Unternehmen sind und die Provisionszahlung einem Drittvergleich nicht standhält, könnte im Ausland eine Gewinnaufrechnung erfolgen (gemäss OECD-MA Art. 9 sowie in den mit der Schweiz abgeschlossenen DBA's explizit statuiert), welche zusätzlich einer ausländischen Quellensteuer unterliegen könnte. Zusätzlich kennen viele Länder so genannte «Transferpreisbestimmungen» (d.h. Richtlinien für die Bestimmung des «richtigen» Preises) mit entsprechenden Dokumentationsvorschriften, welche zu beachten sind, wenn sich nahe stehenden Personen grenzüberschreitende Leistungen erbringen.

26.2.6.2 Betriebsstätte

891 Gemäss den von der Schweiz abgeschlossenen Doppelbesteuerungsabkommen begründet ein ausländischer Agent, welcher bevollmächtigt ist im Namen des Auftraggebers Verträge abzuschliessen und die Vollmacht in dem anderen Staat gewöhnlich ausübt (d.h. nicht einmalige oder nur gelegentliche Auftreten als Abschlussagent, FLICK/WASSERMEYER/KEMPERMANN, Art. 5, N 79) eine Betriebsstätte für den schweizerischen Auftraggeber. Keine Betriebsstätte liegt vor, wenn sich die Tätigkeit des ausländischen Agenten auf den Einkauf von Waren für den Auftraggeber beschränkt (OECD, Art. 5 Abs. 5). Eine

Betriebsstätte ist auch dann gegeben, wenn der Auftraggeber im Ausland über keine feste Geschäftseinrichtung verfügt (so genannte Fiktion einer Betriebsstätte; FLICK/WASSERMEYER/KEMPERMANN, Art. 5, N 74).

892 Auf der anderen Seite führt eine Vollmacht zur blossen Vorbereitung der Verträge in der Regel nicht zu der Annahme einer Betriebsstätte. Auch eine Vermittlungsvollmacht ist nicht ausreichend, denn der Agent wird dadurch nur dazu berechtigt, im Namen und für Rechnung des Auftraggebers Geschäfte zu vermitteln, während der Vertragsabschluss vom Auftraggeber selbst getätigt wird (FLICK/WASSERMEYER/KEMPERMANN, Art. 5, N 77; KUBAILE/SUTER/JAKOB, B IV.2).

893 Fazit: Ein ausländischer Agent ohne Abschlussvollmacht begründet in der Regel keine Betriebsstätte. Eine Betriebsstätte könnte jedoch gegeben sein, wenn der Agent eine Abschlussvollmacht besitzt und eine gewisse Stetigkeit gegeben ist.

26.2.6.3 Mehrwertsteuer

894 Abschlussprovision (Abschlussagent): Die Abschlussprovision unterliegt bei B als Abschlussagent nicht der MWST, wenn der vermittelte Umsatz steuerbefreit ist (z.B. wenn der Gegenstand nachweislich direkt exportiert wird) oder ausschliesslich im Ausland bewirkt wird (z.B. wenn die vermittelte Lieferung oder Dienstleistung im Ausland erbracht wird). Wird der vermittelte Umsatz sowohl im Inland als auch im Ausland bewirkt, so ist nur der Teil der Vermittlung von der MWST befreit, der auf den Umsatz im Ausland entfällt (MWSTG, Art. 19, Abs. 2, Ziff. 8; GLAUSER, Mwst-com, Art. 19, N 1 ff.).

895 Vermittlungsprovision (Vermittlungsagent): Sofern bei der Vermittlungsprovision der Auftraggeber (d.h. welcher die Provision bezahlt) und der Agent in der Schweiz ansässig sind, unterliegt die Vermittlungsprovision des Agenten der Schweizerischen Mehrwertsteuer, irrelevant, ob der Kunde im Ausland ansässig ist. Sofern der Auftraggeber im Ausland ansässig ist, erbringt der Agent eine nicht in der Schweiz steuerbare Werbeleistung (MWSTG, Art. 14 Abs. 3, lit. b). In der Regel sehen die ausländischen Gesetzgebungen vor, dass der Auftraggeber im Ausland für die ihm erbrachte Dienstleistung abrechnen muss. Es empfiehlt sich jedoch, die jeweiligen gültigen Gesetze zu konsultieren (z.B. UStG, §13b).

896 Der Auftraggeber A kann die ihm vom Agenten B in Rechnung gestellte Mehrwertsteuer als Vorsteuern abziehen, sofern sein Umsatz der Mehrwertsteuer unterliegt. Sofern der Agent B im Ausland ansässig ist, muss der in der Schweiz ansässige Auftraggeber A (bei Abschlussprovision nur, sofern auch C in der Schweiz ansässig ist) die an B bezahlte Provision als Dienstleistungsimport deklarieren, wel-

cher einer Steuer von 7.6% unterliegt, die er aber wieder zurückfordern kann, sofern sein Umsatz der Mehrwertsteuer unterliegt.

26.3 Kommission

26.3.1 Chart mit Ausgangslage

897 Die nachstehenden steuerlichen Ausführungen basieren auf dem folgenden Chart mit den für eine Kommission normalerweise involvierten Parteien, wobei zwischen Einkaufs- und Verkaufskommission unterschieden wird.

Verkaufskommission (indirekte Stellvertretung)

898 Wichtige Merkmale des Kommissionsgeschäftes sind, dass der Kommissionär im Gegensatz zum Agenten dem Käufer nicht offen legt, dass die Ware nicht sein Eigentum ist obwohl er in eigenem Namen auftritt. Da der Kommissionär auf Rechnung des Kommittenten handelt, liegt im Innenverhältnis zwischen diesen Parteien lediglich ein Auftrag vor, die Ware zu verkaufen. Dies hat zivilrechtlich zur Folge, dass das Eigentum an der Kommissionsware vom Kommittenten unmittelbar auf den Käufer übergeht. Aufgrund des Kommissionsvertrages – Handeln für fremde Rechnung – ist der Kommissionär verpflichtet, den Erlös aus dem Verkauf abzüglich seiner Provision/Auslagen an den Kommittenten abzuführen.

Einkaufskommission (indirekte Stellvertretung)

899 Im Gegensatz zur Verkaufskommission erwirbt bei der Einkaufskommission zunächst der Einkaufskommissionär Eigentum am Kommissionsgut. Das Eigentum wird erst anschliessend auf den Kommittenten übertragen zuzüglich seiner Provision/Auslagen. Im Folgenden wird ausschliesslich auf die in der Praxis häufiger anzutreffende Verkaufskommission eingegangen.

26.3.2 Einkommen- und Gewinnsteuern

900 Ungeachtet der Rechtsform unterliegt der erwirtschaftete Nettogewinn (Warenverkauf abzüglich Provision/Auslagen) für den Kommittenten der ordentlichen Einkommens- bzw. Gewinnsteuern. Ungeachtet der Verbuchungsform (in der Regel wird nur die Provision über die Erfolgsrechnung verbucht) unterliegt beim Kommissionär schlussendlich die Provision der ordentlichen Einkommens- bzw. Gewinnsteuern.

901 Bei Geschäftsaktivitäten unter nahe stehenden Personen (d.h. Kommissionär und Kommittent sind wirtschaftlich und gesellschaftsrechtlich verbunden bzw. werden von gleichen Personengruppen gehalten) ist der Grundsatz des Drittvergleichs zu beachten, d.h. die Provision muss sich im Rahmen einer unter unabhängigen Dritten üblichen Entschädigung bewegen. Bei Nichteinhaltung dieses Grundsatzes erfolgt eine entsprechende Gewinnkorrektur bei den involvierten Parteien (Höhn/Waldburger, Steuerrecht Band II; §32, N 25; KS ESTV vom 4.3.1997: OECD-Verrechnungspreisgrundsätze 1995).

26.3.3 Mehrwertsteuer

902 Die Kommission ist ein typischer Fall der indirekten Stellvertretung, indem der Kommissionär in seinem Namen, aber für Rechnung des Kommittenten handelt. Beim Kommissionsgeschäft liegt zwischen dem Kommittenten und dem Kommissionär sowie zwischen dem Kommissionär und dem Käufer eine Lieferung vor, mithin zwei von einander getrennte und identische Lieferungen. Sofern es sich um eine von der Steuer ausgenommene Leistung handelt, wird keine der beiden Leistungen der MWST unterstellt, d.h. im Gegensatz zur direkten Stellvertretung wird die Vermittlungsleistung mittels Festsetzung des Warenpreises entschädigt. Die Berechnungsgrundlage für die Mehrwertsteuer ist die gesamte Gegenleistung, welche der Kommissionär vom Käufer erhält. Der Kommissionär wird deshalb mehrwertsteuerlich wie ein Eigenhändler behandelt.

903 Beispiel Verkaufskommission: Der Käufer A bezahlt für die gekaufte Ware 1'000 an den Kommissionär, welcher dem Kommittenten 900 (abzüglich eine Provision von 10%) überweist. Der Kommissionär erzielt einen steuerbaren Umsatz von 1'000 und der Kommittent einen steuerbaren Umsatz von 900. Sofern der Kommittent steuerpflichtig ist und eine entsprechende korrekte Mehrwertsteuerrechnung ausstellt, kann der Kommissionär die ihm in Rechnung gestellte Mehrwertsteuer zurückfordern.

904 Die beiden Lieferungen (zwischen A und B sowie zwischen B und C) werden beide in dem Moment realisiert, wo der Kommissionär

das Geschäft mit dem Käufer abwickelt bzw. in dem Zeitpunkt, in dem der Kommissionär die Ware auf eigene Rechnung übernimmt (Selbsteintritt). Folglich wird bei Übergabe des Kommissionsgutes an den Kommissionär noch keine Lieferung bewirkt.

26.3.4 Verrechnungssteuer

905 Sofern es sich beim Kommissionär und dem Kommittenten um nahe stehende Personen handelt und eine marktunübliche Kommission bezahlt wird, unterliegt die entsprechende Differenz als geldwerte Leistung der Verrechnungssteuer von 35% und ist auf den Kommissionär (falls Provisionszahlung zu hoch) oder auf den Auftraggeber (falls Provisionszahlung zu tief) zu überwälzen. Diese Steuerfolgen resultieren jedoch nur, wenn eine Kapitalgesellschaft diese geldwerte Leistung erbringt.

26.3.5 Internationale Aspekte

26.3.5.1 Direkte Steuern (Prinzipalstruktur)

906 Infolge der im internationalen Vergleich tiefen Schweizerischen Steuerlast und der gewährten Steuerprivilegien (u.a. Kreisschreiben Nr. 8 vom 18. Dezember 2001) für international tätige Konzerne, gründen diese in der Schweiz vielfach eine so genannte Prinzipal-Gesellschaft (Obergesellschaft). Diese Prinzipal-Gesellschaft übernimmt zentrale Funktionen wie z.B. die Entwicklung von Marketingstrategien, Absatzplanung, Treasury und Financefunktionen. Verkauft werden die Waren jedoch durch Konzern-Vertriebsgesellschaften. Der Verkauf erfolgt dabei typischerweise ausschliesslich im eigenen Namen der Konzern-Vertriebsgesellschaft, aber auf Rechnung der Prinzipal-Gesellschaft. Die Vertriebs-Konzerngesellschaft erhält für ihre Tätigkeit eine Kommission.

907 Obwohl die Konzerngesellschaften im eigenen Namen aber für Rechnung der Prinzipal-Gesellschaft handeln, können diese eine Betriebsstätte für die Schweizerische Prinzipalgesellschaft begründen, da diese im Resultat wie abhängige Abschlussagenten agieren. Steuerpflichtige, welche die steuerlichen Vorteile der Kommissionärsstruktur (Prinzipalstruktur) nutzen wollen oder bereits nutzen, sollten daher unbedingt sicherstellen, dass der Wortlaut der entsprechenden Verträge bzw. deren Umsetzung nicht von der juristischen Definition des Status des Kommissionärs – d.h. eines unabhängigen Vertreters, der in eigenem Namen, aber auf Rechnung und Risiko der Hauptgeschäftsstelle handelt – abweichen. Nichtsdestotrotz wenden gewisse Länder zusätzlich zum formalen Ansatz auch den wirtschaftlichen Substanz-Ansatz an, um beurteilen zu können, ob die grundsätzlich selbständige Vertriebsgesellschaft dennoch als Betriebsstätte zu qualifizieren ist.

26.3.5.2 Mehrwertsteuer

908 Bei grenzüberschreitenden Kommissionslieferungen ist es wichtig zu wissen, wo sich aus mehrwertsteuerlicher Sicht der Ort der Lieferung befindet. Der Ort der Lieferung bestimmt, ob eine steuerpflichtige Schweizerische Inlandlieferung und damit verbunden eine Schweizerische Registrierungspflicht für den ausländischen Kommittenten bzw. ausländischen Kommissionär vorliegt oder ob der Schweizerische Kommittent bzw. Kommissionär im Ausland eine steuerpflichtige Lieferung erbringt, welche eine Registrierungspflicht auslöst. Geringfügige Änderungen bei der Gestaltung der Lieferung (d.h. wer tritt als Importeur/Exporteur auf; wer gibt den Auftrag des Transportes) können dazu führen, dass für den Kommissionär oder Kommittenten keine in- bzw. ausländische Mehrwertsteuerpflicht gegeben ist. Da die Transaktionen und Gestaltungsmöglichkeiten im grenzüberschreitenden Verhältnis vielfältig sind, würden deren mehrwertsteuerlichen Abhandlungen den Rahmen dieses Praktikerbuches sprengen. Es sei deshalb auf die einschlägigen Verwaltungsanweisungen verwiesen (z.B. Merkblatt 05 der Eidg. Steuerverwaltung über den «Ort der Lieferung von Gegenständen»).

26.4 Alleinvertriebsvertrag

26.4.1 Chart mit Ausgangslage

909 Die nachstehenden steuerlichen Ausführungen basieren auf dem folgenden Chart mit den für einen Allenvertriebsvertrag normalerweise involvierten Parteien.

Alleinvertriebsvertrag

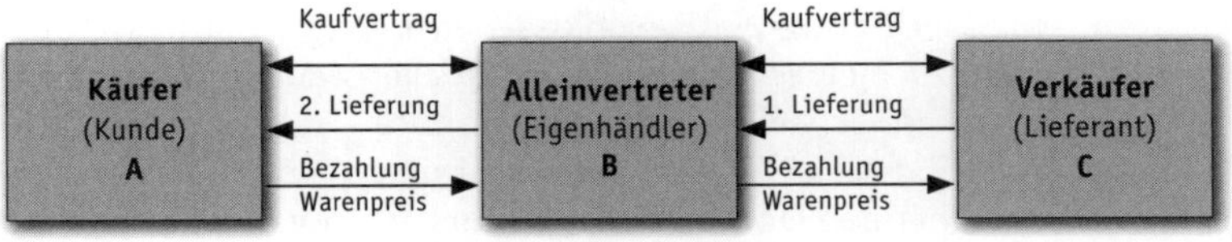

910 Der Alleinvertreter oder Eigenhändler handelt im eigenen Namen und auf eigene Rechnung, d.h. er kauft beim Verkäufer C die Ware im eigenen Namen und auf eigene Rechnung ein und verkauft die Ware im eigenen Namen und auf eigene Rechnung an seinen Käufer A.

26.4.2 Einkommen- und Gewinnsteuern

911 Ungeachtet der Rechtsform unterliegt der erwirtschaftete Nettogewinn aus Kauf und Verkauf beim Verkäufer C als auch beim Alleinvertreter B der ordentlichen Einkommens- bzw. Gewinnsteuern.

912 Bei Geschäftsaktivitäten unter nahe stehenden Personen (Verkäufer C und Alleinvertreter B sind wirtschaftlich und gesellschaftsrechtlich verbunden bzw. werden von gleichen Personen gehalten) ist der Grundsatz des Drittvergleichs zu beachten, d.h. die zu Grunde liegenden Berechnungsgrundlagen müssen einem Drittvergleich standhalten. Bei Nichteinhaltung dieses Grundsatzes erfolgt eine entsprechende Gewinnkorrektur bei den involvierten Parteien.

26.4.3 Mehrwertsteuer

913 Aus Sicht der Mehrwertsteuer liegen zwei von einander unabhängige getrennt steuerbare Warenlieferungen (basierend auf Einzelkaufverträgen) vor.

26.4.4 Verrechnungssteuer

914 Soweit unter nahe stehenden Personen (Verkäufer und Alleinvertreter) marktunübliche Preise vereinbart werden, welche einem Drittvergleich nicht standhalten, um z.B vom interkantonalen oder auch internationalen Steuergefälle zu profitieren, unterliegt die Differenz der Verrechnungssteuer von 35%, welche auf den Begünstigten zu überwälzen ist. Diese Steuerfolgen resultieren jedoch nur, wenn eine Kapitalgesellschaft diese geldwerte Leistung erbringt.

26.4.5 Internationale Aspekte

26.4.5.1 Transferpreisbestimmungen

915 Handelt es sich beim Verkäufer und Alleinvertreter um verbundene Unternehmen und halten die Berechnungsgrundlagen einem Drittvergleich nicht stand, besteht die Gefahr, dass im Ausland eine Gewinnaufrechnung erfolgt (gemäss OECD-MA Art. 9 sowie in den mit der Schweiz abgeschlossenen DBA's explizit statuiert), welche zusätzlich einer ausländischen Quellensteuer unterliegen könnte. Zudem kennen viele Länder so genannte «Transferpreisbestimmungen» (d.h. Richtlinien für die Bestimmung des «richtigen» Preises) mit entsprechenden Dokumentationsvorschriften, welche zu beachten sind, wenn sich nahe stehende Personen grenzüberschreitende Leistungen erbringen.

26.4.5.2 Mehrwertsteuer

916 Bei grenzüberschreitenden Warenlieferungen ist es wichtig zu wissen, wo sich aus mehrwertsteuerlicher Sicht der Ort der Lieferung befindet. Der Ort der Lieferung bestimmt, ob eine steuerpflichtige Schweizerische Inlandlieferung und damit verbunden eine Schweizerische Registrierungspflicht für den ausländischen Verkäufer bzw.

ausländischen Alleinvertreter vorliegt oder ob der Schweizerische Verkäufer bzw. Alleinvertreter im Ausland eine steuerpflichtige Lieferung erbringt, welche eine Registrierungspflicht auslöst. Geringfügige Änderungen bei der Gestaltung der Lieferung (d.h. wer tritt als Importeur/Exporteur auf; wer gibt den Auftrag des Transportes) können dazu führen, dass für den Verkäufer oder Alleinvertreter keine in- bzw. ausländische Mehrwertsteuerpflicht gegeben ist. Da die Transaktionen und Gestaltungsmöglichkeiten im grenzüberschreitenden Verhältnis vielfältig sind, würden deren mehrwertsteuerlichen Abhandlungen den Rahmen dieses Praktikerbuches sprengen. Es sei deshalb auf die einschlägigen Verwaltungsanweisungen verwiesen (z.B. Merkblatt 05 der Eidg. Steuerverwaltung über den «Ort der Lieferung von Gegenständen»).

26.5 Franchisevertrag

26.5.1 Chart mit Ausgangslage

917 Die nachstehenden steuerlichen Ausführungen basieren auf dem folgenden Chart mit den für einen Franchisevertrag normalerweise involvierten Parteien.

Franchisevertrag

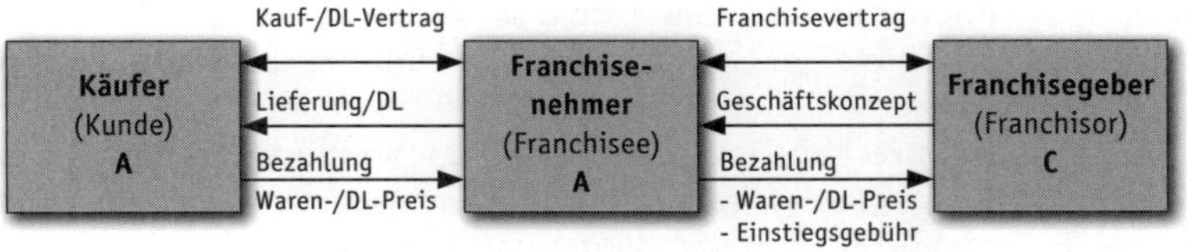

918 Mit der Einstiegsgebühr werden in der Regel die vor oder unmittelbar nach Abschluss des Franchise-Vertrags erbrachten Leistungen abgegolten. Leistungen, die in der Regel vor Abschluss erbracht werden, können sein: Entwicklung eines Geschäftskonzeptes, den Aufbau einer Corporate Identity bzw. eines Corporate Design, Standortanalysen und Planungen, die Erstellung von Handbüchern, die Schulung der Franchisenehmer zur Systemeinführung etc.. Leistungen, die unmittelbar nach Abschluss erbracht werden, können sein: Unterstützung bei der Lösung von Finanzierungsfragen, Mithilfe bei Einrichtung des Geschäftslokals, Unterstützung bei der Einführungswerbung, Bereitstellung von Prospekten, Katalogen und Preislisten, Mithilfe bei der Einstellung und Schulung des Personals.

919 Mit den periodischen Zahlungen werden die dauerhaft durch den Franchisegeber zu erbringenden Leistungen während der Vertragslaufzeit vergütet, wie üblicherweise: Überlassen von System-

Know-how, Erlaubnis zum Gebrauch von Marken, Nutzungs- und Schutzrechten, Anpassung und Aktualisierung der Marketing- und Vertriebskonzepte, Durchführung von Weiterbildungsveranstaltungen, Marketingkampagnen, Bereitstellung günstiger Einkaufsmöglichkeiten mit zentraler Lagerung und Logistik, Schutz und Erhalt der Corporate Identity, u.v.m.

26.5.2 Einkommen- und Gewinnsteuern

26.5.2.1 Allgemein

920 Ungeachtet der Rechtsform unterliegen die Einkünfte des Franchisegebers und des Franchisenehmers den ordentlichen Einkommens- bzw. Gewinnsteuern, wobei die ordnungsgemäss erstellte handelsrechtliche Bilanz und Erfolgsrechnung für die steuerliche Gewinnermittlung bzw. für die Steuerbehörden massgebend ist. Ausgehend von dem Saldo der handelsrechtlichen Erfolgsrechnung dürfen die Steuerbehörden die nicht geschäftsmässig begründeten Aufwendungen und die nicht verbuchten Erträge zum steuerbaren Gewinn dazurechnen. Beim Franchising stellt sich insbesondere die Frage, ob die einmalige Gebühr (auch Einstiegsgebühr oder Einmalfranchisegebühr genannt) beim Franchisegeber im Zeitpunkt der Realisation im vollen Umfang steuerpflichtig ist oder ob er zu Lasten der Erfolgsrechnung eine entsprechende Rückstellung vornehmen darf. Auf der anderen Seite stellt sich beim Franchisenehmer die Frage, ob die einmalige Gebühr im vollen Umfang der Erfolgsrechnung belastet werden muss oder ob eine Aktivierungsmöglichkeit besteht mit entsprechendem zukünftigen Abschreibungspotential. Des Weiteren stellt sich die Frage, ob der Franchisegeber seine geschaffenen oder gekauften immateriellen Anlagen aktivieren darf.

26.5.2.2 Bewertungsvorschriften

921 Zunächst ist festzuhalten, dass das Schweizerische Obligationenrecht bei den Bewertungsvorschriften von Aktiven und Passiven eine Unterscheidung macht zwischen Personenunternehmungen und Kapitalgesellschaften. Bei Personenunternehmungen darf ein Aktivum höchstens zum Verkehrswert bilanziert werden. Bei Kapitalgesellschaften (AG, GmbH) darf auf der anderen Seite das Anlagevermögen höchstens zu den Anschaffungs- oder den Herstellkosten bewertet werden, unter Abzug der notwendigen Abschreibungen.

26.5.2.3 Immaterielle Anlagen

922 Hinsichtlich der Aktivierbarkeit von immateriellen Anlagen (u.a. Marken, Patente, Designrechte, Urheberrechte, Verfahren, Geschäftsgeheimnisse, Bezugs- und Lieferungsrechte, etc.) gilt es zwischen Per-

sonengesellschaften und Kapitalgesellschaften zu unterscheiden. Bei Kapitalgesellschaften (AG oder GmbH) gelten bei käuflich erworbenen Gütern die Anschaffungskosten, bei selbst geschaffenen Gütern indessen die Herstellkosten als Wertobergrenze. Zu den Anschaffungs- oder Herstellungskosten gehören auch die diesbezüglichen Nebenkosten wie Gebühren und Beratungskosten usw. Ungeachtet der Anschaffungs- oder Herstellkosten ist in erster Linie der Nutzwert massgebend, der unter Umständen tiefer sein kann als der bezahlte Kaufpreis.

923 Obwohl bei Personengesellschaften die immateriellen Anlagen auf den Verkehrswert aufgewertet werden können (für die Bewertungsmethoden sei verwiesen auf SCHMIDLI/VASSALLI, 144–148), empfiehlt sich hier eine analoge Vorgehensweise wie bei Kapitalgesellschaften. Des Weiteren darf der erworbene Goodwill (nicht aber der selbst geschaffene Goodwill) zum Anschaffungswert bilanziert werden, welcher in der Regel in der Schweiz linear über 5 Jahre abgeschrieben wird (KUBAILE/SUTER/JAKOB, A IV. 1.4.1.3.1, N 377).

26.5.2.4 Einstiegsgebühr – Abgeltung Kundenstamm

924 Die vom Franchisenehmer gezahlte Einstiegsgebühr erfüllt nicht das für einen immateriellen Vermögensgegenstand massgebliche Kriterium der selbständigen Verwertbarkeit. Sie ist zwar Entgelt für die Gewährung der Franchise-Rechte, welche jedoch ohne Zustimmung des Franchisegebers weder ganz noch teilweise auf Dritte übertragen werden können. Da die Franchise-Rechte nicht in vollem oder im wesentlichen Umfang endgültig auf den Franchisenehmer übergehen, liegt kein Rechtskauf vor, sondern lediglich eine Nutzungsberechtigung innerhalb eines schwebenden Dauerschuldverhältnisses. Für den Fall, dass bei Beendigung des Franchisevertrags die Einstiegsgebühr durch den Franchisegeber anteilig zu erstatten ist, stellt die Einstiegsgebühr ein vorausbezahltes Nutzungsentgelt dar, das zwar aktiviert werden kann (nach IAS oder US GAAP besteht sogar eine Aktivierungspflicht), jedoch über die Vertragslaufzeit aufzulösen ist. Sofern der Franchisevertrag bei Kündigung keine anteilige Rückzahlung der Einstiegsgebühr vorsieht, kann die Einstiegsgebühr im vollen Umfang als laufender Aufwand berücksichtigt werden.

925 Beim Franchisegeber stellt die Einstiegsgebühr in der Regel sofort einen steuerbaren Ertrag dar. Sofern im Franchisevertrag eine Rückzahlung geregelt ist oder eine bestimmte Laufzeit vereinbart ist, kann der Franchisegeber die «latente» Verpflichtung entsprechend passivieren und über die Laufzeit erfolgswirksam auflösen.

926 Im Franchise-Vertrag können die Parteien vorsehen, dass am Ende der Vertragsdauer der Franchisegeber dem Franchisenehmer bei Er-

füllung der vereinbarten Ziele eine Abfindung für den Kundenstamm etc. bezahlt. In diesem Fall darf der Franchisegeber als auch der Franchisenehmer erst bei Bezahlung diesen Ertrag bzw. diese Kosten erfolgswirksam verbuchen.

26.5.2.5 Verbundene Unternehmen

927 Bei Geschäftsaktivitäten unter verbundenen Unternehmen (für den Fall, dass Franchisegeber und Franchisenehmer wirtschaftlich und gesellschaftsrechtlich verbunden sind bzw. von gleichen Personen gehalten werden) ist der Grundsatz des Drittvergleichs zu beachten, d.h. die zu Grunde liegenden Berechnungsgrundlagen müssen einem Drittvergleich standhalten. Bei Nichteinhaltung dieses Grundsatzes erfolgt eine entsprechende Gewinnkorrektur bei den involvierten Parteien.

26.5.3 Mehrwertsteuer

928 Gemäss Mehrwertsteuergesetz gelten Leistungen, die wirtschaftlich eng zusammengehören und so ineinander greifen, dass sie als unteilbares Ganzes anzusehen sind, als ein einheitlicher wirtschaftlicher Vorgang (MWSTG Art. 36 Abs. 4). Dies hat zur Folge, dass einheitliche wirtschaftliche Vorgänge nicht in mehrere selbständige Leistungen zerlegt werden, wenn sie wirtschaftlich zusammengehören und ein unteilbares Ganzes bilden (BVGE A-1380/2006 und A-1381/2006 vom 27.9.2007). Da die Hauptleistungen des Franchisegebers mehrheitlich als steuerbare Dienstleistungen qualifizieren (Einräumung von Nutzungsrechten an Marken, Patenten, Urheberrechten, Knowhow, Erbringen von technischen und kaufmännischen Dienstleistungen), unterliegt die Gesamtleistung (Eintrittsgebühr als auch die wiederkehrenden Gebühren) beim Franchisegeber der Mehrwertsteuer zum Normalsatz von 7.6% (BB Nr. 6, Detailhandel, N 8.2). Bei entsprechender gesetzeskonformer Rechnung kann der Franchisenehmer die entsprechenden Vorsteuern von 7.6% in seiner Mehrwertsteuerabrechnung als Abzug geltend machen.

26.5.4 Verrechnungssteuer

929 Soweit nahe stehende Personen (Franchisegeber und Franchisenehmer) marktunübliche Preise vereinbaren, unterliegt die Differenz (auch so genannte geldwerte Leistung) der Verrechnungssteuer von 35%, welche auf den «Begünstigten» zu überwälzen ist. Diese Steuerfolgen resultieren jedoch nur, wenn eine Kapitalgesellschaft diese geldwerte Leistung erbringt.

26.5.5 Internationale Aspekte

26.5.5.1 Quellensteuer

930 Die Schweiz erhebt auf ins Ausland bezahlten Franchisegebühren als auch auf Lizenzen keine Quellensteuer. Dies im Gegensatz zu den meisten anderen Ländern, die eine Quellensteuer auf Lizenzzahlungen kennen. Die Quellensteuer kann jedoch basierend auf den mit der Schweiz abgeschlossenen Doppelbesteuerungsabkommen bzw. dem abgeschlossenen Abkommen mit der Europäischen Gemeinschaft (ZBst) in der Regel auf null reduziert werden. Zu beachten ist, dass der ausländische Lizenz- oder Franchisenehmer für die Einbehaltung/Abführung der Quellensteuer haftet.

931 Die Tatsache, dass sich in der Regel der überwiegende Anteil der Franchisegebühren auf die Nutzung und den Gebrauch von Marken, Nutzungs- und Schutzrechten, Plänen, Formeln, Verfahren oder auf die Mittelung gewerblicher, kaufmännischer oder wissenschaftlicher Erfahrungen bezieht, führt in den meisten Fällen zum Resultat, dass die Länder die ganzen Franchisegebühren als Lizenzen qualifizieren (OECD MA Art. 12, Kommentar Ziffer 11.6). Sofern jedoch eine Aufteilung der einzelnen Leistungen im Franchisevertrag möglich ist, unterliegt grundsätzlich nur der Lizenzteil der ausländischen Quellensteuer. Die übrige Entschädigung qualifiziert als normaler Unternehmensgewinn, welcher grundsätzlich ausschliesslich am Sitz bzw. am Ort der Betriebsstätte des Franchisegebers zu besteuern ist (OECD MA Art. 7). Die gleiche Vorgehensweise wie oben beschrieben gilt auch für die Einstiegsgebühr. In jedem Fall müssen die konkret anwendbaren Doppelbesteuerungsabkommen mit ihren entsprechenden Kommentaren konsultiert werden, da das Musterdoppelbesteuerungsabkommen der OECD mit seinen Empfehlungen subsidiär gilt (z.B. Doppelbesteuerungsabkommen mit Deutschland, Art. 12; Flick/Wassermeyer/Kempermann, Art. 12, N 46 und 68).

932 Um einer ungerechtfertigten Beanspruchung Schweizerischer Doppelbesteuerungsabkommen sowie dem Abkommen mit der EG vorzubeugen, hat die Schweiz eine so genannte Missbrauchsregelung mittels entsprechendem Kreisschreiben erlassen (Bundesratsbeschluss vom 14.12.1962, KS1962 sowie KS1999). Basierend auf diesen Verlautbarungen wird eine Steuerentlastung von einer inländischen Personen- oder Kapitalgesellschaft dann missbräuchlich beansprucht, wenn die Inanspruchnahme dazu führen würde, dass die Steuerentlastung zu einem wesentlichen Teil direkt oder indirekt nicht abkommensbegünstigten Personen zugute kommt.

933 Das KS1962 sowie KS1999 beinhaltet ein grosses Regelwerk, um die Tatbestände einer missbräuchlichen bzw. einer nicht schädlichen Beanspruchung von einem Abkommen zu bestimmen (namentlich Ver-

bot des Durchlaufs und der Gewinnhortung). Deren Ausführungen würden den Rahmen dieses Praktikerbuches sprechen. Es sei hier jedoch erwähnt, dass Franchiseverträge sich von Lizenzverträgen typischerweise dadurch unterscheiden, dass reine Lizenzgeber eine passive Rolle übernehmen. Demgegenüber geht ein Franchisevertrag weit über lizenzvertragliche Komponenten hinaus, indem er aktive Unterstützungsleistungen, ein einheitliches Geschäft, insbesondere ein Marketingkonzept und den Vertrieb von systemtypischen Produkten und Dienstleistungen zum Gegenstand hat. Dies führt zum Ergebnis, dass ein Franchisegeber basierend auf diesen Verlautbarungen als eine aktive Gesellschaft qualifizieren könnte mit entsprechenden weniger strengen Missbrauchsmassnahmen (die Verwertung von Lizenzen, Marken oder Know-how gilt in der Regel als eine nicht aktive Geschäftstätigkeit). Gemäss dem KS1999 gilt u.a. als aktive Geschäftstätigkeit eine unabhängige, auf Gewinnerzielung gerichtete unternehmerische Tätigkeit, welche die Erbringung von Dienstleistungen durch eigenes Personal in einem dafür eingerichteten Geschäftsbetrieb umfasst. Falls diese aktive Tätigkeit bejaht werden kann, so darf der Franchisegeber (anders als ein Lizenzgeber) mehr als 50% der abkommensbegünstigten Lizenz-/ Franchisegebühren an nicht abkommensbegünstigte Personen weiterleiten, sofern deren geschäftliche Begründetheit gegeben ist. Sofern der Franchisegeber eine juristische Person ist, an der nicht abkommensberechtigte Personen ein wesentliches Interesse (mittelbar oder unmittelbar) haben, muss unter Umständen eine Gewinnausschüttung (Dividenden) von 25% der Franchisegebühren erfolgen. Auf jeden Fall empfiehlt es sich bei solchen Konstellationen die vorgängige Einholung einer verbindlichen/schriftlichen Würdigung des Sachverhalts durch die entsprechenden Steuerbehörden.

934 Zusätzlich zu den internen Missbrauchsbestimmungen müssen die strengeren Vorschriften (u.a. zusätzliche Finanzierungsvorschriften, volle Besteuerung) einzelner Doppelbesteuerungsabkommen (u.a. F, I, B, USA) berücksichtigt werden, deren Bestimmungen den internen Missbrauchsbestimmungen vorgehen. Neben diesen staatsvertraglichen Bestimmungen müssen auch die internen Missbrauchsbestimmungen (auch Aussensteuergesetz) von einzelnen Ländern beachtet werden. So könnte zum Beispiel Italien beim italienischen Franchisenehmer die von ihm an den Schweizerischen Franchisegeber bezahlten Franchisegebühren nicht zum steuerlichen Abzug zulassen, sofern der Schweizerische Franchisegeber von einem kantonalen Steuerprivileg (Domizil-, Hilfs- oder Holdinggesellschaft) profitiert oder als nicht-aktive Gesellschaft qualifiziert (Ministerialdekret des italienischen Finanzministerium, D.M. 23.1.2002, Art. 3, Ziff. 13 betreffend die so genannte «Black-List»).

935 Auch im Verhältnis mit Deutschland ist Vorsicht geboten. Wenn der Schweizerische Franchisegeber mehrheitlich (51%) durch in Deutschland ansässige Personen gehalten wird, können (bei Qualifizierung der Franchisegebühren als so genannte passive Einkünfte, d.h. nicht aktive Einkünfte gemäss AStG §8 Abs. 1) die Franchisegebühren direkt bei den deutschen Anteilseignern besteuert werden (so genannte Hinzurechnungsbesteuerung, AStG-D, §7–14).

26.5.5.2 Transferpreisbestimmungen

936 Sofern der Franchisegeber und der Franchisenehmer verbundene Unternehmen sind und die Berechnungsgrundlagen einem Drittvergleich nicht standhalten, könnten im Ausland Gewinnaufrechnungen erfolgen (gemäss OECD-MA Art. 9 sowie in den mit der Schweiz abgeschlossenen DBA's explizit statuiert), welche zusätzlich einer ausländischen Quellensteuer unterliegen können. Die einzubehaltende Verrechnungssteuer/Quellensteuer auf offenen oder verdeckten Gewinnausschüttungen (OECD MA Art. 10) ist nicht zu verwechseln mit der Quellensteuer auf Lizenzen (OECD MA Art. 12).

937 Viele Länder kennen zudem so genannte «Transferpreisbestimmungen» (d.h. Richtlinien für die Bestimmung des «richtigen» Preises) mit entsprechenden Dokumentationsvorschriften, welche zu beachten sind, wenn sich nahe stehenden Personen grenzüberschreitende Leistungen erbringen. Im grenzüberschreitenden Verhältnis ist es deshalb empfehlenswert, die einschlägigen Vorschriften zu konsultieren.

26.5.5.3 Mehrwertsteuer

938 Bei grenzüberschreitenden Franchise-Verträgen ist wichtig, wo sich aus mehrwertsteuerlicher Sicht der Ort der Dienstleistung befindet, da dieser bestimmt, in welchem Land die Dienstleistung steuerbar ist. Basierend auf dem Schweizerischen Mehrwertsteuergesetz können die Eintrittsgebühr sowie die laufende Gebühr unter jene Dienstleistungen subsumiert werden, die an dem Ort zu versteuern sind, an dem der Empfänger der Dienstleistung (Franchisenehmer) den Sitz seiner wirtschaftlichen Tätigkeit oder eine Betriebsstätte hat.

939 Sofern der Franchisegeber in der Schweiz und der Franchisenehmer im Ausland ansässig sind, unterliegen die Eintrittsgebühr als auch die laufende Gebühren nicht der Schweizerischen Mehrwertsteuer. In diesem Zusammenhang sei noch auf die strengen Formvorschriften betreffend den Nachweis der Dienstleistung im Ausland hingewiesen (BVGE A-1416/2006 vom 27.9.2007). So fordert die Mehrwertsteuerverwaltung einen buch- und belegmässigen Nachweis. Dies heisst insbesondere, dass der Steuerpflichtige die Natur der Leistung und

den Sitz des Leistungsempfängers zu belegen hat. Bei der Prüfung, ob der belegmässige Nachweis erbracht worden ist, sind sämtliche vorhandenen Belege, Korrespondenz, Verträge, Aufträge, Abrechnungen, Vollmachten etc. zu würdigen. Soweit der Schweizer Franchisegeber nicht aufgrund übriger Leistungen steuerpflichtig wird, kann er aufgrund von Dienstleistungen, die dem Empfängerortsprinzip unterliegen (d.h. im Land des Empfängers zu versteuern sind), für die Steuerpflicht optieren, damit er die ihm belasteten Mehrwertsteuer als Vorsteuern geltend machen kann.

940 Wenn der Franchisenehmer in der Schweiz und der Franchisegeber im Ausland ansässig sind, muss der Empfänger d.h. der Schweizerische Franchisenehmer die ausländische Leistung (Einstiegsgebühr und laufende Gebühren, sofern diese pro Kalenderjahr CHF 10'000 übersteigen) als Dienstleistungsimport in der Schweiz versteuern. Sofern der Franchisenehmer in der Schweiz mehrwertsteuerlich registriert ist, kann er die Mehrwertsteuer von 7.6% auf dem Dienstleistungsimport in der gleichen Mehrwertsteuerabrechnung wieder als Vorsteuern geltend machen.

941 Betreffend die dem Franchise-Vertrag zugrunde liegenden separaten Warenlieferungen ins Ausland oder Inland sei auf die mehrwertsteuerlichen Ausführungen beim Alleinvertriebsvertrag verwiesen. Insbesondere sei bei Ausfuhren darauf hingewiesen, dass der Exportsnachweis nur über ein original gestempeltes zollamtliches Ausfuhrdokument erbracht werden kann (BVGE A-1480/2006 vom 11.7.2007).

26.6 Checkliste

- Bildet eine Lizenzbeziehung Gegenstand der vertrieblichen Zusammenarbeit?
- Fallen Quellensteuern an?
- Enthält der Vertriebsvertrag eine angemessene Steuerklausel?
- Besteht eine bilaterale Steuerthematik, die einer gesonderten Abklärung bedarf?
- Welcher Art sind die Leistungen, die ins Ausland erbracht werden?

27. Kartellrecht

27.1 Einleitung

942 Beim Vertrieb von Produkten oder Leistungen gilt grundsätzlich die Vertragsfreiheit (Art. 19 f. OR). Hersteller und Händler dürfen den Vertrieb ihrer Produkte oder Leistungen frei organisieren, soweit sie sich innerhalb der gesetzlichen Schranken bewegen.

943 Das Kartellgesetz (KG) stellt eine solche Schranke dar, indem es gemäss seiner Zweckbestimmung in Art. 1 KG «volkswirtschaftlich oder sozial schädliche Auswirkungen von Kartellen und anderen Wettbewerbsbeschränkungen (...) verhindern» will. Vertriebsverträge zwischen Herstellern und Händlern enthalten vielfach sog. Vertikalabreden, welche den Hersteller und/oder den Händler in seiner Freiheit beeinträchtigen, das betreffende Produkt oder die Leistung ohne Einschränkungen zu verkaufen. Solche Einschränkungen können vielfältige Gestalt annehmen und z.B. die Preissetzung betreffen oder das Absatzgebiet beschränken. Die nachfolgenden Ausführungen sollen die kartellrechtlichen Schranken bei der Gestaltung und Handhabung von Vertriebsverträgen darstellen (ausführlich dazu Ducrey, Vertriebsverträge, S. 267 ff.; Münch/Maillefer/Hunger, in Geiser/Krauskopf/Münch, Rz. 7.1 ff., mit rechtsvergleichenden Hinweisen auf das EU-Kartellrecht; Venturi/Vonlanthen, S. 115 ff.; Weber/Zeier, S. 187 ff. sowie die Dissertationen von Xoudis und Hoch Classen).

27.2 Rechtliche Grundlagen

27.2.1 Bestimmungen im Kartellgesetz

944 Sofern eine Vertikalabrede in einem Vertriebsvertrag den Abredetatbestand in Art. 4 Abs. 1 KG erfüllt («Vereinbarungen, die eine Wettbewerbsbeschränkung bezwecken oder bewirken»), unterliegt sie der Beurteilung nach Art. 5 KG. Gemäss dieser Bestimmung ist eine Abrede unzulässig, wenn sie den Wettbewerb erheblich beeinträchtigt und sich nicht durch Gründe der wirtschaftlichen Effizienz rechtfertigen lässt, oder wenn sie den wirksamen Wettbewerb beseitigt. Art. 5 Abs. 4 KG stellt die (widerlegbare) Vermutung auf, dass Preisbindungen und die Einräumung eines absoluten Gebietsschutzes den wirksamen Wettbewerb beseitigen (ausführlich dazu unten Rz 952).

945 Ist auf der Stufe der Herstellung oder des Handels ein Unternehmen in marktbeherrschender Stellung gemäss Art. 4 Abs. 2 KG (es kann «sich von anderen Marktteilnehmern (Mitbewerbern, Anbietern oder

Nachfragern) in wesentlichem Umfang unabhängig verhalten»), bestehen ebenfalls kartellgesetzliche Einschränkungen. Verhaltensweisen eines marktbeherrschenden Unternehmens, insbesondere auch im Vertrieb von Produkten oder Leistungen, können nach Massgabe von Art. 7 KG missbräuchlich und damit unzulässig sein (ausführlich dazu unten 9.4).

27.2.2 Bekanntmachungen der Wettbewerbskommission

946 Im Zusammenhang mit Vertriebsverträgen sind die drei folgenden Bekanntmachungen der Weko zu berücksichtigen (abrufbar unter www.weko.ch):

- Bekanntmachung über die wettbewerbsrechtliche Behandlung vertikaler Abreden vom 2.7.2007 (VertBek, auf diese wird weiter unter Rz 956 ff. eingegangen; sie ersetzte per 1.1.2008 die entsprechende Bekanntmachung vom 18.2.2002). Die erneuerte VertBek lehnt sich noch stärker als bisher an das europäische Recht an (Gruppenfreistellungsverordnung Nr. 2790/1999). Die Weko stellt damit klar, dass sie Vertriebsverträge, die nach europäischem Recht zulässig sind, auch nach schweizerischem Recht als zulässig erachtet, und dass sie umgekehrt Vertriebsverträge, die nach europäischem Recht unzulässig sind, in aller Regel auch gegen das schweizerische Kartellrecht verstossend ansieht (siehe dazu Merkblatt «Vertikalbekanntmachung» auf www.weko.ch).
- Bekanntmachung über die wettbewerbsrechtliche Behandlung von vertikalen Abreden im Kraftfahrzeughandel vom 21.10.2002. Sie lehnt sich stark an die entsprechende Gruppenfreistellungsverordnung Nr. 1400/2002 der EU-Kommission an. Als Spezialregelung geht sie der Vertikalbekanntmachung grundsätzlich vor. Auf die Aspekte des Automobilvertriebs wird in den nachstehenden Ausführungen jedoch nicht näher eingegangen (ausführlicher dazu die Erläuterungen der Weko zur Bekanntmachung, RPW 2004/3, S. 964; ROHN PATRICK/VON ARX PATRICK, Neue Wettbewerbsregeln im Automobilsektor, sic! 2005, S. 838 ff.).
- Bekanntmachung betreffend Abreden mit beschränkter Marktwirkung (KMU-Bekanntmachung) vom 19.12.2005 (ausführlich dazu DUCREY PATRIK/TAGMANN CHRISTOPH, Die Anwendung des Kartellrechts auf KMU, ZBJV 2007, S. 69 ff.). Die Vertikalbekanntmachung geht der KMU-Bekanntmachung grundsätzlich vor (Ziff. 9 Abs. 2 VertBek), so dass diese in den nachstehenden Ausführungen nicht berücksichtigt wird.

27.3 Beurteilung von Vertikalabreden in Vertriebsverträgen

27.3.1 Begriff der Vertikalabrede

947 Art. 4 Abs. 1 KG definiert die Wettbewerbsabrede allgemein. Darunter fallen auch vertikale Wettbewerbsabreden, welche zwischen Unternehmen verschiedener Marktstufen getroffen werden.

948 Ziff. 1 VertBek umschreibt vertikale Wettbewerbsabreden als «erzwingbare oder nicht erzwingbare Vereinbarungen sowie aufeinander abgestimmte Verhaltensweisen von Unternehmen verschiedener Marktstufen, welche die Geschäftsbedingungen betreffen, zu denen die beteiligten Unternehmen bestimmte Waren oder Dienstleistungen beziehen, verkaufen oder weiterverkaufen können». Als solche vertikalen Wettbewerbsabreden gelten insbesondere Ausschliesslichkeitsvereinbarungen (selektive Vertriebssysteme, Alleinvertriebs-, Alleinbezugs-, Lizenz- und Franchise-Verträge) sowie Preisbindungen zweiter Hand.

27.3.2 Behinderung von Parallelimporten als Sondertatbestand

949 Monopolstellungen, welche sich aus immaterialgüterrechtlichen Spezialgesetzen ergeben, werden gemäss Art. 3 Abs. 2 KG vom Anwendungsbereich des KG ausgenommen. Diese Privilegierung ist vom Gesetzgeber ausdrücklich gewollt, solange sich die Monopolstellung ausschliesslich aus den Rechten des geistigen Eigentums ergibt. Wird der Wettbewerb darüber hinaus beschränkt (z.B. durch weitergehende vertragliche Beschränkungen beim Vertrieb der immaterialgüterrechtlich geschützten Produkte), dann ist das KG selbstverständlich anwendbar.

950 Die Frage der Tragweite von Art. 3 Abs. 2 KG wird insbesondere im Zusammenhang mit Parallelimporten immaterialgüterrechtlich geschützter Produkte intensiv diskutiert. Parallelimporte bewirken in der Schweiz Preiskonkurrenz zwischen denselben Produkten einer bestimmten Marke (sog. Intrabrand-Wettbewerb) für die ansonsten von offiziellen Händlern importierten und immaterialgüterrechtlich geschützten Produkte. Es stellt sich die Frage, ob der Inhaber des betreffenden Schutzrechts solche Importe dulden muss oder ob er sie aufgrund seines immaterialgüterrechtlichen Exklusivitätsrechts unterbinden kann.

951 Der Gesetzgeber hat diese Frage im Rahmen der Revision von 2003 geklärt, indem er Art. 3 Abs. 2 KG um folgenden Satz ergänzt hat: «Hingegen unterliegen Einfuhrbeschränkungen, die sich auf Rechte des geistigen Eigentums stützen, der Beurteilung nach diesem Gesetz.» Er macht damit klar, dass jegliche Behinderung von Parallelimporten (gestützt auf Patentrecht oder andere Immaterialgüterrechte)

der Beurteilung nach Art. 5 oder 7 KG unterliegen (ausführlich dazu ZÄCH, Kartellrecht, S. 138 ff.; SCHALLER, S. 351 ff.).

27.3.3 Vermutung der Beseitigung wirksamen Wettbewerbs

952 Mit Art. 5 Abs. 4 KG (in Ziff. 10 Abs. 1 VertBek wiederholt) hat der Gesetzgeber in der Revision von 2003 einen neuen Vermutungstatbestand für die schädlichsten Formen von Vertikalabreden aufgenommen. Die Vermutung der Beseitigung wirksamen Wettbewerbs greift bei folgenden Typen von Vertikalabreden:

- In Vertriebsverträgen sind häufig Vereinbarungen über die Preise der betreffenden Produkte oder Leistungen anzutreffen. Solche Preisklauseln sind aus kartellrechtlicher Sicht solange unbedenklich, als sie dem Händler die Freiheit lassen, den Endverkaufspreis für das Produkt oder die Leistung autonom (d.h. gemäss der Wettbewerbssituation, in der er sich befindet) festzusetzen. Der Händler ist in seiner Preissetzungsfreiheit jedoch vollständig eingeschränkt, wenn ihm der Hersteller/Importeur direkt oder indirekt einen bestimmten Verkaufspreis vorgibt (Fixpreis), oder stark eingeschränkt, wenn ihm der Hersteller/Importeur einen Mindestverkaufspreis festsetzt. Mit solchen Preisbindungen wird der Intrabrand-(Preis)-Wettbewerb bei einem Produkt oder einer Leistung ausgeschaltet.
- Vertriebsverträge enthalten vielfach zum Schutz des Händlers, der Investitionen tätigt im Hinblick auf den Vertrieb eines Produkts oder einer Leistung, bestimmte Gebietsschutzklauseln. Der Tatbestand «Abreden in Vertriebsverträgen über die Zuweisung von Gebieten, soweit Verkäufe in diese durch gebietsfremde Vertriebspartner ausgeschlossen werden» erfasst nur das Verbot des Passivverkaufs (vgl. die Begriffsbestimmung in Ziff. 3 VertBek). Ein solches liegt vor, wenn einem Händler untersagt wird Kunden zu bedienen, die ihren Sitz oder Wohnsitz in einem anderen Vertragsgebiet haben (und beim betreffenden Händler wegen seines tieferen Preises kaufen möchten). Ein Verbot des Aktivverkaufs (vgl. die Begriffsbestimmung in Ziff. 2 VertBek) erfüllt den Vermutungstatbestand nicht. Ein solches liegt vor, wenn den Händlern feste Vertragsgebiete zugeteilt werden und ihnen untersagt wird, sich ausserhalb ihres Vertragsgebiets aktiv um Verkäufe an Kunden in anderen Vertragsgebieten zu bemühen (z.B. mit Werbung ausserhalb des Vertragsgebiets). Die Kombination eines an sich zulässigen Aktivverkaufsverbotes mit einem Passivverkaufsverbot ergibt für den bzw. die betreffenden Händler einen absoluten Gebietsschutz, der kartellrechtlich grundsätzlich verpönt ist und von Art. 5 Abs. 4 KG erfasst wird.

953 Vermutungsbasis bilden die in Art. 5 Abs. 4 KG genannten Sachverhalte; Vermutungsfolge ist die Annahme, dass aufgrund des Abredetyps der wirksame Wettbewerb beseitigt ist (sog. «schwarze Klausel» im EU-Kartellrecht). Die Vermutung der Beseitigung wirksamen Wettbewerbs kann mit den tatsächlichen Auswirkungen auf dem Markt widerlegt werden mit dem Nachweis, dass trotz der Abrede noch genügend Innen- und/oder Aussenwettbewerb vorhanden ist.

954 Der Wortlaut von Art. 5 Abs. 4 KG lässt offen, wie die Vermutung der Beseitigung wirksamen Wettbewerb in der Praxis widerlegt werden kann. Die Weko sagt zu dieser Frage lediglich negativ, dass für die Widerlegung der Vermutung der Nachweis von Interbrand-Wettbewerb allein nicht genüge (Ziff. 10 Abs. 2 VertBek). Was zu diesem Nachweis in Bezug auf den Intrabrand-Wettbewerb zusätzlich hinzutreten muss, lässt sie offen. Es ist davon auszugehen, dass diesbezüglich nachgewiesen werden muss, dass sich Händler nicht an eine Preisbindung halten und/oder dass trotz Gebietsschutz Parallelimporte aus dem Ausland stattfinden und der Intrabrand-Wettbewerb auf diese Weise noch wirkt.

955 Kann die Vermutung nicht widerlegt werden, bleibt es bei einer unzulässigen Vertikalabrede (zu den Rechtsfolgen siehe Rz 984 f.). Kann sie widerlegt werden ist in einem nächsten Schritt zu prüfen, ob es sich bei der betreffenden vertikalen Abrede um eine erhebliche Beeinträchtigung des Wettbewerbs handelt.

27.3.4 Erheblichkeit von Vertikalabreden

956 Die Weko gibt in Art. 12 und 13 VertBek bekannt, unter welchen Voraussetzungen aus ihrer Sicht eine vertikale Wettbewerbsabrede eine erhebliche Beeinträchtigung des Wettbewerbs i.S. von Art. 5 Abs. 1 KG bewirkt. Sie wendet dabei alternativ qualitative und quantitative Kriterien an.

957 Nach Ziff. 12 VertBek liegt aufgrund von rein qualitativen Kriterien und unabhängig vom jeweiligen Marktanteil eine erhebliche Wettbewerbsbeschränkung vor (die Weko geht also von einer per se-Erheblichkeit solcher Abreden aus), wenn die Abrede namentlich Folgendes zum Gegenstand hat:

- direkte oder indirekte Fixierung von Fest- oder Mindestverkaufspreisen für den Weiterverkauf (Bst. a);
- direkte oder indirekte Beschränkung des geographischen Absatzgebietes oder des Kundenkreises für den Weiterverkauf (Bst. b); eine erhebliche Beeinträchtigung liegt jedoch nicht vor bei
  i. Beschränkungen des aktiven Verkaufs in Gebiete oder an Kunden, die der Lieferant sich selbst oder einem anderen Händler vorbehalten hat, wenn Passivverkäufe uneingeschränkt möglich sind;

ii. Beschränkungen des Direktverkaufs von Grossisten an Endkunden;
iii. einem Verbot der Belieferung nicht zugelassener Händler in selektiven Vertriebssystemen;
iv. Untersagung des Weiterverkaufs von Bestandteilen an Dritte, welche diese Bestandteile zur Herstellung von Konkurrenzprodukten verwenden.

- Beschränkungen des aktiven oder passiven Verkaufs an Endverbraucher, sofern diese Beschränkungen Händlern auf der Einzelhandelsstufe innerhalb selektiver Vertriebsysteme auferlegt werden (Bst. c);
- Beschränkungen von Querlieferungen zwischen Händlern innerhalb eines selektiven Vertriebsystems, auch wenn diese auf unterschiedlichen Marktstufen aktiv sind (Bst. d);
- Beschränkungen, die den Lieferanten hindern, Bestand- bzw. Ersatzteile an andere (Endverbraucher, Reparaturwerkstätten etc.) als den an der Abrede beteiligten Händlern zu liefern (Bst. e);
- Wettbewerbsverbote (siehe die Definition in Ziff. 6 VertBek), welche für eine unbestimmte Dauer oder für mehr als fünf Jahre vereinbart werden (Bst. f).
- Wettbewerbsverbote, die für mehr als ein Jahr nach Beendigung des Vertriebsvertrages vereinbart werden; dies gilt nicht, (i) wenn sie sich auf Waren oder Leistungen beziehen, die mit den Vertragswaren oder -leistungen in Wettbewerb stehen, (ii) wenn sie sich auf Räumlichkeiten beschränken, von denen aus der Käufer sein Geschäft betrieben hat, oder (iii) wenn es unerlässlich ist, um ein dem Käufer vom Lieferanten übertragenes Know-how zu schützen;
- Einschränkungen von Mehrmarkenvertrieb in selektiven Vertriebssystemen (Bst. h).

958 Nach Ziff. 13 VertBek gelten andere als die in Ziff. 12 aufgeführten Vertikalabreden in der Regel als unerhebliche Wettbewerbsbeschränkungen bzw. als Bagatellfälle, wenn kein beteiligtes Unternehmen auf einem von der Abrede betroffenen relevanten Markt einen Marktanteil von 15% überschreitet. Solche Vertikalabreden werden grundsätzlich keiner weiteren kartellgesetzlichen Überprüfung unterzogen. Ausgenommen von dieser Regel sind jedoch Fälle, in denen der Wettbewerb auf dem relevanten Markt durch die kumulativen Auswirkungen mehrerer gleichartiger, nebeneinander bestehender vertikaler Vertriebsnetze beschränkt wird; in diesem Fall wird die Marktanteilsschwelle für unerhebliche Abreden auf 5% herabgesetzt (Ziff. 13 Abs. 2 VertBek).

959 Die Weko erachtet den Interbrand-Wettbewerb als ausreichend, wenn die an einer Vertikalabrede beteiligten Unternehmen auf dem

relevanten Markt einen Marktanteil von weniger als 15 % aufweisen. Bei höheren Marktanteilen vermag der Interbrand-Wettbewerb seine disziplinierende Wirkung nicht mehr ohne weiteres zu entfalten, weshalb bei einer solchen im Einzelfall die Erheblichkeit zu überprüfen ist (Art. 14 VertBek). Enthält hingegen eine Vertikalabrede eine der in Ziff. 12 VertBek genannten «Kernbeschränkungen», stellt die dadurch bewirkte Beeinträchtigung des Intrabrand-Wettbewerbs eine erhebliche Wettbewerbsbeschränkung dar. Eine solche ist unzulässig, es sei denn, sie lasse sich aus Gründen der wirtschaftlichen Effizienz rechtfertigen.

27.3.5 Rechtfertigung aus Gründen der wirtschaftlichen Effizienz

960 Eine erhebliche Vertikalabrede ist unzulässig, wenn sie sich nicht aus Gründen der wirtschaftlichen Effizienz rechtfertigen lässt (Art. 5 Abs. 1 KG; Ziff. 15 Abs. 1 VertBek). Primär schädliche Auswirkungen auf den Wettbewerb sollen durch positive Effizienzwirkungen kompensiert werden können. Die Effizienzsteigerung muss jedoch wirtschaftlicher Art sein. In die entsprechende Beurteilung können nur ökonomische Aspekte einfliessen, nicht aber Gründe ausserhalb des ökonomischen Prozesses (wie etwa überwiegende öffentliche Interessen, die nur vom Bundesrat im Rahmen der ausnahmsweisen Zulassung gemäss Art. 8 KG berücksichtigt werden können).

961 Die betreffende Wettbewerbsabrede bzw. die damit erzielte erhebliche Beeinträchtigung des wirksamen Wettbewerbs muss zudem notwendig und geeignet sein, um die effizienzsteigernde Wirkung erzielen zu können (Art. 5 Abs. 2 Bst. a KG; Ziff. 15 Abs. 3 VertBek; vgl. dazu den massgebenden Entscheid der Weko i.S. Buchpreisbindung, RPW 2005/2, S. 269 ff., 274 ff.). Eine Rechtfertigung aus Gründen der wirtschaftlichen Effizienz ist ausgeschlossen, wenn die an der Abrede beteiligten Unternehmen den wirksamen Wettbewerb beseitigen könnten (Art. 5 Abs. 2 Bst. b KG).

962 Ziff. 15 Abs. 2 VertBek schafft für Vertikalabreden, die nicht in den Kreis der Kernbeschränkungen nach Ziff. 12 VertBek fallen, die Vermutung der Rechtfertigung, wenn der Marktanteil der beteiligten Unternehmen 30% nicht überschreitet. Wird bei solchen Abreden der Marktanteil der beteiligten Unternehmen von 30 % überschritten oder liegt eine Vertikalabrede gemäss Ziff. 12 VertBek vor, ist die Rechtfertigung aus Effizienzgründen im Einzelfall anhand der Kriterien in Art. 5 Abs. 2 KG zu prüfen (Ziff. 15 Abs. 3 VertBek).

963 Art. 5 Abs. 2 Bst. a KG zählt abschliessend auf, welche Ziele Abreden im Einzelfall verfolgen müssen, damit sie geeignet sein können, die wirtschaftliche Effizienz zu steigern. Es handelt sich jedoch um offene Begriffe, die ein breites Spektrum von Kooperationsabreden zulassen:

- Senkung von Herstellungs- und Vertriebskosten;
- Verbesserung von Produkten oder Produktionsverfahren;
- Förderung der Forschung oder der Verbreitung von Wissen;
- Rationellere Nutzung von Ressourcen.

964 Ziff. 15 Abs. 4 VertBek konkretisiert die abstrakte Formulierung in Art. 5 Abs. 2 Bst. a KG bzw. in Ziff. 15 Abs. 3 VertBek («effizientere Vertriebsgestaltung im Sinne einer Verbesserung der Produkte oder Produktionsverfahren oder einer Senkung der Vertriebskosten»). Unternehmen können dabei namentlich folgendes geltend machen

- Ein zeitlich begrenzter Schutz von Investitionen für die Erschliessung neuer räumlicher Märkte oder neuer Produktemärkte (z.B. mittels Exklusivvertriebsrechten oder einer Mindestpreisbindung);
- Die Sicherung der Einheitlichkeit und Qualität der Vertragsprodukte (z.B. mittels selektiver Auswahl der Händler oder Franchising);
- Den Schutz vertragsspezifischer Investitionen, die ausserhalb der Geschäftsbeziehung nicht oder nur mit hohem Verlust verwendet werden können (Hold-up Problem; z.B. mittels Mindestbezugspflichten der Händler, Exklusivbezugspflichten bzw. Wettbewerbsverboten, wenn die Investitionen vom Hersteller getätigt werden, oder Exklusivvertriebsrechten, wenn die Investitionen vom Händler getätigt werden);
- Die Vermeidung von ineffizient tiefen Verkaufsförderungsmassnahmen (z.B. Beratungsdienstleistungen), die resultieren können, wenn ein Hersteller oder Händler von den Verkaufsförderungsbemühungen eines anderen Herstellers oder Händlers profitieren kann (Trittbrettfahrerproblem; z.B. mittels Mindestpreisvorschriften, Exklusivvertriebsrechten, selektivem Vertrieb bzw. Service- und Qualitätsanforderungen bei Trittbrettfahrerverhalten auf Händlerstufe, Exklusivbezugsrechten bzw. Wettbewerbsverboten bei Trittbrettfahrerverhalten auf Herstellerstufe);
- Die Vermeidung eines doppelten Preisaufschlags, der sich ergeben kann, wenn sowohl der Hersteller als auch der Händler über Marktmacht verfügen (Problem der doppelten Marginalisierung; z.B. mittels Höchstpreisvorgaben, Mindestbezugsverpflichtungen oder Franchisegebühren);
- Die Förderung der Übertragung von wesentlichem Know-how (z.B. mittels Wettbewerbsverboten; siehe zur Begriffsbestimmung «Know-how» Ziff. 7 VertBek);
- Die Sicherung von finanziellen Engagements (z.B. Darlehen), die durch den Kapitalmarkt nicht zur Verfügung gestellt werden (z.B. mittels Mindestbezugsmengen und Amortisation über Produktbezüge, Wettbewerbsverboten oder Exklusivvertriebsrechten).

27.4 Einzelfragen

27.4.1 Preisempfehlungen

965 Preisempfehlungen oder Preisvorgaben der Hersteller an die Händler sind ein weit verbreitetes Phänomen. Die Weko hat sich lange Zeit nicht dazu geäussert, wie solche vertikalen Preisempfehlungen kartellrechtlich zu werten sind. In der neuen Fassung der Vertikalbekanntmachung vom 2.7.2007 hat sie die Frage aufgegriffen und versucht, in diesem Bereich mehr Rechtssicherheit zu schaffen (vgl. auch das Merkblatt «Vertikalbekanntmachung» auf www.weko.ch).

966 Dabei macht sie zunächst klar, dass Preisempfehlungen als Preisbindungen i.S.v. Art. 5 Abs. 4 KG angesehen werden, wenn sie nur dem Schein nach Empfehlungen bilden, tatsächlich aber verdeckte Preisbindungen sind (Ziff. 10 Abs. 1 Bst. b VertBek).

967 Darüber hinaus geht die Weko grundsätzlich davon aus, dass Preisempfehlungen der Transparenz des Marktes dienen. In gewissen Fällen können sie jedoch verdeckte Preisfestsetzungen und insbesondere ein Mittel zur Hochhaltung der Preise in der Schweiz sein. Solche Preisempfehlungen sind im Einzelfall anhand der folgenden Umstände zu prüfen, welche einzeln oder in Kombination für das Vorliegen einer unzulässigen Preisabrede nach Art. 5 KG sprechen können (Ziff. 11 VertBek):

- Der Umstand, dass Preisempfehlungen in nicht allgemein zugänglicher Weise abgegeben werden, sondern nur an die Weiterverkäufer oder Händler
- Der Umstand, dass die Preisempfehlung mit der Ausübung von Druck oder der Gewährung spezifischer Anreize verbunden ist;
- Der Umstand, dass Preisempfehlungen, die von Herstellern oder Lieferanten in Schweizerfranken auf den Produkten, Verpackungen oder in Katalogen etc. angebracht werden, nicht ausdrücklich als unverbindlich bezeichnet sind;
- Der Umstand, dass das Preisniveau der von den Preisempfehlungen betroffenen Produkte bei vergleichbarer Gegenleistung deutlich höher liegt als im benachbarten Ausland;
- Der Umstand, dass die Preisempfehlungen tatsächlich von einem bedeutenden Teil der Weiterverkäufer oder Händler befolgt werden.

968 Liegt zwar eine einseitige Preisempfehlung eines Herstellers vor und ist keiner der oben genannten Umstände gemäss Ziff. 11 VertBek gegeben, dürfte wohl gar keine Wettbewerbsabrede nach Art. 4 Abs. 1 KG vorliegen, das es am bewussten und gewollten Zusammenwirken fehlt.

969 Die Weko macht in ihrem Merkblatt «Vertikalbekanntmachung» (siehe www.weko.ch) zwei Beispiele: «Eine nur an die Wiederverkäufer gerichtete (dem Endkonsumenten nicht zugängliche) Preisempfehlung für ein Produkt, das in der Schweiz zu einem gegenüber dem Ausland substanziell und gleichmässig überhöhten Preisverkauft wird, ist problematisch. Umgekehrt ist eine offene Preisempfehlung unproblematisch, die gegenüber dem Konsumenten zugänglich ist, als nicht verbindlich deklariert wird und vom Grossteil der Händler nicht trotzdem befolgt wird.»

27.4.2 Exklusivitätsverpflichtungen

970 Exklusivitäten können in Vertriebsverträgen grundsätzlich in zwei Formen auftreten: Alleinbezugspflichten oder Exklusivvertrieb.

971 Mit einer Alleinbezugspflicht verpflichtet sich ein Wiederverkäufer bestimmte Produkte oder Leistungen für die vereinbarte Vertragsdauer ausschliesslich bei einem einzigen Lieferanten zu beziehen (Monomarkenvertrieb). Solche Verpflichtungen trifft man häufig im Gastgewerbe an (Bier- und Getränkebezugsverpflichtungen eines einzigen Herstellers/Lieferanten) und sie sind häufig gekoppelt mit einem Darlehen, einer Gebrauchsleihe oder einem anderen finanziellen Engagement des Lieferanten zu Gunsten des Wiederverkäufers (siehe dazu Weko in Feldschlösschen/Coca Cola, RPW 2005/, S. 114 ff., 123 ff.).

972 Kartellrechtlich problematisch sind Preisbindungen und eine übermässig lange Vertragsdauer. Bei Preisbindungen gilt die Vermutung der Beseitigung wirksamen Wettbewerbs in Art. 5 Abs. 4 KG. Solche Bindungen erscheinen damit zum vornherein als kaum durchsetzbar. Anders sieht es aus bei langer Dauer solcher Verpflichtungen. Die Weko hat festgehalten, dass Exklusivbezugsverpflichtungen bis zu einer Dauer von fünf Jahren unerheblich sind (gestützt auf Ziff. 12 Bst. f VertBek). Bezugsverpflichtungen, welche die Dauer von fünf Jahren überschreiten, sind als erhebliche Wettbewerbsbeschränkungen anzusehen und unterliegen der Effizienzprüfung. Als Effizienzgrund anerkannte sie ausdrücklich die Verbindung der Alleinbezugsverpflichtung mit einem Darlehen, einer Gebrauchsleihe oder einem anderen finanziellen Engagement (vgl. Ziff. 15 Abs. 4 Bst. g VertBek), weil dies den Absatz mit den entsprechenden Produkten fördert. Zudem verlangte die Weko, dass solche Verträge für die über fünf Jahre hinausgehende Periode eine Ausstiegsklausel unter Rückzahlung der Restschuld vorsehen müssen.

973 Beim Exklusivvertrieb verpflichtet sich der Lieferant, ein Produkt oder eine Leistung für den Weiterverkauf in einem Gebiet oder an einen Kundenkreis einem bestimmten Händler exklusiv zu liefern. Der

Händler verpflichtet sich im Gegenzug zur Verkaufsförderung für das Produkt oder die Leistung. Als kartellrechtlich problematisch sind Preisbindungsklauseln (siehe dazu bereits oben) und der absolute Gebietsschutz gemäss Art. 5 Abs. 4 KG anzusehen. In Bezug auf den Gebietsschutz sind Aktivverkaufsverbote zulässig, die den Händler verpflichten, seine Verkaufsanstrengungen und seine Werbung nur im zugeteilten Gebiet aktiv zu betreiben. Passivverkaufsverbote, welche dem Händler untersagen, Kunden aus vertragsfremden Gebieten zu beliefern, fallen hingegen unter die Vermutung von Art. 5 Abs. 4 KG. Weil sie den Intrabrand-Wettbewerb in der Regel völlig ausschliessen (wollen), ist die Vermutung nur schwer widerlegbar und sie sind generell als unzulässig anzusehen.

27.4.3 Selektive Vertriebssysteme

974 Die Vertikalbekanntmachung der Weko unterscheidet bei selektiven Vertriebssystemen (ausführlich zu deren kartellrechtlichen Beurteilung Krauskopf/Riesen, S. 83 ff.) her zwischen

- allgemein selektiven Vertriebssystemen, bei denen ein Lieferant die Produkte oder Leistungen nur an Händler verkaufen darf, die aufgrund festgelegter Merkmale ausgewählt werden (zugelassene Händler), und diese Händler die betreffenden Produkte oder Leistungen nicht an Händler weiter verkaufen dürfen, die nicht zum Vertrieb zugelassen sind (Ziff. 4 Abs. 1 VertBek)
- rein qualitativem Selektivvertrieb, bei dem die Auswahl der Händler ausschliesslich nach objektiven qualitativen Kriterien erfolgt, die sich nach den Anforderungen des betreffenden Produkts richten, z.B. in Bezug auf die Verkäuferschulung, den in den Läden gebotenen Service oder ein bestimmtes Spektrum der angebotenen Produkte (Ziff. 4 Abs. 2 VertBek).

975 Nach der Vertikalbekanntmachung (Ziff. 8 Abs. 4) fallen Vereinbarungen, die einen rein qualitativen Selektivvertrieb zum Gegenstand haben, mangels erheblicher Beeinträchtigung des Wettbewerbs nicht unter die Bekanntmachung bzw. sind generell zulässig, wenn kumulativ drei Voraussetzungen erfüllt sind: (i) Die Beschaffenheit des fraglichen Produkts muss einen selektiven Vertrieb erfordern bzw. ein solcher Vertrieb muss zur Wahrung der Qualität und zur Gewährleistung des richtigen Gebrauchs des betreffenden Produkts erforderlich sein; (ii) die Wiederverkäufer müssen aufgrund objektiver Kriterien qualitativer Art, die einheitlich festgelegt und angewendet werden, ausgewählt werden; (iii) die festgelegten Kriterien dürfen nicht über das hinausgehen, was erforderlich ist.

976 Solche Kriterien sind etwa Anforderungen an geeignete Verkaufsräumlichkeiten und andere Einrichtung, eine bestimmte Produktpräsentati-

on, fachliche Qualifikation des Verkaufspersonals, Lagerhaltung oder das Anbieten von After-Sales-Service und Reparaturdienstleistungen. Sofern also die oben genannten Voraussetzungen erfüllt sind und die Zahl der zugelassenen Händler nicht quantitativ beschränkt ist, handelt es sich um nicht erhebliche und damit mit dem Kartellgesetz vereinbare Wettbewerbsbeschränkungen.

977 Ziff. 12 der Vertikalbekanntmachung erklärt bestimmte Wettbewerbsbeschränkungen innerhalb selektiver Vertriebssysteme als erhebliche Beeinträchtigungen: Beschränkungen des aktiven und passiven Verkaufs an Endverbraucher für Händler auf der Einzelhandelsstufe (Bst. c); Beschränkungen von Querlieferungen zwischen zugelassenen Händlern, auch wenn diese auf unterschiedlichen Marktstufen tätig sind (Bst. d); Beschränkungen von Mehrmarkenvertrieb, welche sich gezielt auf Marken bestimmter konkurrierender Lieferanten beziehen. Bei diesen erheblichen Wettbewerbsbeeinträchtigungen ist der Nachweis der wirtschaftlichen Effizienz zu erbringen (vgl. Ziff. 15 VertBek).

978 Enthalten selektive Vertriebssysteme jedoch Preisbindungen oder einen absoluten Gebietsschutz für die zugelassenen Händler, fallen solche Wettbewerbsbeschränkungen ohne weiteres unter Art. 5 Abs. 4 KG. Die Zulässigkeit solcher Beschränkungen hängt im wesentlichen davon ab, ob die Vermutung der Beseitigung wirksamen Wettbewerbs widerlegt (siehe vorne 9.2.3) und der Nachweis der wirtschaftlichen Effizienz erbracht werden kann (siehe vorne 9.2.5). Generell lässt sich sagen, dass dies nur in den seltensten Fällen gelingen dürfte und dass Preisbindungen und absoluter Gebietsschutz kartellrechtlich als verpönt anzusehen sind.

27.4.4 Missbrauch einer marktbeherrschenden Stellung

27.4.4.1 Definition der Marktbeherrschung

979 Als marktbeherrschend gelten gemäss Art. 4 Abs. 2 KG «einzelne oder mehrere Unternehmen, die auf einem Markt als Anbieter oder Nachfrager in der Lage sind, sich von den anderen Marktteilnehmern (Mitbewerbern, Anbietern oder Nachfragern) in wesentlichem Umfang unabhängig zu verhalten».

980 Zentrales Element der Begriffsdefinition in Art. 4 Abs. 2 KG ist grundsätzlich, dass sich ein oder mehrere Unternehmen auf einem bestimmten Markt von den anderen Teilnehmern in diesem Markt in wesentlichem Umfang unabhängig verhalten können. Daneben hat die Weko in ihrer neueren Praxis auch strukturelle Abhängigkeitsverhältnisse geprüft und Kriterien festgelegt, bei denen sie aufgrund einer Abhängigkeit von KMU gegenüber einem Grossunternehmen dessen Marktbeherrschung annimmt (siehe dazu Weko in

CoopForte, RPW 2005/1, S. 146, 149 ff.). Dabei ist es bei solchen Abhängigkeitsverhältnissen in der Praxis teilweise nicht einfach zu entscheiden, ob ein Verhalten (z.B. Druckausübung zur Einhaltung einer Preisempfehlung) materiell nach Art. 5 Abs. 4 oder Art. 7 KG zu beurteilen ist.

981 Die Wettbewerbsbehörden folgen bei der Beurteilung, ob ein Unternehmen marktbeherrschend ist, grundsätzlich dem folgenden Schema:

- zuerst ist der relevante Markt in sachlicher und räumlicher Hinsicht abzugrenzen um die Wettbewerbskräfte ermitteln zu können, denen das zu beurteilende Unternehmen ausgesetzt ist (ausführlich zur Marktabgrenzung Zäch, 258 ff.);
- auf dem relevanten Markt wird zunächst der aktuelle Wettbewerb geprüft. Im Zentrum steht zwar die Frage nach dem Marktanteil des betreffenden Unternehmens, aber auch andere Faktoren wie die Verteilung der Marktanteile, die Entwicklung der Marktanteile, die Finanzkraft der einzelnen Wettbewerber, die Organisation des Vertriebs sowie die Bedeutung von Forschung und Entwicklung werden beigezogen (siehe Borer, S. 114, der bei Marktanteilen unter 20 % davon ausgeht, dass Marktbeherrschung in der Regel ausgeschlossen werden kann; bei Anteilen von 20-40 % müssen besondere Umstände für das Vorliegen von Marktbeherrschung gegeben sein; bei Marktanteilen über 40% müssen besondere Umstände vorliegen, die eine Marktbeherrschung auszuschliessen vermögen);
- wirkt die aktuelle Konkurrenz nicht genügend disziplinierend um eine marktbeherrschende Stellung ausschliessen zu können, wird im nächsten Schritt die potentielle Konkurrenz geprüft. Es geht im wesentlichen um die Frage der Offenheit des relevanten Marktes für neue Markteintritte bzw. ob Marktzutrittsschranken für neue Wettbewerber oder Produkte/Leistungen bestehen. Solche Schranken können institutioneller oder faktischer Art sein.

27.4.4.2 Missbrauchstatbestände bei Vertriebsverträgen

982 Die Missbrauchstatbestände lassen sich allgemein in zwei Kategorien einteilen, nämlich den Behinderungsmissbrauch, der sich gegen Konkurrenten richtet und sie in der Aufnahme oder Ausübung des Wettbewerbs behindert. Und den Ausbeutungsmissbrauch, der Lieferanten oder Abnehmer des marktbeherrschenden Unternehmens benachteiligt. Beide vordergründig missbräuchlichen Verhaltensweisen lassen sich im Einzelfall aus sachlichen Gründen (legitimate business reasons) rechtfertigen. In der Praxis ist es häufig nicht einfach, zwischen zulässigem und unzulässigem Verhalten zu unterscheiden. Ein marktbeherrschendes Unternehmen ist in seiner Geschäftstätig-

keit gegenüber seinen Konkurrenten sowie Lieferanten und Abnehmern jedoch nicht völlig frei. Es muss gewisse kartellgesetzliche Eingriffe in seine Vertragsfreiheit und Privatautonomie dulden, damit die Ziele des Kartellgesetzes verwirklicht werden können.

983 Im Zusammenhang mit Vertriebsverträgen kommen insbesondere die nachfolgenden Tatbestände von missbräuchlichen Verhaltensweisen eines marktbeherrschenden Unternehmens zum Tragen und deshalb ist ihnen besondere Beachtung zu schenken:

- Verweigerung/Einstellen von Geschäftsbeziehungen (Art. 7 Abs. 2 Bst. a KG): Es kann eine Verweigerung im Abbruch bisheriger oder in der Nichtaufnahme neuer Geschäftsbeziehungen bestehen. Dabei geht es um die zentrale Frage, ob dem (potentiellen) Geschäftspartner aufgrund der marktbeherrschenden Stellung eines Unternehmens im relevanten Markt überhaupt noch Ausweichmöglichkeiten zur Verfügung stehen. Bei der Kündigung eines Vertriebsvertrages oder der Nichtaufnahme eines Händlers in das Vertriebsnetz bzw. die Nichtaufnahme eines Produkts in das Sortiment eines Händlers mit Marktmacht kann der Vorwurf der Verweigerung einer Geschäftsbeziehung auftauchen.
- Diskriminierung von Handelspartnern bei Preisen und sonstigen Geschäftsbedingungen (Art. 7 Abs. 2 Bst. b KG): Das Diskriminierungsverbot beinhaltet keine Pflicht zur schematischen Gleichbehandlung sämtlicher Handelspartner. Eine Besser- oder Schlechterstellung einzelner Geschäftspartner aus wirtschaftlich motivierten Gründen ist zulässig (z.B. Mengenrabatte in Abhängigkeit der Bezugsmengen).
- Treue- und Zielrabatte (Sonderfall der Diskriminierung oder von der Generalklausel in Art. 7 Abs. 1 KG erfasst): Rabatte, welche die Handelspartner unabhängig von der bezogenen Menge dafür belohnen, dass sie sämtliche Produkte oder eine bestimmte Zielgrösse beim marktbeherrschenden Unternehmen beziehen sind unzulässig. Sie erschweren es Konkurrenten in diesen Markt einzutreten oder im Markt zu bestehen.
- Erzwingung unangemessener Preise oder Konditionen (Art. 7 Abs. 2 Bst. c KG): Erzwingung meint, dass die unangemessenen Bedingungen nur mit Druck erreicht werden, der Handelspartner die für das marktbeherrschende Unternehmen vorteilhaften Bedingungen also nicht freiwillig erbringt. Räumt ein marktbeherrschendes Unternehmen einem Handelspartner hingegen freiwillig Vorteile ein, die als unangemessen erscheinen, so ist dies allenfalls unter dem Tatbestand der Diskriminierung problematisch.
- Koppelungsgeschäfte (Art. 7 Abs. 2 Bst. f KG): Es ist kartellrecht-

lich unzulässig, wenn ein Unternehmen seine beherrschende Stellung mit der Erzwingung von Koppelungsgeschäften auf andere Märkte ausdehnt. Der Geschäftspartner muss dann neben der eigentlichen Hauptleistung noch weitere Waren oder Dienstleistungen beziehen, die mit dem Hauptgeschäft in keiner sachlichen Beziehung stehen. Mit solchen Praktiken wird die Marktgegenseite in ihrem freien Geschäftsverhalten eingeschränkt. Gleichzeitig werden aktuelle Konkurrenten des Marktbeherrschers verdrängt, bzw. potentielle Konkurrenten an einem Markteintritt gehindert.

27.4.5 Rechtsfolgen bei Verstössen

984 Bei unzulässigen Vertikalabreden nach Art. 5 Abs. 4 KG (Preisbindungen und Gebietsabschottungen) sowie bei Missbrauch einer marktbeherrschenden Stellung nach Art. 7 KG im Zusammenhang mit Vertriebsverträgen verhängt die Weko direkte Sanktionen nach Art. 49a Abs. 1 KG.

985 Als maximale Sanktion sieht Art. 49a Abs. 1 KG eine Geldbusse in Höhe von 10 Prozent des in den drei letzten Geschäftsjahren erzielten Umsatzes in der Schweiz vor. Neben dem Gewinn, den das Unternehmen durch das unzulässige Verhalten mutmasslich erzielt hat, sind Dauer und Schwere der Wettbewerbsbeschränkung zu berücksichtigen. Bei der konkreten Sanktionsbemessung ist gemäss der Verordnung über die Sanktionen bei unzulässigen Wettbewerbsbeschränkungen vom 12. März 2004 (KG-Sanktionsverordnung; SR 251.5) vorzugehen. Die direkten Sanktionen werden im Rahmen eines Untersuchungsverfahrens nach Art. 27 ff. KG festgesetzt.

27.4.6 Vorbeugende Massnahmen zur Vermeidung kartellrechtlicher Probleme

986 Bei Unsicherheiten über die kartellrechtliche Qualifikation eines Vertriebsvertrages oder einzelner Vertragsklauseln können Unternehmen diese formell der Weko melden, bevor sie Wirkung entfalten (Art. 49a Abs. 3 Bst. a KG). Nach der Meldung dürfen die Unternehmen die Wettbewerbsbeschränkung vollziehen.

987 Eine Sanktion entfällt, wenn die Wettbewerbsbehörden innert der Frist von fünf Monaten kein Verfahren (Vorabklärung oder Untersuchung) eröffnen. Wird ein Verfahren eröffnet, muss das Unternehmen entscheiden, ob es die Wettbewerbsbeschränkung weiterführen will mit dem Risiko einer Sanktion oder ob es die Verhaltensweise aufgibt oder kartellgesetzkonform abändert.

988 Auf informelle Weise kann beim Sekretariat um eine Beratung nach

der kartellrechtlichen Beurteilung von Vertriebsverträgen oder einzelner Klauseln angefragt werden (Art. 23 Abs. 2 KG). Das Sekretariat nimmt dabei in eigener Verantwortung Stellung, jedoch ist die Weko durch solche Beratungen nicht gebunden.

27.5 Checkliste

- Welcher Art sind etwaige Wettbewerbsbeschränkungen?
- Sind sie gesetzlich verboten?
- Lassen sie sich durch den Effizienznachweis rechtfertigen?
- Empfiehlt sich eine vorgängige Kontaktnahme mit den Wettbewerbsbehörden?

28. Internationaler Vertrieb

28.1 Einleitung

989 Nicht nur weil es zurzeit «in» zu sein scheint, im Zeitalter der Globalisierung zu internationalisieren, prüfen Vertriebsgeber regelmässig, ob die Internationalisierung eines Vertriebssystems angezeigt ist. Durch den faktischen Wegfall vieler Schranken im internationalen Wirtschaftsverkehr oder zumindest deren erhebliche Reduzierung, nicht zuletzt im Verkehr mit und innerhalb der EU, sind Expansionsschritte ins internationale Umfeld an der Tagesordnung. Nachfolgend werden einige bei einer Internationalisierung wichtige Aspekte kursorisch dargestellt.

28.2 Motivation

990 Ein Vertriebsgeber muss unterscheiden zwischen den «richtigen» und den «falschen» Motiven, die Internationalisierung in Angriff zu nehmen:

991 Richtig ist es, die Internationalisierung zu bedenken, wenn

- der Heimmarkt abgedeckt bzw. ausgeschöpft ist;
- die Ressourcen in der eigenen Unternehmung bereitstehen oder mindestens bereitgestellt werden können für den Aufbau und die Entwicklung der internationalen Tätigkeit;
- eine Analyse des Zielmarktes ergeben hat, dass die Waren oder Dienstleistungen einen potentiellen Markt finden;
- im Zielmarkt ein ausreichender Partnermarkt besteht für den Fall, dass mit Vertriebspartnern gearbeitet werden soll;
- die Investition in die Expansion eines Zielmarktes eine mittel- bis langfristig Rendite verspricht.

992 «Falsch» ist die Internationalisierung, wenn sie erfolgt, weil

- man dem Kollegen nicht nachstehen will, welcher gerade im Ausland seinen ersten Vertriebspartner gefunden hat;
- es eventuell als attraktiv gilt, international tätig zu sein;
- ein Nachfrager aus einem Drittland unbedingt in eine Vertriebspartnerschaft einsteigen möchte;
- noch keine Marktanalyse gemacht worden ist;
- das Unternehmen im Heimmarkt nicht vorwärts kommt und man aber einen Erfolgsausweis zeigen muss;
- dringend das Geld benötigt wird aus dem Abschluss eines internationalen Vertriebsvertrages.

28.3 Prinzipien der Internationalisierung

993 Der Internationalisierung liegen verschiedene Prinzipien zu Grunde:

28.3.1 Know the country

994 Eine Internationalisierung setzt voraus, dass man sich mit dem Land auseinandersetzt, in das man expandieren will. Bei einem erstmaligen Schritt ins Ausland empfiehlt es sich in Länder zu expandieren, welche über ein vergleichbares politisches Umfeld verfügen und geographisch vernünftig gelegen, sprich erreichbar, sind.

28.3.2 Know the culture

995 Eine Sprache, welche man kennt, erleichtert die Internationalisierung. Zwar gilt englisch als Geschäftssprache, was allerdings nicht überall erwartet werden kann. Man denke an die Schulung beispielsweise von asiatischem Personal in der Landessprache, die man möglicherweise selbst nicht beherrscht.

996 Mentalitätsfragen ist Rechnung zu tragen. Kulturelle, aber auch religiöse Aspekte können wichtig sein.

28.3.3 Know the people

997 Besonderheiten und Vorlieben der Bevölkerung müssen bekannt sein. Möglicherweise ergibt eine Analyse, dass das eigene Produkt oder die Dienstleistung noch keinem Bedürfnis der Bevölkerung entspricht. Wenn Bedürfnisse erst geschaffen werden müssen, ist dies (1) risikobehaftet und (2) stets mit erheblichem (Kommunikations)Aufwand verbunden.

28.3.4 Know the market

998 Das Absatzpotenzial an Vertragsprodukten bzw. Dienstleistungen muss abgeschätzt werden. Die erforderliche Infrastruktur für eine lokale Vertriebstätigkeit ist zu evaluieren, der Zugang zum Finanzmarkt abzuklären, die Verfügbarkeit von Mitarbeitern in die Betrachtung mit einzubeziehen.

28.3.5 Know the products

999 Einzelne Produkte oder Dienstleistungen können gesetzlich reguliert sein. Entsprechende Rahmenbedingungen sind bei einer etwaigen Anpassung an den Zielmarkt zu berücksichtigen.

28.3.6 Know the competitors

1000 Mitbewerber sind zu analysieren. Bestehen vermeintlich keine direkten Konkurrenten mag dies gerade die Frage aufwerfen, wieso dies so ist. Ist der Markt nicht attraktiv, die Zielgruppe nicht gegeben? Erst wenn eine Wettbewerberanalyse gemacht ist, können auch Prognosen und Geschäftsplanungen für die Vertriebstätigkeit im Zielland vorgenommen werden.

28.3.7 Know the legal environment

1001 Auch wenn über eine Rechtswahl der Vertrag in der Regel heimischem Recht unterstellt werden kann, heisst dies nicht, dass das rechtliche Umfeld im Zielmarkt nicht zu berücksichtigen wäre. Bestimmungen des öffentlichen Rechts oder international zwingende Bestimmungen des Landesprivatrechts sind in Betracht zu ziehen.

28.4 Internationale Vertriebsstrukturen, dargestellt am Beispiel des Franchising

1002 Bei der Wahl der geeigneten internationalen Franchisestruktur muss sorgfältig vorgegangen werden und sind Vor- und Nachteile abzuwägen.

28.4.1 Denkbare Strukturen

1003 In der Regel kommen folgende Strukturen in Betracht:

28.4.1.1 Direkter (einstufiger) Einzelfranchisevertrag

1004 Zwischen der Systemzentrale des Schweizer Franchisegebers und dem ausländischen lokalen Franchisenehmer wird direkt ein Franchisevertrag abgeschlossen. Eine Unterfranchisierung oder der Aufbau eines weiteren Ladengeschäftes durch den lokalen Franchisepartner ist vertraglich nicht vorgesehen. Abgesehen von der internationalen Dimension spielt sich die Franchisierung in vergleichbaren Rahmenbedingungen ab wie die nationale Vertriebstätigkeit. Eine Variante stellt die direkte Franchisierung im Zielmarkt über eine eigene Einheit des Franchisegebers (Tochtergesellschaft oder Niederlassung) dar.

28.4.1.2 Multiple Unit Franchisevertrag

1005 Die Parteien vereinbaren, dass der Franchisenehmer mehrere Standorte entwickeln kann. Diese sind Niederlassungen oder Tochtergesellschaften des Multiple Unit Franchise-Partners. Ein Unterfranchisierung mit rechtlich selbstständigen Franchisenehmern findet nicht statt. Zuweilen werden solche Franchisepartner auch als Area Development Franchisenehmer bezeichnet.

28.4.1.3 Masterfranchisevertrag

1006 In diesem Fall erfolgt eine eigene Franchisierung durch den Masterfranchisenehmer (mehrstufiges Franchising), sprich Aufbau, Entwicklung und Betrieb eines regionalen oder nationalen Franchisesystems im Zielmarkt. Er betreibt neben eigenen Aktivitäten das Franchisegeschäft durch Vergabe von lokalen Franchiserechten.

28.4.1.4 Mischformen

1007 Denkbar ist neben der rein vertraglichen Zusammenarbeit der zusätzliche Aufbau eines Gemeinschaftsunternehmens zwischen Vertriebsgeber und seinem nationalen Vertriebsnehmer.

28.4.1.5 Reine Vermittlungsvereinbarungen

1008 Der Vertriebspartner agiert als Agent; entweder als reiner Vermittlungs- bzw. als Abschlussagent mit dem Ziel, für den Vertriebsgeber lokale oder regionale Franchiseverträge zu vermitteln bzw. abzuschliessen.

28.4.2 Wahl der internationalen Franchisestruktur

1009 Die Wahl der Franchisestruktur hängt von verschiedenen Faktoren ab. Es ist zudem denkbar, dass innerhalb des gleichen Vertriebssystems verschiedene Strukturen gewählt werden:

- Die eigenen Investitionserfordernisse für eine Marktentwicklung sind in Betracht zu ziehen. Jede Internationalisierung verlangt den Aufbau ausreichender Ressourcen, sei dies über das zur Verfügung stellen zusätzlichen Schulungspersonals oder den Aufbau einer eigentlichen Masterfranchisezentrale oder lokale Servicestrukturen zur Unterstützung lokaler Franchisenehmer im Zielland.
- Sind die einsetzbaren Ressourcen beim Franchisegeber begrenzt, favorisiert dies indirekte Strukturen. Es ist ein Vertriebspartner auszuwählen, welcher über die nötigen Kapazitäten in zeitlicher, personeller und finanzieller Hinsicht verfügt, um ein Franchisenetzwerk im Zielmarkt aufzubauen und zu betreiben.
- Je stärker ein Franchisegeber Einfluss ausüben möchte bei der Entwicklung des Franchisenetzwerks im Zielmarkt, desto eher wird er sich für direkte Franchisestrukturen entscheiden.
- Sensitive Produkte bzw. Dienstleistungen, welche ein hohes Mass an Qualitätsmanagement erfordern, verlangen entweder den Aufbau entsprechender Ressourcen im Zielland oder Ausbau des Qualitätsmanagementsystems in der Franchisegeberzentrale.

- Sucht ein Franchisegeber das Ertragspotential im Zielmarkt möglichst auszuschöpfen, wird er sich tendenziell für eine direkte Franchisierung entscheiden. Ist er eher risikoavers, wird er bereit sein müssen, Ertragschancen mit seinem Masterfranchisepartner «zu teilen».
- Je weiter weg der Zielmarkt ist, desto schwieriger ist es, direkte Betreuungsstrukturen zu lokalen Franchisenehmern aufrecht zu erhalten. Sprachliche Schwierigkeiten mögen zusätzliche Hürden darstellen. Unter solchen Umständen drängen sich deshalb indirekte Strukturen auf.
- Je bedeutsamer der Markt strategisch für den Franchisegeber ist, umso mehr wird er sich eine direkte Einflussnahme auf die Geschäftstätigkeit eines lokalen Vertriebspartners wünschen.
- Für die Tätigkeit eines Masterfranchisenehmers oder Area Development-Partners, welcher ein eigenes Vertriebsnetzwerk im Zielmarkt aufbaut, ist in der Regel eine höhere personelle, finanzielle und unternehmerische Bonität erforderlich, als wenn «nur» eine lokale Geschäftsstelle entwickelt werden soll.
- In einzelnen Ländern besteht spezifische Gesetzgebung für Franchising (hauptsächlich im Bereich der vorvertraglichen Aufklärung). Es gilt zu entscheiden, ob der Franchisegeber sich selbst diesen Rahmenbedingungen aussetzen oder dies einem Masterfranchisenehmer übertragen will.

1010 Die folgenden zusätzlichen Feststellungen können vorbehältlich der jeweils erforderlichen detaillierten Zielmarktanalyse getroffen werden:

- Direktes Franchising und Master- bzw. Multiple Unit Franchising verlangen in der Regel geringere Basisinvestitionen in die zentrale Organisation als der zusätzliche Aufbau von eigenen Strukturen im Zielmarkt (Niederlassungen oder Tochtergesellschaften).
- Investitionen vor Ort können einen Franchisegeber zum Gegenstand von unerwünschten rechtlichen und politischen Entwicklungen machen.
- Direktes Franchising und lokale Schulungs- und Serviceeinrichtungen verlangen zusätzliches Management auf Stufe Franchisegeber. Master- und Multiple Unit Franchising erfordert zwar ebenfalls zusätzliches Personal für die typischen Trainingsbedürfnisse sowie für die Wahrnehmung der Steuerungs- und Führungsaufgaben eines Franchisegebers. Weitere Ressourcen werden allerdings vom Vertriebspartner im Zielland bereit gestellt.
- Am meisten Steuerungsmöglichkeiten, Führung und Einfluss wird ein Franchisegeber über direktes Franchising haben. Die geringste Kontrolle wird über den Einsatz einer Master- oder Multiple Unit Franchise erreicht.

- Masterfranchising ist tendenziell ertragsschwach, weil in der Regel nur laufende Royalties auf den Umsätzen der Unterfranchisenehmer eingehen und diese zudem noch mit dem Intermediär geteilt werden müssen. Diese Margenproblematik ist dem Masterfranchising immanent und akzentuiert sich bei preissensitiven Geschäftsaktivitäten, etwa wenn im Zielmarkt bereits nationale Mitbewerber ebenfalls über Franchising expandieren und kompetitivere Konditionen (etwa tiefere Franchisegebühren) anbieten können (weil sie nicht in einen mehrstufigen Verbund eingegliedert sind).
- Beim Masterfranchising ist ein Transfer auch von Franchisegeber-Know-how erforderlich (Wissen über Aufbau und Führung eines Subfranchising-Netzwerks, was zudem erhöhte Anforderungen an die Qualifikation des Franchisepartners stellt). Dies erweitert den erforderlichen Leistungsumfang des Franchisegebers im Verhältnis zur lokalen Franchisierung.
- Multiple Unit Franchising birgt ein höheres Klumpenrisiko als Masterfranchising. Die Marktentwicklung für eine Mehrzahl von eigenen Outlets des Multiple Unit Partners (und nicht solche von selbstständigen lokalen Franchisenehmern) wird in die Hände eines einzigen Vertriebspartners gelegt. Bei Beendigung des Vertrags ist eine automatische Übernahme von Geschäftsbetrieben ohne finanzielle Konsequenzen zulasten des Franchisegebers kaum realisierbar.

1011 Graphisch lässt sich das Expansionsinstrumentarium im internationalen Franchising wie folgt darstellen:

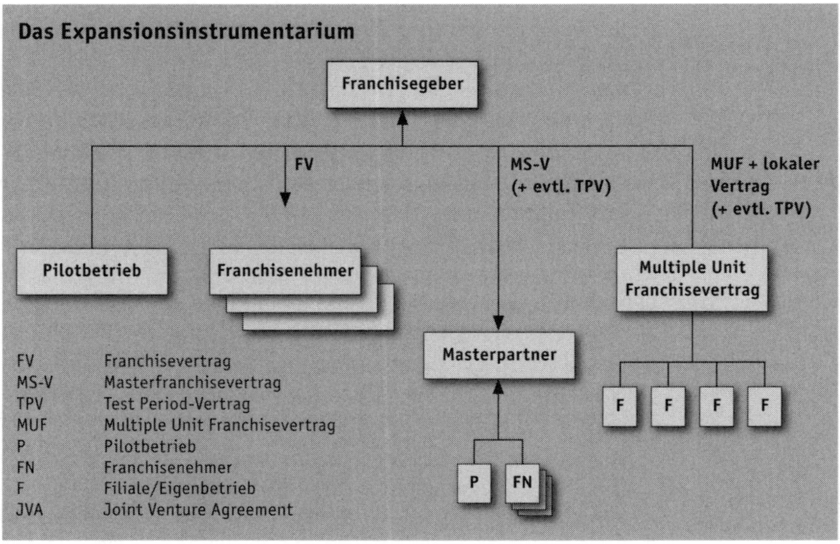

28.4.3 Portfolioanalyse als Planungsinstrument

1012 Bei der Evaluierung der Expansionsmöglichkeiten für eine Mehrzahl von potentiellen Franchisemärkten kann das Instrument der «Portfolioanalyse» eingesetzt werden. Dabei gilt es aus der Zahl der Entscheidungskriterien eine für das Unternehmen massgebliche Auswahl zu treffen.

1013 Diese Parameter erlauben alsdann nach entsprechender Gewichtung eine Aussage darüber, welche Franchisestrategie in welchem Markt bevorzugt noch detaillierter zu prüfen ist. Dies setzt allerdings voraus, dass bereits entsprechende Marktanalysen vorliegen.

1014 Wählt man beispielsweise die Hauptkriterien «Markt und Positionierung des Franchisegebers» aus, lassen sich weitere Unterkriterien festlegen.

28.4.3.1 Markt

1015 Preissensitivität im Zielmarkt sowie die geographische, kulturelle und sprachliche Nähe können als Unterkriterien in Frage kommen.

1016 Dabei wird von der Annahme ausgegangen, dass eine grössere Preissensitivität am Zielmarkt mehr für ein einstufiges und damit für direktes Franchising spricht. Ein grösserer Spielraum mit Bezug auf die erzielbaren Margen im Zielmarkt lassen eher mehrstufige Systeme zu.

1017 Je grösser die Nähe zum Heimmarkt desto eher lässt dies direktes Franchising zu.

28.4.3.2 Positionierung des Franchisegebers

1018 Das Mass des erwünschten Einflusses am Verkaufspunkt einerseits und die Risikobereitschaft des Franchisegebers am Markt anderseits lassen sich als Unterkriterien wählen.

1019 Je stärker die Notwendigkeit gewichtet wird, am Verkaufspunkt möglichst direkt wirken zu können, desto eher wird direktes Franchising eingesetzt werden.

1020 Je weniger ein Franchisegeber gewillt ist, sich dem rechtlichen und politischen Umfeld im Zielmarkt direkt auszusetzen, desto eher spricht dies für indirektes Franchising.

1021 Eine solche Analyse lässt sich auch graphisch darstellen:

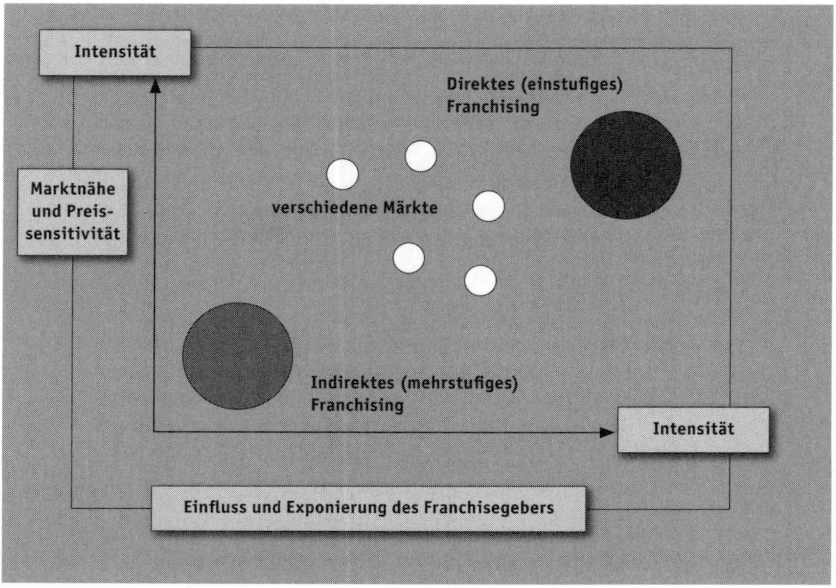

1022 Es empfiehlt sich, nach Durchführung einer derartigen Portfolioanalyse in jedem Fall eine Plausibilitätsprüfung der Ergebnisse auf den Einsatz der einzelnen Franchiseinstrumente vorzunehmen.

28.5 Typische weitere rechtliche Fragestellungen im internationalen Vertrieb

1023 Neben den in dieser Publikation dargestellten rechtlichen Aspekten stellen sich in internationalen Vertriebsstrukturen ergänzend eine Reihe von Fragen. Zu denken ist etwa an das Folgende:

28.5.1 Direkt den Vertriebsvertrag betreffende Gesetzgebung

1024 In einzelnen Ländern, zu nennen sind beispielhaft etwa die Vereinigten Staaten (Full Disclosure Laws), Frankreich (loi doubin) oder Spanien, existieren gesetzliche Regelungen im Bereich vorvertraglicher Aufklärung bei Vertriebsverträgen, namentlich Franchiseverträgen. Ferner ist in einzelnen Ländern eine Registrierung des Franchiseverhältnisses erforderlich, so etwa in Spanien. In einzelnen Ländern erfolgt auch eine minimale materielle Regelung des Franchising. Für eine (nicht abschliessende) Übersicht (Stand 2004) des regulatorischen Umfeldes mit Bezug auf Franchising siehe Flohr, Masterfranchisevertrag, 64 ff.

28.5.2 Wettbewerbsrechtliche Bestimmungen

1025 Das wettbewerbsrechtliche Regulatorium im Zielmarkt ist bei Eigenhändlerstrukturen zu berücksichtigen. Im europäischen Umfeld ist namentlich das Europäische Wettbewerbsrecht zu erwähnen und in diesem Zusammenhang die Gruppenfreistellungsverordnung Nr. 2790/1999 der Europäischen Kommission vom 22. Dezember 1999.

28.5.3 Immaterialgüterrechte

1026 Es ist zu prüfen, ob ein Vertriebspartner direkt selbst aus dem ihm lizenzierten Markenrecht im Zielmarkt aktiv werden kann. Braucht es eventuell im Zielmarkt zwecks Registrierung eine separate, die Markennutzung regelnde Vereinbarung (Short Form License Agreement)?

28.5.4 Währungskontrolle

1027 Es gilt zu prüfen, ob Restriktionen betreffend Zahlungen des ausländischen Vertriebsnehmers an den Vertriebsgeber bestehen (etwa Melde- oder Genehmigungspflichten).

28.5.5 Steuern

1028 Im internationalen Kontext sind die einschlägigen rechtlichen Regelungen, was insbesondere Lizenzzahlungen aus dem Zielland anbelangt, und die Anwendbarkeit von etwaigen Doppelbesteuerungsabkommen zu prüfen.

28.5.6 Produkthaftpflicht

1029 Gerade im internationalen Vertrieb ist eine Abklärung darüber zu empfehlen, ob für die konkreten Vertragsprodukte im Zielland Regelungen bestehen, welche den Lieferanten oder den Vertriebsnehmer einem besonderen Haftungsregime aussetzen. Gegebenenfalls ist dies bei der Beurteilung, ob zusätzliche Versicherungen abgeschlossen werden sollen, in Betracht zu ziehen.

28.5.7 Immobilien

1030 Vereinbaren die Parteien im Rahmen einer Standortsicherungsklausel, dass ein Vertriebsgeber Immobilien käuflich übernehmen kann, ist dies auf deren Zulässigkeit unter eventuell zwingendem ausländischem Recht zu prüfen.

28.5.8 Aufenthalt- und Arbeitsbewilligungen

1031 Für den Fall, dass der Vertriebsgeber Schulungen und Betreuungsleistungen vor Ort erbringen soll, ist das Erfordernis von Aufenthalts- und Arbeitsbewilligungen oder zumindest Meldepflichten für Mitarbeiter zu prüfen.

28.5.9 Regulatorien betreffend den Vertragsprodukten und Dienstleistungen

1032 Das für die Vertragsprodukte und Dienstleistungen geltende Regulatorium ist abzuklären (Zulassungen, Konformitätsbescheinigungen etc.).

28.5.10 Nachvertragliche Ansprüche des Vertriebsnehmers

1033 Es gilt zu prüfen, ob nach Massgabe international zwingenden Rechts (lois d'application immédiate) im Zielland dem Vertriebsnehmer ein Anspruch auf nachvertragliche Leistungen zustehen (etwa Ausgleichszahlungen für Kundenaufbau, Investitionsersatzansprüche oder Karenzentschädigungen für den Fall nachvertraglicher Wettbewerbsverbote).

28.6 Checkliste

- Kennt das Unternehmen den Zielmarkt?
- Welche Positionierung ist das Unternehmen bereit im Zielmarkt einzunehmen?
- Sind die konkret relevanten international zwingenden rechtlichen Rahmenbedingungen bekannt?

Anhänge

Wettbewerbskommission
Commission de la concurrence
Commissione della concorrenza

Bekanntmachung über die wettbewerbsrechtliche Behandlung vertikaler Abreden[1]

Beschluss der Wettbewerbskommission vom 2. Juli 2007

Die Wettbewerbskommission erlässt die folgende allgemeine Bekanntmachung in Erwägung nachstehender Gründe:

(1) Gemäss Art. 6 des Bundesgesetzes über Kartelle und andere Wettbewerbsbeschränkungen (KG; SR 251) kann die Wettbewerbskommission in allgemeinen Bekanntmachungen die Voraussetzungen umschreiben, unter denen einzelne Arten von Wettbewerbsabreden aus Gründen der wirtschaftlichen Effizienz im Sinne von Art. 5 Abs. 2 KG in der Regel als gerechtfertigt gelten. Wenn ein Bedürfnis nach mehr Rechtssicherheit es erfordert, kann sie in analoger Anwendung von Art. 6 KG auch andere Grundsätze der Rechtsanwendung in allgemeinen Bekanntmachungen veröffentlichen.

(2) Vertikale Vereinbarungen können die volkswirtschaftliche Effizienz innerhalb einer Produktions- oder Vertriebskette erhöhen, weil sie eine bessere Koordinierung zwischen den beteiligten Unternehmen ermöglichen. Sie können insbesondere die Transaktions- und Distributionskosten der Beteiligten verringern und deren Umsätze und Investitionen optimieren.

(3) Die Wahrscheinlichkeit, dass derartige effizienzsteigernde Wirkungen stärker ins Gewicht fallen als wettbewerbsschädliche Wirkungen, die von Beschränkungen in vertikalen Abreden verursacht werden, hängt abgesehen von bestimmten Arten schwerwiegender wettbewerbsschädigender Beschränkungen von der Marktmacht der beteiligten Unternehmen und somit vom Ausmass des Wettbewerbs zwischen Anbietern verschiedener Marken (Interbrand-Wettbewerb) ab.

[1] Massgebend ist der im Bundesblatt zu veröffentlichende Text.

(4) Im Rahmen der KG-Revision 2003 wurden mit dem Art. 5 Abs. 4 KG neue Tatbestände eingeführt mit dem Ziel, Preisbindungen und Abschottungen des schweizerischen Marktes zu verhindern und den markeninternen Wettbewerb zu fördern. Gemäss Art. 5 Abs. 4 KG wird die Beseitigung des Wettbewerbs bei der Festsetzung von Mindest- oder Festpreisen (Preisbindungen zweiter Hand) oder bei gebietsabschottenden Klauseln, die ein Verbot des Passivverkaufs an Händler oder Endkunden statuieren, vermutet. Unter Art. 5 Abs. 4 KG fallen auch als Preisempfehlungen gekennzeichnete Preisbindungen zweiter Hand (Ziffer 10 (1) sowie Ziffer 11).

(5) Mit der vorliegenden Bekanntmachung gibt die Wettbewerbskommission bekannt, nach welchen Kriterien sie die Vermutung der Beseitigung des wirksamen Wettbewerbs im Sinne von Art. 5 Abs. 4 KG und die Erheblichkeit im Lichte von Art. 5 Abs. 1 KG beurteilen wird[2].

(6) Ziffer 10 (2) konkretisiert die Widerlegung der Vermutung gemäss Art. 5 Abs. 4 KG wie folgt: Die Vermutung der Beseitigung des Wettbewerbs kann nicht durch den blossen Nachweis von Interbrand-Wettbewerb widerlegt werden. Die Gründe hierfür sind die Folgenden: Erstens entspricht diese Regel dem in den parlamentarischen Beratungen ausgedrückten Willen des Gesetzgebers[3]. Zweitens geht die Wettbewerbskommission bei den von Art. 5 Abs. 4 KG erfassten Tatbeständen davon aus, dass die damit verbundenen wettbewerbsschädlichen Wirkungen die effizienzsteigernden Wirkungen überwiegen. Drittens entspricht dieser Ansatz der Praxis der europäischen Wettbewerbsbehörden, welche insbesondere Preisbindungen zweiter Hand und gebietsabschottende Klauseln grundsätzlich verbietet.

(7) Ziffer 12 zeigt auf, welche Abreden unabhängig vom Marktanteil der Beteiligten als erhebliche Wettbewerbsbeeinträchtigung betrachtet werden. Nach Massgabe von Ziffer 14 muss die Erheblichkeit der Wettbewerbsbeeinträchtigung – mit Ausnahme von Abreden gemäss Ziffer 13 – bei allen anderen Abreden im Einzelfall überprüft werden.

(8) Ziffer 13 macht deutlich, dass in der Regel keine erhebliche Wettbewerbsbeeinträchtigung vorliegt, falls die Marktanteilsschwelle von 15% nicht überschritten wird und sich die Abrede nicht kumulativ mit anderen Abreden auf den Markt auswirkt (Bagatellfälle). Wird die Marktanteilsschwelle von 15% überschritten oder wirkt sich die Abrede kumulativ mit anderen Abreden auf den Markt aus, wird die Wettbewerbsbeeinträchtigung im Einzelfall geprüft.

[2] Vgl. Prüfschema für die Beurteilung von vertikalen Abreden im Anhang.
[3] Vgl. Medienmitteilungen WAK-S und WAK-N vom 31. Januar 2003 bzw. 30. April 2003 betreffend vertikale Abreden gemäss Art. 5 Abs. 4 KG, abrufbar unter www.parlament.ch [2. Juli 2007].

(9) Kann die Vermutung der Beseitigung des wirksamen Wettbewerbs widerlegt werden und liegt eine den Wettbewerb erheblich beeinträchtigende Abrede vor, ist zu prüfen, ob die Wettbewerbsbeschränkung durch Gründe der wirtschaftlichen Effizienz gerechtfertigt werden kann. In Ziffer 15 werden die Voraussetzungen umschrieben, unter denen vertikale Wettbewerbsabreden aus Gründen der wirtschaftlichen Effizienz im Sinne von Art. 5 Abs. 2 KG in der Regel als gerechtfertigt gelten. Sind keine Effizienzgründe ersichtlich, ist die Abrede unzulässig. Wird der wirksame Wettbewerb gemäss Art. 5 Abs. 4 KG beseitigt, können keine Effizienzgründe geltend gemacht werden.

(10) Ziffer 9 (2) bringt zum Ausdruck, dass Wettbewerbsabreden, an denen Kleinstunternehmen i.S. der Bekanntmachung betreffend Abreden mit beschränkter Marktwirkung vom 19. Dezember 2005 (KMU-Bekanntmachung[4]) beteiligt sind, den Wettbewerb nur bei Abreden nach Art. 5 Abs. 4 KG erheblich beeinträchtigen.

(11) Die vorliegende Bekanntmachung lehnt sich an die Verordnung (EG) Nr. 2790/1999 der Kommission vom 22. Dezember 1999 über die Anwendung von Artikel 81 Absatz 3 des Vertrages auf Gruppen von vertikalen Vereinbarungen und aufeinander abgestimmten Verhaltensweisen (ABl 1999 L 336/21) sowie die Mitteilung der Kommission betreffend Leitlinien für vertikale Beschränkungen (ABl 2000 C 291/1) an. Sie berücksichtigt die in der Schweiz herrschenden rechtlichen und wirtschaftlichen Bedingungen.

(12) Diese Bekanntmachung bindet die Zivilgerichte, das Bundesverwaltungsgericht und das Bundesgericht nicht bei der Auslegung der kartellrechtlichen Bestimmungen.

A. Begriffe

Ziffer 1 Vertikale Wettbewerbsabreden

Erzwingbare oder nicht erzwingbare Vereinbarungen sowie aufeinander abgestimmte Verhaltensweisen (vgl. Art. 4 Abs. 1 KG) von Unternehmen verschiedener Marktstufen, welche die Geschäftsbedingungen betreffen, zu denen die beteiligten Unternehmen bestimmte Waren oder Dienstleistungen beziehen, verkaufen oder weiterverkaufen können.

Ziffer 2 Aktiver Verkauf

Die aktive Ansprache einzelner Kunden (Endkunden oder Händler) in einem Gebiet oder einzelner Mitglieder einer Kundengruppe, das bzw. die der Lieferant sich selbst vorbehalten oder ausschliesslich einem anderen Händler zugewiesen hat.

[4] Abrufbar unter www.weko.ch.

Ziffer 3 Passiver Verkauf

Die Erfüllung unaufgeforderter Bestellungen einzelner Kunden (Endkunden oder Händler) aus einem Gebiet oder einzelner Mitglieder einer Kundengruppe, das bzw. die der Lieferant sich selbst vorbehalten oder ausschliesslich einem anderen Händler zugewiesen hat, d.h. das Liefern von Waren an bzw. das Erbringen von Dienstleistungen für solche Kunden.

Ziffer 4 Selektive Vertriebssysteme

(1) Allgemein

Vereinbarungen zwischen Lieferant und Händler, wonach

i) der Lieferant die Vertragswaren oder -dienstleistungen nur an Händler verkaufen darf, die aufgrund festgelegter Merkmale ausgewählt werden (zugelassene Händler) und

ii) diese Händler die betreffenden Waren oder Dienstleistungen nicht an Händler weiter verkaufen dürfen, die nicht zum Vertrieb zugelassen sind.

(2) Rein qualitativer Selektivvertrieb

Vertriebssystem, bei dem die Auswahl der Händler ausschliesslich nach objektiven qualitativen Kriterien erfolgt, die sich nach den Anforderungen des betreffenden Produkts – z.B. in Bezug auf die Verkäuferschulung, den in der Verkaufsstätte gebotenen Service oder ein bestimmtes Spektrum der angebotenen Produkte – richten.

Ziffer 5 Querlieferungen

Die gegenseitige Belieferung von Händlern gleicher oder unterschiedlicher Marktstufen innerhalb eines selektiven Vertriebssystems.

Ziffer 6 Wettbewerbsverbote

Alle unmittelbaren oder mittelbaren Verpflichtungen, die den Käufer veranlassen, keine Waren oder Dienstleistungen herzustellen, zu beziehen, zu verkaufen oder weiterzuverkaufen, die mit den Vertragswaren oder -dienstleistungen im Wettbewerb stehen. Des Weiteren alle unmittelbaren oder mittelbaren Verpflichtungen des Käufers, mehr als 80% seiner auf der Grundlage des Einkaufswertes des vorherigen Kalenderjahres berechneten gesamten Einkäufe von Vertragswaren oder -dienstleistungen sowie ihrer Substitute auf dem relevanten Markt vom Lieferanten oder einem anderen vom Lieferanten bezeichneten Unternehmen zu beziehen.

Ziffer 7 Know-how

Eine Gesamtheit nicht patentierter praktischer Kenntnisse, die der Lieferant durch Erfahrung und Erprobung gewonnen hat und die

i) geheim, d.h. nicht allgemein bekannt und nicht leicht zugänglich sind,

ii) wesentlich, d.h. für die Verwendung, den Verkauf oder den Weiterverkauf der Vertragswaren oder -dienstleistungen unerlässlich sind, und

iii) identifiziert sind, d.h. umfassend genug beschrieben sind, so dass überprüft werden kann, ob die Merkmale „geheim" und „wesentlich" erfüllt sind.

B. Regeln

Ziffer 8 Geltungsbereich

(1) Diese Bekanntmachung gilt für vertikale Wettbewerbsabreden.

(2) Die Anwendung der vorliegenden Bekanntmachung schliesst nicht aus, dass ein Sachverhalt ganz oder teilweise als horizontale Wettbewerbsabrede gemäss Art. 5 Abs. 3 KG qualifiziert oder von Art. 7 KG erfasst wird. Diesfalls ist der Sachverhalt unabhängig von der vorliegenden Bekanntmachung gemäss den einschlägigen Vorschriften des Kartellgesetzes zu beurteilen.

(3) Diese Bekanntmachung gilt nicht für vertikale Vereinbarungen, die Bestimmungen enthalten, welche die Übertragung von geistigen Eigentumsrechten auf den Käufer oder die Nutzung solcher Rechte durch den Käufer betreffen, sofern diese Bestimmungen Hauptgegenstand der Vereinbarung sind und sofern sie sich nicht unmittelbar auf die Nutzung, den Verkauf oder den Weiterverkauf von Waren oder Dienstleistungen durch den Käufer oder seine Kunden beziehen.

(4) Vereinbarungen, die einen rein qualitativen Selektivvertrieb zum Gegenstand haben, fallen mangels erheblicher Beeinträchtigung des Wettbewerbs grundsätzlich nicht unter diese Bekanntmachung, sofern kumulativ drei Voraussetzungen erfüllt sind:

i) Die Beschaffenheit des fraglichen Produkts muss einen selektiven Vertrieb erfordern, d.h., ein solches Vertriebssystem muss ein Erfordernis zur Wahrung der Qualität und zur Gewährleistung des richtigen Gebrauchs des betreffenden Produkts sein;

ii) Die Wiederverkäufer müssen aufgrund objektiver Kriterien qualitativer Art ausgewählt werden. Diese sind einheitlich festzulegen und unterschiedslos anzuwenden;

iii) Die aufgestellten Kriterien dürfen nicht über das hinausgehen, was erforderlich ist.

Ziffer 9 Verhältnis zu anderen Bekanntmachungen

(1) Die Bekanntmachung über die wettbewerbsrechtliche Behandlung von vertikalen Abreden im Kraftfahrzeughandel vom 21. Oktober 2002 (Kfz-Bekanntmachung[5]) geht dieser Bekanntmachung vor. Soweit sich die Kfz-Bekanntmachung nicht äussert, sind die Vorschriften dieser Bekanntmachung anwendbar.

(2) Diese Bekanntmachung geht der KMU-Bekanntmachung grundsätzlich vor. Davon ausgenommen ist Ziffer 5 lit. b der KMU-Bekanntmachung betreffend Kleinstunternehmen.

Ziffer 10 Vermutungstatbestände

(1) Bei vertikalen Wettbewerbsabreden wird die Beseitigung des Wettbewerbs nach Art. 5 Abs. 4 KG vermutet, wenn sie Folgendes zum Gegenstand haben:

a) Festsetzung von Mindest- oder Festpreisen. Als solche gelten auch in Empfehlungsform gekleidete Wettbewerbsabreden über die Einhaltung von Mindest- oder Festpreisen.

b) Zuweisung von Gebieten, soweit Verkäufe in diese durch gebietsfremde Vertriebspartner ausgeschlossen werden (Verbot des Passivverkaufs an Händler oder Endkunden).

(2) Die Vermutung der Beseitigung des Wettbewerbs kann nicht durch den blossen Nachweis von Wettbewerb zwischen Anbietern verschiedener Marken (Interbrand-Wettbewerb) widerlegt werden.

(3) Auch wenn die Vermutung widerlegt wird, führen die in Ziffer 10 (1) genannten vertikalen Wettbewerbsabreden zu einer erheblichen Beeinträchtigung des Wettbewerbs im Sinne von Art. 5 Abs. 1 KG.

Ziffer 11 Preisempfehlungen von Herstellern und Lieferanten

(1) Bei Preisempfehlungen von Herstellern oder Lieferanten an Weiterverkäufer oder Händler ist im Einzelfall zu prüfen, ob eine unzulässige Wettbewerbsabrede im Sinne von Art. 5 KG vorliegt.

[5] Abrufbar unter www.weko.ch.

(2) Bei dieser Prüfung fallen insbesondere die nachstehenden Umstände ins Gewicht:

a) der Umstand, dass Preisempfehlungen in nicht allgemein zugänglicher Weise abgegeben werden, sondern nur an die Weiterverkäufer oder Händler;

b) der Umstand, dass die Preisempfehlungen mit der Ausübung von Druck oder der Gewährung spezifischer Anreize verbunden sind;

c) der Umstand, dass Preisempfehlungen, die von Herstellern oder Lieferanten in Schweizerfranken auf den Produkten, Verpackungen oder in Katalogen etc. angebracht werden, nicht ausdrücklich als unverbindlich bezeichnet sind;

d) der Umstand, dass das Preisniveau der von den Preisempfehlungen betroffenen Produkte bei vergleichbarer Gegenleistung deutlich höher liegt als im benachbarten Ausland;

e) der Umstand, dass die Preisempfehlungen tatsächlich von einem bedeutenden Teil der Weiterverkäufer oder Händler befolgt werden.

Ziffer 12 Erhebliche Wettbewerbsbeeinträchtigung aufgrund des Gegenstandes

Vertikale Wettbewerbsabreden führen zu einer erheblichen Beeinträchtigung des Wettbewerbs im Sinne von Art. 5 Abs. 1 KG, wenn sie Folgendes zum Gegenstand haben:

a) Direkte oder indirekte Festsetzung von Mindest- oder Festpreisen für den Weiterverkauf;

b) Direkte oder indirekte Beschränkung des geografischen Absatzgebietes oder des Kundenkreises für den Weiterverkauf. Eine erhebliche Beeinträchtigung des Wettbewerbs aufgrund des Gegenstandes liegt jedoch nicht vor bei

   i) Beschränkungen des aktiven Verkaufs in Gebiete oder an Kundengruppen, die der Lieferant sich selbst vorbehalten oder ausschliesslich einem anderen Händler zugewiesen hat, vorausgesetzt dass Passivverkäufe uneingeschränkt möglich sind;

   ii) Beschränkungen des Direktverkaufs von Grossisten an Endverbraucher;

   iii) Beschränkungen, die Mitgliedern eines selektiven Vertriebssystems hinsichtlich des Verkaufs an nicht zugelassene Händler auferlegt werden;

   iv) Beschränkungen der Möglichkeit des Käufers, Bestandteile, die ihm der Lieferant zur Einfügung in andere Produkte liefert, an Dritte weiterzuverkaufen, welche diese Bestandteile zur Herstellung von Konkurrenzprodukten verwenden.

c) Beschränkungen des aktiven oder passiven Verkaufs an Endverbraucher, sofern diese Beschränkungen Händlern innerhalb selektiver Vertriebssysteme auferlegt werden, welche auf der Einzelhandelsstufe tätig sind;

d) Beschränkungen von Querlieferungen zwischen Händlern innerhalb eines selektiven Vertriebsystems, auch wenn diese auf unterschiedlichen Marktstufen tätig sind;

e) Beschränkungen, die den Lieferanten hindern, Bestand- bzw. Ersatzteile an andere (Endverbraucher, Reparaturwerkstätten, etc.) als den an der Abrede beteiligten Händlern zu liefern;

f) Wettbewerbsverbote, welche für eine unbestimmte Dauer oder für eine Dauer von mehr als fünf Jahren vereinbart werden. Die Begrenzung auf fünf Jahre gilt nicht, sofern der Käufer die Vertragswaren oder -dienstleistungen in den Räumlichkeiten und auf Grundstücken des Verkäufers (Eigentum oder Miete/Pacht) anbietet;

g) Wettbewerbsverbote, welche für mehr als ein Jahr nach Beendigung der vertikalen Wettbewerbsabrede vereinbart werden. Dies gilt nicht, wenn das Wettbewerbsverbot

   i) sich auf Waren oder Dienstleistungen bezieht, die mit den Vertragswaren oder -dienstleistungen im Wettbewerb stehen,

   ii) sich auf Räumlichkeiten und Gründstücke beschränkt, von denen aus der Käufer während der Vertragsdauer seine Geschäfte betrieben hat und es

   iii) unerlässlich ist, um ein dem Käufer vom Lieferanten übertragenes Know-how zu schützen.

   Die Beschränkung der Nutzung und Offenlegung von nicht allgemein bekannt gewordenem Know-how bleibt zeitlich unbegrenzt möglich;

h) Einschränkungen von Mehrmarkenvertrieb in selektiven Vertriebssystemen, welche sich gezielt auf Marken bestimmter konkurrierender Lieferanten beziehen.

Ziffer 13 Unerhebliche Wettbewerbsbeeinträchtigung aufgrund der Marktanteile

(1) Vertikale Wettbewerbsabreden, welche nicht unter Ziffer 10 (3) oder Ziffer 12 fallen, führen in der Regel nicht zu einer erheblichen Beeinträchtigung des Wettbewerbs, wenn kein an einer vertikalen Wettbewerbsabrede beteiligtes Unternehmen auf einem von der Abrede betroffenen relevanten Markt einen Marktanteil von 15% überschreitet.

(2) Wenn der Wettbewerb auf dem relevanten Markt durch die kumulativen Auswirkungen mehrerer gleichartiger, nebeneinander bestehender vertikaler Vertriebsnetze beschränkt wird, wird die in Ziffer 13 (1) genannte Marktanteilsschwelle auf 5% herabgesetzt. In der Regel liegt kein kumulativer Abschottungseffekt vor, wenn weniger als 30% des relevanten Marktes von gleichartigen, nebeneinander bestehenden vertikalen Vertriebsnetzen abgedeckt werden.

Ziffer 14 Erhebliche Wettbewerbsbeeinträchtigung im Einzelfall

Bei allen anderen Abreden sowie bei den in Ziffer 12 genannten Ausnahmen muss die Erheblichkeit der Wettbewerbsbeeinträchtigung im Einzelfall überprüft werden. Dies gilt namentlich für selektive Vertriebsverträge, welche die Voraussetzungen von Ziffer 8 (4) nicht erfüllen.

Ziffer 15 Rechtfertigung

(1) Liegt eine den Wettbewerb erheblich beeinträchtigende Abrede vor, ist zu prüfen, ob diese gemäss Art. 5 Abs. 2 KG gerechtfertigt ist. Sind keine Effizienzgründe ersichtlich, ist die Abrede unzulässig.

(2) Abreden gelten in der Regel ohne Einzelfallprüfung als gerechtfertigt, wenn der Anteil des Lieferanten am relevanten Markt, auf dem er die Vertragswaren oder -dienstleistungen verkauft, 30% nicht überschreitet. Davon ausgenommen sind Abreden nach Ziffer 12 und Abreden, die sich mit anderen kumulativ auf den Markt auswirken und den Wettbewerb erheblich beeinträchtigen.

(3) Den Wettbewerb erheblich beeinträchtigende Abreden, die von Ziffer 15 (2) nicht erfasst werden, unterliegen einer Einzelfallprüfung. Ein Rechtfertigungsgrund liegt vor, wenn eine Abrede die wirtschaftliche Effizienz im Sinne von Art. 5 Abs. 2 KG erhöht – beispielsweise durch eine effizientere Vertriebsgestaltung im Sinne einer Verbesserung der Produkte oder Produktionsverfahren oder einer Senkung der Vertriebskosten – und die Wettbewerbsbeeinträchtigung dazu notwendig ist.

(4) Unternehmen können im Rahmen der in Art. 5 Abs. 2 KG genannten Rechtfertigungsgründe namentlich Folgendes geltend machen:

a) Zeitlich begrenzter Schutz von Investitionen für die Erschliessung neuer räumlicher Märkte oder neuer Produktmärkte;

b) Sicherung der Einheitlichkeit und Qualität der Vertragsprodukte;

c) Schutz vertragsspezifischer Investitionen, die ausserhalb der Geschäftsbeziehung nicht oder nur mit hohem Verlust verwendet werden können (Hold-up Problem);

d) Vermeidung von ineffizient tiefen Verkaufsförderungsmassnahmen (z.B. Beratungsdienstleistungen), die resultieren können, wenn ein Hersteller oder Händler von den Verkaufsförderungsbemühungen eines anderen Herstellers oder Händlers profitieren kann (Trittbrettfahrerproblem);

e) Vermeidung eines doppelten Preisaufschlags, der sich ergeben kann, wenn sowohl der Hersteller als auch der Händler über Marktmacht verfügen (Problem der doppelten Marginalisierung);

f) Förderung der Übertragung von wesentlichem Know-how;

g) Sicherung von finanziellen Engagements (z.B. Darlehen), die durch den Kapitalmarkt nicht zur Verfügung gestellt werden.

Ziffer 16 Publikation

Diese Bekanntmachung wird im Bundesblatt veröffentlicht (Art. 6 Abs. 3 KG).

Ziffer 17 Aufhebung der bisherigen Bekanntmachung

Mit dem Inkrafttreten dieser Bekanntmachung wird die Bekanntmachung über die wettbewerbsrechtliche Behandlung vertikaler Abreden vom 18. Februar 2002[6] aufgehoben.

Ziffer 18 Inkrafttreten

Diese Bekanntmachung tritt am 1. Januar 2008 in Kraft.

[6] Abrufbar unter www.weko.ch.

Anhang:
Prüfschema für die Beurteilung von vertikalen Abreden

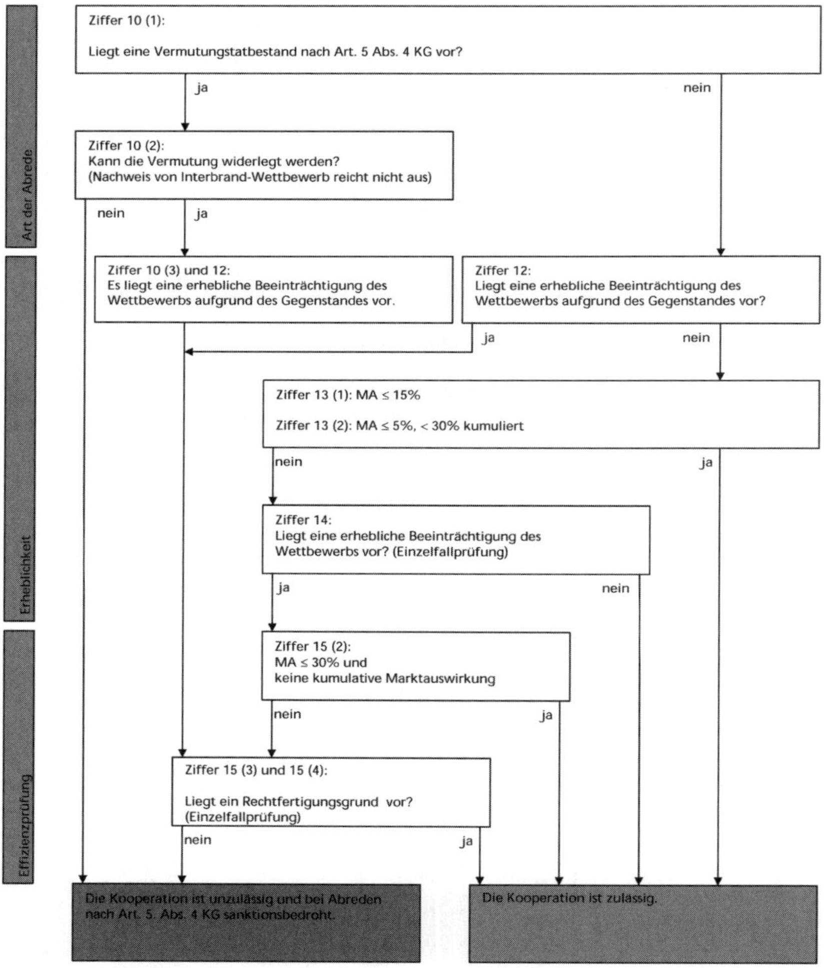

MA: Marktanteil

Bekanntmachung betreffend Abreden mit beschränkter Marktwirkung (KMU-Bekanntmachung)

Beschluss der Wettbewerbskommission vom 19. Dezember 2005

In Erwägung,

I) dass die Wettbewerbskommission nach Art. 6 Abs. 1 KG in allgemeinen Bekanntmachungen die Voraussetzungen umschreiben kann, unter denen einzelne Arten von Wettbewerbsabreden aus Gründen der wirtschaftlichen Effizienz im Sinne von Art. 5 Abs. 2 KG in der Regel als gerechtfertigt gelten;

II) dass dabei unter anderem Abreden in Betracht fallen mit dem Zweck, die Wettbewerbsfähigkeit von kleinen und mittleren Unternehmen (KMU) sowie Kleinstunternehmen zu verbessern, sofern sie nur eine beschränkte Marktwirkung aufweisen (Art. 6 Abs. 1 lit. e KG);

III) dass einerseits insbesondere Preis-, Gebiets- und Mengenabreden zwischen Konkurrenten (Art. 5 Abs. 3 KG) sowie Preisbindungen und Gebietsabreden in Vertriebsverträgen (Art. 5 Abs. 4 KG) als problematisch anzusehen sind;

IV) dass andererseits Abreden von kleinen und mittleren Unternehmen sowie Kleinstunternehmen dann einer Rechtfertigung aus Gründen der wirtschaftlichen Effizienz zugänglich sind, wenn sie der Verbesserung der Wettbewerbsfähigkeit dieser Unternehmen dienen (Art. 6 Abs. 1 lit. e KG);

V) dass bei derartigen Abreden nicht von einer beschränkten Marktwirkung (Art. 6 Abs. 1 lit. e KG am Ende) ausgegangen werden kann, wenn sie marktumfassend sind;

VI) dass es die ersten Erfahrungen erlauben, Umstände zu formulieren, unter welchen nach der vorliegenden Bekanntmachung angenommen werden darf, eine horizontale oder vertikale Wettbewerbsabrede diene der Verbesserung der Wettbewerbsfähigkeit und weise nur eine beschränkte Marktwirkung auf;

VII) dass damit der spezifischen wettbewerbsrechtlichen Situation der KMU im binnenwirtschaftlichen, aber auch im gesamtwirtschaftlichen und internationalen Umfeld Rechnung getragen werden soll und gleichzeitig die Ausgangslage der Kleinstunternehmen besondere Berücksichtigung finden soll;

VIII) dass dabei das Recht Dritter, bei den Wettbewerbsbehörden eine Anzeige wegen wettbewerbswidrigen Verhaltens einzureichen, unberührt bleibt und auch zivilrechtliche Ansprüche Dritter wegen Behinderung in der Aufnahme oder Ausübung des Wettbewerbs vorbehalten bleiben;

IX) dass die Zeit seit dem Inkrafttreten der Revision 2003 noch zu begrenzt ist, um eine umfassende Praxisbildung zu erlauben;

X) dass die mit dieser Bekanntmachung gemachten Erfahrungen nach spätestens zwei Jahren zu überprüfen sind;

erlässt die Wettbewerbskommission gestützt auf Art. 6 Abs. 1 lit. e KG die folgende Bekanntmachung:

A. Allgemeine Bestimmungen

Ziffer 1 Verzicht auf Verfahrenseröffnung

(1) Die Wettbewerbskommission erachtet Wettbewerbsabreden in der Regel nach Art. 5 KG als zulässig, wenn sie gemäss Ziffer 2 dieser Bekanntmachung im Dienste einer Verbesserung der Wettbewerbsfähigkeit der beteiligten Unternehmen stehen und ihnen im Sinne von Ziffer 3 nur eine beschränkte Marktwirkung zukommt.

(2) Wettbewerbsabreden, an denen ausschliesslich Kleinstunternehmen im Sinne von Ziffer 4 beteiligt sind, gelten in der Regel nicht als erhebliche Beeinträchtigung des Wettbewerbs.

(3) Bei Abreden gemäss den Absätzen 1 und 2 sieht die Wettbewerbskommission in der Regel keinen Grund zur Eröffnung eines wettbewerbsrechtlichen Verfahrens.

B. Kriterien

Ziffer 2 Verbesserung der Wettbewerbsfähigkeit

(1) Eine Wettbewerbsabrede dient in der Regel der Verbesserung der Wettbewerbsfähigkeit, wenn sie durch leistungssteigernde oder innovationsfördernde Massnahmen Grössen- oder Verbundsvorteile ermöglicht oder wenn sie Verkaufsanreize für die nachgelagerte Stufe schafft und sie hierzu notwendig ist.

(2) Solche Verbesserungen können sich namentlich bei Abreden in folgenden Bereichen ergeben:

a) Produktion (z.B. Ausweitung oder Verbreiterung der Produktion, Erhöhung der Qualität);

b) Forschung und Entwicklung (z.B. gemeinsame Forschungs- und Entwicklungsprojekte);

c) Finanzierung, Verwaltung und Rechnungswesen (z.B. zentrale Auftragsverwaltung);

d) Werbung und Marketing (z.B. gemeinsame Werbemittel, gemeinsame Zeitschriftenbeilage);

e) Einkauf, Vertrieb und Logistik (z.B. Einkaufs-, Transport- und Lagerhaltungsgemeinschaften);

f) Markteintritt von Produkten oder Unternehmen (z.B. Vertriebsabreden, Franchising).

Ziffer 3 Beschränkte Marktwirkung

(1) In der Regel weisen Wettbewerbsabreden eine beschränkte Marktwirkung auf, wenn

a) der von den an einer horizontalen Wettbewerbsabrede beteiligten Unternehmen insgesamt gehaltene Marktanteil auf keinem der von der Abrede betroffenen relevanten Märkten 10 % überschreitet, oder

b) der von jedem an einer vertikalen Wettbewerbsabrede (insbesondere Vertriebsabrede) beteiligten Unternehmen gehaltene Marktanteil auf keinem der von der Abrede betroffenen relevanten Märkte 15 % überschreitet.

(2) Von einer beschränkten Marktwirkung wird nicht ausgegangen, wenn

a) eine horizontale Wettbewerbsabrede eine Abrede über die direkte oder indirekte Festsetzung von Preisen, die Einschränkung von Produktions-, Bezugs- oder Liefermengen oder die Aufteilung von Märkten nach Gebieten oder Geschäftspartnern beinhaltet (vgl. Art. 5 Abs. 3 lit. a–c KG), oder

b) eine vertikale Wettbewerbsabrede eine Abrede über Mindest- oder Festpreise oder absoluten Gebietsschutz beinhaltet (vgl. Art. 5 Abs. 4 KG).

C. Spezialregeln für Kleinstunternehmen

Ziffer 4 Definition

Als Kleinstunternehmen gelten Unternehmen, welche weniger als 10 Personen (Mitarbeitende) beschäftigen und deren Jahresumsatz in der Schweiz CHF 2 Mio. nicht überschreitet.

Ziffer 5 Regeln

Die Wettbewerbskommission erachtet Wettbewerbsabreden, an denen ausschliesslich Kleinstunternehmen beteiligt sind, in der Regel als unerheblich, es sei denn,

a) eine horizontale Wettbewerbsabrede zwischen Kleinstunternehmen beinhalte eine Abrede über die direkte oder indirekte Festsetzung von Preisen, die Einschränkung von Produktions-, Bezugs- oder Liefermengen oder die Aufteilung von Märkten nach Gebieten oder Geschäftspartnern (vgl. Art. 5 Abs. 3 lit. a–c KG), oder

b) eine vertikale Wettbewerbsabrede zwischen Kleinstunternehmen beinhalte eine Abrede über Mindest- oder Festpreise oder absoluten Gebietsschutz (vgl. Art. 5 Abs. 4 KG).

D. Gemeinsame Bestimmungen

Ziffer 6 Unternehmen

Als Unternehmen gelten alle Einheiten des privaten und des öffentlichen Rechts, unabhängig von ihrer Rechtsform, die eine wirtschaftliche Tätigkeit als Nachfrager oder Anbieter von Gütern und Dienstleistungen im Wirtschaftsprozess ausüben (Art. 2 Abs. 1 und 1bis KG).

Ziffer 7 Abreden

(1) Als Wettbewerbsabreden gelten rechtlich erzwingbare oder nicht erzwingbare Vereinbarungen sowie aufeinander abgestimmte Verhaltensweisen von Unternehmen gleicher oder verschiedener Marktstufen, die eine Wettbewerbsbeschränkung bezwecken oder bewirken (Art. 4 Abs. 1 KG).

(2) Als horizontale Wettbewerbsabreden gelten rechtlich erzwingbare oder nicht erzwingbare Vereinbarungen sowie aufeinander abgestimmte Verhaltensweisen zwischen Unternehmen gleicher Marktstufe, die tatsächlich oder der Möglichkeit nach miteinander im Wettbewerb stehen.

(3) Als vertikale Wettbewerbsabreden gelten rechtlich erzwingbare oder nicht erzwingbare Vereinbarungen sowie aufeinander abgestimmte Verhaltensweisen von zwei oder mehr Unternehmen verschiedener Marktstufen, welche die Geschäftsbedingungen betreffen, zu denen die beteiligten Unternehmen bestimmte Waren oder Dienstleistungen beziehen, verkaufen oder weiterverkaufen können.

Ziffer 8 Zahl der Mitarbeitenden

(1) Die Zahl der Mitarbeitenden entspricht der Zahl der Personen, die im Unternehmen oder auf Rechnung dieses Unternehmens während des letzten Rechnungsjahres einer Vollbeschäftigung nachgegangen sind. Die Arbeit von Personen, die nicht das ganze Jahr gearbeitet haben oder die im Rahmen einer Teilzeitregelung tätig waren, wird anteilsmässig berücksichtigt. Bei einem neu gegründeten Unternehmen, das noch keinen Jahresabschluss vorweisen kann, gilt die Zahl der Mitarbeitenden im Zeitpunkt der Beteiligung an der Abrede.

(2) Die Zahl der Mitarbeitenden umfasst:

a) Für das Unternehmen tätige Personen, die in einem Unterordnungsverhältnis zu diesem stehen (insbesondere Lohn- und Gehaltsempfänger);

b) mitarbeitende Eigentümer;

c) Teilhaber, die eine regelmässige Tätigkeit im Unternehmen ausüben und finanzielle Vorteile daraus ziehen.

(3) In der beruflichen Ausbildung stehende Personen, die in einem Lehrvertragsverhältnis stehen, werden in der Zahl der Mitarbeitenden nicht berücksichtigt.

Ziffer 9 Jahresumsatz

Für die Berechnung des Jahresumsatzes der an der Abrede beteiligten Unternehmen gelten die Art. 4 bis 8 der Verordnung über die Kontrolle von Unternehmenszusammenschlüssen (VKU, SR 251.4) analog.

Ziffer 10 Überprüfung

Die Wettbewerbskommission überprüft die Auswirkungen dieser Bekanntmachung nach spätestens zwei Jahren.

Ziffer 11 Publikation

Diese Bekanntmachung wird im Bundesblatt veröffentlicht (Art. 6 Abs. 3 KG).

SCHWEIZER FRANCHISE VERBAND
FEDERATION SUISSE DE LA FRANCHISE
ASSOCIAZIONE SVIZZERA DEL FRANCHISING
SWISS FRANCHISE ASSOCIATION

Ehrenkodex

Schweizer Franchise Verband
Fédération Suisse de la Franchise
Swiss Franchise Association

1. Der Begriff des Franchising

Franchising ist ein Vertriebssystem, durch das Waren und/oder Dienstleistungen und/oder Technologien vermarktet werden. Es gründet sich auf eine enge und fortlaufende Zusammenarbeit rechtlich und finanziell selbständiger und unabhängiger Unternehmen, den Franchisegeber und seine Franchisenehmer. Der Franchisegeber gewährt seinen Franchisenehmern das Recht und legt ihnen gleichzeitig die Verpflichtung auf, ein Geschäft entsprechend seinem Konzept zu betreiben. Dieses Recht berechtigt und verpflichtet den Franchisenehmer, gegen ein direktes und indirektes Entgelt im Rahmen und für die Dauer eines schriftlichen, zu diesem Zweck zwischen den Parteien abgeschlossenen Franchisevertrags bei laufender technischer und betriebswirtschaftlicher Unterstützung durch den Franchisegeber, den Systemnamen und/oder das Warenzeichen und/oder die Dienstleistungsmarke und/oder andere gewerbliche Schutz- oder Urheberrechte sowie das Know-how (*), die wirtschaftlichen und technischen Methoden und das Geschäftssystem des Franchisegebers zu nutzen.

(*) „Know-how" bedeutet ein Paket von nicht patentierten praktischen Kenntnissen, die auf Erfahrungen des Franchisegebers und Erprobungen durch diesen beruhen und die geheim, wesentlich und identifiziert sind;

- „geheim" bedeutet, dass das Know-how in seiner Substanz, seiner Struktur oder der genauen Zusammensetzung seiner Teile nicht allgemein bekannt oder nicht leicht zugänglich ist; der Begriff ist nicht in dem engen Sinne zu verstehen, dass jeder einzelne Teil des Know-hows ausserhalb des Geschäfts des Franchisegebers völlig unbekannt oder unerhältlich sein müsste;

- „wesentlich" bedeutet, dass das Know-how Kenntnisse umfasst, die für den Verkauf von Waren oder die Erbringung von Dienstleistungen an Endverbraucher, insbesondere für die Präsentation der zum Verkauf bestimmten Waren, die Bearbeitung von Erzeugnissen im Zusammenhang mit der Erbringung von Dienstleistungen, die Art und Weise der Kundenbedienung sowie die Führung des Geschäftes in verwaltungsmässiger und finanzieller Hinsicht wichtig sind. Das Know-how muss für den Franchisenehmer nützlich sein; dies trifft zu, wenn es bei Abschluss der Vereinbarung geeignet ist, die Wettbewerbsstellung des Franchisenehmers insbesondere dadurch zu verbessern, dass es dessen Leistungsfähigkeit steigert und ihm das Endringen in einen neuen Markt erleichtert.

- „identifiziert" bedeutet, dass das Know-how ausführlich genug beschrieben sein muss, um prüfen zu können, ob es die Merkmale des Geheimnisses und der Wesentlichkeit erfüllt; die Beschreibung des Know-hows kann entweder in der Franchisevereinbarung oder in einem besonderen Schriftstück niedergelegt oder in jeder anderen geeigneten Form vorgenommen werden.

Ehrenkodex SFV - FSF - SFA

2. Leitsätze

2.1. Der Franchisegeber ist der Initiator eines Franchisenetzes, das aus dem Franchisegeber und den einzelnen Franchisenehmern besteht und deren Betreuer der Franchisegeber auf längere Sicht ist.

2.2. Die Pflichten des Franchisegebers:

Der Franchisegeber muss:

- vor der Gründung seines Franchisenetzes ein Geschäftskonzept schon in einem angemessenen Zeitraum und mit wenigstens einem Pilotobjekt erfolgreich betrieben haben;

- der Eigentümer oder rechtmässige Nutzungsberechtigte des Firmennamens, Warenzeichens oder einer anderen besonderen Kennzeichnung seines Netzes sein;

- eine Anfangsschulung des einzelnen Franchisenehmers durchführen und ihm während des gesamten Laufzeit des Vertrags laufende kommerzielle und/oder technische Unterstützung gewähren;

2.3. Pflichten des einzelnen Franchisenehmers:

Der einzelne Franchisenehmer wird:

- sich nachhaltig um das Wachstum seines Franchisebetriebs und die Wahrung der gemeinschaftlichen Identität und des guten Rufs des Franchisenetzes bemühen;

- dem Franchisegeber nachprüfbare wirtschaftliche Daten zukommen lassen, um ihm die für ein effektives Management notwendige Beurteilung der Leistung und der wirtschaftlichen Ergebnisse zu erleichtern, und er wird dem Franchisegeber und/oder dessen Beauftragten auf Wunsch des Franchisegebers und zu angemessenen Zeiten Zugang zu den Räumlichkeiten und Unterlagen des einzelnen Franchisenehmers gewähren;

- dem Franchisenehmer ist es nicht gestattet, weder während noch nach Beendigung des Vertragsverhältnisses an Dritte Know-how weiterzugeben, das ihm vom Franchisegeber übermittelt wurde.

2.4. Weitere Pflichten beider Vertragsparteien:

- Beide Parteien lassen in ihrem Umgang miteinander Fairness walten. Im Falle einer Vertragsverletzung wird der Franchisegeber seine Franchisenehmer schriftlich abmahnen und gegebenenfalls eine angemessene Frist festsetzen, in welcher der Verstoss zu beheben ist;

- beide Parteien sind gehalten, Klagen, Beschwerden und Meinungsverschiedenheiten guten Glaubens und mit gutem Willen durch faire und sachliche Gespräche und direkte Verhandlungen zu klären.

Ehrenkodex SFV - FSF - SFA

3. Partnerwerbung, -gewinnung und Offenlegung

3.1. Werbung für die Gewinnung von Franchisenehmern soll ohne Zweideutigkeit und ohne irreführende Angaben erfolgen.

3.2. Alle Anzeigen und jedes Werbematerial zum Zweck der Franchisenehmergewinnung, die direkt oder indirekt auf von den einzelnen Franchisenehmern zu erwartende, in Zukunft mögliche Ergebnisse, Zahlen oder Verdienste eingehen, haben sachlich richtig und unmissverständlich zu sein.

3.3. Um es den angehenden Franchisenehmern zu ermöglichen, jede bindende Abmachung in voller Kenntnis der Sachlage zu treffen, wird ihnen innerhalb einer angemessenen Frist vor der Unterzeichnung dieser bindenden Abmachung ein Exemplar des gültigen Verhaltenskodexes ebenso wie die vollständige und genaue schriftliche Offenlegung aller für das Franchiseverhältnis wichtigen Informationen und Unterlagen übergeben werden.

3.4. Falls ein Franchisegeber einen zukünftigen Franchisenehmer durch einen Vorvertrag bindet, sollen die folgenden Grundsätze beachtet werden:

- bevor ein Vorvertrag geschlossen wird, erhält der zukünftige Franchisenehmer eine schriftliche Mitteilung über den Zweck des Vorvertrags und die Höhe des Entgelts, das er möglicherweise an den Franchisegeber zu entrichten hat, um dessen tatsächliche Aufwendungen abzudecken, die während und durch die vorvertragliche Phase entstanden sind; wenn der Franchisevertrag zustandekommt, ist die besagte Vergütung vom Franchisegeber zurückzuerstatten oder gegebenenfalls mit der vom Franchisenehmer zu zahlenden Eintrittsgebühr zu verrechnen;

- der Vorvertrag soll eine Laufzeit und eine Kündigungsklausel enthalten;

- der Franchisegeber kann Wettbewerbsverbote und/oder Geheimhaltungsklauseln festlegen, um sein Know-how und seine Identität zu schützen.

4. Auswahl der einzelnen Franchisenehmer

Ein Franchisegeber sollte nur solche Franchisenehmer auswählen und akzeptieren, die aufgrund einer sorgfältigen Überprüfung in ausreichendem Umfang über die notwendigen Grundkenntnisse, die Ausbildung, die persönliche Eignung und die finanziellen Mittel verfügen, um einen Franchisebetrieb zu führen.

5. Der Franchisevertrag

5.1. Der Franchisevertrag hat den nationalen Gesetzen, dem Recht der Europäischen Gemeinschaft sowie diesem Verhaltenskodex und seinen jeweiligen Ergänzungen zu entsprechen.

5.2. Der Vertrag hat die Interessen der Mitglieder des Franchisenetzes widerzuspiegeln, indem er die gewerblichen und geistigen Eigentumsrechte des Franchisegebers schützt und die einheitliche Identität und das Ansehen des Franchisenetzes wahrt.

Alle Verträge und alle vertraglichen Vereinbarungen im Zusammenhang mit dem Franchiseverhältnis sind in der Amtssprache des Landes, in dem der Franchisenehmer seinen Sitz hat, abzufassen oder von einem beeideten Übersetzer in diese Sprache zu übertragen und nach Unterzeichnung dem einzelnen Franchisenehmer unmittelbar auszuhändigen.

Ehrenkodex SFV - FSF - SFA

5.3. Der Franchisevertrag hat die jeweiligen Verpflichtungen und Verantwortlichkeit der Parteien und alle anderen wesentlichen Bedingungen des Vertragsverhältnisses eindeutig festzulegen.

5.4. Die folgenden Vertragsbedingungen stellen ein unentbehrliches Minimum dar:

- die dem Franchisegeber eingeräumten Rechte;
- die dem einzelnen Franchisenehmer eingeräumten Rechte;
- die dem einzelnen Franchisenehmer zur Verfügung zu stellenden Waren und/oder Dienstleistungen;
- die Pflichten des Franchisegebers;
- die Pflichten des einzelnen Franchisenehmers;
- die Zahlungsverpflichtungen des einzelnen Franchisenehmers;
- die Vertragsdauer, die so befristet sein soll, dass der Franchisenehmer seine franchisespezifischen Anfangsinvestitionen amortisieren kann;
- die Grundlage für eine allfällige Verlängerung des Vertrags;
- die Bedingungen, nach denen der einzelne Franchisenehmer das Franchisegeschäft verkaufen oder übertragen kann, sowie mögliche Vorkaufsrechte des Franchisegebers in dieser Hinsicht;
- diejenigen Bestimmungen, die sich auf den Gebrauch der typischen Kennzeichnungen, des Firmennamens, des Warenzeichens, der Dienstleistungsmarke, des Ladenschilds, des Logos oder andere besondere Identifikationsmerkmale des Franchisegebers beziehen;
- das Recht des Franchisegebers, das Franchisesystem an neue oder geänderte Verhältnisse anzupassen;
- Regelungen über die Beendigung des Vertrags;
- Bestimmungen über die sofortige Rückgabe des materiellen und immateriellen Eigentums des Franchisegebers oder eines anderen Inhabers nach Vertragsende.

6. Der Verhaltenskodex und das Master-Franchisesystem

Dieser Verhaltenskodex gilt für das Verhältnis zwischen dem Franchisegeber und dessen einzelnen Franchisenehmern und gleichermassen zwischen dem Masterfranchisenehmer und dessen einzelnen Franchisenehmern.

Er gilt nicht für das Verhältnis zwischen dem Franchisegeber und seinen Masterfranchisenehmern.

SCHWEIZER FRANCHISE VERBAND
FEDERATION SUISSE DE LA FRANCHISE
ASSOCIAZIONE SVIZZERA DEL FRANCHISING
SWISS FRANCHISE ASSOCIATION

Vorvertragliche Informationen des Franchisegebers

(gestützt auf Ziffer 3.3. des Ehrenkodexes des Schweizer Franchise Verbands)

Folgendes wird vorausgeschickt:

- Bereits in der Phase, wenn der Franchisegeber einem angehenden Franchisenehmer sein Franchiseangebot erläutert, kann ein Rechtsverhältnis entstehen. Dies gilt insbesondere im Rahmen von Vertragsverhandlungen zwischen den Parteien. Ein solches Rechtsverhältnis verpflichtet die Parteien zur gegenseitigen Offenlegung von für die künftige Zusammenarbeit wesentlichen Informationen. Dies gilt, vorausgesetzt, dass eine Partei für die konkrete Situation über wesentlich höhere Kenntnisse oder Sachkunde als die andere verfügt;

- Mit den vorvertraglichen Informationen des Franchisegebers sollen für den angehenden Franchisenehmer Grundlagen geschaffen werden, die es dem Franchisenehmer ermöglicht, die erforderlichen finanziellen, zeitlichen und persönlichen Ressourcen angemessen einzuschätzen;

- Derartige vorvertragliche Informationen müssen klar, wahr und vollständig sein;

- Bereits gestützt auf Ziffer 3.3. des Ehrenkodexes des Schweizer Franchise Verbands ist der Franchisegeber verpflichtet, dem angehenden Franchisenehmer „innerhalb einer angemessenen Frist“ vor Unterzeichnung einer bindenden Abmachung „ein Exemplar des gültigen Verhaltenskodexes ebenso wie die vollständige und genaue schriftliche Offenlegung aller für das Franchiseverhältnis wichtigen Informationen und Unterlagen“ zu übergeben;

- Der Schweizer Franchise Verband strebt an, dass seine Mitglieder einen Mindeststandard vorvertraglicher Aufklärung einhalten, ungeachtet etwaiger weitergehender Informationen im Einzelfall.

SFV, Seite 2

Die vorausgeschickt, verabschiedet die Generalversammlung des Schweizer Franchise Verbands die folgende separate Regelung in Ergänzung zum Ehrenkodex:

1. Die nachstehenden Regelungen finden Anwendung für Ordentliche und Assoziierte Mitglieder, nicht aber für Fördermitglieder des Schweizer Franchise Verbands. Ordentliche und Assoziierte Mitglieder werden nachstehend gemeinsam als „Franchisegeber" bezeichnet.

2. Der Franchisegeber ist verpflichtet, den angehenden Franchisenehmer angemessen schriftlich über folgende Bereiche zu informieren:

   - Für die Franchisetätigkeit massgeblicher Markt sowie Beschreibung der Produkte und Dienstleistungen, die Gegenstand der Franchise bilden.

   - Organisation des Franchisegebers und dessen Geschäftstätigkeit; insbesondere betreffend der Franchisierung.

   - Franchiseangebot („Franchisepaket").

   - Erfahrung des Franchisegebers betreffend der franchisierten Tätigkeit.

   - Verpflichtungen, insbesondere finanzieller Art, des angehenden Franchisenehmers.

   - Franchisevertrag und etwaige weitere, mit der Tätigkeit des Franchisenehmers zusammenhängende Vereinbarungen.

   - Weitere Vertriebskanäle des Franchisegebers für die Vertragsprodukte und Vertragsdienstleistungen.

3. Die Informationen sollen dem Franchisenehmer ermöglichen, eine angemessene Einschätzung der erforderlichen finanziellen, zeitlichen und persönlichen Ressourcen im Hinblick auf die franchisierte Tätigkeit vorzunehmen.

SFV, Seite 3

4. Der Franchisegeber ist verpflichtet, die Informationen mindestens 20 Tage vor Abschluss des Franchisevertrags, eines Vorvertrags oder einer Zahlung des angehenden Franchisenehmers an den Franchisegeber zu erteilen.

5. Der Franchisegeber ist gehalten, die unter Ziffer 2 genannten Bereiche unter Berücksichtigung der jeweiligen Situation seiner Geschäftstätigkeit und etwaiger Besonderheiten zu konkretisieren und gegebenenfalls zu ergänzen. Die unter Ziffer 2 genannten Bereiche erheben deshalb keinen Anspruch auf Vollständigkeit der im Einzelfall erforderlichen vorvertraglichen Informationen. Der Franchisegeber ist für Umfang, Form und Inhalt der vorvertraglichen Informationen – unter Ausschluss einer Haftung des Schweizer Franchise Verbands – selbst verantwortlich und wird den Schweizer Franchise Verband von etwaigen Ansprüchen Dritter schadlos halten. Insbesondere ist der Franchisegeber gehalten, etwaige im Einzelfall gebotene rechtliche bzw. gesetzliche Pflichten zur vorvertraglichen Aufklärung zusätzlich zu beachten.

6. Der Vorstand des Schweizer Franchise Verbands erarbeitet ergänzende Hinweise zur vorvertraglichen Aufklärung. Diese haben jedoch einzig empfehlenden Charakter.

7. Diese Pflichten zur vorvertraglichen Aufklärung finden auf bestehende Franchiseverhältnisse des Franchisegebers keine Anwendung. Sie treten mit Beschluss der Generalversammlung des Schweizer Franchise Verbandes per sofort in Kraft.

Zürich, den 18. März 2004

SCHWEIZER **F**RANCHISE **V**ERBAND
FEDERATION **S**UISSE DE LA **F**RANCHISE
ASSOCIAZIONE **S**VIZZERA DEL **F**RANCHISING
SWISS **F**RANCHISE **A**SSOCIATION

Hinweise zur vorvertraglichen Aufklärung

Ziffer 3.3. des Ehrenkodexes des Schweizer Franchise Verbands beinhaltet Pflichten des Franchisegebers zur vorvertraglichen Information. Nachfolgend werden im Anschluss an die „vorvertraglichen Informationen des Franchisegebers" ergänzende Hinweise dargestellt, welche einzelne Themen ansprechen. Diese Hinweise erheben keinen Anspruch auf Vollständigkeit und haben bloss empfehlenden Charakter. Sie sind im Einzelfall vom Franchisegeber zu erarbeiten, und unter Berücksichtigung der individuellen Situation gegebenenfalls durch weitere Aspekte zu ergänzen. Insbesondere wird darauf hingewiesen, dass in einzelnen Ländern spezielle gesetzliche Grundlagen mit einer weitergehenden vorvertraglichen Aufklärungspflicht bestehen. Diese Hinweise ersetzen denn auch nicht eine etwaige Beratung durch Spezialisten im Einzelfall:

Der als „Mindeststandard" festgelegte Umfang vorvertraglicher Information umfasst die folgenden Bereiche:

- Für die Franchisetätigkeit massgeblicher Markt sowie Beschreibung der Produkte und Dienstleistungen, die Gegenstand der Franchise bilden.

- Organisation des Franchisegebers und dessen Geschäftstätigkeit; insbesondere betreffend der Franchisierung.

- Franchiseangebot („Franchisepaket").

- Erfahrung des Franchisegebers betreffend der franchisierten Tätigkeit.

- Verpflichtungen, insbesondere finanzieller Art, des angehenden Franchisenehmers.

- Franchisevertrag und etwaige weitere, mit der Tätigkeit des Franchisenehmers zusammenhängende Vereinbarungen.

- Weitere Vertriebskanäle des Franchisegebers für die Vertragsprodukte und Vertragsdienstleistungen.

SFV, Seite 2

Beispielhaft kann dies die folgenden Aspekte umfassen:

Für die Franchisetätigkeit massgeblicher Markt sowie Beschreibung der Produkte sowie Dienstleistungen, die Gegenstand der Franchise bilden

- Geographischer Markt.
- Sachlicher Markt (Beschreibung der Tätigkeit).
- Nennung der wichtigsten Wettbewerber im betreffenden Marktsegment.
- Beschreibung der einzelnen Produkte und Dienstleistungen, welche im Rahmen der Franchisetätigkeit angeboten werden.

Organisation des Franchisegebers und dessen Geschäftstätigkeit; insbesondere betreffend der Franchisierung

- Firma und Sitz der Franchisegebergesellschaft (Handelsregisterauszug).
- Zahl der eigenen Betriebe des Franchisegebers, welche vertragstypische Waren vertreiben oder Dienstleistungen erbringen.
- Zahl der Franchisebetriebe.
- Beginn der Franchisierung.
- Internationale Erfahrung.

Franchiseangebot („Franchisepaket“)

- Rechte und Pflichten des Franchisegebers und des Franchisenehmers (am besten durch Abgabe des Franchisevertrags und entsprechender Hinweise).
- Immaterielle Rechte des Franchisegebers (etwa Markenrechte, Urheberrechte, Patentrechte).
- Marketingkonzept des Franchisegebers.
- Schulungskonzept des Franchisegebers.
- Vertragsdauer.
- Etwaige Regelungen, die den Franchisenehmer verpflichten, Produkte oder andere Leistungen vom Franchisegeber oder vom Franchisegeber vorgeschriebenen Dritten zu beziehen

SFV, Seite 3

Erfahrungswerte des Franchisegebers

- Beschreibung der Pilottätigkeit.
- Resultate und Erfahrungen aus der Pilottätigkeit, aus eigenen Betrieben des Franchisegebers und vergleichbarer Franchisebetriebe, etwa mittels wirtschaftlicher Kennzahlen.
- Informationen über laufende Gerichtsverfahren mit bestehenden Franchisenehmern
- Referenzadressen von anderen Franchisenehmern
- Erfahrungswerte betreffend erforderlicher Investitionen, Finanzierung, break even etc.

Finanzielle Verpflichtungen des Franchisenehmers

- Übliche Investitionen.
- Einmalige und laufende Franchisegebühren.
- Marketingabgaben.
- Typische Kosten.

Franchisevertrag und etwaige weitere, mit der Tätigkeit des Franchisenehmers zusammenhängende Vereinbarungen

- Franchisevertrag (inkl. Anhänge).
- Mietvertrag.
- Leasingvertrag.
- Darlehensvertrag.
- Weitere Verträge (etwa mit Bezug auf Zentraleinkauf, Zusammenarbeit mit Versicherungen oder Werbeagenturen).

Weitere Vertriebskanäle des Franchisegebers für die Vertragsprodukte und Vertragsdienstleistungen

- Eigene Aktivitäten über Tochtergesellschaften oder Filialen.
- Vertrieb über Grosshändler.
- Versandhandel.
- Agentursysteme.
- Vertragshändler.
- Vorbehaltenes Key Account Management durch den Franchisegeber.

SFV, Seite 4

Der Franchisegeber wird ausdrücklich darauf hingewiesen, dass es ratsam ist, vor Offenlegung derartiger Informationen vom potentiellen Franchisenehmer eine schriftliche Geheimhaltungserklärung einzuholen.

Zürich, 18. März 2004

1

EUROPEAN FRANCHISE FEDERATION
179, Ave. Louise, B – 1050 Brussels, Belgium
tel. 32 (0) 2 520 16 07 – fax 32 (0) 2 520 17 35
www.eff-franchise.com info@eff-franchise.com

European Code of Ethics for Franchising

last amended on December 5th, 2003

Part I – Introduction (I – IV)

I - THE EFF REPRESENTS EUROPEAN FRANCHISING

The European Franchise Federation is an international non-profit Association, constituted in 1972. Its members are national Franchise Associations or Federations established in Europe.

The European Franchise Federation also accepts Associate members who are non European Franchise Associations or Federations

II - THE AIMS OF THE EFF

1) The promotion of Franchising in Europe

2) Protecting the Franchise Industry by promoting the European Code of Ethics

3) Influencing and encouraging the development of Franchising in Europe

4) Representing the interests of the Franchise industry to international organisations such as the European Commission and the European Parliament.

5) The promotion and representation of the European Franchise industry and its members world-wide.

6) The exchange of information and documentation between national Associations or Federations in Europe and in the world.

7) Serving the Member Associations

III - CONDITIONS FOR MEMBERSHIP

All representative national Associations or Federations established in Europe can apply for membership of the Federation. MEMBERS are subject to the following conditions:

a) members of the national Associations or Federations must be Franchise networks comprising franchisors and their franchisees, their governing body primarily composed of Franchisors elected by accredited Franchisor members. Furthermore, the Chairman of the Association or Federation must be a franchisor and national Board member.

b) acceptance without reservation of the Articles of the FEDERATION and the rules and regulations drawn up in accordance with the Articles.

In particular, member Associations or Federations must require their member Franchisors to accept and comply with the European Code of Ethics on Franchising.

c) each member Association or Federation must operate an accreditation scheme with positive checks to ensure that its voting Franchisor members comply with the European Code of Ethics on Franchising

d) acceptance by the Board of Directors of the FEDERATION

e) payment of the dues fixed by the Board of Directors of the FEDERATION. The Federation will also admit to Associate membership on terms to be agreed by the Board of Directors, national Franchise Associations who, whilst they do not meet the above conditions, commit to and are demonstrably working towards meeting those conditions.

Part II – The Text of the Code (*last amended on December 5th, 2003*)

IV - EUROPEAN CODE OF ETHICS FOR FRANCHISING

This European Code of Ethics is the up-to-date version of the Code first elaborated in 1972 by the European Franchise Federation (EFF).

Each National Association or Federation member of the EFF has participated in its writing and will ensure its promotions, interpretation and adaptation in its own country.
Proposed adaptations by Member Associations may come as complements to the basic Code, without altering it, and must be approved by the EFF's governing bodies before being implemented.

This Code of Ethics is meant to be a practical ensemble of essential provisions of fair behaviour for Franchise practitioners in Europe.

1. DEFINITION OF FRANCHISING

Franchising is a system of marketing goods and/or services and/or technology, which is based upon a close and ongoing collaboration between legally and financially separate and independent undertakings, the Franchisor and its individual Franchisees, whereby the Franchisor grants its individual Franchisee the right, and imposes the obligation, to conduct a business in accordance with the Franchisor's concept.

The right entitles and compels the individual Franchisee, in exchange for a direct or indirect financial consideration, to use the Franchisor's trade name, and/or trade mark and /or service mark, *know-how*, business and technical methods, procedural system, and other industrial and /or intellectual property rights, supported by continuing provision of commercial and technical assistance, within the framework and for the term of a written franchise agreement, concluded between parties for this purpose.

"*Know-how*" means a body of non-patented practical information, resulting from experience and testing by the Franchisor, which is secret, substantial and identified;

-"secret" means that the know-how, as a body or in the precise configuration and assembly of its components, is not generally known or easily accessible; it is not limited in the narrow sense that each individual component of the know-how should be totally unknown or unobtainable outside the Franchisor's business ;

-"substantial" means that the know-how includes information which is indispensable to the franchisee for the use, sale or resale of the contract goods or services , in particular for the presentation of goods for sale, the processing of goods in connection with the provision of services, methods of dealing with customers, and administration and financial management; the know-how must be useful for the Franchisee by being capable, at the date of conclusion of the agreement, of improving the competitive position of the Franchisee, in particular by improving the Franchisee's performance or helping it to enter a new market .

-"identified" means that the know-how must be described in a sufficiently comprehensive manner so as to make it possible to verify that it fulfils the criteria of secrecy and substantiality ; the description of the know-how can either be set out in the franchise agreement or in a separate document or recorded in any other appropriate form."

2. GUIDING PRINCIPLES

2.1 The Franchisor is the initiator of a franchise network, composed of itself and its individual Franchisees, of which the Franchisor is the long-term guardian.

2.2 The obligations of the Franchisor: The Franchisor shall

- have operated a business concept with success, for a reasonable time and in at least one pilot unit before starting its franchise network,
- be the owner, or have legal rights to the use, of its network's trade name, trade mark or other distinguishing identification,
- provide the Individual Franchisee with initial training and continuing commercial and /or technical assistance during the entire life of the agreement.

2.3 The obligations of the Individual Franchisee:

The Individual Franchisee shall

- devote its best endeavours to the growth of the franchise business and to the maintenance of the common identity and reputation of the franchise network,
- supply the Franchisor with verifiable operating data to facilitate the determination of performance and the financial statements necessary for effective management guidance, and allow the Franchisor, and /or its agents, to have access to the individual Franchisee's premises and records at the Franchisor's request and at reasonable times,
- not disclose to third parties the know-how provided by the Franchisor, neither during nor after termination of the agreement.

2.4 The ongoing obligations of both parties

Parties shall exercise fairness in their dealings with each other. The Franchisor shall give written notice to its Individual Franchisees of any contractual breach and, where appropriate, grant reasonable time to remedy default;

Parties should resolve complaints, grievances and disputes with good faith and goodwill through fair and reasonable direct communication and negotiation.

3. RECRUITMENT, ADVERTISING AND DISCLOSURE

3.1 Advertising for the recruitment of Individual Franchisees shall be free- of ambiguity and misleading statements;

3.2 Any recruitment, advertising and publicity material, containing direct or indirect references to future possible results, figures or earnings to be expected by Individual Franchisees, shall be objective and shall not be misleading.

3.3 In order to allow prospective Individual Franchisees to enter into any binding document with full knowledge, they shall be given a copy of the present Code of Ethics as well as full and accurate written disclosure of all information material to the franchise relationship, within a reasonable time prior to the execution of these binding documents

3.4 If a Franchisor imposes a Pre-contract on a candidate Individual Franchisee, the following principles should be respected :

- prior to the signing of any pre-contract, the candidate Individual Franchisee should be given written information on its purpose and on any consideration he may be required to pay to the Franchisor to cover the latter's actual expenses, incurred during and with respect to the pre-contract phase ; if the agreement is executed, the said consideration should be reimbursed by the Franchisor or set off against a possible entry fee to be paid by the Individual Franchisee;

-the Pre-contract shall define its term and include a termination clause;

-the Franchisor can impose non-competition and/or secrecy clauses to protect its know-how and identity.

4. SELECTION OF INDIVIDUAL FRANCHISEES

A Franchisor should select and accept as Individual Franchisees only those who, upon reasonable investigation, appear to possess the basic skills, education, personal qualities and financial resources sufficient to carry on the franchised business.

5. THE FRANCHISE AGREEMENT

5.1 The Franchise agreement shall comply with the National law, European community law and this Code of Ethics and any national Extensions thereto.

5.2 The agreement shall reflect the interests of the members of the franchised network in protecting the Franchisor's industrial and intellectual property rights and in maintaining the common identity and reputation of the franchised network. All agreements and all contractual arrangements in connection with the franchise relationship shall be written in or translated by a sworn translator into the official language of the country the Individual Franchisee is established in, and signed agreements shall be given immediately to the Individual Franchisee.

5.3 The Franchise agreement shall set forth without ambiguity, the respective obligations and responsibilities of the parties and all other material terms of the relationship.

5.4 The essential minimum terms of the agreement shall be the following
- the rights granted to the Franchisor
- the rights granted to the Individual Franchisee
- the goods and/or services to be provided to the Individual Franchisee
- the obligations of the Franchisor
- the obligations of the Individual Franchisee
- the terms of payment by the Individual Franchisee
- the duration of the agreement which should be long enough to allow Individual Franchisees to amortize their initial investments specific to the franchise
- the basis for any renewal of the agreement
- the terms upon which the Individual Franchisee may sell or transfer the franchised business and the Franchisor's possible pre-emption rights in this respect
- provisions relevant to the use by the Individual Franchisee of the Franchisor's distinctive signs, trade name, trademark, service mark, store sign, logo or other distinguishing identification
- the Franchisor's right to adapt the franchise system to new or changed methods
- provisions for termination of the agreement
- provisions for surrendering promptly upon termination of the franchise agreement any tangible and intangible property belonging to the Franchisor or other owner thereof.

6. THE CODE OF ETHICS AND THE MASTER-FRANCHISE SYSTEM

This Code of Ethics shall apply to the relationship between the Franchisor and its Individual Franchisees and equally between the Master Franchisee and its Individual Franchisees. It shall not apply to the relationship between the Franchisor and its Master-Franchisees.

****

29. 12. 1999 DE Amtsblatt der Europäischen Gemeinschaften L 336/21

VERORDNUNG (EG) Nr. 2790/1999 DER KOMMISSION
vom 22. Dezember 1999
über die Anwendung von Artikel 81 Absatz 3 des Vertrages auf Gruppen von vertikalen Vereinbarungen und aufeinander abgestimmten Verhaltensweisen

(Text von Bedeutung für den EWR)

DIE KOMMISSION DER EUROPÄISCHEN GEMEINSCHAFTEN —

gestützt auf den Vertrag zur Gründung der Europäischen Gemeinschaft,

gestützt auf die Verordnung Nr. 19/65/EWG des Rates vom 2. März 1965 über die Anwendung von Artikel 85 Absatz 3 des Vertrages auf Gruppen von Vereinbarungen und aufeinander abgestimmten Verhaltensweisen (1), zuletzt geändert durch die Verordnung (EG) Nr. 1215/1999 (2), insbesondere auf Artikel 1,

nach Veröffentlichung des Entwurfs dieser Verordnung (3),

nach Anhörung des Beratenden Ausschusses für Kartell- und Monopolfragen,

in Erwägung nachstehender Gründe:

(1) Nach der Verordnung Nr. 19/65/EWG ist die Kommission ermächtigt, Artikel 81 Absatz 3 des Vertrages (Ex-Artikel 85 Absatz 3) durch Verordnung auf bestimmte Gruppen von vertikalen Vereinbarungen und die entsprechenden aufeinander abgestimmten Verhaltensweisen anzuwenden, die unter Artikel 81 Absatz 1 fallen.

(2) Aufgrund der bisherigen Erfahrungen läßt sich eine Gruppe von vertikalen Vereinbarungen definieren, die regelmäßig die Voraussetzungen von Artikel 81 Absatz 3 erfüllen.

(3) Diese Gruppe umfaßt vertikale Vereinbarungen über den Kauf oder Verkauf von Waren oder Dienstleistungen, die zwischen nicht miteinander im Wettbewerb stehenden Unternehmen, zwischen bestimmten Wettbewerbern sowie von bestimmten Vereinigungen des Wareneinzelhandels geschlossen werden. Diese Gruppe umfaßt ebenfalls vertikale Vereinbarungen, die Nebenabreden über die Übertragung oder Nutzung geistiger Eigentumsrechte enthalten. Für die Anwendung dieser Verordnung umfaßt der Begriff „vertikale Vereinbarungen" die entsprechenden aufeinander abgestimmten Verhaltensweisen.

(4) Für die Anwendung von Artikel 81 Absatz 3 durch Verordnung ist es nicht erforderlich, diejenigen vertikalen Vereinbarungen zu umschreiben, welche geeignet sind, unter Artikel 81 Absatz 1 zu fallen; bei der individuellen Beurteilung von Vereinbarungen nach Artikel 81 Absatz 1 sind mehrere Faktoren, insbesondere die Marktstruktur auf der Angebots- und Nachfrageseite zu berücksichtigen.

(5) Die Gruppenfreistellung sollte nur vertikalen Vereinbarungen zugute kommen, von denen mit hinreichender Sicherheit angenommen werden kann, daß sie die Voraussetzungen von Artikel 81 Absatz 3 erfüllen.

(6) Vertikale Vereinbarungen, die zu der in dieser Verordnung umschriebenen Gruppe gehören, können die wirtschaftliche Effizienz innerhalb einer Produktions- oder Vertriebskette erhöhen, weil sie eine bessere Koordinierung zwischen den beteiligten Unternehmen ermöglichen. Sie können insbesondere die Transaktions- und Distributionskosten der Beteiligten verringern und deren Umsätze und Investitionen optimieren.

(7) Die Wahrscheinlichkeit, daß derartige effizienzsteigernde Wirkungen stärker ins Gewicht fallen als wettbewerbsschädliche Wirkungen, die von Beschränkungen in vertikalen Vereinbarungen verursacht werden, hängt von der Marktmacht der beteiligten Unternehmen und somit von dem Ausmaß ab, in dem diese Unternehmen dem Wettbewerb anderer Lieferanten von Waren oder Dienstleistungen ausgesetzt sind, die von den Käufern aufgrund ihrer Eigenschaften, ihrer Preislage und ihres Verwendungszwecks als austauschbar oder substituierbar angesehen werden.

(8) Es kann vermutet werden, daß vertikale Vereinbarungen, die nicht bestimmte Arten schwerwiegender wettbewerbsschädigender Beschränkungen enthalten, im allgemeinen zu einer Verbesserung der Produktion oder des Vertriebs und zu einer angemessenen Beteiligung der Verbraucher an dem daraus entstehenden Gewinn führen, sofern der auf den Lieferanten entfallende Anteil an dem relevanten Markt 30 % nicht überschreitet. Bei vertikalen Vereinbarungen, die Alleinbelieferungsverpflichtungen vorsehen, sind die gesamten Auswirkungen der Vereinbarung auf den Markt anhand des Marktanteils des Käufers zu bestimmen.

(9) Es gibt keine Vermutung, daß oberhalb der Marktanteilsschwelle von 30 % vertikale Vereinbarungen, die unter Artikel 81 Absatz 1 fallen, regelmäßig objektive Vorteile entstehen lassen, welche nach Art und Umfang geeignet sind, die Nachteile auszugleichen, die sie für den Wettbewerb mit sich bringen.

(10) Diese Verordnung darf keine vertikalen Vereinbarungen freistellen, welche Beschränkungen enthalten, die für die Herbeiführung der vorgenannten günstigen Wirkungen nicht unerläßlich sind. Insbesondere solche vertikalen Vereinbarungen, die bestimmte Arten schwerwiegender wettbewerbsschädigender Beschränkungen enthalten, wie die Festsetzung von Mindest- oder Festpreisen für den Weiterverkauf oder bestimmte Arten des Gebietsschutzes, sind daher ohne Rücksicht auf den Marktanteil der betroffenen Unternehmen von dem Vorteil der Gruppenfreistellung, die durch diese Verordnung gewährt wird, auszuschließen.

(1) ABl. 36 vom 6.3.1965, S. 533/65.
(2) ABl. L 148 vom 15.6.1999, S. 1.
(3) ABl. C 270 vom 24.9.1999, S. 7.

L 336/22 DE Amtsblatt der Europäischen Gemeinschaften 29. 12. 1999

(11) Die Gruppenfreistellung ist mit bestimmten Einschränkungen zu versehen, um den Marktzugang zu gewährleisten und um Marktabsprachen vorzubeugen. Zu diesem Zwecke muß die Freistellung auf Wettbewerbsverbote von einer bestimmten Höchstdauer beschränkt werden. Aus demselben Grund sind alle unmittelbaren oder mittelbaren Verpflichtungen, welche die Mitglieder eines selektiven Vertriebssystems veranlassen, die Marken bestimmter konkurrierender Lieferanten nicht zu führen, von der Anwendung dieser Verordnung auszuschließen.

(12) Durch die Begrenzung des Marktanteils, den Ausschluß bestimmter vertikaler Vereinbarungen von der Gruppenfreistellung und die Voraussetzungen, die in dieser Verordnung vorgesehen sind, wird in der Regel sichergestellt, daß Vereinbarungen, auf welche die Gruppenfreistellung Anwendung findet, den beteiligten Unternehmen nicht die Möglichkeit eröffnen, für einen wesentlichen Teil der betreffenden Waren den Wettbewerb auszuschalten.

(13) Wenn im Einzelfall eine Vereinbarung zwar unter diese Verordnung fällt, dennoch aber Wirkungen zeitigt, die mit Artikel 81 Absatz 3 unvereinbar sind, kann die Kommission den Vorteil der Gruppenfreistellung entziehen. Dies kommt insbesondere dann in Betracht, wenn der Käufer auf dem relevanten Markt, auf dem er Waren verkauft oder Dienstleistungen erbringt, über erhebliche Marktmacht verfügt oder wenn der Zugang zu dem relevanten Markt oder der Wettbewerb auf diesem Markt durch gleichartige Wirkungen paralleler Netze vertikaler Vereinbarungen in erheblichem Maße beschränkt wird. Derartige kumulative Wirkungen können sich etwa aus selektiven Vertriebssystemen oder aus Wettbewerbsverboten ergeben.

(14) Nach der Verordnung Nr. 19/65/EWG sind die zuständigen Behörden der Mitgliedstaaten ermächtigt, den Vorteil der Gruppenfreistellung zu entziehen, wenn die Vereinbarung Wirkungen zeitigt, die mit Artikel 81 Absatz 3 des Vertrages unvereinbar sind und im Gebiet des betreffenden Staates oder in einem Teil desselben eintreten, sofern dieses Gebiet die Merkmale eines gesonderten räumlichen Marktes aufweist. Die Mitgliedstaaten sollten sicherstellen, daß sie bei der Ausübung dieser Entzugsbefugnis nicht die einheitliche Anwendung der Wettbewerbsregeln der Gemeinschaft auf dem gesamten gemeinsamen Markt oder die volle Wirksamkeit der zu ihrem Vollzug ergangenen Maßnahmen beeinträchtigen.

(15) Um die Überwachung paralleler Netze vertikaler Vereinbarungen mit gleichartigen wettbewerbsbeschränkenden Wirkungen zu verstärken, die mehr als 50 % eines Marktes erfassen, kann die Kommission erklären, daß diese Verordnung auf vertikale Vereinbarungen, welche bestimmte auf den betroffenen Markt bezogene Beschränkungen enthalten, keine Anwendung findet, und dadurch die volle Anwendbarkeit von Artikel 81 auf diese Vereinbarungen wiederherstellen.

(16) Diese Verordnung gilt unbeschadet der Anwendung von Artikel 82.

(17) Entsprechend dem Grundsatz des Vorrangs des Gemeinschaftsrechts dürfen Maßnahmen, die auf der Grundlage der nationalen Wettbewerbsgesetze getroffen werden, nicht die einheitliche Anwendung der Wettbewerbsregeln der Gemeinschaft auf dem gesamten gemeinsamen Markt oder die volle Wirksamkeit der zu ihrer Durchführung ergangenen Maßnahmen einschließlich dieser Verordnung beeinträchtigen —

HAT FOLGENDE VERORDNUNG ERLASSEN:

Artikel 1

Für die Anwendung dieser Verordnung gelten folgende Begriffsbestimmungen:

a) „Wettbewerber" sind tatsächliche oder potentielle Anbieter im selben Produktmarkt; der Produktmarkt umfaßt Waren oder Dienstleistungen, die vom Käufer aufgrund ihrer Eigenschaften, ihrer Preislage und ihres Verwendungszwecks als mit den Vertragswaren oder -dienstleistungen austauschbar oder durch diese substituierbar angesehen werden.

b) „Wettbewerbsverbote" sind alle unmittelbaren oder mittelbaren Verpflichtungen, die den Käufer veranlassen, keine Waren oder Dienstleistungen herzustellen, zu beziehen, zu verkaufen oder weiterzuverkaufen, die mit den Vertragswaren oder -dienstleistungen im Wettbewerb stehen, sowie alle unmittelbaren oder mittelbaren Verpflichtungen des Käufers, mehr als 80 % seiner auf der Grundlage des Einkaufswertes des vorherigen Kalenderjahres berechneten gesamten Einkäufe von Vertragswaren oder -dienstleistungen sowie ihrer Substitute auf dem relevanten Markt vom Lieferanten oder einem anderen vom Lieferanten bezeichneten Unternehmen zu beziehen.

c) „Alleinbelieferungsverpflichtungen" sind alle unmittelbaren oder mittelbaren Verpflichtungen, die den Lieferanten veranlassen, die in der Vereinbarung bezeichneten Waren oder Dienstleistungen zum Zwecke einer spezifischen Verwendung oder des Weiterverkaufs nur an einen einzigen Käufer innerhalb der Gemeinschaft zu verkaufen.

d) „Selektive Vertriebssysteme" sind Vertriebssysteme, in denen sich der Lieferant verpflichtet, die Vertragswaren oder -dienstleistungen unmittelbar oder mittelbar nur an Händler zu verkaufen, die aufgrund festgelegter Merkmale ausgewählt werden, und in denen sich diese Händler verpflichten, die betreffenden Waren oder Dienstleistungen nicht an Händler zu verkaufen, die nicht zum Vertrieb zugelassen sind.

e) „Intellektuelle Eigentumsrechte" umfassen unter anderem gewerbliche Schutzrechte, Urheberrechte sowie verwandte Schutzrechte.

f) „Know-how" ist eine Gesamtheit nicht patentierter praktischer Kenntnisse, die der Lieferant durch Erfahrung und Erprobung gewonnen hat und die geheim, wesentlich und identifiziert sind; hierbei bedeutet „geheim", daß das Know-how als Gesamtheit oder in der genauen Gestaltung und Zusammensetzung seiner Bestandteile nicht allgemein bekannt und nicht leicht zugänglich ist; „wesentlich" bedeutet, daß das Know-how Kenntnisse umfaßt, die für den Käufer zum Zwecke der Verwendung, des Verkaufs oder des Weiterverkaufs der Vertragswaren oder -dienstleistungen unerläßlich sind; „identifiziert" bedeutet, daß das Know-how umfassend genug beschrieben ist, so daß überprüft werden kann, ob es die Merkmale „geheim" und „wesentlich" erfüllt.

g) „Käufer" ist auch ein Unternehmen, das auf der Grundlage einer unter Artikel 81 Absatz 1 des Vertrages fallenden Vereinbarung Waren oder Dienstleistungen für Rechnung eines anderen Unternehmens verkauft.

29. 12. 1999 DE Amtsblatt der Europäischen Gemeinschaften L 336/23

Artikel 2

(1) Artikel 81 Absatz 1 des Vertrages wird gemäß Artikel 81 Absatz 3 unter den in dieser Verordnung genannten Voraussetzungen für unanwendbar erklärt auf Vereinbarungen oder aufeinander abgestimmte Verhaltensweisen zwischen zwei oder mehr Unternehmen, von denen jedes zwecks Durchführung der Vereinbarung auf einer unterschiedlichen Produktions- oder Vertriebsstufe tätig ist, und welche die Bedingungen betreffen, zu denen die Parteien bestimmte Waren oder Dienstleistungen beziehen, verkaufen oder weiterverkaufen können (im folgenden „vertikale Vereinbarungen" genannt).

Die Freistellung gilt, soweit diese Vereinbarungen Wettbewerbsbeschränkungen enthalten, die unter Artikel 81 Absatz 1 fallen (im folgenden „vertikale Beschränkungen" genannt).

(2) Die Freistellung nach Absatz 1 gilt für vertikale Vereinbarungen zwischen einer Unternehmensvereinigung und ihren Mitgliedern oder zwischen einer solchen Vereinigung und ihren Lieferanten nur dann, wenn alle Mitglieder der Vereinigung Wareneinzelhändler sind und wenn keines ihrer einzelnen Mitglieder zusammen mit seinen verbundenen Unternehmen einen jährlichen Gesamtumsatz von mehr als 50 Mio. EUR erzielt; die Freistellung der von solchen Vereinigungen geschlossenen vertikalen Vereinbarungen läßt die Anwendbarkeit von Artikel 81 auf horizontale Vereinbarungen zwischen den Mitgliedern der Vereinigung sowie auf Beschlüsse der Vereinigung unberührt.

(3) Die Freistellung nach Absatz 1 gilt für vertikale Vereinbarungen, die Bestimmungen enthalten, welche die Übertragung von geistigen Eigentumsrechten auf den Käufer oder die Nutzung solcher Rechte durch den Käufer betreffen, sofern diese Bestimmungen nicht Hauptgegenstand der Vereinbarung sind und sofern sie sich unmittelbar auf die Nutzung, den Verkauf oder den Weiterverkauf von Waren oder Dienstleistungen durch den Käufer oder seine Kunden beziehen. Die Freistellung gilt unter der Voraussetzung, daß diese Bestimmungen in Bezug auf die Vertragswaren oder -dienstleistungen keine Wettbewerbsbeschränkungen mit demselben Zweck oder derselben Wirkung enthalten wie vertikale Beschränkungen, die durch diese Verordnung nicht freigestellt werden.

(4) Die Freistellung nach Absatz 1 gilt nicht für vertikale Vereinbarungen zwischen Wettbewerbern; sie findet jedoch Anwendung, wenn Wettbewerber eine nichtwechselseitige vertikale Vereinbarung treffen und

a) der jährliche Gesamtumsatz des Käufers 100 Mio. EUR nicht überschreitet oder

b) der Lieferant zugleich Hersteller und Händler von Waren, der Käufer dagegen ein Händler ist, der keine mit den Vertragswaren im Wettbewerb stehenden Waren herstellt, oder

c) der Lieferant ein auf mehreren Wirtschaftsstufen tätiger Dienstleistungserbringer ist und der Käufer auf der Wirtschaftsstufe, auf der er die Vertragsdienstleistungen bezieht, keine mit diesen im Wettbewerb stehenden Dienstleistungen erbringt.

(5) Diese Verordnung gilt nicht für vertikale Vereinbarungen, deren Gegenstand in den Geltungsbereich einer anderen Gruppenfreistellungsverordnungen fällt.

Artikel 3

(1) Unbeschadet des Absatzes 2 dieses Artikels gilt die Freistellung nach Artikel 2 nur, wenn der Anteil des Lieferanten an dem relevanten Markt, auf dem er die Vertragswaren oder -dienstleistungen verkauft, 30 % nicht überschreitet.

(2) Im Fall von vertikalen Vereinbarungen, die Alleinbelieferungsverpflichtungen enthalten, gilt die Freistellung nach Artikel 2 nur, wenn der Anteil des Käufers an dem relevanten Markt, auf dem er die Vertragswaren oder -dienstleistungen einkauft, 30 % nicht überschreitet.

Artikel 4

Die Freistellung nach Artikel 2 gilt nicht für vertikale Vereinbarungen, die unmittelbar oder mittelbar, für sich allein oder in Verbindung mit anderen Umständen unter der Kontrolle der Vertragsparteien folgendes bezwecken:

a) die Beschränkung der Möglichkeiten des Käufers, seinen Verkaufspreis selbst festzusetzen; dies gilt unbeschadet der Möglichkeit des Lieferanten, Höchstverkaufspreise festzusetzen oder Preisempfehlungen auszusprechen, sofern sich diese nicht infolge der Ausübung von Druck oder der Gewährung von Anreizen durch eine der Vertragsparteien tatsächlich wie Fest- oder Mindestverkaufspreise auswirken;

b) Beschränkungen des Gebiets oder des Kundenkreises, in das oder an den der Käufer Vertragswaren oder -dienstleistungen verkaufen darf, mit Ausnahme von:
   - Beschränkungen des aktiven Verkaufs in Gebiete oder an Gruppen von Kunden, die der Lieferant sich selbst vorbehalten oder ausschließlich einem anderen Käufer zugewiesen hat, sofern dadurch Verkäufe seitens der Kunden des Käufers nicht begrenzt werden;
   - Beschränkungen des Verkaufs an Endbenutzer durch Käufer, die auf der Großhandelsstufe tätig sind;
   - Beschränkungen des Verkaufs an nicht zugelassene Händler, die Mitgliedern eines selektiven Vertriebssystems auferlegt werden;
   - Beschränkungen der Möglichkeiten des Käufers, Bestandteile, die zwecks Einfügung in andere Erzeugnisse geliefert werden, an Kunden zu verkaufen, welche diese Bestandteile für die Herstellung derselben Art von Erzeugnissen verwenden würden, wie sie der Lieferant herstellt;

c) Beschränkungen des aktiven oder passiven Verkaufs an Endverbraucher, soweit diese Beschränkungen Mitgliedern eines selektiven Vertriebssystems auferlegt werden, welche auf der Einzelhandelsstufe tätig sind; dies gilt unbeschadet der Möglichkeit, Mitgliedern des Systems zu verbieten, Geschäfte von nicht zugelassenen Niederlassungen aus zu betreiben;

d) die Beschränkung von Querlieferungen zwischen Händlern innerhalb eines selektiven Vertriebssystems, auch wenn diese auf unterschiedlichen Handelsstufen tätig sind;

e) Beschränkungen, die zwischen dem Lieferanten und dem Käufer von Bestandteilen, welche dieser in andere Erzeugnisse einfügt, vereinbart werden und die den Lieferanten hindern, diese Bestandteile als Ersatzteile an Endverbraucher oder an Reparaturwerkstätten oder andere Dienstleistungserbringer zu verkaufen, die der Käufer nicht mit der Reparatur oder Wartung seiner eigenen Erzeugnisse betraut hat.

Artikel 5

Die Freistellung nach Artikel 2 gilt nicht für die folgenden, in vertikalen Vereinbarungen enthaltenen Verpflichtungen:

a) alle unmittelbaren oder mittelbaren Wettbewerbsverbote, welche für eine unbestimmte Dauer oder für eine Dauer von mehr als fünf Jahren vereinbart werden; Wettbewerbsverbote, deren Dauer sich über den Zeitraum von fünf Jahren hinaus stillschweigend verlängert, gelten als für eine unbestimmte Dauer vereinbart; die Begrenzung auf fünf Jahre gilt nicht, wenn die Vertragswaren oder -dienstleistungen vom Käufer in Räumlichkeiten und auf Grundstücken verkauft werden, die Eigentum des Lieferanten oder durch diesen von dritten, nicht mit dem Käufer verbundenen Unternehmen gemietet oder gepachtet worden sind und das Wettbewerbsverbot nicht über den Zeitraum hinausreicht, in welchem der Käufer diese Räumlichkeiten und Grundstücke nutzt,

b) alle unmittelbaren oder mittelbaren Verpflichtungen, die den Käufer veranlassen, Waren oder Dienstleistungen nach Beendigung der Vereinbarung nicht herzustellen bzw. zu erbringen, zu beziehen, zu verkaufen oder weiterzuverkaufen, es sei denn, daß diese Verpflichtungen
   - sich auf Waren oder Dienstleistungen beziehen, die mit den Vertragswaren oder -dienstleistungen im Wettbewerb stehen,
   - sich auf Räumlichkeiten und Grundstücke beschränken, von denen aus der Käufer während der Vertragsdauer seine Geschäfte betrieben hat, sowie
   - unerläßlich sind, um ein dem Käufer vom Lieferanten übertragenes Know-how zu schützen,

   und ein solches Wettbewerbsverbot auf einen Zeitraum von höchstens einem Jahr nach Beendigung der Vereinbarung begrenzt ist; dies gilt unbeschadet der Möglichkeit, Nutzung und Offenlegung von nicht allgemein bekannt gewordenem Know-how zeitlich unbegrenzten Beschränkungen zu unterwerfen;

c) alle unmittelbaren oder mittelbaren Verpflichtungen, welche die Mitglieder eines selektiven Vertriebsystems veranlassen, Marken bestimmter konkurnerender Lieferanten nicht zu verkaufen.

Artikel 6

Gemäß Artikel 7 Absatz 1 der Verordnung Nr. 19/65/EWG kann die Kommission im Einzelfall den Vorteil der Anwendung dieser Verordnung entziehen, wenn eine vertikale Vereinbarung, die unter diese Verordnung fällt, gleichwohl Wirkungen hat, die mit den Voraussetzungen des Artikels 81 Absatz 3 des Vertrages unvereinbar sind, insbesondere wenn der Zugang zu dem betroffenen Markt oder der Wettbewerb auf diesem Markt durch die kumulativen Wirkungen nebeneinander bestehender Netze gleichartiger vertikaler Beschränkungen, die von miteinander im Wettbewerb stehenden Lieferanten oder Käufern angewandt werden, in erheblichem Maße beschränkt wird.

Artikel 7

Wenn eine unter die Freistellung des Artikels 2 fallende Vereinbarung im Gebiet eines Mitgliedstaats oder in einem Teil desselben, der alle Merkmale eines gesonderten räumlichen Marktes aufweist, im Einzelfall Wirkungen hat, die mit den Voraussetzungen von Artikel 81 Absatz 3 des Vertrages unvereinbar sind, so kann die zuständige Behörde dieses Mitgliedstaates, unter den gleichen Umständen wie in Artikel 6, den Vorteil der Anwendung dieser Verordnung mit Wirkung für das betroffene Gebiet entziehen.

Artikel 8

(1) Gemäß Artikel 1a der Verordnung Nr. 19/65/EWG kann die Kommission durch Verordnung erklären, daß in Fällen, in denen mehr als 50 % des betroffenen Marktes von nebeneinander bestehenden Netzen gleichartiger vertikaler Beschränkungen erfaßt werden, die vorliegende Verordnung auf vertikale Vereinbarungen, die bestimmte Beschränkungen des Wettbewerbs auf dem betroffenen Markt enthalten, keine Anwendung findet.

(2) Eine Verordnung im Sinne von Absatz 1 wird frühestens sechs Monate nach ihrem Erlaß anwendbar.

Artikel 9

(1) Bei der Ermittlung des Marktanteils von 30 % im Sinne von Artikel 3 Absatz 1 wird der Absatzwert der verkauften Vertragswaren oder -dienstleistungen sowie der sonstigen von dem Lieferanten verkauften Waren oder Dienstleistungen zugrunde gelegt, die vom Käufer aufgrund ihrer Eigenschaften, ihrer Preislage und ihres Verwendungszwecks als austauschbar oder substituierbar angesehen werden. Liegen keine Angaben über den Absatzwert vor, so können zur Ermittlung des Marktanteils Schätzungen vorgenommen werden, die auf anderen verläßlichen Marktdaten unter Einschluß der Absatzmengen beruhen. Bei der Anwendung von Artikel 3 Absatz 2 ist der Marktanteil auf der Grundlage des Wertes der auf dem Markt getätigten Käufe oder anhand von Schätzungen desselben zu ermitteln.

(2) Für die Anwendung der Marktanteilsschwelle im Sinne des Artikels 3 gelten folgende Regeln:

a) Der Marktanteil wird anhand der Angaben für das vorhergehende Kalenderjahr ermittelt.

b) Der Marktanteil schließt Waren oder Dienstleistungen ein, die zum Zweck des Verkaufs an integrierte Händler geliefert werden.

c) Beträgt der Marktanteil zunächst nicht mehr als 30 % und überschreitet er anschließend diese Schwelle, übersteigt jedoch nicht 35 %, so gilt die Freistellung nach Artikel 2 im Anschluß an das Jahr, in welchem die 30-%-Schwelle erstmals überschritten wurde, noch für zwei weitere Kalenderjahre.

d) Beträgt der Marktanteil zunächst nicht mehr als 30 % und überschreitet er anschließend 35 %, so gilt die Freistellung nach Artikel 2 im Anschluß an das Jahr, in welchem die Schwelle von 35 % erstmals überschritten wurde, noch für ein weiteres Kalenderjahr.

e) Die unter den Buchstaben c) und d) genannten Vorteile dürfen nicht in der Weise miteinander verbunden werden, daß ein Zeitraum von zwei Kalenderjahren überschritten wird.

Artikel 10

(1) Für die Ermittlung des jährlichen Gesamtumsatzes im Sinne von Artikel 2 Absätze 2 und 4 sind die Umsätze zusammenzuzählen, welche die jeweilige an der vertikalen Vereinbarung beteiligte Vertragspartei und die mit ihr verbundenen Unternehmen im letzten Geschäftsjahr mit allen Waren und Dienstleistungen nach Abzug von Steuern und sonstigen Abgaben erzielt haben. Dabei werden Umsätze zwischen der an der Vereinbarung beteiligten Vertragspartei und den mit ihr verbundenen Unternehmen oder zwischen den mit ihr verbundenen Unternehmen nicht mitgezählt.

(2) Die Freistellung nach Artikel 2 gilt weiter, wenn der jährliche Gesamtumsatz in zwei jeweils aufeinanderfolgenden Geschäftsjahren den in dieser Verordnung genannten Schwellenwert um nicht mehr als ein Zehntel überschreitet.

Artikel 11

(1) Die Begriffe des „Unternehmens", des „Lieferanten" und des „Käufers" im Sinne dieser Verordnung schließen die mit diesen jeweils verbundenen Unternehmen ein.

(2) Verbundene Unternehmen sind:

a) Unternehmen, in denen ein an der Vereinbarung beteiligtes Unternehmen unmittelbar oder mittelbar
   - über mehr als die Hälfte der Stimmrechte verfügt oder
   - mehr als die Hälfte der Mitglieder des Leitungs- oder Verwaltungsorgans oder der zur gesetzlichen Vertretung berufenen Organe bestellen kann oder
   - das Recht hat, die Geschäfte des Unternehmens zu führen;

b) Unternehmen, die in einem an der Vereinbarung beteiligten Unternehmen unmittelbar oder mittelbar die unter Buchstabe a) bezeichneten Rechte oder Einflußmöglichkeiten haben;

c) Unternehmen, in denen ein unter Buchstabe b) genanntes Unternehmen unmittelbar oder mittelbar die unter Buchstabe a) bezeichneten Rechte oder Einflußmöglichkeiten hat;

d) Unternehmen, in denen eine der Vertragsparteien gemeinsam mit einem oder mehreren der unter den Buchstaben a), b) oder c) genannten Unternehmen oder in denen zwei oder mehr als zwei der zuletzt genannten Unternehmen gemeinsam die in Buchstabe a) bezeichneten Rechte oder Einflußmöglichkeiten haben;

e) Unternehmen, in denen
   - Vertragsparteien oder mit ihnen jeweils verbundene Unternehmen im Sinne der Buchstaben a) bis d) oder
   - eine oder mehrere der Vertragsparteien oder eines oder mehrere der mit ihnen im Sinne der Buchstaben a) bis d) verbundenen Unternehmen und ein oder mehrere dritte Unternehmen

   gemeinsam die unter Buchstabe a) bezeichneten Rechte oder Einflußmöglichkeiten haben.

(3) Bei der Anwendung von Artikel 3 wird der Marktanteil der in Absatz 2 Buchstabe e) bezeichneten Unternehmen jedem der Unternehmen, das die in Absatz 2 Buchstabe a) bezeichneten Rechte oder Einflußmöglichkeiten hat, zu gleichen Teilen zugerechnet.

Artikel 12

(1) Die in den Verordnungen (EWG) Nr. 1983/83 (1), (EWG) Nr. 1984/83 (2) und (EWG) Nr. 4087/88 (3) der Kommission vorgesehenen Freistellungen gelten bis zum 31. Mai 2000 weiter.

(2) Das in Artikel 81 Absatz 1 des Vertrags geregelte Verbot gilt vom 1. Juni 2000 bis zum 31. Dezember 2001 nicht für Vereinbarungen, die am 31. Mai 2000 bereits in Kraft waren und die die Voraussetzungen für eine Freistellung zwar nach den Verordnungen (EWG) Nr. 1983/83, (EWG) Nr. 1984/83 oder (EWG) Nr. 4087/88, nicht aber nach der vorliegenden Verordnung erfüllen.

Artikel 13

Diese Verordnung tritt am 1. Januar 2000 in Kraft.

Sie ist ab dem 1. Juni 2000 anwendbar mit Ausnahme ihres Artikels 12 Absatz 1, der ab dem 1. Januar 2000 anwendbar ist.

Sie gilt bis zum 31. Mai 2010.

Diese Verordnung ist in allen ihren Teilen verbindlich und gilt unmittelbar in jedem Mitgliedstaat.

Brüssel, den 22. Dezember 1999

Für die Kommission
Mario MONTI
Mitglied der Kommission

(1) ABl. L 173 vom 30.6.1983, S. 1.
(2) ABl. L 173 vom 30.6.1983, S. 5.
(3) ABl. L 359 vom 28.12.1988, S. 46.

Alters- und Hinterlassenenvorsorge

Effingerstrasse 20, 3003 Bern
Tel. 031 322 90 37
Fax 031 324 15 88
http://www.bsv.admin.ch

MITTEILUNG AN DIE AHV-AUSGLEICHSKASSEN UND EL-DURCHFÜHRUNGSSTELLEN NR. 139

7. November 2003

Einheitliche Statusbeurteilung bei Tätigkeiten, die für denselben Auftraggeber in verschiedenen Kantonen ausgeübt werden

Problematik

Gewisse Auftraggeber setzen Auftragnehmer aufgrund gleicher Verträge und unter vergleichbaren Bedingungen in verschiedenen Kantonen ein. Zu denken ist beispielsweise an Franchise-, Depot-, Vertretungs- und Agenturverträge, usw. In solchen Fällen wenden sich die einzelnen Auftragnehmer an die Ausgleichskasse ihres Wohnortes. Somit sind oftmals zahlreiche Ausgleichskassen je mit einem Einzelfall konfrontiert und wissen nichts von den übrigen Fällen. Dies kann zu ungerechtfertigten *unterschiedlichen Statusbeurteilungen* führen.

Eine Koordination zwischen den betroffenen Ausgleichskassen drängt sich somit aus Gründen der Gleichbehandlung zwischen den Beitragspflichtigen auf. Eine Kasse muss sich zentral einen Gesamtüberblick verschaffen und abschätzen, ob eine einheitliche Beurteilung notwendig scheint.

Das Problem der uneinheitlichen Statusbeurteilung wurde bereits im Zusammenhang mit den Franchiseverträgen aufgeworfen. In der AHV-Mitteilung Nr. 69 wurde damals ein Lösungsansatz vorgeschlagen. Dieser Lösungsansatz wird nun ergänzt, präzisiert und auf sämtliche betroffenen Tätigkeitsbereiche erweitert. Im Interesse einer einheitlichen Praxis sind folgende Punkte zu beachten:

Ablauf

1. Erkennung des Problems

- In der Regel wird die Ausgleichskasse, die den Status einzelner Auftragnehmer zu beurteilen hat, feststellen, dass diese aufgrund eines Standardvertrages (z.B. Franchisenehmer, Depothalter, Vertreter) eingesetzt werden.
- Sie stellt fest oder vermutet, dass weitere Personen unter gleichen Umständen beschäftigt werden.

2. Zuständigkeit für die Koordination und den Entscheid

- Zuständig für die Koordination und den Entscheid ist die ***Ausgleichskasse des Auftraggebers.***
- Die mit der Statusbeurteilung konfrontierten Ausgleichskassen müssen die Ausgleichskasse des Auftraggebers ermitteln und *ihr die Fälle weiterleiten*.
- Vorbehalten bleibt die ***Zuständigkeit der SUVA für bestimmte Tätigkeitsbereiche*** (Handelsreisende, vgl. Rz. 4022 ff, insb. 4037 ff. WML, und Akkordanten in Betrieben des Bau- und Installationsgewerbes oder bei Forstbetrieben sowie in allen übrigen Fällen von Art. 66 UVGvgl. Rz 4046.1 ff WML).

2 Mitteilung an die AHV-Ausgleichskassen und EL-Durchführungsstellen Nr. 139

Sachregister

(Die Verweise hinter den Stichwörtern beziehen sich auf die Randiffern.)

C

D

E

F

G

M

N

O

P

R

S

U

V